Kalte Küche – köstlich wie noch nie

Kalte Küche – köstlich wie noch nie

Kalte Küche
köstlich
wie noch nie

Das große GU Bildkochbuch
mit den besten
Rezept- und Garnier-Ideen
zur Kalten Küche
von CHRISTIAN TEUBNER und
ANNETTE WOLTER.

Die Farbfotos
gestaltete CHRISTIAN TEUBNER.

GU GRÄFE
UND
UNZER

Ein Wort zuvor

»Kalte Küche köstlich wie noch nie« hat schon Millionen Freunde gefunden und vielen Partys, Einladungen und Festen zum Erfolg verholfen. In ständigem Kontakt mit unseren Lesern sind wir immer bemüht, deren Wünsche und Bedürfnisse aufzuspüren und in dieses große GU Bildkochbuch einfließen zu lassen.

Um die Aktualität zu wahren und vielen Leserwünschen entgegenzukommen, wurden auch für diese Ausgabe wieder manche Rezepte ausgetauscht, alle noch einmal überprüft, wenn nötig überarbeitet und dabei mit den nützlichen Hinweisen auf die Joule- oder Kalorienwerte versehen. So fällt es leichter, sinnvoll zu planen und für Familie und Gäste Arrangements zusammenzustellen, die schmecken, verwöhnen, aber das Maß des Bekömmlichen nicht übersteigen. Salat aus der Vollwertküche und mariniertes Gemüse kommen Leserwünschen nach biologisch hochwertigen Produkten entgegen. Zubereitungen mit exotischen Früchten, leichte Gemüsehappen sowie Vorschläge für fröhliche Feste machen das Buch gebrauchsfreundlich. Für diese Neuzugänge verzichteten wir auf einige klassische »Oldtimer«, die laut Leserumfragen ohnehin kaum selbst bereitet, sondern – wenn überhaupt – fertig aus dem Feinkostgeschäft bezogen werden.

Qualität und Frische sowie Einfachheit der Mittel blieben oberstes Gebot. In diesem Sinne ist die Kalte Küche ein unentbehrlicher Teil des täglichen Speiseplans, der Bewirtung von Gästen und größerer Festlichkeiten. So berücksichtigen die Kapitel über belegte Brote, Sandwiches und Smørrebrøds, über Salate als frische Beilage, als selbständige Mahlzeit oder als Party-Gerichte, reizvolle Teller-Mahlzeiten, Varianten mit Ei und Gemüse die häufigsten »kalten« Wünsche, während die Kapitel für Feiern und Feste feine Terrinen und Pasteten vorstellen, die dank der genauen Beschreibung jeder Hausfrau, jedem Hobbykoch gelingen. Neben besonderen Rezeptideen für Fisch und Meeresfrüchte gibt es einfache und anspruchsvolle Vorschläge für Kalte Platten mit Wurst, Schinken, Braten und Käse. Aspikgerichte mit Krabben, Fisch, Geflügel und Wild sowie Sülzen sollen an die vielfältigen Möglichkeiten der Kalten Küche erinnern. Schließlich finden Sie noch originelle Ideen für feines Salzgebäck.

Ein Kaltes Buffet gelingt ohne Kopfzerbrechen, ob Jugendparty, ländliches Buffet, italienisches, klassisches oder großes Festbuffet. Neben den vielen Rezepten mit bewährter Tradition, die zum unerläßlichen Repertoire der Kalten Küche gehören, stehen zahlreiche moderne Rezepte nach der Devise: so gut und so einfach wie möglich. Die Gerichte dieses Buches erfüllen die verschiedenartigsten geschmacklichen Ansprüche und in der Art des Garnierens die Anforderung der modernen Küche. Und alle Kochideen des großen Rezept-Teiles werden in Farbfotos gezeigt. Damit alles gelingt, haben wir in den ergänzenden Schwarzweiß-Teilen ausführlich über den Umgang mit den wichtigsten

Grundzutaten berichtet, viele Zeichnungen machen die Grundrezepte der Kalten Küche leicht verständlich und helfen beim Nacharbeiten der Garniervorschläge. Das Lexikon der Kalten Küche sowie ein Kapitel über die Getränke, die dazugehören, vervollständigen das vorliegende Buch zum hilfreichen Ratgeber für alles, was mit der Kalten Küche zusammenhängt. Das umfangreiche Rezept- und Sachregister macht Informationen schnell und sicher zugängig.
Viel Freude beim Kochen, Gestalten und Genießen wünschen Ihnen

Christian Teubner
und
Annette Wolter

Wenn nicht anders angegeben, sind alle Rezepte für 4 Personen berechnet.

Sie finden in diesem Buch

Die wichtigen Zutaten und Grundrezepte

- 9 Brot als Grundlage
- 10 Von Ei bis Mayonnaise
- 11 Wurst und Fleischwaren
- 12 Käse in der Kalten Küche
- 13 Kalte Braten aller Art
- 14 Gemüse und Obst
- 15 Saisonkalender
- 18 Grundrezepte der Kalten Küche
- 24 Praktischer Rat vor dem Start

Raffiniert belegt

- 26 Delikate Brote
- 32 Sandwich/Smørrebrød
- 38 Schnittchen und Canapés
- 42 Pikante Brotaufstriche

Würzige Snacks

- 44 Beliebte Häppchen
- 54 Cocktailbissen exquisit

Kleine kalte Vorspeisen

- 60 Französische Hors d'œuvre
- 62 Antipasti aus Italien
- 64 Festliche Entrées

Pasteten-Palette

- 70 Krustenpasteten
- 73 Terrinen für Verwöhnte

Mittelpunkt: Salat

- 76 Leichte Salate
- 82 Salat als Mahlzeit
- 96 Party-Salate
- 106 Obstsalate
- 114 Salat-Rohkost

Köstlichkeiten in Aspik

- 118 Seafood zart umhüllt
- 120 Bunte Gemüsesülzen
- 122 Festliche Gelees

Varianten mit Ei

- 124 Gefüllte Eier
- 126 Eier raffiniert serviert
- 128 Eier-Spezialitäten

Gemüse in der Kalten Küche

- 130 Gemüse mit feiner Fülle

Exotische Früchte

134 Pikante Schlemmerteller
138 Delikat und süß

Aus Fluß und Meer

140 Muscheln aller Art
142 Krabben, Scampi, Shrimps
144 Fisch-Spezialitäten
148 Köstliches mit Kaviar
150 Fisch zart geräuchert
154 Heringsschwärmereien

Fleisch kalt serviert

158 Große Braten
160 Wild und Wildgeflügel
162 Feine Geflügelplatten
164 Fleisch-Spezialitäten

Käse reizvoll angeboten

170 Käseplatten

Delikates Drumherum

172 Kräuteröl, Kräuteressig
174 Buttermischungen
176 Feinschmecker-Saucen
178 Die feinen Dips
180 Pikant eingelegt

Prächtiges Partygebäck

186 Knuspergebäck
189 Gebacken und gefüllt

Perfekte Portionsteller

192 Die kleine Mahlzeit

Festliche Arrangements

202 Party-Buffet
204 Kalte Platten
208 Kalte Buffets

Rund um die Kalte Küche

217 Das gute Werkzeug
219 Anrichten und Verzieren
221 Lexikon der Kalten Küche von A bis Z
226 Vorschläge für fröhliche Feste
227 Getränke, die dazugehören

Zum Nachschlagen

233 Rezept- und Sachregister

Die wichtigen Zutaten und Grundrezepte

Die Zutaten in der Kalten Küche sind im Prinzip die gleichen wie die für warme Gerichte, nur werden die gegarten Speisen kalt gereicht. Hinzu kommen die frischen Salate, die Rohkostsalate und belegten Brote.

Wenn die Kalte Küche ihren vollen Reiz entfalten soll, gilt für sie noch mehr als für jedes andere Küchen-Ressort die Forderung: Höchste Qualität aller Grundzutaten ist unerläßlich! Schließlich bestehen ihre schmackhaftesten Speisen aus wertvollen eiweißreichen, also leicht verderblichen Lebensmitteln wie Fisch, Fleisch, Wurst, Schinken, Käse und Eiern, die nach dem Garen nicht sofort serviert werden, sondern zunächst erkalten müssen, bevor sie weiter verwendet werden. Außerdem bietet man Obst, Blattsalate, Gemüse und Kräuter sowie Brot, Butter, Würzsaucen und Eingelegtes in einer Form an, in der mindere Qualität kaum zu vertuschen wäre. Richtiger Einkauf und richtige Vorratshaltung sind daher von großer Bedeutung. Die Beschreibung der wichtigsten Grundzutaten der Kalten Küche erfolgte daher unter diesen speziellen Aspekten.

Brot als Grundlage

Brot, das im Handel in mehr als 200 Sorten angeboten wird, ist nicht nur in Form von belegten Broten solide Grundlage der Kalten Küche, sondern auch sättigende Beilage zu Salaten, Cocktails, Sülzen, Eiern und kaltem Braten. Wichtig ist, daß Brot nicht zu frisch und nicht überlagert verwendet wird. Am besten eignet sich 1 Tag altes Weißbrot und 2 bis 3 Tage altes Misch- oder Roggenbrot. Ausnahme: Brötchen müssen tagfrisch sein. Einige Brotsorten können Sie risikolos mit den im Handel angebotenen fertigen Backmischungen selbst backen. Grundrezepte für Brot und Brötchen aus eigener Zubereitung finden Sie auf Seite 18 f.

Brot richtig aufbewahren

● Unverpacktes, frisches Brot sollte gelagert werden bis es sich gut schneiden läßt; am besten in einem speziellen Brotkasten.
● Wenn Sie keinen Brotkasten besitzen, können Sie Brot gut in einem mit Gaze abgedeckten Steinguttopf lagern. In einem kühlen Raum bleibt das Brot darin besonders lange frisch.
● Brot im Plastikbeutel aufzubewahren, ist nur für kurze Zeit zweckmäßig, da es darin nicht genügend atmen kann; es sei denn, in den Beutel sind ganzflächig Löcher eingestanzt.
● Verpacktes Brot bewahren Sie in der stets wieder gut verschlossenen Packung in einem möglichst kühlen Raum auf.
● Die Schnittfläche von angeschnittenen Brotlaiben deckt man mit Alu- oder Kunststoffolie ab.

Brot in der Kalten Küche

Belegte Brote, Sandwiches und Schnittchen zu servieren ist zwar problemlos, ihre Zubereitung jedoch mühsam und zeitraubend. Halten Sie sich am besten an den im folgenden beschriebenen Arbeitsablauf:
● Schneiden Sie das Brot oder die Brote in gleichmäßig dicke Scheiben. Die ideale Stärke für kleine Formate liegt bei etwa ½ cm, für große Scheiben bei knapp 1 cm.
● Die Rinde vom Brot muß abgeschnitten werden, wenn man kleine Quadrate, Rauten, Streifen und Dreiecke im Format von 3 × 4 cm daraus schneidet. Für halbierte belegte Brote und Sandwiches bleibt die Rinde am Brot.
● Bestreichen Sie die noch ganzen Scheiben mit dem Grundaufstrich, nämlich Butter oder Margarine, gewürzter Butter, Sandwichspread, gewürzter Mayonnaise, Quark- oder Frischkäsemischungen, Streichwurst, Pastetenmasse oder Hackfleischteig.
● Bringen Sie den Belag in die den Brotscheiben entsprechende Form und Größe. Wurst- oder Schinkenscheiben müssen nicht

flach auf das Brot gelegt werden. Sie können Braten-, Schinken-, Wurst- oder Käsescheiben lose übereinanderschlagen, zu Röllchen oder Tütchen drehen, in Würfelchen darüberstreuen oder in Streifen gitterartig auf den Grundaufstrich legen.

● Ebenso bereitet man alle Verzierungen vor, die kleingeschnitten werden müssen, wie Oliven-, Gurken- oder Eischeiben, Kräutersträußchen, Tomatenscheiben oder -achtel. Die vielen Bildbeispiele im Rezeptteil dieses Buches vermitteln Ihnen bestimmt reichlich Anregung.

● Belegen Sie die Brote oder Brötchen erst kurz vor dem Eintreffen der Gäste. Legen Sie die fertigen Brote auf eine Platte und garnieren Sie diese nach Belieben mit Kräutersträußchen, Tomatenachteln, Salatblättern, Eiachteln, Gewürzgürkchen oder Radieschen.

● Bunte Schnittchen richten Sie am besten in »Reih und Glied« auf einer mit Papierspitze ausgelegten Platte an, und zwar pro Reihe immer nur eine »Sorte«. Eine zusätzliche Garnierung für solche Platten ist unnötig.

● Bis zum Servieren überziehen Sie die Platte mit Klarsichtfolie und bewahren sie im Kühlschrank auf, damit alles so frisch wie möglich serviert werden kann. Achten Sie darauf, daß empfindliche Verzierungen wie Tupfen aus Mayonnaise, Senf, Tomatenmark, Sahne- oder Käsecreme erst kurz vor dem Servieren aufgespritzt werden. Wenn Sie mit der Tube arbeiten, ist das ohnehin kein Problem. Wenn Sie den Spritzbeutel verwenden, füllen Sie ihn schon vorher und legen Sie ihn bis zum Gebrauch in den Kühlschrank.

● Dunkle Brotsorten wie Roggen-, Roggenmisch-, Roggenschrot-, Weizenschrot- oder Vollkornbrot passen zu kräftigen Wurstsorten wie Landleberwurst, Schinken oder Käse. Pumpernickel wird hauptsächlich mit Käse kombiniert. Weißbrot, Brötchen, Weizenmischbrot, helles Knäckebrot und Kräcker belegt man mit feinen Wurstsorten, Eiern, mildem Käse, kaltem Geflügel, kaltem Fleisch, geräuchertem Fisch und gebundenen Salaten.

● Für Sandwiches weiches Weizen- oder Roggenmischbrot, Weißbrot oder Bauernbrot verwenden. Typisch für ein Sandwich ist der üppige Belag zwischen 2 Brotscheiben, die halbiert oder geviertelt gereicht werden. Sandwiches kann man leicht aus der Hand verzehren, sie sind ein idealer Imbiß für unterwegs.

● Liegt der Belag nicht fest auf dem Grundaufstrich, ist die Verzierung sehr hoch oder fällt leicht herunter, stecken Sie alles mit einem Holzspießchen fest.

● Brothäppchen, französische Canapés und englische Sundries sollen so klein sein, daß man sie mit Daumen und Zeigefinger zum Mund führen kann.

● Außer Brotscheiben können Sie auch Kräcker, runde Brottaler oder Scheiben von französischem Stangenweißbrot als Unterlage verwenden.

● Überbackene Toasts gehören nicht in die Kalte Küche, wohl aber getoastetes Brot. Außer dem speziellen Toastbrot kann man auch Weißbrot, Mischbrot und Roggenbrot im elektrischen Toaster oder auf dem Rost im Backofen toasten (rösten). In Dreiecke geschnitten wird getoastetes Brot mit oder ohne Butter zu feinen Salaten, Cocktails, kaltem Fisch, Fleisch oder Geflügel gereicht.

● Für delikate Speisen gibt es den Toast Melba. Dafür Stangenweißbrot in hauchdünne Scheiben schneiden, auf das ungefettete Backblech legen und im Backofen bei etwa 200° goldbraun rösten. Dabei wellen sich die Brotscheiben und werden besonders knusprig. Je nachdem, wozu Sie Toast Melba reichen möchten, können Sie die Weißbrotscheiben vor dem Rösten auch hauchdünn mit Knoblauchbutter (Rezept Seite 174) bestreichen.

Von Ei bis Mayonnaise

Eier wie Mayonnaise sind aus der Kalten Küche nicht wegzudenken. Eier werden hartgekocht zum Belegen und Verzieren von Broten und Schnittchen verwendet sowie zu verschiedensten Vorspeisen und Salaten verarbeitet. Sie gehören zu den wichtigen Grundzutaten von feinen Cremes, Desserts und Kleingebäck. Mayonnaisen enthalten neben Öl als wichtigsten Bestandteil Eigelb und sind daher in diesem Kapitel beschrieben.

Eier richtig einkaufen und aufbewahren

● Für die Kalte Küche empfiehlt es sich, kleine Eier zu kaufen. Sie lassen sich hartgekocht besser zerteilen. Die Scheiben oder Achtel fallen nicht so leicht auseinander.

● Beim Einkauf von Eiern auf das Datum achten, das die Legewoche angibt. Tierfreunde bevorzugen Eier von Legehennen, die in naturgemäßer Bodenhaltung leben. Auch das ist auf/in der Packung angegeben.

● Eier im Eierfach des Kühlschrankes aufbewahren. Dort erhalten sich die typischen Eigenschaften frischer Eier bis zu 12 Tage nach dem Legedatum; danach sind Eier noch weitere 4 Wochen für Eierspeisen geeignet.

● Wirklich frische Eier sind nach dem Aufschlagen am hochgewölbten kugeligen Eigelb und am verhältnismäßig festen Eiweiß, das das Eigelb dicht umschließt, zu erkennen. Bei älteren Eiern ist das Eigelb flach und das Eiweiß wäßrig.

Eier in der Kalten Küche

● Eischnee aus Eiweiß gelingt nur, wenn keinerlei Eigelb ins Eiweiß geraten ist. Eischnee nicht weiterschlagen, wenn er bereits steif ist, sonst fällt er wieder zusammen. Für Süßspeisen 1 bis 2 Teelöffel Zucker unter den steifen Eischnee rühren, für andere Gerichte 1 Prise Salz. So bleibt der Eischnee steif. Eischnee stets zuletzt unter den Teig oder die Creme heben, nicht rühren, sonst zerstört man die Luftbläschen und verringert den Lockerungseffekt. Zum Schlagen von Eischnee müssen Schüssel und Schneebesen völlig fettfrei sein.

● Eier platzen beim Kochen nicht, wenn Sie sie vorher am runden Ende mit einer Nadel oder mit dem Eipicker einstechen.

● Die gewünschte Garzeit erhalten Sie mit der Eieruhr oder dem Kurzzeitwecker. Wachsweiche Eier 3½ bis 4 Minuten kochen lassen, weiche Eier 4 bis 4½ Minuten, harte Eier 10 bis 12 Minuten.

● Die gekochten Eier sofort nach Beendigung der Kochzeit abgießen und unter fließendem kaltem Wasser abschrecken. Nur abgeschreckte Eier lassen sich gut schälen, die feine Haut unter der Schale löst sich dann leicht.

Die Mayonnaisesorten

Delikateßmayonnaise mit einem Fettanteil von 80% wird zum Garnieren und Verzieren verwendet. Als Beilage zu kaltem Braten, Geflügel und Fisch wird sie aus geschmacklichen Gründen abgewandelt und mit verdünnenden Substanzen gemischt. Salatmayonnaise enthält nur 50% Fettanteil.
Cremesaucen, meist als Dressing bezeichnet, werden ebenfalls auf Mayonnaisebasis bereitet. Ihr Fettgehalt liegt unter 50%.

Die wichtigen Zutaten und Grundrezepte

Mayonnaise richtig aufbewahren

● Mayonnaise in Gläsern oder Tuben dunkel und kühl, also am besten im Kühlschrank, aufbewahren. In ungeöffneten Gläsern und Tuben hält sich Mayonnaise bis zu 9 Monate. Angebrochen muß sie innerhalb von 4 bis 6 Wochen verbraucht werden.
● Mayonnaise im Beutel kann man ungeöffnet bis zu 2 Monate aufbewahren, im geöffneten Beutel bis zu 10 Tage.
Wie Sie Mayonnaise selbst zubereiten und wie Sie Mayonnaisemischungen herstellen können, finden Sie auf Seite 19 f.

Wurst und Fleischwaren

Aus der verwirrenden Fülle der gängigen Wurst- und Aufschnittsorten kann hier nur der Teil vorgestellt werden, der für die Kalte Küche von Bedeutung und überregional erhältlich ist.

Die Schinkensorten

Nicht jeder Schinken stammt wirklich aus der Schweinekeule und ist somit »echter« Schinken. Diese kleine Übersicht soll Ihnen bei der Auswahl behilflich sein:

Ardennen-Schinken: Roher, entbeinter Rollschinken von Schweinen, die vorwiegend mit Eicheln gefüttert wurden; mild gesalzen, unter Zugabe von Wacholder geräuchert und von würzig-mildem Geschmack.
Bayonner Schinken: Knochenschinken von nußartigem Geschmack; eine Spezialität aus dem Baskenland.
Bündner Fleisch: Kein Schinken, sondern besonders zartes gepökeltes, luftgetrocknetes Rindfleisch; nach alten Rezepten aus dem Schweizer Kanton Graubünden hergestellt; wird wie feiner roher Schinken in hauchdünnen Scheiben serviert.
Gekochter Schinken: Ausgelöstes, mild gepökeltes, kurz geräuchertes und anschließend gekochtes Fleisch aus der Schweinekeule.
Gekochter Vorderschinken: Nicht aus der Keule, sondern aus der Schweineschulter geschnitten und wie gekochter Schinken zubereitet; ist gröber in der Faser und hat mehr Fett als der Keulenschinken, daher preiswerter.
Holsteiner Katenschinken: Roher Knochenschinken, der nach 8 Wochen Reifezeit erst warm, dann kalt mit Buchenholz geräuchert wird; sein Geschmack ist mild-herb, leicht süßlich.
Kasseler Rippenspeer: Ebenfalls kein Schinken, sondern die mild gepökelten und bei mäßiger Temperatur geräucherten Kotelettstränge des Schweins.
Knochenschinken: Natürlich gewachsener zarter Schinken mit Röhrenknochen, Speck und Schwarte; von kräftigem Geschmack; nach alten bäuerlichen Rezepten hergestellt.
Kochschinken: (→gekochter Schinken).
Lachsschinken: Kein echter Schinken, da aus den besten Stücken der Kotelettstränge des Schweins geschnitten; dennoch wertvollste Schinkenart, ohne Fett, Sehnen und Knochen; roh warm geräuchert, besonders zart und leicht. Um ein Austrocknen zu verhindern, wird Lachsschinken mit Speck umwickelt und mit Garn gebunden.
Nußschinken (auch **Maussschinken**): Ebenfalls kein echter Schinken, da aus dem Kotelettstück geschnitten. Nußschinken ist von zarter Konsistenz, ohne Knochen, stark gepökelt, warm geräu-

Wurst und Fleischwaren

chert und daher mild-würzig im Geschmack. Er wird wie Lachsschinken geformt und gebunden, aber nicht mit Speck.
Parmaschinken: Entbeinter roher Schinken aus dem Gebirge nahe von Parma, der bis zu 15 Monaten an der Luft getrocknet wird; sein milder Geschmack und sein einmaliges Aroma machten ihn weltbekannt.
Rollschinken: Knochenlos aus den besten Schinkenstücken geschnitten, naß gepökelt und geformt, mit Garn in Form gehalten; warm geräuchert, mit kräftigem Rauchgeschmack.
Schwarzgeräuchertes: Gekochte Stücke aus der Schweinekeule oder -schulter, mit Wacholder geräuchert.
Schwarzwälder Schinken: Ausgebeinter und kantig geformter Schinken von kerniger, aber zarter Konsistenz; stark gepökelt, luftgetrocknet und kalt mit Tannenholz geräuchert.
Westfälischer Katenschinken: Knochenschinken aus der Keule mit dunkel rotbrauner Schwarte, mit Buchenholz geräuchert; von würzigem Geschmack.

Die Wurstsorten

Wurst wird in drei große Gruppen unterteilt: Rohwurst, Kochwurst und Brühwurst.

Rohwurst (auch **Dauerwurst** oder **Hartwurst**): Aus rohem Fleisch und Speck hergestellt, luftgetrocknet und geräuchert oder auch nur luftgetrocknet; lange Haltbarkeit, meist hart, mit Ausnahme der streichfähigen Tee- oder Mettwurst.
Die wichtigsten Sorten: Teewurst, Mettwurst, Schlackwurst, Zervelatwurst, Salami, Plockwurst, Schinkenwurst, Bauernbratwürste, Knackwürste, Krakauer, Debrecziner, Landjäger.
Rohwurst ist wochenlang haltbar, sollte aber luftig und kühl gelagert werden und gehört nicht in den Kühlschrank. Am besten hängt man sie im kühlen Keller auf.
Kochwurst: Wird aus vorgegartem Fleisch, eventuell unter Verwendung von Leber und anderen Innereien hergestellt. Die fertigen Würste werden noch einmal gekocht und je nach Sorte aus geschmacklichen Gründen kurz geräuchert.
Die wichtigsten Sorten: feine und grobe Leberwurst, Pasteten und ähnliche Zubereitungen wie Kalbsleberpastete, Gänseleberpastete, Schweineleberpastete, Geflügelleberpastete; außerdem Blutwurst, Rotwurst, Zungenwurst, Schwartenmagen, Preßsack, Schweinskopfsülze.
Kochwurst ist auch bei kühler Lagerung im Kühlschrank nur begrenzt haltbar und sollte innerhalb weniger Tage nach dem Einkauf verbraucht werden.
Brühwurst: Aus rohem Fleisch hergestellt und nach dem Abfüllen gebrüht.
Die wichtigsten Sorten: Fleischwurst, Lyoner Wurst, Gelbwurst, Mortadella, Schinkenwurst, Bierwurst, Jagdwurst, Bierschinken, Blasenwurst, Kochsalami, alle bekannten Würstchen sowie Fleischkäse und Leberkäse.
Brühwurst ist auch bei Lagerung im Kühlschrank nur begrenzt haltbar und sollte 2 Tage nach dem Einkauf verbraucht werden.

Unsere Tips

● Vor dem Aufschneiden von Wurst entfernen Sie die Wursthaut. Wenn Sie die Wursthaut erst später entfernen, reißen die dünnen Scheiben leicht ein.
● Von Roll- und Lachsschinken wird nur die helle Kunststoffhaut entfernt; die Fettränder des Lachsschinkens bleiben wegen der Optik an den Scheiben.

Käse in der Kalten Küche

● Roher Schinken, Bündner Fleisch und Hartwurst werden immer in sehr dünnen Scheiben serviert oder verwendet; Wurst mit weichem Fleisch schneidet man etwas dicker. Streichwurst für kalte Platten in dicke Scheiben schneiden.

● In Scheiben geschnittene Wurst oder Schinken bis zum Verbrauch im Kühlschrank lagern: Die Scheiben dicht aufeinander legen und fest in Klarsichtfolie einpacken. Schinkenscheiben ebenfalls dicht aufeinander legen und in mit Öl bestrichene Alufolie oder Klarsichtfolie rollen; die seitlichen Enden gut verschließen, da Schinken leicht austrocknet. Gegebenenfalls vor der Verwendung die trockenen Ränder von Schinken- oder Wurstscheiben abschneiden.

Käse in der Kalten Küche

Hierzulande ist Käse in erster Linie Brotbelag, doch auch Abschluß einer Mahlzeit, eines festlichen Menüs und wichtiger Bestandteil des kalten Buffets.

Käse wird aus Kuh-, Schaf- oder Ziegenmilch hergestellt. Durch Fermente oder natürliche Säuren läßt man das in der Milch gelöste Eiweiß gerinnen. Dabei schließen die gerinnenden Eiweißflöckchen das feinverteilte Milchfett mit ein. Durch Filtern, Zentrifugieren oder Rühren wird der Eiweißkuchen von der Molke getrennt. Der daraus entstandene Quark oder Frischkäse reift dann unter ganz bestimmten Bedingungen mit Hilfe von Bakterien und Schimmelpilzen zu köstlichem Camembert, duftendem Roquefort oder herzhaftem Emmentaler.

Die Käsearten

Käse läßt sich zunächst in die beiden Gruppen Naturkäse und Schmelzkäse gliedern. Schmelzkäse hat zwar einen hohen Marktanteil, spielt aber in der Vielfalt der Arten nur eine untergeordnete Rolle. Uns interessieren hier vor allem die Naturkäse. Alle Naturkäse reifen in kürzerer oder längerer Zeit und werden nicht weiterverarbeitet oder gemischt.

Die Naturkäse werden ihrer Festigkeit nach in die Gruppen Hartkäse, Schnittkäse, halbfeste Schnittkäse, Weichkäse und Frischkäse unterteilt. Die Trockenmasse, von der die Festigkeit abhängt, enthält Eiweißstoffe, Kohlenhydrate, Fett, Vitamine, Mineralstoffe und Spurenelemente. Der Fettanteil wird in Prozenten in der Trockenmasse (% i. Tr.) angegeben. Kennt man den Anteil der Trockenmasse nicht, sagen diese Angaben allerdings nichts über den tatsächlichen Fettgehalt einer Käsesorte aus.
Trockenmassegehalt der 5 Gruppen:
Hartkäse: mindestens 60%
Schnittkäse: 49 bis 57%
Halbfeste Schnittkäse: 44 bis 55%
Weichkäse: 35 bis 52%
Frischkäse: 20 bis 44%

Nach dem Fettanteil gibt es folgende Bezeichnungen:
Doppelrahmstufe: mindestens 60% Fett i. Tr.
Rahmstufe: mindestens 50% Fett i. Tr.
Vollfettstufe: mindestens 45% Fett i. Tr.
Fettstufe: mindestens 40% Fett i. Tr.
Dreiviertelfettstufe: mindestens 30% Fett i. Tr.
Halbfettstufe: mindestens 20% Fett i. Tr.
Viertelfettstufe: mindestens 10% Fett i. Tr.
Magerstufe: unter 10% Fett i. Tr.

Der größte Teil aller Käsesorten wird aus süßer Kuhmilch hergestellt. Ziegen- oder Schafkäse müssen gekennzeichnet sein.

Hartkäse
Hartkäse sind aufgrund ihres hohen Anteils an Trockenmasse besonders lange lagerfähig, doch müssen sie nach dem Anschnitt vor dem Austrocknen geschützt werden. Hartkäse eignet sich auch für warme Käsegerichte wie Fondue, Raclette oder Käsespätzle. Er wird fast ausschließlich in der Vollfettstufe hergestellt. Die bei uns bekanntesten Sorten sind Bergkäse, Cheddar, Chester, Emmentaler, Greyerzer (französisch Gruyère), Parmesan, Sbrinz und Walliser.

Schnittkäse
Ihre Ursprungsländer liegen im nördlichen Mitteleuropa. Die bei uns beliebtesten Sorten sind Edamer, Geheimratskäse, Gouda und Tilsiter.

Halbfeste Schnittkäse
Sie sind weicher als die vorher genannten Käsesorten und werden daher oft mit Weichkäse verwechselt. Halbfeste Schnittkäse gibt es mit und ohne Schimmelbildung. Die bekanntesten Sorten ohne Schimmelbildung sind Bel Paese, Butterkäse, Portsalut und Weißlacker.
Zu den halbfesten Schnittkäsen gehören auch bekannte Sorten mit Schimmelbildung wie Blue oder White Castello, Bresse bleu, Danablue oder Deutscher Edelpilzkäse. Die wichtigsten bei uns angebotenen Sorten sind Bavariablue, Blauer Stilton, Gorgonzola und Roquefort.

Weichkäse
Sie sind vor allem in Frankreich, Italien und Süddeutschland zu Hause. Auch Balkanländer produzieren Weichkäse, jedoch meist aus Ziegen- oder Schafmilch. Zu den wichtigsten Sorten gehören Brie, Französischer Brie, Limburger, Münster, Pyrenäenkäse, Romadour und Weinkäse.

Frischkäse
Hierzu gehört eine große Anzahl von unterschiedlichen, nicht gereiften Naturkäsesorten mit leicht säuerlichem Geschmack. Frischkäse wird in allen Fettstufen hergestellt. Die bekanntesten Sorten sind Cottage Cheese oder Hüttenkäse (körniger Frischkäse), Doppelrahm-Frischkäse, Rahmfrischkäse, Schichtkäse und Speisequark.

Sauermilchkäse
Sie entstehen durch Reifung aus Sauermilchquark, seltener aus Labquark oder aus einem Gemisch von beiden. Es gibt sie nur in der Magerstufe. Die bekanntesten Sauermilchkäse sind Harzer oder Mainzer, Kochkäse, Olmützer Quargel.

Schmelzkäse
Er wird aus Naturkäse durch Erhitzen und unter Zusatz von Schmelzsalzen hergestellt. Je nach Fettgehalt ist er unterschiedlich streichfähig. Man kauft ihn in Ecken, in Folie oder in Kunststoffbehältern verpackt, oder in Scheiben als Scheibletten. Schmelzkäse wird auch mit Pilzen, Schinken, Salami, Gemüse oder Kräutern gemischt angeboten.

Käse richtig einkaufen und aufbewahren

● Kaufen Sie möglichst nicht mehr Käse, als in wenigen Tagen verzehrt wird. Naturkäse ist keine Konserve. Er lebt und verändert sich. Nur Schmelzkäse kann in der Originalverpackung 3 bis 4 Wochen im Kühlschrank gelagert werden.

● Es ist eine erprobte Regel, daß Käse kühl und luftig aufbewahrt werden soll. Der beste Ort ist ein Lattenrost in einem kühlen Keller. Die Luft kann dort von allen Seiten an den Käse heran. Große Käsestücke sollten Sie in ein feuchtes Tuch einschlagen, um sie vor dem Austrocknen zu schützen. Perforierte Haushaltsfolie erfüllt denselben Zweck. In einer gut durchlüfteten Speisekammer ist Käse natürlich auch gut aufgehoben.

● Wenn Sie weder Keller noch Speisekammer besitzen, muß der Käse im Kühlschrank aufbewahrt werden, am besten in einem geschlossenen Plastikbehälter. Weichkäse kann – auch angebrochen – in der Originalverpackung verbleiben. Abgepackten Hartkäse oder Schnittkäse wickeln Sie nach dem Anschnitt in perforierte Folie, wobei die Schnittfläche nochmals gesondert abgedeckt wird. Der beste Platz im Kühlschrank ist das Gemüsefach, weil es dort nicht so kalt ist wie unter dem Kühlaggregat.

● Hartkäse am Stück hält sich bis zu 3 Wochen, in Scheiben geschnitten nur bis zu 3 Tage. Weichkäse mit Rotschmiere-Oberfläche hält sich 1 Woche, mit Camembert-Schimmelbildung halbreif bis zu 3 Wochen.

● Vollreifen Schimmelkäse können Sie bis zu 3 Tage unter der Käseglocke bei Zimmertemperatur aufbewahren.

Unsere Tips

● Rechnen Sie pro Person zum Frühstück oder Abendbrot 30 bis 50 g Käse, 100 g pro Person reichen für eine Käseplatte.

● Ein kaltes Buffet ist ohne Käseplatte nicht vollständig. Es sollte milde und würzige Käsesorten mit unterschiedlichem Fettgehalt, harte und weiche Käse bieten.

● Schneiden Sie die einzelnen Käsesorten nicht in Scheiben, sondern überlassen Sie es Ihren Gästen, sich ganz nach Verlangen mit mehr oder weniger großen Stücken zu bedienen. Aufgeschnittener Käse trocknet rasch aus.

● Die einzelnen Käse sollten so auf der Platte arrangiert sein, daß sie sich nicht berühren oder gar aufeinanderliegen. Die Gäste müssen bequem davon abschneiden können.

● Bieten Sie zur Käseplatte verschiedene Brotsorten an. Besonders gut passen kräftiges Bauernbrot, Pumpernickel, frisch aufgebackenes französisches Weißbrot, Knäckebrot und Kräcker.

● Ein beliebter Partysnack sind Käsewürfel aus Schweizer Käsesorten, auf die mit einem Spießchen blaue Weintrauben, Ananasstücke, Mandarinenspalten oder gefüllte Oliven gesteckt sind.

Für große Bratenstücke bietet die Fettpfanne des Backofens genügend Platz.

Auf dem Fleischthermometer lassen sich exakt die Temperaturen im Inneren des Bratens ablesen.

● Käseplatten können Sie mehrere Stunden, bevor sie serviert werden, zusammenstellen. Mit Klarsichtfolie abdecken und kühl aufbewahren. Dabei beachten, daß gekühlter Käse etwa 1 Stunde bei Raumtemperatur benötigt, um sein volles Aroma zu entfalten; also rechtzeitig aus dem Kühlschrank nehmen.

Kalte Braten aller Art

Fleisch von Kalb, Rind, Schwein – seltener vom Lamm –, aber auch Geflügel, Wildbret und Wildgeflügel haben ihren festen Platz in der Kalten Küche. Damit kalte Braten, Fleischpasteten, Zunge oder anderes wohl geraten, geben wir Ihnen einige praktische Hinweise.

Fleisch richtig garen

● Ist das Fleisch so groß, daß es nicht in den Bräter oder in die Bratreine paßt, braten Sie es in der Fettpfanne des Backofens. Das vorbereitete Bratenstück in die kalt ausgespülte Pfanne auf der untersten Schiene in den vorgeheizten Backofen schieben. Den Braten öfter mit dem nach und nach austretenden Bratensaft beschöpfen, denn die Gefahr des Austrocknens ist bei dieser Methode groß. Nach der Hälfte der Garzeit wenden. Würzende Zutaten wie Zwiebelstücke, Möhren, Pilze oder Kräuter erst 30 Minuten vor Beendigung der Garzeit zufügen. Wenn nicht genügend Bratensaft in der Pfanne ist, seitlich etwas heiße Flüssigkeit zugießen, damit diese Zutaten nicht verbrennen.

● Mageres Fleisch am besten im mit Speck ausgelegten Bräter garen. Den Bräter zudecken und auf den Rost auf dem Boden des vorgeheizten Backofens stellen.

● Ein Tontopf erfüllt denselben Zweck wie ein Bräter aus Metall, er muß aber vor dem Gebrauch mindestens 15 Minuten in Wasser gestellt werden und kommt stets in den kalten Backofen.

● Eine einfache und gute Garmethode ist das Braten in Folie. Das leicht gewürzte Fleisch mit den übrigen gewünschten Zutaten in die Bratfolie geben. Die Folie nach Vorschrift verschließen, einstechen und auf dem kalten Rost in den Backofen geben. Die Bratzeit ist kürzer als beim Garen im Bräter oder Tontopf.

● Eine gute Hilfe, um den Gargrad festzustellen, bietet das Fleischthermometer. Das Thermometer wird zu Beginn des Bratens bis in den Fleischkern gesteckt. Die Temperatur lesen Sie auf der Skala außen ab. Roastbeef ist bei einer Temperatur von 45° noch blutig, bei 60° rosa und bei 80° völlig durchgebraten. Kalbfleisch ist bei 75° durchgebraten und Schweinefleisch muß eine Temperatur von 85° erreicht haben.

● Den Braten nach Beendigung der Garzeit aus dem Bratgeschirr nehmen, abkühlen lassen und bis zum Tranchieren in Alufolie gewickelt im Kühlschrank aufbewahren.

Tranchieren von Braten

● Zum Tranchieren benötigen Sie ein Messer mit einer dünnen, scharfen Klinge. Mit der spitzen zweizinkigen Tranchiergabel wird der Braten auf dem Tranchierbrett festgehalten. Dabei das Fleisch möglichst nur mit dem Rücken der Zinken nach unten drücken und nur ausnahmsweise anstechen, damit kein wertvoller Fleischsaft verlorengeht.

● Grundsätzlich Fleisch quer zur Faser schneiden. Kleine Braten schräg aufschneiden, damit die Scheiben größer ausfallen.

Gemüse und Obst

● Bei Braten mit Knochen wird der Schnitt durch den Verlauf des Knochens bestimmt. Einen Rückenbraten schneiden Sie zunächst beiderseits entlang dem Rückgrat ein, dann schneiden Sie die Fleischstränge in schräge Scheiben.

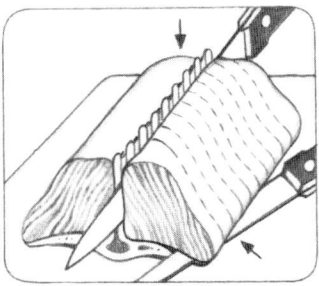
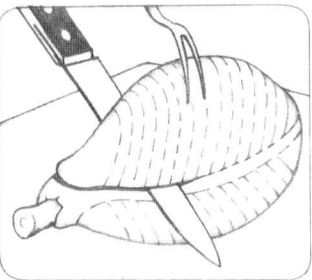

Einen Rückenbraten zunächst entlang dem Rückgrat einschneiden, dann die beiden Fleischstränge in Scheiben schneiden.

Bei Keulen das Fleisch beiderseits des Knochens in zwei Stücken abschneiden und anschließend in Scheiben schneiden.

● Eine große Keule wird folgendermaßen tranchiert: Die fleischige Seite der Keule senkrecht zum Knochen und bis auf den Knochen in Scheiben schneiden. Die Keule dann aufstellen und mit einem Schnitt parallel zum Knochen nach unten die Scheiben abtrennen. Dann den Knochen drehen und die andere Seite parallel zum Knochen in Scheiben schneiden.

Geflügel richtig vorbereiten und garen

Kaltes Geflügelfleisch schmeckt in Form von Salat, aber auch gefüllt oder ungefüllt gebraten.
● Tiefgefrorenes Geflügel ist küchenfertig. Es muß nur noch aufgetaut und gewaschen werden. Die Flüssigkeit, die sich beim Auftauen bildet, fortgießen. Geflügelteile vor dem Garen nur etwas antauen lassen. Vergessen Sie nicht, die Innereien vor dem Garen aus ganzem Geflügel herauszunehmen.
● Frisches Geflügel, wenn nötig, erst flämmen, innen und außen unter fließendem kaltem Wasser waschen und trockentupfen.
● Geflügel vor dem Braten oder Grillen nur innen salzen. Salz macht die Haut »ledern«.
● Geflügel stets nur zu zwei Dritteln füllen, sonst platzt die Haut. Die Bauchöffnung zunähen oder mit Spießchen zustecken.
● Vor dem Braten oder Grillen muß Geflügel dressiert werden. Die Flügel im Gelenk drehen und unter den Rücken schieben. Die Beine fest an den Bauch drücken und so mit Küchengarn fixieren oder mit einer sehr langen, starken Nadel einen Faden von der Seite her erst durch den einen Schenkel, dann quer durch den Körper des Tieres und durch den anderen Schenkel führen. Das Tier auf die Brust drehen, den Faden seitlich zum Flügel führen, die Flügel ebenso an den Körper binden. Dabei den Hautlappen des Halses auf den Rücken schlagen und mit einem Stich befestigen. Die Fadenenden straffziehen und fest verknoten.
● Geflügel immer zuerst mit der Brust nach unten braten, nach etwa der halben Bratzeit wenden und fertig braten.
● Nach beendeter Bratzeit zur Garprobe mit einer dicken Nadel oder einem Holzstäbchen in die dickste Stelle des Schenkels stechen. Tritt farbloser Fleischsaft aus, ist der Braten gar. Ist der Fleischsaft noch rötlich, muß der Braten noch länger garen.

Wild und Wildgeflügel

Wildbret gehört zu den kulinarischen Höhepunkten der klassischen Kalten Küche. Da auch der Preis, den man dafür zu zahlen hat, einen Höhepunkt darstellt, sollten Sie Wildspeisen besondere Sorgfalt bei der Zubereitung schenken. Je jünger das Tier, desto zarter sein Fleisch, gleich ob es sich um Haarwild oder Federwild handelt.
● Am besten lassen Sie Wild und Wildgeflügel vom Händler bratfertig zurichten, das heißt von Häuten, Sehnen und Fett befreien beziehungsweise rupfen und ausnehmen.
● Wild und Wildgeflügel vor dem Garen (oder Marinieren) rasch unter fließendem kaltem Wasser abspülen und sofort mit Küchenkrepp gut trockentupfen. Von mariniertem Wildbret die anhaftenden Gewürze abreiben und das Fleisch abtrocknen.
● Rücken und Keulen vor dem Garen spicken oder besser bardieren. Verwenden Sie dazu ungeräucherten Speck, der kein Salz enthält. Den Speck in etwa 6 cm lange, gleich dünne Streifen schneiden und im Eiswürfelfach des Kühlschranks oder im Gefriergerät leicht anfrieren lassen; so geht das Spicken leichter. Die Speckstreifen in das gezackte Ende der Spicknadel klemmen und die Streifen im Abstand von etwa 3 cm 1 cm tief unter die Haut durchziehen. Dabei sollen die Enden 1 bis 2 cm an der Oberfläche überstehen. Federwild niemals spicken.
● Beim Bardieren wird die feine Faserstruktur des Fleisches nicht verletzt. Der Braten wird nur mit Speckscheiben belegt. Zuvor das Fleisch mit wenig Salz und Pfeffer einreiben. Außer Wachteln, die eine natürliche Fettschicht haben, wird jedes Federwild bardiert: Brust und Schenkel – bei kleinen Tieren den ganzen Körper – mit dünnen Scheiben von ungeräuchertem fettem Speck belegen und diesen mit Küchengarn festbinden.
● Zum Braten im ganzen Wildgeflügel wie Hausgeflügel dressieren.
● Den fertigen Braten im geöffneten Backofen etwas abkühlen lassen und nach dem völligen Erkalten in Alufolie eingewickelt bis zur weiteren Verwendung im Kühlschrank aufbewahren.

Gemüse und Obst

Gemüse wird in der Kalten Küche häufig gegart, aber öfter noch roh zu Salaten verarbeitet. Da jede Speise in erster Linie so gut wie ihre Zutaten ist, seien Sie wählerisch beim Einkauf und sorgsam bei der Zubereitung von Gemüse, von Blattsalatpflanzen und von Obst. Richten Sie Ihren Speisezettel möglichst nach dem Angebot an frischem Obst und Gemüse aus. Jede Gemüse- und Salatpflanze sowie Obst haben ihre Saison, in der sie auch am besten schmecken. Ein typisches Beispiel dafür sind die Tomaten, die zwar das ganze Jahr über angeboten werden, die aber nur in den warmen Sommermonaten das richtige Aroma haben.

Gemüse und Obst richtig einkaufen und aufbewahren

Der folgende Saisonkalender soll Ihnen beim Planen helfen, denn er zeigt auf einen Blick, wann Gemüse, Salate und Obst saisonbedingt auf dem Markt sind und dann besonders aromatisch schmecken. Die rechte Spalte im Saisonkalender sagt Ihnen, wo und wie lange man die einzelnen Produkte lagern kann. Ist nur die Zeit angegeben, bis zu der die Früchte ihre Frische und das volle Aroma behalten, so wird vorausgesetzt, daß das Gemüse oder Obst im Gemüsefach des Kühlschrankes aufbewahrt wird.

Saisonkalender Gemüse

	Januar	Februar	März	April	Mai	Juni	Juli	August	September	Oktober	November	Dezember	Lagerung
Artischocke				🌰	🌰	🌰				🌰	🌰	🌰	4 Tage*
Aubergine					🍆	🍆	🍆	🍆	🍆	🍆			3 Tage*
Blumenkohl						🥬	🥬	🥬	🥬	🥬	🥬		3 Tage*
Bohnen, grün						🫘	🫘	🫘					2 Tage*
Broccoli	🥦	🥦	🥦								🥦	🥦	2 Tage*
Chicorée	🥬	🥬	🥬							🥬	🥬	🥬	6 Tage*
Chinakohl	🥬	🥬	🥬							🥬	🥬	🥬	10 Tage*
Eisbergsalat					🥬	🥬	🥬	🥬	🥬				4 Tage*
Endiviensalat	🥬	🥬	🥬					🥬	🥬	🥬	🥬	🥬	4 Tage*
Erbsen, grün						🫛	🫛	🫛					2 Tage*
Feldsalat	🌿	🌿	🌿							🌿	🌿	🌿	3 Tage*
Fenchel	🧅	🧅	🧅	🧅						🧅	🧅	🧅	7 Tage*
Gurken						🥒	🥒	🥒	🥒				2–3 Tage*
Knollensellerie	🧅	🧅	🧅							🧅	🧅	🧅	10 Tage*
Kohlrabi					🥬	🥬	🥬	🥬	🥬	🥬			3 Tage*
Kopfsalat				🥬	🥬	🥬	🥬	🥬	🥬				2 Tage*
Paprikaschoten							🫑	🫑	🫑	🫑			4 Tage*
Radicchio	🥬	🥬	🥬					🥬	🥬	🥬	🥬	🥬	3 Tage*

* Im Gemüsefach des Kühlschranks aufbewahren.

Saisonkalender Gemüse

	Januar	Februar	März	April	Mai	Juni	Juli	August	September	Oktober	November	Dezember	Lagerung
Radieschen					●	●	●	●	●				3 Tage*
Rosenkohl	●	●							●	●	●	●	3 Tage*
Rote Bete	●	●							●	●	●	●	14 Tage*
Rotkohl	●	●	●					●	●	●	●	●	7 Tage*
Spargel				●	●	●							1 Tag*
Spinat			●	●	●	●	●	●	●	●	●		1 Tag*
Staudensellerie	●	●	●							●	●	●	3 Tage*
Tomaten							●	●	●	●			4 Tage bei 18°
Weißkohl	●	●	●					●	●	●	●	●	7 Tage*
Wirsingkohl	●							●	●	●	●	●	4 Tage*
Zucchini					●	●	●	●	●				6 Tage*

Ganzjährig in guter Qualität auf dem Markt: Avocado Lauch/Porree Möhren Zwiebeln

Saisonkalender für Obst

	Januar	Februar	März	April	Mai	Juni	Juli	August	September	Oktober	November	Dezember	Lagerung
Ananas	●	●	●	●	●	●	●	●	●	●	●	●	5 Tage bei 18°
Aprikosen						●	●	●					14 Tage bei 18°
Birnen							●	●	●	●	●	●	2–3 Monate kühl
Brombeeren									●	●			—
Cherimoyas	●	●	●	●						●	●	●	1–2 Wochen bei 18°

* Im Gemüsefach des Kühlschranks aufbewahren.

Saisonkalender Obst

	Januar	Februar	März	April	Mai	Juni	Juli	August	September	Oktober	November	Dezember	Lagerung
Erdbeeren					X	X	X						1 Tag kühl
Feigen							X	X	X	X			1 Tag kühl
Heidelbeeren							X	X	X				—
Himbeeren								X					—
Johannisbeeren						X	X						2 Tage*
Kirschen						X	X	X					1 Tag kühl
Kiwis	X	X	X	X	X	X	X	X	X	X	X	X	8 Tage*
Mandarinen	X	X									X	X	6 Tage bei 18°
Mangos	X	X	X	X	X	X	X	X	X	X	X	X	4 Tage*
Melonen						X	X	X	X	X			2 Tage*
Orangen	X	X	X								X	X	6 Tage bei 18°
Papayas	X	X	X									X	—
Pfirsiche							X	X	X				3 Tage*
Plaumen							X	X	X	X			1 Tag kühl
Preiselbeeren								X	X	X			3 Tage kühl
Stachelbeeren						X	X						2 Tage kühl
Weintrauben								X	X	X	X		3 Tage*

Ganzjährig in guter Qualität auf dem Markt: **Äpfel** **Bananen** **Datteln** **Grapefruit** **Zitronen**

* Im Gemüsefach des Kühlschranks aufbewahren.

Grundrezept für Weißweingelee

Zutaten:

100 g Eiweiß · 1 kleine Zwiebel · 50 g Lauch/Porree ·
50 g Sellerieknolle · 2 Petersilienzweige · 1 Teel. Salz ·
8 weiße Pfefferkörner · 1 Stückchen Lorbeerblatt · 1 l entfettete
klare Fleischbrühe · ⅒ l Weißwein · 35 g Aspikpulver oder
10 Blatt weiße Gelatine

Der Arbeitsablauf:

● Das Eiweiß halbsteif schlagen.

● Das Gemüse waschen, putzen, sehr klein würfeln und mit dem Salz, den Pfefferkörnern und dem Lorbeerblatt in das Eiweiß geben. Alles kräftig mit dem Kochlöffel durchrühren.

● Die Fleischbrühe erhitzen, die Eiweiß-Gemüse-Mischung in die Brühe rühren und alles bei starker Hitze zum Kochen bringen. Dabei kräftig mit dem Schneebesen rühren und am Topfboden kreisen, damit sich das Eiweiß dort nicht festsetzen kann.

● Wenn das Eiweiß richtig geronnen ist und an der Oberfläche schwimmt, den Weißwein zugießen und die Brühe 40 bis 50 Minuten bei schwacher Hitze ziehen – auf keinen Fall kochen – lassen, den Topf dabei bis auf einen Spaltbreit zudecken.

● Die geklärte Brühe durch ein feines Haarsieb, am besten aber durch ein Filterpapier gießen.

● Das Aspikpulver in wenig kaltem Wasser, die Blattgelatine in reichlich kaltem Wasser einweichen. Das Aspikpulver mit dem Einweichwasser in die heiße Fleischbrühe rühren; die Blattgelatine ausdrücken, in die Fleischbrühe geben und in der Fleischbrühe auflösen. Sollte die Fleischbrühe durch das Filtern nicht mehr heiß genug sein, muß man sie vor dem Auflösen der Gelatine noch einmal erhitzen, aber nicht kochen lassen.

● Die Fleischbrühe rühren, bis sich die Gelatine restlos gelöst hat. Die Brühe dann unter öfterem Umrühren abkühlen lassen und wie in den einzelnen Rezepten beschrieben weiterverarbeiten oder in eine Schüssel füllen und im Kühlschrank restlos erstarren lassen.

Varianten

Portwein-, Sherry-, Muskateller- oder Madeiragelee erhalten Sie, wenn Sie statt des Weißweins die genannten Weine verwenden. Je nach Rezept können Sie Gelee auch aus Geflügelfond, Wildfond oder Fischfond herstellen und die Zusammensetzung der Gewürze verändern.

Praktischer Rat vor dem Start

Manchmal gibt es beim Einkaufen für die Kalte Küche unliebsame Überraschungen oder kleine Schwierigkeiten. Damit Sie die häufigsten Probleme schon vor dem Einkauf bedenken und Ihr Programm eventuell noch ändern können, hier die wichtigsten Punkte:

● Da salzige Mürbeteigtartelettes oder Mürbeteigschiffchen meist nur in Spezialgeschäften oder beim Konditor auf Bestellung erhältlich sind, raten wir Ihnen, wenn Sie das Gebäck für ein bestimmtes Rezept brauchen, es nach dem Grundrezept für Mürbeteig auf Seite 20 selbst herzustellen. Die Törtchen kann man einfrieren oder in einer Blechdose wochenlang vorrätig halten.

● Machen Sie es sich zur Gewohnheit, alles frisch zu kaufen, wenn der Markt es gerade bietet und frische Produkte dann auch ohne unnötig lange Lagerzeiten zu verwenden. Die Qualität von frischem Gemüse und Obst wird kaum von einer Dosenware erreicht; ist das benötigte Produkt nicht frisch am Markt erhältlich, versuchen Sie es durch tiefgefrorene Waren zu ersetzen.

● Achten Sie beim Einkauf von Lebensmitteln und vor allem von nicht häufig gebrauchten Delikatessen – besonders außerhalb der Saison – darauf, daß man Ihnen keine Ladenhüter verkauft. Wann Obst und Gemüse saisonbedingt im Handel sind, zeigt Ihnen der Kalender auf Seite 15 ff. Der Geschmack eines mühevoll zubereiteten Gerichts kann sehr beeinträchtigt werden, wenn Sie beispielsweise im Sommer einheimische, bereits ranzige Nüsse verwenden, überlagerte Gewürze, nicht mehr frische Mayonnaise oder Würzsaucen.

● Auch im eigenen Kühlschrank können Lebensmittel überlagert sein. Vergewissern Sie sich stets vor dem Verwenden, ob Mayonnaise, Ketchup, Senf, Meerrettich, Sardellenpaste wirklich noch gut und geschmacksintensiv sind, ehe Sie derartige, schon länger vorrätige Dinge verwenden.

● Seien Sie nicht ängstlich bei Austauschen von geschmacksintensiven Zutaten, die Sie einfach nicht mögen, obgleich Ihnen das ausgewählte Rezept zusagen würde. Haben sie beispielsweise etwas gegen Curry, so nehmen Sie ein anderes Gewürz, das ebenfalls zu den vorgeschlagenen Grundzutaten paßt. Speck läßt sich beispielsweise gegen Schinken austauschen, Muscheln können Sie statt Krabben verwenden, Fenchel statt Staudensellerie, Grapefruits statt Orangen oder Mandarinen. Man muß dann nur beim Dosieren behutsam vorgehen und die neue Kombination zunächst in einer kleinen Portion probieren.

● Für viele Gerichte in der Kalten Küche werden die teuren Trüffeln zum Garnieren vorgeschlagen. Kaufen Sie aber nur dann Trüffeln, wenn der Anlaß die Ausgabe auch rechtfertigt und wenn Sie bestimmt den Inhalt eines Döschens aufbrauchen können. Ist das nicht der Fall, ersetzen Sie Trüffeln durch Morcheln, durch echten oder Garnierkaviar.

Saisonkalender Obst

	Januar	Februar	März	April	Mai	Juni	Juli	August	September	Oktober	November	Dezember	Lagerung
Erdbeeren					●	●	●						1 Tag kühl
Feigen							●	●	●	●			1 Tag kühl
Heidelbeeren							●	●	●				—
Himbeeren							●						—
Johannisbeeren						●	●						2 Tage*
Kirschen						●	●	●					1 Tag kühl
Kiwis	●	●	●	●	●	●	●	●	●	●	●	●	8 Tage*
Mandarinen	●	●									●	●	6 Tage bei 18°
Mangos	●	●	●	●	●	●	●	●	●	●	●	●	4 Tage*
Melonen						●	●	●	●	●	●		2 Tage*
Orangen	●	●	●	●							●	●	6 Tage bei 18°
Papayas	●	●	●									●	—
Pfirsiche							●	●	●				3 Tage*
Plaumen							●	●	●	●			1 Tag kühl
Preiselbeeren									●	●	●		3 Tage kühl
Stachelbeeren						●	●						2 Tage kühl
Weintrauben									●	●	●	●	3 Tage*

Ganzjährig in guter Qualität auf dem Markt: ● **Äpfel**   ● **Bananen**   ● **Datteln**   ● **Grapefruit**   ● **Zitronen**

* Im Gemüsefach des Kühlschranks aufbewahren.

Praktischer Rat vor dem Start

Grundrezept für Weißweingelee

Zutaten:
100g Eiweiß · 1 kleine Zwiebel · 50g Lauch/Porree ·
50g Sellerieknolle · 2 Petersilienzweige · 1 Teel. Salz ·
8 weiße Pfefferkörner · 1 Stückchen Lorbeerblatt · 1 l entfettete
klare Fleischbrühe · ¹/₁₀ l Weißwein · 35 g Aspikpulver oder
10 Blatt weiße Gelatine

Der Arbeitsablauf:

● Das Eiweiß halbsteif schlagen.
● Das Gemüse waschen, putzen, sehr klein würfeln und mit dem Salz, den Pfefferkörnern und dem Lorbeerblatt in das Eiweiß geben. Alles kräftig mit dem Kochlöffel durchrühren.
● Die Fleischbrühe erhitzen, die Eiweiß-Gemüse-Mischung in die Brühe rühren und alles bei starker Hitze zum Kochen bringen. Dabei kräftig mit dem Schneebesen rühren und am Topfboden kreisen, damit sich das Eiweiß dort nicht festsetzen kann.
● Wenn das Eiweiß richtig geronnen ist und an der Oberfläche schwimmt, den Weißwein zugießen und die Brühe 40 bis 50 Minuten bei schwacher Hitze ziehen – auf keinen Fall kochen – lassen, den Topf dabei bis auf einen Spaltbreit zudecken.
● Die geklärte Brühe durch ein feines Haarsieb, am besten aber durch ein Filterpapier gießen.
● Das Aspikpulver in wenig kaltem Wasser, die Blattgelatine in reichlich kaltem Wasser einweichen. Das Aspikpulver mit dem Einweichwasser in die heiße Fleischbrühe rühren; die Blattgelatine ausdrücken, in die Fleischbrühe geben und in der Fleischbrühe auflösen. Sollte die Fleischbrühe durch das Filtern nicht mehr heiß genug sein, muß man sie vor dem Auflösen der Gelatine noch einmal erhitzen, aber nicht kochen lassen.
● Die Fleischbrühe rühren, bis sich die Gelatine restlos gelöst hat. Die Brühe dann unter öfterem Umrühren abkühlen lassen und wie in den einzelnen Rezepten beschrieben weiterverarbeiten oder in eine Schüssel füllen und im Kühlschrank restlos erstarren lassen.

Varianten

Portwein-, Sherry-, Muskateller- oder Madeiragelee erhalten Sie, wenn Sie statt des Weißweins die genannten Weine verwenden. Je nach Rezept können Sie Gelee auch aus Geflügelfond, Wildfond oder Fischfond herstellen und die Zusammensetzung der Gewürze verändern.

Praktischer Rat vor dem Start

Manchmal gibt es beim Einkaufen für die Kalte Küche unliebsame Überraschungen oder kleine Schwierigkeiten. Damit Sie die häufigsten Probleme schon vor dem Einkauf bedenken und Ihr Programm eventuell noch ändern können, hier die wichtigsten Punkte:
● Da salzige Mürbeteigtartelettes oder Mürbeteigschiffchen meist nur in Spezialgeschäften oder beim Konditor auf Bestellung erhältlich sind, raten wir Ihnen, wenn Sie das Gebäck für ein bestimmtes Rezept brauchen, es nach dem Grundrezept für Mürbeteig auf Seite 20 selbst herzustellen. Die Törtchen kann man einfrieren oder in einer Blechdose wochenlang vorrätig halten.
● Machen Sie es sich zur Gewohnheit, alles frisch zu kaufen, wenn der Markt es gerade bietet und frische Produkte dann auch ohne unnötig lange Lagerzeiten zu verwenden. Die Qualität von frischem Gemüse und Obst wird kaum von einer Dosenware er-

reicht; ist das
versuchen Si
● Achten Si
von nicht hä
halb der Sais
kauft. Wann
zeigt Ihnen d
mühevoll zu
wenn Sie bei
Nüsse verwe
Mayonnaise
● Auch in e
gert sein. Ver
Mayonnaise,
lich noch gu
schon länger
● Seien Sie
intensiven Zu
das ausgewäh
etwas gegen G
falls zu den v
beispielsweise
Sie statt Krab
Grapefruits st
beim Dosiere
● Für viele C
Trüffeln zum
dann Trüffeln
wenn Sie best
nen. Ist das ni
durch echten

Delikate Brote

Schinken-Ei-Brot

Zutaten für 1 Person:
1 Teel. Butter
50 g roher Schinken
1 Prise Currypulver
1 Scheibe Graubrot
1 hartgekochtes Ei
1 Eßl. Mayonnaise
1 Teel. gemischte tiefgefrorene
  Kräuter
etwas Petersilie

Etwa 1930 Joule/460 Kalorien

Die Butter mit dem kleingewürfelten Schinken und dem Curry mischen, das Brot damit bestreichen. Das Ei in Scheiben schneiden und auf das Brot legen. Die Mayonnaise mit den Kräutern verrühren, auf die Eischeiben verteilen. Mit Petersilie garnieren.

Käsesalat-Brot

Zutaten für 1 Person:
1 Scheibe Vollkornbrot
1 Teel. Butter
2–3 Blätter Endiviensalat
50 g Edamer Käse
½ hartgekochtes Ei
4 Walnußkerne
1 Teel. Schnittlauchröllchen
je 1 Teel. Mayonnaise und
  Joghurt
je 1 Prise Salz und Pfeffer
einige Weintrauben

Etwa 2140 Joule/510 Kalorien

Das Brot mit der Butter bestreichen und mit Salatstreifen belegen. Den Käse und das Ei würfeln, 3 Walnußkerne hacken, alles mit den übrigen Zutaten bis Pfeffer mischen. Auf das Brot geben. Mit Weintrauben und der Nuß garnieren.

Paprika-Wurstbrot

Zutaten für 1 Person:
1 Scheibe Graubrot
1 Teel. Butter
je ½ grüne und rote Paprika-
  schote
1 kleine Zwiebel
50 g Fleischwurst
je 1 Teel. Öl und Weinessig
1 Teel. gehackte Petersilie
je 1 Prise Salz und Pfeffer

Etwa 2100 Joule/500 Kalorien

Das Brot mit der Butter bestreichen. Die grüne Paprikaschote in Ringe, die rote in kleine Würfel schneiden. Die Zwiebel in Ringe, die Wurst in Streifchen schneiden. Die Schotenringe auf das Brot legen. Alle übrigen Zutaten gut mischen, auf das Brot geben.

Salamibrot mit Eiersalat

Zutaten für 1 Person:
1 Scheibe Graubrot
1 Teel. Butter
6 dünne Scheiben Salami
1 Blatt Kopfsalat
1 hartgekochtes Ei
3 Champignons, ½ Tomate
1 Teel. Mayonnaise
1 Eßl. Crème fraîche
1 Spritzer Zitronensaft
je 1 Prise Salz und Pfeffer

Etwa 2185 Joule/520 Kalorien

Das Brot mit der Butter bestreichen, mit der Salami und dem Salatblatt belegen. Das Ei und die Champignons hacken, die Tomate würfeln und alles mit den übrigen Zutaten mischen. Den Eiersalat auf das Salatblatt geben.

Saisonkalender Obst

	Januar	Februar	März	April	Mai	Juni	Juli	August	September	Oktober	November	Dezember	Lagerung
Erdbeeren					X	X	X						1 Tag kühl
Feigen							X	X	X	X			1 Tag kühl
Heidelbeeren							X	X	X				—
Himbeeren								X					—
Johannisbeeren						X	X						2 Tage*
Kirschen						X	X	X					1 Tag kühl
Kiwis	X	X	X	X	X	X	X	X	X	X	X	X	8 Tage*
Mandarinen	X	X									X	X	6 Tage bei 18°
Mangos	X	X	X	X	X	X	X	X	X	X	X	X	4 Tage*
Melonen					X	X	X	X	X	X			2 Tage*
Orangen	X	X	X	X							X	X	6 Tage bei 18°
Papayas	X	X	X									X	—
Pfirsiche							X	X	X				3 Tage*
Plaumen								X	X	X	X		1 Tag kühl
Preiselbeeren								X	X	X			3 Tage kühl
Stachelbeeren						X	X						2 Tage kühl
Weintrauben								X	X	X	X		3 Tage*

Ganzjährig in guter Qualität auf dem Markt: **Äpfel**   **Bananen**   **Datteln**   **Grapefruit**   **Zitronen**

* Im Gemüsefach des Kühlschranks aufbewahren.

Brot selbst gebacken

Wenn auch das Angebot an fertigen Grundzutaten für die Kalte Küche so vielfältig ist wie nie zuvor, bleibt der Hausfrau doch noch viel Raum für eigene Kreationen. Das fängt an bei selbstgebackenem Brot und selbstgerührter Mayonnaise und hört bei selbstbereiteter Vanilleeiscreme noch lange nicht auf. Einige Grundzutaten der Kalten Küche kann man nicht fertig kaufen, wie zum Beispiel das herbe Gelee für Pasteten und Terrinen. Im folgenden Kapitel finden Sie wichtige Grundrezepte der Kalten Küche, die vielfach anwendbar sind und bei den einzelnen Spezialrezepten aus Platzgründen nicht wiederholt werden konnten, sowie Rezepte für Grundzutaten, die Sie zwar fertig kaufen können, die aber selbstgemacht noch besser schmecken und Ihnen sicherlich großes Lob einbringen werden.

Brot selbst gebacken

Wenn Sie Brot nicht aus vorgefertigten Mischungen, wie sie im Handel erhältlich sind, sondern von Anfang bis Ende selbst backen wollen, wählen Sie unter den nachfolgenden Rezepten das für Ihren Zweck am besten geeignete aus.

Weizenkeimbrot
Zutaten für 2 Brotlaibe:
150g Weizenkörner · 60g Hefe · ¼l lauwarmes Wasser ·
2 Eßl. Salz · 6 Eßl. Honig · 3 Eßl. Öl oder geschmolzene Butter ·
900–1000g Weizenvollkornmehl oder Spezialmehl (halb Weizen-, halb Vollkornmehl)

Bei 20 Scheiben pro Scheibe etwa 965 Joule/230 Kalorien

Der Arbeitsablauf:
● Die Weizenkörner 3 Tage vor dem Backtag nach Empfehlung auf der Packung zum Keimen ansetzen.
● Am Backtag die Hefe mit dem lauwarmen Wasser verrühren. Das Salz, den Honig, das Öl oder die flüssige Butter zur Hefe geben. Die Hälfte des gesiebten Mehls unterrühren.
● Den Vorteig zugedeckt 30 Minuten bei Raumtemperatur gehen lassen.
● Das restliche Mehl und die gekeimten Weizenkörner zum Teig geben und diesen gut verkneten.
● Den Teig nochmals gehen lassen, bis er das doppelte Volumen erreicht hat.
● Den Teig noch einmal durchkneten und 2 Brotlaibe daraus formen.
● Die Brotlaibe auf ein Backblech legen und weitere 15 bis 20 Minuten gehen lassen.
● Den Backofen auf 200° vorheizen.
● Die Brote kreuzweise einschneiden, mit Wasser bestreichen und auf der untersten Schiene 50 bis 60 Minuten backen.
● Die Brote auf einem Kuchengitter abkühlen lassen.

Pariser Brot
Zutaten für 5 bis 6 Brotstangen:
1 kg Weizenmehl (möglichst Type 550) · 40g Hefe · ⅜l lauwarmes Wasser · 4 Teel. Salz · Mehl für das Backblech

Pro Stange etwa 2875 Joule/685 Kalorien

Der Arbeitsablauf:
● Das Mehl in eine Schüssel sieben, in die Mitte eine Vertiefung drücken und die Hefe hineinbröckeln. Die Hefe mit dem Wasser und wenig Mehl verrühren und das Ganze zugedeckt an einem warmen Ort 20 bis 30 Minuten gehen lassen.
● Das Salz auf das Mehl streuen und alles zu einem glatten Teig vermengen. Den Teig schlagen, bis er Blasen wirft und sich vom Schüsselrand löst.
● Den Teig mit Mehl bestäuben, damit die Oberfläche nicht verkrustet, und zugedeckt an einem warmen Ort (bei Raumtemperatur) etwa 2½ Stunden gehen lassen.
● Ein oder zwei Backbleche mit Mehl bestäuben.
● Den Teig auf einer bemehlten Arbeitsfläche noch einmal kurz durchkneten und in 5 bis 6 Stücke teilen. Aus jedem Teil eine Rolle formen und auf das bemehlte Backblech legen. Die Rollen zugedeckt noch einmal 30 Minuten gehen lassen.
● Den Backofen auf 250° vorheizen.
● Die Rollen mit einem scharfen, dünnen Messer mehrmals schräg einschneiden und mit lauwarmem Wasser bestreichen.
● Die Brote auf der zweiten Schiene von unten 10 Minuten backen. Dann den Backofen auf 200° zurückschalten und die Rollen weitere 30 Minuten backen.

Kräftiges Roggenbrot
Zutaten für 1 Brotlaib:
50g Sauerteig (vom Bäcker) · ½–¾l lauwarmes Wasser · 750g Roggenschrot · 250g Weizenmehl · 2 Teel. Salz

Bei 40 Scheiben pro Scheibe etwa 380 Joule/90 Kalorien

Der Arbeitsablauf:
● Den Sauerteig bestellen Sie am besten einen Tag vor dem Backen bei Ihrem Bäcker. Den Roggenschrot können Sie im Reformhaus oder Feinkostgeschäft kaufen.
● Den Sauerteig mit ½l lauwarmem Wasser in einer Schüssel gut verrühren.
● Den Roggenschrot und das Weizenmehl zusammen in eine gut vorgewärmte Schüssel geben. In die Mitte des Mehls eine Vertiefung drücken und den Sauerteig hineingießen. Nach und nach etwa die Hälfte des Mehls mit dem Sauerteig verrühren, bis ein dickflüssiger Teig entstanden ist.
● Die Schüssel mit Tüchern zudecken und den Teig an einem warmen Ort 12 Stunden, am besten über Nacht, gehen lassen.
● Dann das restliche lauwarme Wasser und das Salz zum Teig geben. Das gesamte Mehl mit dem Sauerteig verrühren und den Teig so lange kneten, bis er fest ist und nicht mehr auseinanderläuft.
● Den Teig zu einer Kugel formen, in eine gut angewärmte und mit Mehl ausgestäubte Schüssel geben, mit Tüchern zudecken und nochmals 3 Stunden an einem warmen Ort gehen lassen.
● Das Backblech mit Alufolie auslegen. Mit bemehlten Händen aus dem Teig einen runden, nicht zu hohen Laib formen, auf das Backblech legen und bei Raumtemperatur noch einmal 1½ bis 2 Stunden gehen lassen. Während dieser Zeit die Oberfläche des Brotes drei- bis viermal mit lauwarmem Wasser bestreichen, damit sich keine Risse bilden.
● Den Backofen auf 250° vorheizen.
● Den gegangenen Brotlaib mit einem scharfen Messer karoförmig einschneiden und auf der untersten Schiene 50 bis 60 Minuten backen. Nach 30 Minuten den Backofen auf 200° schalten. Bei Backbeginn ein flaches feuerfestes Förmchen mit Wasser gefüllt auf den Backofenboden stellen.

● Den Backofen ausschalten, das Brot herausnehmen, mit kaltem Wasser bestreichen und zum Trocknen noch einige Minuten in den ausgeschalteten, aber noch warmen Backofen schieben.

Mohnsemmeln

Zutaten für 20 Semmeln:
500g Mehl · 30g Hefe · ¼l lauwarme Milch · 50g Butter · 1 Ei ·
1 Teel. Salz · je 1 Messerspitze Pfeffer und geriebene Muskatnuß ·
2 Eigelbe · 2 Eßl. Milch · 4 Eßl. Mohn · Butter für das Backblech

Pro Stück etwa 650 Joule/155 Kalorien

Der Arbeitsablauf:
● Das Mehl in eine Schüssel sieben und eine Mulde hineindrücken. Die Hefe hineinbröckeln und mit der Milch und etwas Mehl zu einem Vorteig verrühren.
● Zugedeckt 15 Minuten gehen lassen.
● Die Butter zerlassen, mit dem Ei, dem Salz, dem Pfeffer und der Muskatnuß mischen, an den Vorteig geben und mit dem gesamten Mehl zu einem glatten Hefeteig schlagen.
● Den Teig nochmals 30 bis 50 Minuten gehen lassen.
● Ein bis zwei Backbleche einfetten.
● Vom Hefeteig 40 g schwere Stücke abwiegen, mit bemehlten Händen zu Kugeln formen und in genügendem Abstand voneinander auf das Backblech legen. Mit dem Handballen etwas flachdrücken.
● Die Semmeln zugedeckt weitere 30 Minuten gehen lassen.
● Den Backofen auf 200° vorheizen.
● Die Eigelbe mit der Milch verquirlen, die Semmeln damit bestreichen, mit dem Mohn bestreuen und kreuzweise nicht zu tief einschneiden.
● Die Semmeln auf der zweiten Schiene von unten 20 Minuten backen. Zu Backbeginn 1 Tasse Wasser auf den Boden des Backofens schütten.

Resche Roggenbrötchen

Zutaten für etwa 15 Brötchen:
500g Roggenmehl · 50g Sauerteig (vom Bäcker) · etwa ³⁄₁₆l
Wasser · 10g Hefe · 2 Teel. Salz · Mehl für das Backblech

Pro Stück etwa 525 Joule/125 Kalorien

Der Arbeitsablauf:
● Die Hälfte des Mehls in eine Schüssel sieben. Den Sauerteig mit dem Wasser verrühren und mit der zerbröckelten Hefe unter das Mehl mischen.
● Den Vorteig zugedeckt an einem warmen Ort 12 Stunden, am besten über Nacht, gehen lassen.
● Das Salz mit dem restlichen gesiebten Mehl unter den Vorteig kneten und den Teig schlagen, bis er Blasen wirft.
● 50 g schwere Stücke abwiegen, zu Kugeln formen und 20 bis 30 Minuten gehen lassen.
● Den Backofen auf 200° vorheizen.
● Ein Backblech mit Mehl bestäuben, die Kugeln darauflegen, mit Wasser bepinseln, mit Mehl bestäuben und mit einem Messer einmal einschneiden.
● Die Brötchen auf der zweiten Schiene von unten 25 Minuten backen. Zu Backbeginn 1 Tasse Wasser auf den Boden des Backofens schütten.

Knoblauchbrot

Ob mit selbstgebackenem Weißbrot nach dem Rezept für Pariser Brot oder mit fertig gekauftem Stangenweißbrot zubereitet – ein knuspriges Knoblauchbrot ist immer ein Genuß. Ganz besonders gut schmeckt es zu frischem grünem oder gemischtem Salat.

Zutaten für 1 Stangenweißbrot von 500g:
125g weiche Butter · 3 Knoblauchzehen (nach Belieben mehr) ·
1–2 Messerspitzen Salz · je ½ Bund Petersilie und Schnittlauch oder
andere frische Kräuter (zusammen 1 Bund) · 1 Stangenweißbrot
von 500g oder die entsprechende Menge Baguettes

Etwa 9825 Joule/2340 Kalorien

Der Arbeitsablauf:
● Die Butter schaumig rühren.
● Die Knoblauchzehen schälen, kleinschneiden, salzen, mit dem Messerrücken zerdrücken und mit der Butter mischen.
● Den Backofen auf 200° vorheizen.
● Die Kräuter kurz kalt abbrausen, abtropfen lassen, feinschneiden und unter die Knoblauchbutter rühren.
● Gegebenenfalls noch mit etwas Salz abschmecken.
● Das Weißbrot im Abstand von 2 bis 3 cm leicht schräg, tief ein-, aber nicht ganz durchschneiden.
● Die Knoblauchbutter in die Einschnitte streichen.
● Das Weißbrot in Alufolie einschlagen. Die Folie gut verschließen. Das Knoblauchbrot auf der mittleren Schiene 20 Minuten backen.

Mayonnaise-Varianten

Da Mayonnaise in der Kalten Küche als Zutat wie als Verzierung eine besondere Rolle spielt, folgen hier ein paar Anregungen, wie Sie Mayonnaise selbst herstellen und pikant abwandeln können.

Selbstgerührte Mayonnaise

Zutaten:
2 Eigelbe · je 2 Messerspitzen Salz und Zucker · 1 Prise frisch gemahlener, weißer Pfeffer · 1 Teel. Senf · 1 Teel. Zitronensaft ·
¼l Öl · 1 Eßl. Weinessig

Etwa 10455 Joule/2490 Kalorien

Der Arbeitsablauf:
● Alle Zutaten sollen Raumtemperatur haben, deshalb die Eier rechtzeitig aus dem Kühlschrank nehmen.
● Die Eigelbe mit dem Salz, dem Zucker, dem Pfeffer und dem Senf schaumig rühren. Den Zitronensaft zufügen und die Mischung einige Minuten stehen lassen.
● Unter ständigem Rühren mit dem Schneebesen das Öl zuerst nur tropfenweise zufließen lassen.
● Wenn die Sauce dickflüssig wird, einige Tropfen Essig unterrühren. Unter ständigem Rühren wieder Öl in dünnem Strahl zugießen, jedoch nie so viel, daß es auf der Eigelbmasse steht. Immer wenn die Sauce dick wird, etwas Essig zufügen, damit sie wieder Öl aufnehmen kann.
● Sollte die Mayonnaise während des Rührens gerinnen, ziehen Sie langsam 1 bis 2 Teelöffel heißes Wasser darunter.

Grundrezept für Weißweingelee

Zutaten:

*100 g Eiweiß · 1 kleine Zwiebel · 50 g Lauch/Porree ·
50 g Sellerieknolle · 2 Petersilienzweige · 1 Teel. Salz ·
8 weiße Pfefferkörner · 1 Stückchen Lorbeerblatt · 1 l entfettete
klare Fleischbrühe · 1/10 l Weißwein · 35 g Aspikpulver oder
10 Blatt weiße Gelatine*

Der Arbeitsablauf:
- Das Eiweiß halbsteif schlagen.
- Das Gemüse waschen, putzen, sehr klein würfeln und mit dem Salz, den Pfefferkörnern und dem Lorbeerblatt in das Eiweiß geben. Alles kräftig mit dem Kochlöffel durchrühren.
- Die Fleischbrühe erhitzen, die Eiweiß-Gemüse-Mischung in die Brühe rühren und alles bei starker Hitze zum Kochen bringen. Dabei kräftig mit dem Schneebesen rühren und am Topfboden kreisen, damit sich das Eiweiß dort nicht festsetzen kann.
- Wenn das Eiweiß richtig geronnen ist und an der Oberfläche schwimmt, den Weißwein zugießen und die Brühe 40 bis 50 Minuten bei schwacher Hitze ziehen – auf keinen Fall kochen – lassen, den Topf dabei bis auf einen Spaltbreit zudecken.
- Die geklärte Brühe durch ein feines Haarsieb, am besten aber durch ein Filterpapier gießen.
- Das Aspikpulver in wenig kaltem Wasser, die Blattgelatine in reichlich kaltem Wasser einweichen. Das Aspikpulver mit dem Einweichwasser in die heiße Fleischbrühe rühren; die Blattgelatine ausdrücken, in die Fleischbrühe geben und in der Fleischbrühe auflösen. Sollte die Fleischbrühe durch das Filtern nicht mehr heiß genug sein, muß man sie vor dem Auflösen der Gelatine noch einmal erhitzen, aber nicht kochen lassen.
- Die Fleischbrühe rühren, bis sich die Gelatine restlos gelöst hat. Die Brühe dann unter öfterem Umrühren abkühlen lassen und wie in den einzelnen Rezepten beschrieben weiterverarbeiten oder in eine Schüssel füllen und im Kühlschrank restlos erstarren lassen.

Varianten

Portwein-, Sherry-, Muskateller- oder Madeiragelee erhalten Sie, wenn Sie statt des Weißweins die genannten Weine verwenden. Je nach Rezept können Sie Gelee auch aus Geflügelfond, Wildfond oder Fischfond herstellen und die Zusammensetzung der Gewürze verändern.

Praktischer Rat vor dem Start

Manchmal gibt es beim Einkaufen für die Kalte Küche unliebsame Überraschungen oder kleine Schwierigkeiten. Damit Sie die häufigsten Probleme schon vor dem Einkauf bedenken und Ihr Programm eventuell noch ändern können, hier die wichtigsten Punkte:
- Da salzige Mürbeteigtartelettes oder Mürbeteigschiffchen meist nur in Spezialgeschäften oder beim Konditor auf Bestellung erhältlich sind, raten wir Ihnen, wenn Sie das Gebäck für ein bestimmtes Rezept brauchen, es nach dem Grundrezept für Mürbeteig auf Seite 20 selbst herzustellen. Die Törtchen kann man einfrieren oder in einer Blechdose wochenlang vorrätig halten.
- Machen Sie es sich zur Gewohnheit, alles frisch zu kaufen, wenn der Markt es gerade bietet und frische Produkte dann auch ohne unnötig lange Lagerzeiten zu verwenden. Die Qualität von frischem Gemüse und Obst wird kaum von einer Dosenware erreicht; ist das benötigte Produkt nicht frisch am Markt erhältlich, versuchen Sie es durch tiefgefrorene Waren zu ersetzen.
- Achten Sie beim Einkauf von Lebensmitteln und vor allem von nicht häufig gebrauchten Delikatessen – besonders außerhalb der Saison – darauf, daß man Ihnen keine Ladenhüter verkauft. Wann Obst und Gemüse saisonbedingt im Handel sind, zeigt Ihnen der Kalender auf Seite 15 ff. Der Geschmack eines mühevoll zubereiteten Gerichts kann sehr beeinträchtigt werden, wenn Sie beispielsweise im Sommer einheimische, bereits ranzige Nüsse verwenden, überlagerte Gewürze, nicht mehr frische Mayonnaise oder Würzsaucen.
- Auch im eigenen Kühlschrank können Lebensmittel überlagert sein. Vergewissern Sie sich stets vor dem Verwenden, ob Mayonnaise, Ketchup, Senf, Meerrettich, Sardellenpaste wirklich noch gut und geschmacksintensiv sind, ehe Sie derartige, schon länger vorrätige Dinge verwenden.
- Seien Sie nicht ängstlich bei Austauschen von geschmacksintensiven Zutaten, die Sie einfach nicht mögen, obgleich Ihnen das ausgewählte Rezept zusagen würde. Haben sie beispielsweise etwas gegen Curry, so nehmen Sie ein anderes Gewürz, das ebenfalls zu den vorgeschlagenen Grundzutaten paßt. Speck läßt sich beispielsweise gegen Schinken austauschen, Muscheln können Sie statt Krabben verwenden, Fenchel statt Staudensellerie, Grapefruits statt Orangen oder Mandarinen. Man muß dann nur beim Dosieren behutsam vorgehen und die neue Kombination zunächst in einer kleinen Portion probieren.
- Für viele Gerichte in der Kalten Küche werden die teuren Trüffeln zum Garnieren vorgeschlagen. Kaufen Sie aber nur dann Trüffeln, wenn der Anlaß die Ausgabe auch rechtfertigt und wenn Sie bestimmt den Inhalt eines Döschens aufbrauchen können. Ist das nicht der Fall, ersetzen Sie Trüffeln durch Morcheln, durch echten oder Garnierkaviar.

● Den Backofen ausschalten, das Brot herausnehmen, mit kaltem Wasser bestreichen und zum Trocknen noch einige Minuten in den ausgeschalteten, aber noch warmen Backofen schieben.

Mohnsemmeln

Zutaten für 20 Semmeln:
500g Mehl · 30g Hefe · ¼l lauwarme Milch · 50g Butter · 1 Ei ·
1 Teel. Salz · je 1 Messerspitze Pfeffer und geriebene Muskatnuß ·
2 Eigelbe · 2 Eßl. Milch · 4 Eßl. Mohn · Butter für das Backblech

Pro Stück etwa 650 Joule/155 Kalorien

Der Arbeitsablauf:
● Das Mehl in eine Schüssel sieben und eine Mulde hineindrükken. Die Hefe hineinbröckeln und mit der Milch und etwas Mehl zu einem Vorteig verrühren.
● Zugedeckt 15 Minuten gehen lassen.
● Die Butter zerlassen, mit dem Ei, dem Salz, dem Pfeffer und der Muskatnuß mischen, an den Vorteig geben und mit dem gesamten Mehl zu einem glatten Hefeteig schlagen.
● Den Teig nochmals 30 bis 50 Minuten gehen lassen.
● Ein bis zwei Backbleche einfetten.
● Vom Hefeteig 40 g schwere Stücke abwiegen, mit bemehlten Händen zu Kugeln formen und in genügendem Abstand voneinander auf das Backblech legen. Mit dem Handballen etwas flachdrücken.
● Die Semmeln zugedeckt weitere 30 Minuten gehen lassen.
● Den Backofen auf 200° vorheizen.
● Die Eigelbe mit der Milch verquirlen, die Semmeln damit bestreichen, mit dem Mohn bestreuen und kreuzweise nicht zu tief einschneiden.
● Die Semmeln auf der zweiten Schiene von unten 20 Minuten backen. Zu Backbeginn 1 Tasse Wasser auf den Boden des Backofens schütten.

Resche Roggenbrötchen

Zutaten für etwa 15 Brötchen:
500g Roggenmehl · 50g Sauerteig (vom Bäcker) · etwa ³⁄₁₆ l
Wasser · 10g Hefe · 2 Teel. Salz · Mehl für das Backblech

Pro Stück etwa 525 Joule/125 Kalorien

Der Arbeitsablauf:
● Die Hälfte des Mehls in eine Schüssel sieben. Den Sauerteig mit dem Wasser verrühren und mit der zerbröckelten Hefe unter das Mehl mischen.
● Den Vorteig zugedeckt an einem warmen Ort 12 Stunden, am besten über Nacht, gehen lassen.
● Das Salz mit dem restlichen gesiebten Mehl unter den Vorteig kneten und den Teig schlagen, bis er Blasen wirft.
● 50 g schwere Stücke abwiegen, zu Kugeln formen und 20 bis 30 Minuten gehen lassen.
● Den Backofen auf 200° vorheizen.
● Ein Backblech mit Mehl bestäuben, die Kugeln darauflegen, mit Wasser bepinseln, mit Mehl bestäuben und mit einem Messer einmal einschneiden.
● Die Brötchen auf der zweiten Schiene von unten 25 Minuten backen. Zu Backbeginn 1 Tasse Wasser auf den Boden des Backofens schütten.

Knoblauchbrot

Ob mit selbstgebackenem Weißbrot nach dem Rezept für Pariser Brot oder mit fertig gekauftem Stangenweißbrot zubereitet – ein knuspriges Knoblauchbrot ist immer ein Genuß. Ganz besonders gut schmeckt es zu frischem grünem oder gemischtem Salat.

Zutaten für 1 Stangenweißbrot von 500 g:
125g weiche Butter · 3 Knoblauchzehen (nach Belieben mehr) ·
1–2 Messerspitzen Salz · je ½ Bund Petersilie und Schnittlauch oder
andere frische Kräuter (zusammen 1 Bund) · 1 Stangenweißbrot
von 500 g oder die entsprechende Menge Baguettes

Etwa 9825 Joule/2340 Kalorien

Der Arbeitsablauf:
● Die Butter schaumig rühren.
● Die Knoblauchzehen schälen, kleinschneiden, salzen, mit dem Messerrücken zerdrücken und mit der Butter mischen.
● Den Backofen auf 200° vorheizen.
● Die Kräuter kurz kalt abbrausen, abtropfen lassen, feinschneiden und unter die Knoblauchbutter rühren.
● Gegebenenfalls noch mit etwas Salz abschmecken.
● Das Weißbrot im Abstand von 2 bis 3 cm leicht schräg, tief ein-, aber nicht ganz durchschneiden.
● Die Knoblauchbutter in die Einschnitte streichen.
● Das Weißbrot in Alufolie einschlagen. Die Folie gut verschließen. Das Knoblauchbrot auf der mittleren Schiene 20 Minuten backen.

Mayonnaise-Varianten

Da Mayonnaise in der Kalten Küche als Zutat wie als Verzierung eine besondere Rolle spielt, folgen hier ein paar Anregungen, wie Sie Mayonnaise selbst herstellen und pikant abwandeln können.

Selbstgerührte Mayonnaise

Zutaten:
2 Eigelbe · je 2 Messerspitzen Salz und Zucker · 1 Prise frisch gemahlener, weißer Pfeffer · 1 Teel. Senf · 1 Teel. Zitronensaft ·
¼l Öl · 1 Eßl. Weinessig

Etwa 10455 Joule/2490 Kalorien

Der Arbeitsablauf:
● Alle Zutaten sollen Raumtemperatur haben, deshalb die Eier rechtzeitig aus dem Kühlschrank nehmen.
● Die Eigelbe mit dem Salz, dem Zucker, dem Pfeffer und dem Senf schaumig rühren. Den Zitronensaft zufügen und die Mischung einige Minuten stehen lassen.
● Unter ständigem Rühren mit dem Schneebesen das Öl zuerst nur tropfenweise zufließen lassen.
● Wenn die Sauce dickflüssig wird, einige Tropfen Essig unterrühren. Unter ständigem Rühren wieder Öl in dünnem Strahl zugießen, jedoch nie so viel, daß es auf der Eigelbmasse steht. Immer wenn die Sauce dick wird, etwas Essig zufügen, damit sie wieder Öl aufnehmen kann.
● Sollte die Mayonnaise während des Rührens gerinnen, ziehen Sie langsam 1 bis 2 Teelöffel heißes Wasser darunter.

Grundrezept für Weißweingelee

Zutaten:
100 g Eiweiß · 1 kleine Zwiebel · 50 g Lauch/Porree ·
50 g Sellerieknolle · 2 Petersilienzweige · 1 Teel. Salz ·
8 weiße Pfefferkörner · 1 Stückchen Lorbeerblatt · 1 l entfettete
klare Fleischbrühe · 1/10 l Weißwein · 35 g Aspikpulver oder
10 Blatt weiße Gelatine

Der Arbeitsablauf:
● Das Eiweiß halbsteif schlagen.
● Das Gemüse waschen, putzen, sehr klein würfeln und mit dem Salz, den Pfefferkörnern und dem Lorbeerblatt in das Eiweiß geben. Alles kräftig mit dem Kochlöffel durchrühren.
● Die Fleischbrühe erhitzen, die Eiweiß-Gemüse-Mischung in die Brühe rühren und alles bei starker Hitze zum Kochen bringen. Dabei kräftig mit dem Schneebesen rühren und am Topfboden kreisen, damit sich das Eiweiß dort nicht festsetzen kann.
● Wenn das Eiweiß richtig geronnen ist und an der Oberfläche schwimmt, den Weißwein zugießen und die Brühe 40 bis 50 Minuten bei schwacher Hitze ziehen – auf keinen Fall kochen – lassen, den Topf dabei bis auf einen Spaltbreit zudecken.
● Die geklärte Brühe durch ein feines Haarsieb, am besten aber durch ein Filterpapier gießen.
● Das Aspikpulver in wenig kaltem Wasser, die Blattgelatine in reichlich kaltem Wasser einweichen. Das Aspikpulver mit dem Einweichwasser in die heiße Fleischbrühe rühren; die Blattgelatine ausdrücken, in die Fleischbrühe geben und in der Fleischbrühe auflösen. Sollte die Fleischbrühe durch das Filtern nicht mehr heiß genug sein, muß man sie vor dem Auflösen der Gelatine noch einmal erhitzen, aber nicht kochen lassen.
● Die Fleischbrühe rühren, bis sich die Gelatine restlos gelöst hat. Die Brühe dann unter öfterem Umrühren abkühlen lassen und wie in den einzelnen Rezepten beschrieben weiterverarbeiten oder in eine Schüssel füllen und im Kühlschrank restlos erstarren lassen.

Varianten
Portwein-, Sherry-, Muskateller- oder Madeiragelee erhalten Sie, wenn Sie statt des Weißweins die genannten Weine verwenden. Je nach Rezept können Sie Gelee auch aus Geflügelfond, Wildfond oder Fischfond herstellen und die Zusammensetzung der Gewürze verändern.

Praktischer Rat vor dem Start

Manchmal gibt es beim Einkaufen für die Kalte Küche unliebsame Überraschungen oder kleine Schwierigkeiten. Damit Sie die häufigsten Probleme schon vor dem Einkauf bedenken und Ihr Programm eventuell noch ändern können, hier die wichtigsten Punkte:
● Da salzige Mürbeteigtartelettes oder Mürbeteigschiffchen meist nur in Spezialgeschäften oder beim Konditor auf Bestellung erhältlich sind, raten wir Ihnen, wenn Sie das Gebäck für ein bestimmtes Rezept brauchen, es nach dem Grundrezept für Mürbeteig auf Seite 20 selbst herzustellen. Die Törtchen kann man einfrieren oder in einer Blechdose wochenlang vorrätig halten.
● Machen Sie es sich zur Gewohnheit, alles frisch zu kaufen, wenn der Markt es gerade bietet und frische Produkte dann auch ohne unnötig lange Lagerzeiten zu verwenden. Die Qualität von frischem Gemüse und Obst wird kaum von einer Dosenware er-

reicht; ist das benötigte Produkt nicht frisch am Markt erhältlich, versuchen Sie es durch tiefgefrorene Waren zu ersetzen.
● Achten Sie beim Einkauf von Lebensmitteln und vor allem von nicht häufig gebrauchten Delikatessen – besonders außerhalb der Saison – darauf, daß man Ihnen keine Ladenhüter verkauft. Wann Obst und Gemüse saisonbedingt im Handel sind, zeigt Ihnen der Kalender auf Seite 15 ff. Der Geschmack eines mühevoll zubereiteten Gerichts kann sehr beeinträchtigt werden, wenn Sie beispielsweise im Sommer einheimische, bereits ranzige Nüsse verwenden, überlagerte Gewürze, nicht mehr frische Mayonnaise oder Würzsaucen.
● Auch im eigenen Kühlschrank können Lebensmittel überlagert sein. Vergewissern Sie sich stets vor dem Verwenden, ob Mayonnaise, Ketchup, Senf, Meerrettich, Sardellenpaste wirklich noch gut und geschmacksintensiv sind, ehe Sie derartige, schon länger vorrätige Dinge verwenden.
● Seien Sie nicht ängstlich bei Austauschen von geschmacksintensiven Zutaten, die Sie einfach nicht mögen, obgleich Ihnen das ausgewählte Rezept zusagen würde. Haben sie beispielsweise etwas gegen Curry, so nehmen Sie ein anderes Gewürz, das ebenfalls zu den vorgeschlagenen Grundzutaten paßt. Speck läßt sich beispielsweise gegen Schinken austauschen, Muscheln können Sie statt Krabben verwenden, Fenchel statt Staudensellerie, Grapefruits statt Orangen oder Mandarinen. Man muß dann nur beim Dosieren behutsam vorgehen und die neue Kombination zunächst in einer kleinen Portion probieren.
● Für viele Gerichte in der Kalten Küche werden die teuren Trüffeln zum Garnieren vorgeschlagen. Kaufen Sie aber nur dann Trüffeln, wenn der Anlaß die Ausgabe auch rechtfertigt und wenn Sie bestimmt den Inhalt eines Döschens aufbrauchen können. Ist das nicht der Fall, ersetzen Sie Trüffeln durch Morcheln, durch echten oder Garnierkaviar.

Delikate Brote

Schinken-Ei-Brot

Zutaten für 1 Person:
1 Teel. Butter
50 g roher Schinken
1 Prise Currypulver
1 Scheibe Graubrot
1 hartgekochtes Ei
1 Eßl. Mayonnaise
1 Teel. gemischte tiefgefrorene
   Kräuter
etwas Petersilie

Etwa 1930 Joule/460 Kalorien

Die Butter mit dem kleingewürfelten Schinken und dem
Curry mischen, das Brot damit
bestreichen. Das Ei in Scheiben schneiden und auf das
Brot legen. Die Mayonnaise
mit den Kräutern verrühren,
auf die Eischeiben verteilen.
Mit Petersilie garnieren.

Käsesalat-Brot

Zutaten für 1 Person:
1 Scheibe Vollkornbrot
1 Teel. Butter
2–3 Blätter Endiviensalat
50 g Edamer Käse
½ hartgekochtes Ei
4 Walnußkerne
1 Teel. Schnittlauchröllchen
je 1 Teel. Mayonnaise und
   Joghurt
je 1 Prise Salz und Pfeffer
einige Weintrauben

Etwa 2140 Joule/510 Kalorien

Das Brot mit der Butter bestreichen und mit Salatstreifen
belegen. Den Käse und das Ei
würfeln, 3 Walnußkerne hakken, alles mit den übrigen Zutaten bis Pfeffer mischen. Auf
das Brot geben. Mit Weintrauben und der Nuß garnieren.

Paprika-Wurstbrot

Zutaten für 1 Person:
1 Scheibe Graubrot
1 Teel. Butter
je ½ grüne und rote Paprika-
   schote
1 kleine Zwiebel
50 g Fleischwurst
je 1 Teel. Öl und Weinessig
1 Teel. gehackte Petersilie
je 1 Prise Salz und Pfeffer

Etwa 2100 Joule/500 Kalorien

Das Brot mit der Butter bestreichen. Die grüne Paprikaschote in Ringe, die rote in
kleine Würfel schneiden. Die
Zwiebel in Ringe, die Wurst in
Streifen schneiden. Die
Schotenringe auf das Brot legen. Alle übrigen Zutaten gut
mischen, auf das Brot geben.

Salamibrot mit Eiersalat

Zutaten für 1 Person:
1 Scheibe Graubrot
1 Teel. Butter
6 dünne Scheiben Salami
1 Blatt Kopfsalat
1 hartgekochtes Ei
3 Champignons, ½ Tomate
1 Teel. Mayonnaise
1 Eßl. Crème fraîche
1 Spritzer Zitronensaft
je 1 Prise Salz und Pfeffer

Etwa 2185 Joule/520 Kalorien

Das Brot mit der Butter bestreichen, mit der Salami und
dem Salatblatt belegen. Das Ei
und die Champignons hacken,
die Tomate würfeln und alles
mit den übrigen Zutaten mischen. Den Eiersalat auf das
Salatblatt geben.

Grünes Muschelbrot

Zutaten für 1 Person:
1 Scheibe Weißbrot
1 Teel. Butter
½ kleine Zwiebel
½ Kästchen Kresse
5 Muscheln aus dem Glas

Etwa 800 Joule/190 Kalorien

Das Brot mit der Butter bestreichen. Die Zwiebel feinhacken und auf das Brot streuen. Die Kresse mit einer Schere abschneiden, waschen, trockentupfen und das Zwiebelbrot dick damit belegen. Die abgetropften Muscheln in die Mitte der Kresse legen.

Brot mit Forellenfilet

Zutaten für 1 Person:
1 Scheibe Weißbrot
1 Teel. Butter
1 geräuchertes Forellenfilet
2 dünne Spalten Honigmelone
1 Teel. Salatmayonnaise
1 Teel. rosa Pfeffer aus dem
*   Glas*

Etwa 1430 Joule/340 Kalorien

Das Brot toasten, abkühlen lassen und mit der Butter bestreichen. Das Forellenfilet quer halbieren und auf das Brot legen. Die Melonenspalten schälen, von den Kernen befreien und über die Filetstücke legen. Die Melonenspalten mit der Mayonnaise überziehen und mit dem Pfeffer bestreuen.

Allgäuer Schnitte

Zutaten für 1 Person:
1 Scheibe Weißbrot
1 Teel. Butter
einige Blätter Kopfsalat
1 kleine Tomate
½ kleine grüne Paprikaschote
50 g Emmentaler Käse
je ¼ Teel. Zitronensaft und Senf
je 1 Prise Salz und Pfeffer
1 Teel. Öl, etwas Petersilie

Etwa 1765 Joule/420 Kalorien

Das Brot mit der Butter bestreichen und mit Salatstreifen belegen. Die Tomate, die Paprikaschote und den Käse würfeln und mit dem Zitronensaft, dem Senf, Salz, Pfeffer und dem Öl mischen. Alles auf die Salatstreifen häufeln. Das Brot mit Petersilie garnieren.

Aarhus-Schnitte

Zutaten für 1 Person:
1 Scheibe Weißbrot
1 Teel. Butter
½ hartgekochtes Ei
1 Eßl. Remouladensauce
1 Tomate
½ Teel. weißer Pfeffer
2 Appetitsilds
½ Teel. Kaviar

Etwa 1555 Joule/370 Kalorien

Das Brot mit der Butter bestreichen. Das Eigelb mit einer Gabel zerdrücken, mit der Remouladensauce verrühren und in die Eiweißhälfte füllen. Die Tomate in Scheiben schneiden, auf das Brot legen, pfeffern und mit den Appetitsilds belegen. Das Ei mit dem Kaviar garnieren und in die Mitte des Brotes setzen.

Delikate Brote

Vegetarier-Brot

Zutaten für 1 Person:
½ Tasse tiefgefrorene Erbsen
*   und Karotten*
je 1 Teel. Öl und Sherry-Essig
je 1 Prise Salz und Pfeffer
1 Teel. gehackte Petersilie
1 Teel. Butter
¼ Teel. scharfer Senf
1 Scheibe Vollkornbrot
2 Blätter Radicchiosalat
1 Teel. Crème fraîche

Etwa 1345 Joule/320 Kalorien

Das Gemüse garen, abtropfen
lassen und mit dem Öl, dem
Essig, dem Salz, dem Pfeffer
und der Petersilie mischen.
Die Butter mit dem Senf verrühren, das Brot damit bestreichen und mit dem Radicchio,
dem Gemüse und der Crème
fraîche belegen.

Champignonbrot

Zutaten für 1 Person:
70 g Champignons
je 1 Teel. Zitronensaft und Öl
je 1 Prise Salz und Pfeffer
1 Scheibe Weißbrot
½ Knoblauchzehe
1½ Teel. Butter
½ hartgekochtes Ei
1 Teel. tiefgefrorene Kräuter

Etwa 1090 Joule/260 Kalorien

Die Champignons blättrig
schneiden und mit dem Zitronensaft, dem Öl, dem Salz und
dem Pfeffer mischen. Das Brot
auf einer Seite mit der Knoblauchzehe einreiben, dann in
½ Teelöffel Butter anbraten
und mit Butter bestreichen.
Den Salat auf das Brot geben.
Mit dem gehackten Ei und den
Kräutern bestreuen.

Parma-Brot

Zutaten für 1 Person:
1 Scheibe Landbrot
1 Teel. Butter
4 Scheiben Parmaschinken
frisch gemahlener Pfeffer
1 Eßl. Salatmayonnaise
1 frische Feige

Etwa 2100 Joule/500 Kalorien

Das Brot mit der Butter bestreichen. Die Schinkenscheiben nebeneinander auf ein
Brett legen und mit Pfeffer
übermahlen, dann aufrollen
und auf das Brot legen. Die
Mayonnaise auf den Schinken
geben. Die Feige in Scheiben
schneiden und fächerförmig
auf die Mayonnaise legen.

Spargelbrot

Zutaten für 1 Person:
2 Eßl. Öl, 1 Eßl. Weinessig
1 Messerspitze Ingwerpulver
10 Stangen gekochter Spargel
1 Scheibe Knäckebrot
1 Teel. Butter
½ hartgekochtes Ei
1 Eßl. Crème fraîche
abgeriebene Schale von
*   ¼ Orange, 1 Eßl. Cointreau*
½ Orangenscheibe

Etwa 1680 Joule/400 Kalorien

Öl, Essig und Ingwerpulver
verrühren, den Spargel 30 Minuten darin marinieren. Das
Brot mit der Butter bestreichen,
mit dem Spargel belegen. Das
Ei hacken, mit der Crème fraîche, der Orangenschale und
dem Cointreau verrühren. Auf
den Spargel geben.

Bratenschnitte

Zutaten für 1 Person:
1 Scheibe Graubrot
1 Teel. Butter oder Margarine
1 Blatt Kopfsalat
2 Scheiben Schweinebraten
  (50 g)
1 Gewürzgurke
1 Piri-Piri (Mini-Peperoni)
etwas Petersilie

Etwa 1720 Joule/410 Kalorien

Das Brot mit der Butter oder
der Margarine bestreichen.
Das Salatblatt waschen, trok-
kentupfen und auf das Brot
legen. Die Bratenscheiben darauf verteilen. Die Gurke fä-
cherartig schneiden und mit
der Piri-Piri auf dem Braten
anrichten. Die Bratenschnitte
mit Petersilie garnieren.

Quarkschnitte

Zutaten für 1 Person:
1 Scheibe Graubrot
1 Teel. Butter oder Margarine
1 Blatt Kopfsalat
2 Eßl. Speisequark (20%)
1 Eßl. Sahne
1 Prise Salz
½ Teel. geriebener Meerrettich
50 g gekochter Schinken
1 Teel. Schnittlauchröllchen

Etwa 2015 Joule/480 Kalorien

Das Brot mit der Butter oder
der Margarine bestreichen.
Das Salatblatt waschen, trok-
kentupfen und auf das Brot legen. Den Quark mit der Sahne,
dem Salz und dem Meerrettich
verrühren und auf dem Salatblatt anrichten. Den Schinken
würfeln und mit dem Schnittlauch über den Quark streuen.

Matjesschnitte

Zutaten für 1 Person:
1 Scheibe Weißbrot
1 Teel. Mayonnaise
1 Blatt Kopfsalat
1 Matjesfilet in Stücken
1 Eßl. Joghurt
einige Tropfen Tabascosauce
1 Prise grobgemahlener
  schwarzer Pfeffer
⅛ hartgekochtes Ei
1 Zweig Dill

Etwa 1890 Joule/450 Kalorien

Das Brot mit der Mayonnaise
bestreichen, mit dem Salatblatt
und den Matjesfiletstücken belegen. Den Joghurt mit der Tabascosauce verrühren, über die
Matjesstücke geben. Den Pfeffer darüberstreuen. Das Brot
mit der Eispalte und dem Dill
garnieren.

Brot mit Salamitütchen

Zutaten für 1 Person:
1 Scheibe Graubrot
1 Teel. Butter oder Margarine
1 Blatt Kopfsalat
5 dünne Scheiben Salami
1 kleine grüne Peperoni
5 kleine Champignons

Etwa 1615 Joule/385 Kalorien

Das Brot mit der Butter oder
der Margarine bestreichen und
mit dem Salatblatt belegen.
Die Salamischeiben bis zur
Mitte hin einschneiden, Tütchen formen und auf dem Salatblatt anrichten. Die Peperoni in Ringe schneiden. Jedes
Tütchen mit 1 Champignon
und 1 Peperoniring füllen.

»Nordlicht«-Brötchen

Zutaten für 1 Person:
1 Scheibe Vollkornbrot
½ Sesambrötchen (obere
  Hälfte)
2 Teel. Butter
¼ Salatgurke
je 1 Prise Salz und Pfeffer
6–8 dünne Scheiben Salami
etwas Petersilie

Etwa 1765 Joule/420 Kalorien

Das Brot und die Brötchenhälfte mit Butter bestreichen.
Die Gurke ungeschält in sehr
dünne Scheiben schneiden,
salzen und pfeffern. Das Vollkornbrot mit der Hälfte der
Gurkenscheiben belegen, darauf die Salamischeiben geben
und diese mit den restlichen
Gurkenscheiben bedecken.

Einige Petersilieblättchen auf
die Gurkenscheiben legen und
mit dem halben Brötchen ab-
schließen.

Unser Tip
Dieses erfrischende und
sättigende Brötchen ist
die ideale Marschver-
pflegung für eine som-
merliche Wanderung.
Das Brötchen für den
Transport in Klarsicht-
oder Alufolie einwik-
keln. Die Gurkenschei-
ben können Sie auch
durch Apfelscheiben,
die Salami durch kalten,
mit Meerrettich bestri-
chenen Schweinebraten
ersetzen.

Western-Brötchen

Zutaten für 1 Person:
1 Brötchen
1 Teel. Butter
½ Ecke Schmelzkäse
1 Blatt Kopfsalat
2 Scheiben Corned beef
1 hartgekochtes Ei
½ Gewürzgurke

Etwa 2060 Joule/490 Kalorien

Das Brötchen aufschneiden
und jede Hälfte erst mit der
Butter, dann mit dem Käse bestreichen. Das Salatblatt waschen und trockentupfen. Die
untere Hälfte des Brötchens
mit dem Salatblatt und den
Corned-beef-Scheiben belegen. Das Ei schälen, in Scheiben schneiden und auf dem
Corned beef verteilen. Die Gewürzgurke in feine Streifen
schneiden und neben dem Ei
auf dem Corned beef anrichten. Die obere Brötchenhälfte
daraufsetzen.

Unser Tip
Dekorativer wirkt es,
wenn man auf das Zu-
sammenklappen des
Brötchens verzichtet
und den Belag auf bei-
den Hälften gleichmä-
ßig verteilt. Ist das Brötchen als Wegzehrung
gedacht, wickelt man es
zusammengeklappt gut
in Alu- oder Klarsicht-
folie ein.

Pinwheels

Zutaten für 6 Personen:
1 Kastenweißbrot
250 g Thunfisch aus der Dose
1 kleine Zwiebel
2 Eßl. geriebener Meerrettich
3 Eßl. Sahne
je ¼ Teel. Salz und Pfeffer
6 Teel. Butter
6 kleine Tomaten
etwas Kresse, 1 Zitrone

Pro Portion etwa 1680 Joule/
400 Kalorien

Die Rinde des Weißbrotes entfernen und das Brot der Länge
nach in 6 Scheiben schneiden.
Die Brotscheiben zwischen
Pergamentpapier mit der Teigrolle dünn ausrollen. Dann
längs wie eine Biskuitrolle aufrollen. Den Thunfisch abtropfen lassen und in kleine Stückchen zerpflücken. Die Zwiebel
schälen und feinhacken. Den
Thunfisch, die Zwiebel, den
Meerrettich, die Sahne, das
Salz und den Pfeffer im Mixer
zu einer Creme verrühren und
abschmecken. Die Brotscheiben zuerst mit der Butter, dann
mit der Thunfischmasse bestreichen und wieder aufrollen. Die 6 Brotrollen erst in
Pergamentpapier und zusätzlich in Alufolie einwickeln.
1 Stunde im Kühlschrank
durchziehen lassen. Vor dem
Servieren jede Rolle in Scheiben schneiden und diese auf
Portionstellern anrichten. Die
Tomaten und die Kresse waschen und trockentupfen. Die
Zitrone heiß waschen, ab-
trocknen und aus der Mitte
hauchdünne Scheiben schneiden. Die Pinwheels mit je 1 Tomate, 1 Sträußchen Kresse und
1 Zitronenscheibe garnieren.

Sonntags-Brot

Zutaten für 1 Person:
100 g Schweinefilet
¼ Teel. Salz
je 1 Prise schwarzer Pfeffer und
*   Paprikapulver, scharf*
1 Eßl. Bratfett
2 Scheiben Kastenweißbrot
1 Teel. Butter
1 Blatt Kopfsalat
1 hartgekochtes Ei
1 kleine Zwiebel
1 Stückchen rote Paprikaschote
1 Eßl. Sahne
2 Eßl. Crème fraîche
1 Teel. Currypulver
je 1 Messerspitze Salz und
*   weißer Pfeffer*
1 Zweig Dill

Etwa 3065 Joule/730 Kalorien

Das Schweinefilet mit dem
Salz, dem Pfeffer und dem Paprika einreiben. Das Fett erhitzen und das Filet darin unter
ständigem Wenden von allen
Seiten kräftig anbraten. Bei
schwacher Hitze in 10 Minuten garen. Das Filet aus der
Pfanne nehmen und abkühlen
lassen. 1 Brotscheibe mit der
Butter bestreichen und mit
dem Salatblatt belegen. Das
abgekühlte Filet in gleich dik-
ke Scheiben schneiden und auf
dem Salatblatt anrichten. Das
Ei schälen und feinhacken.
Die Zwiebel schälen und würfeln. Das Paprikaschotenstück
in kleine Würfel schneiden.
Das kleingehackte Ei mit den
Zwiebel- und den Schotenwür-
felchen, der Sahne, der Crème
fraîche, dem Curry, dem Salz
und dem Pfeffer verrühren.
Auf die Fleischscheiben häufeln und die zweite Brotscheibe darauflegen. Das Sandwich
mit dem Dillzweig garnieren.

Sandwich/Smørrebrød

New Yorker Sandwich

Zutaten für 1 Person:
2 Scheiben Bauernbrot
50 g Doppelrahm-Frischkäse
6 kleine Scheiben geräucherter
  Lachs
1 kleine rote Zwiebel

Etwa 2310 Joule/550 Kalorien

Die Brotscheiben dick mit dem Frischkäse bestreichen. Jede Scheibe Räucherlachs einmal zusammenklappen und jeweils 3 solcher Scheiben auf dem Frischkäse anrichten. Die Zwiebel schälen und in dünne Ringe schneiden. Den Räucherlachs mit den Zwiebelringen belegen.

Unser Tip
Wenn Ihnen das Sandwich mit den Zwiebelringen nicht zusagt, so würzen Sie den Frischkäse mit frisch geriebenem Meerrettich. Je nach Schärfe des Meerrettichs mischen Sie ½–1 Teelöffel davon unter den Frischkäse und bestreichen die Brote damit. Die Zwiebelringe können Sie dann weglassen.

Club-Sandwich

Zutaten für 1 Person:
2 Scheiben Toastbrot
1 großes Blatt Kopfsalat
1 Scheibe Leberpastete
1 Scheibe Vollkornbrot
1 Eßl. Miracel-Whip-Dressing
1 Scheibe gekochter
  Schinken (30 g)
1 Scheiblette
1 Bund Radieschen

Etwa 2310 Joule/550 Kalorien

Die Toastbrote hellgelb rösten. Das Salatblatt waschen und gut trockentupfen. 1 Toastbrot mit der Leberpastete belegen. Die Vollkornbrotscheibe mit dem Miracel-Whip-Dressing bestreichen und auf die Leberpastete legen. Auf das Vollkornbrot den Schinken, das Salatblatt und den Käse legen.

Das Sandwich mit der zweiten Scheibe Toastbrot abdecken und mit einem scharfen Messer diagonal durchschneiden, so daß 2 Dreiecke entstehen. Die Dreiecke jeweils mit einem Holzspießchen zusammenstecken. Die Radieschen waschen, abtrocknen und zu dem Club-Sandwich reichen.

Roastbeef-Sandwich

Zutaten für 1 Person:
2 dünne Scheiben Graubrot
2 Eßl. Miracel-Whip-Dressing
6 Scheiben kaltes Roastbeef
1 hartgekochtes Ei
½ Gewürzgurke

Etwa 3110 Joule/740 Kalorien

Die Brotscheiben dick mit Miracel-Whip-Dressing bestreichen. Die Roastbeefscheiben längs übereinanderklappen und fächerförmig auf die bestrichenen Brotscheiben legen. Das Ei schälen und längs in dünne Scheiben schneiden. Die Gewürzgurke ebenfalls in Scheiben schneiden. Jedes Brot mit 3 Eischeiben und 3 Gurkenscheiben belegen.

Unser Tip
Roastbeef-Sandwich schmeckt auch gut mit hellgeröstetem Toastbrot. Das Miracel-Whip-Dressing dann mit 1–2 Teelöffel Preiselbeerkonfitüre mischen. In diesem Fall die Gurkenscheiben weglassen.

Lunch-Sandwich

Zutaten für 1 Person:
1 Scheibe Toastbrot
1 Blatt Kopfsalat
1 Eßl. Miracel-Whip-Dressing
1 Tomate
1 Teel. Schnittlauchröllchen
2 dünne Scheiben Frühstücks-
  speck

Etwa 1325 Joule/315 Kalorien

Das Toastbrot hellgelb rösten. Das Salatblatt gründlich kalt waschen und gut trockentupfen. Das etwas abgekühlte Toastbrot dick mit Miracel-Whip-Dressing bestreichen. Das Salatblatt auf das bestrichene Brot legen. Die Tomate waschen, abtrocknen, in Scheiben schneiden und auf dem Salatblatt verteilen. Die Tomatenscheiben mit dem Schnitt- lauch bestreuen. Den Speck in einer Pfanne ausbraten, das Fett auf Küchenkrepp abtropfen und die Speckscheiben abkühlen lassen. Die Speckscheiben dann auf das belegte Sandwich legen.

Unser Tip
Noch sättigender wird das Lunch-Sandwich, wenn Sie auf dem Salatblatt 1 in wenig erhitzter Butter gestocktes Rührei anrichten. Das Ei etwas salzen und mit den Tomatenscheiben und dem Speck bedecken. Das Sandwich sofort servieren.

Smørrebrød-Favoriten

Zutaten für jeweils 1 Person:

Brot mit Räucherzunge
1 Scheibe Graubrot
1 Teel. Butter, 1 Blatt Kopfsalat
50 g geräucherte Zunge in
   Scheiben, 1 hartgekochtes Ei
2 gefüllte Oliven
¼ Teel. grüner Pfeffer

Etwa 1890 Joule/450 Kalorien

Das Brot mit der Butter bestreichen, mit dem Salatblatt und mit den übrigen Zutaten gefällig belegen.

Reeder-Frühstück
1 Scheibe Graubrot
2 Teel. Butter
2 geräucherte Forellenfilets
1 Ei, 1 Teel. Sahne

je 1 Prise Salz und Pfeffer
¼ Teel. Schnittlauchröllchen

Etwa 2140 Joule/510 Kalorien

Das Brot mit der Hälfte der Butter bestreichen und mit den Forellenfilets belegen. Das Ei mit der Sahne, dem Salz und dem Pfeffer verquirlen, in der restlichen Butter zu Rührei stocken lassen und auf den Forellenfilets anrichten. Mit dem Schnittlauch bestreuen.

Barons Imbiß
1 Scheibe Weißbrot
1 Teel. Butter, 1 Blatt Kopfsalat
2 Scheiben Leberparfait
1 Scheibe Frühstücksspeck

Etwa 1450 Joule/345 Kalorien

Das Brot mit der Butter bestreichen und mit dem Salatblatt und dem Leberparfait be-

legen. Den Speck knusprig ausbraten, abkühlen lassen und auf das Parfait legen.

Roastbeefbrot
1 Scheibe Graubrot
1 Teel. Butter, 1 Blatt Kopfsalat
2 Scheiben Roastbeef
⅛ hartgekochtes Ei
1 Piri Piri, ½ Teel. geriebener
   Meerrettich, Petersilie

Etwa 1510 Joule/360 Kalorien

Das Brot mit der Butter bestreichen. Mit dem Salatblatt, dem Roastbeef und dem Eiachtel belegen. Mit den übrigen Zutaten garnieren.

Heringsröllchen-Brot
1 Scheibe Kastenweißbrot
1 Teel. Butter
1 Blatt Kopfsalat
2 Heringsfilets, ½ Zwiebel
einige Kapern

Etwa 2120 Joule/505 Kalorien

Das Brot mit der Butter bestreichen und mit dem Salatblatt und den gerollten Heringsfilets belegen. Die Zwiebel in Ringe schneiden. Das Brot mit den Zwiebelringen und den Kapern garnieren.

Melker-Brot
1 Scheibe Knäckebrot
1 Teel. Butter, 1 große Tomate
je 1 Prise Salz und Pfeffer
1 Scheibe Edelpilzkäse (30 g)
½ Walnußkern

Etwa 1345 Joule/320 Kalorien

Das Brot mit der Butter bestreichen, mit Tomatenscheiben belegen und mit Salz und Pfeffer würzen. Die Käsescheiben halbieren, auf die Tomatenscheiben legen und mit dem Walnußkern garnieren.

Makrelenbrot

Zutaten für 1 Person:
1 Scheibe Bauernbrot
1 Teel. Butter
1 Blatt Kopfsalat
50 g Speisequark (20%)
1 Eßl. Kaffeesahne
je 1 Prise Salz, Zucker und
*   weißer Pfeffer*
½ kleine Birne
½ kleine Banane
einige Tropfen Zitronensaft
100 g geräuchertes Makrelen-
*   filet*
grobgemahlener schwarzer
*   Pfeffer, 1 Zweig Dill*

Etwa 2310 Joule/550 Kalorien

Das Brot mit der Butter bestreichen und mit dem Salatblatt belegen. Den Quark mit
der Kaffeesahne, dem Salz,
dem Zucker und dem Pfeffer

verrühren. Die Birne waschen,
vom Kerngehäuse befreien
und ungeschält grob in den
Quark raspeln. Die Banane
schälen, in kleine Würfel
schneiden, auf den Quark geben und mit dem Zitronensaft
beträufeln. Das zerkleinerte
Obst unter den Quark rühren.
Den Quark auf das Salatblatt
häufeln. Das Fischfilet in dik-
ke Scheiben schneiden und auf
dem Quark anrichten. Mit dem
Pfeffer bestreuen und das Brot
mit Dill garnieren.

> **Unser Tip**
> Statt des Makrelenfilets
> können Sie auf den
> Quark auch geräucherte
> Zunge in Scheiben oder
> gewürfelten Lachsschin-
> ken geben.

Geflügelleber-
brot pikant

Zutaten für 1 Person:
100 g Geflügellebern
2 Teel. Butter
¼ Teel. Salz
1 Scheibe Toastbrot
1 Blatt Kopfsalat
1 Eßl. Mayonnaise
2 Teel. Rotwein
1 Teel. Preiselbeerkompott
½ roter Apfel
einige Tropfen Zitronensaft
¼ Teel. Zucker
1 Spalte Zitrone

Etwa 2625 Joule/625 Kalorien

Die Geflügellebern kurz kalt
waschen und gut trockentupfen. Die Hälfte der Butter in
einer Pfanne erhitzen und die
Geflügellebern darin unter
ständigem Wenden 8 Minuten

bei mittlerer Hitze braten. Die
Lebern salzen und abkühlen
lassen. Das Brot toasten, mit
der restlichen Butter bestreichen und mit dem Salatblatt
belegen. Die abgekühlten Lebern in gleichmäßige Scheiben
schneiden und gefällig auf
dem Salatblatt anrichten. Die
Mayonnaise auf die Geflügellebern geben. Den Rotwein
mit dem Preiselbeerkompott
mischen und über die Mayonnaise gießen. Den Apfel waschen, entkernen und ungeschält grobraspeln. Mit dem
Zitronensaft beträufeln, mit
dem Zucker bestreuen und auf
einer Ecke des Brotes anrichten. Das Brot mit der Zitronen-
spalte garnieren.

Aalborg-Schnitte

Zutaten für 1 Person:
2 Eier
1 Teel. gemischte gehackte
  Kräuter
1 Prise Salz
1 Prise weißer Pfeffer
2 Teel. Butter
1 Scheibe Graubrot
1 Blatt Kopfsalat
50 g geräucherter Aal
1 dünne Scheibe geräucherter
  Lachs

Etwa 2435 Joule/580 Kalorien

Die Eier mit den Kräutern, dem Salz und dem Pfeffer verquirlen. 1 Teelöffel Butter in einer Pfanne erhitzen, die verquirlten Eier dazugeben und bei schwacher Hitze zu Rührei stocken lassen. Das Rührei et-

was abkühlen lassen. Das Brot mit der restlichen Butter bestreichen, mit dem gewaschenen und gut abgetropften Salatblatt belegen und halbieren. Das abgekühlte Rührei auf den beiden Brothälften verteilen. Den geräucherten Aal häuten, die beiden Filetstücke von der Mittelgräte lösen und auf einer Brothälfte anrichten. Die Lachsscheibe aufrollen und auf die andere Brothälfte legen.

Unser Tip
Selbstverständlich können Sie das Rührei auch mit einer anderen Sorte Räucherfisch belegen.

Erntedank-Brot

Zutaten für 1 Person:
1 Scheibe Graubrot
1 Teel. Butter
1 Blatt Kopfsalat
1 kleine Zwiebel
50 g Rotkohl aus dem Glas
einige Tropfen Zitronensaft
je 1 Prise Salz, Zucker und
  weißer Pfeffer
2 kleine, dünne Scheiben kalter
  Schweinebraten
1 Eßl. steifgeschlagene Sahne
1 Teel. scharfer Senf
¼ Teel. grobgemahlener oder
  zerstoßener weißer Pfeffer

Etwa 1930 Joule/460 Kalorien

Das Brot mit der Butter bestreichen und mit dem gewaschenen und gut abgetropften Salatblatt belegen. Die Zwiebel schälen und in sehr kleine

Würfel schneiden. Den Rotkohl mit dem Zitronensaft und der Hälfte der Zwiebelwürfel vermengen, dann mit dem Salz, dem Zucker und dem Pfeffer herzhaft abschmecken. Den Rotkohl auf das Salatblatt häufeln. Die Bratenscheiben zu Tütchen drehen und darauf anrichten. Die Schlagsahne mit dem Senf verrühren, in einen Spritzbeutel mit Sterntülle füllen und die Bratentütchen damit ausspritzen. Die Tütchen mit den restlichen Zwiebelwürfeln und dem grobgemahlenen oder zerstoßenen Pfeffer bestreuen.

Feinschmecker-Brot

Zutaten für 1 Person:
1 Blatt Kopfsalat
1 Scheibe Bauernbrot
1 Teel. Butter
100 g gegarte Hähnchenbrust
½ Pfirsich
1 Eßl. Salatmayonnaise
etwas Petersilie

Etwa 1850 Joule/440 Kalorien

Das Salatblatt waschen und trockentupfen. Das Brot mit der Butter bestreichen und mit dem Salatblatt belegen. Die Hähnchenbrust häuten, in dünne Scheiben schneiden und fächerförmig auf dem Salatblatt anrichten. Die Pfirsichhälfte kurz in kochendes Wasser tauchen, von der Haut befreien und in gleichmäßig

dünne Spalten schneiden. Die Pfirsichspalten wiederum fächerförmig auf dem Geflügelfleisch anrichten. Die Mayonnaise in einen Spritzbeutel mit Sterntülle füllen und 2 Tupfen auf die Pfirsichspalten spritzen. Die Petersilie waschen, trockentupfen, kleinschneiden und die Mayonnaise damit bestreuen.

Dänen-Schnitte

Zutaten für 1 Person:
1 Teel. Butter
1 Scheibe Toastbrot
1 Blatt Kopfsalat
1 Scheibe Tilsiter Käse (30 g)
2 Ölsardinen aus der Dose
½ Zwiebel
1 Tomate
je 1 Prise Salz und grobgemah-
lener Pfeffer
1 Teel. geriebener Emmentaler
Käse

Etwa 1240 Joule/295 Kalorien

Die Butter in einem Pfännchen erhitzen und das Toastbrot darin von beiden Seiten goldgelb braten. Das Brot abkühlen lassen. Das Salatblatt waschen und trockentupfen. Das Brot mit dem Salatblatt und der Käsescheibe belegen. Die

Ölsardinen abtropfen lassen. Die Zwiebelhälfte schälen und sehr fein hacken. Die Tomate waschen und aus der Mitte 2 Scheiben schneiden. Die Ölsardinen auf den Käse legen und mit den Tomatenscheiben bedecken. Die Tomatenscheiben mit dem Salz, dem Pfeffer und der feingehackten Zwiebel bestreuen. Zuletzt den geriebenen Käse über die Tomatenscheiben streuen.

> **Unser Tip**
> Noch deftiger schmeckt die Dänen-Schnitte, wenn Sie statt der Ölsardinen in Streifen geschnittene Anchovisfilets auf den Käse legen.

Curry-Pfirsiche mit Käsecreme

Zutaten für 4 Personen:
2 gelbe Pfirsiche
250 g Doppelrahm-Frischkäse
1½ Teel. Paprikapulver, edelsüß
6 Eßl. Milch
je ½ Teel. Salz und weißer
  Pfeffer
1 Glas Portwein (10 cl)
4 Eßl. mildes Currypulver
4 rechteckige Scheiben Voll-
  kornbrot
1 Teel. Öl
½ Bund krause Petersilie

Pro Portion etwa 1575 Joule/
375 Kalorien

Die Pfirsiche mit einer Gabel
mehrmals einstechen, kurz in
kochendheißes Wasser tau-
chen und die Haut abziehen.
Die Früchte dann halbieren
und die Steine auslösen. Den
Käse mit dem Paprika, der
Milch, dem Salz, dem Pfeffer
und dem Portwein cremig rühren. Die Pfirsichhälften halbieren. Den Curry in einen flachen Teller geben. Die runden
Außenseiten der Pfirsichhälften in dem Curry wälzen. Die
Käsecreme in einen Spritzbeutel mit großer Sterntülle füllen
und auf jede Pfirsichspalte eine große Rosette spritzen. Die
Rinde vom Brot entfernen und
die Brotscheiben halbieren. In
die Mitte der Schnitten eine
Käsecreme-Girlande spritzen.
Die Pfirsichspalten daraufsetzen und seitlich mit dem Öl
bepinseln, damit sie schön
glänzen. Die Petersilie in kleine Zweige teilen und jede
Käsecreme-Rosette mit etwas
Petersilie garnieren.

Räucheraal mit Champignonsalat

Zutaten für 2 Personen:
1 Stück geräucherter Aal
  (20 cm lang, Mittelstück)
einige Blätter Kopfsalat
2 Scheiben Graubrot
5 gefüllte Oliven
100 g kleine Champignons
2 Eßl. Perlzwiebeln aus dem
  Glas
2 Eßl. Speisequark (20%)
je 1 Eßl. Öl und Tomaten-
  ketchup
je ½ Teel. schwarzer Pfeffer und
  Zucker
1 Teel. Weinessig
1 säuerlicher Apfel

Pro Portion etwa 2185 Joule/-
520 Kalorien

Das Aalstück in 4 gleich lange
Teile schneiden. Mit dem Messer an beiden Seiten entlang
der Mittelgräte tief einschneiden, die Haut abziehen und
die Mittelgräte auslösen. Die
Salatblätter waschen und gut
abtropfen lassen. Eine Platte
damit auslegen. Die Brotscheiben halbieren, in Größe der
Aalstücke zurechtschneiden
und mit je 1 Aalstück belegen.
Auf den Salatblättern anrichten. Die Oliven in Scheiben
schneiden. Die Champignons
putzen, waschen, trockentupfen und feinblättrig schneiden.
Die Perlzwiebeln abtropfen
lassen und feinhacken. Den
Quark mit dem Öl, dem Ketchup, dem Pfeffer, dem Zucker
und dem Essig verrühren. Den
Apfel schälen, vierteln, vom
Kerngehäuse befreien und in
die Quarkcreme raspeln; mit
den übrigen zerkleinerten Zutaten unterheben. Den Salat
auf den Aalstücken verteilen.

Fleischsalat-Dreiecke

Zutaten für 4 Personen:
4 Scheiben Graubrot oder Kom-
  mißbrot
2 Eßl. weiche Butter
4 Eßl. Speisequark (20%)
1 Teel. Paprikapulver, edelsüß
je ¼ Teel. Salz und weißer
  Pfeffer
200 g Fleischsalat
1 Tomate
8 gefüllte Oliven, ½ Bund Dill

Pro Portion etwa 1660 Joule/
395 Kalorien

Von den Brotscheiben die Rinde entfernen und jede Scheibe
in gleich große Dreiecke
schneiden. Die Butter schaumig rühren und mit dem
Quark, dem Paprika, dem Salz
und dem Pfeffer mischen. Die

Quarkcreme in einen Spritzbeutel mit kleiner Sterntülle
füllen und die Ränder der
Dreiecke damit garnieren. Den
Fleischsalat jeweils in die Mitte füllen. Die Tomate waschen,
abtrocknen und achteln. Auf
jedes Fleischsalat-Häufchen
ein entkerntes Tomatenachtel
setzen. Jedes Dreieck mit einigen Olivenscheibchen und etwas Dill verzieren.

Unser Tip
Wenn Sie Fleischsalat
nicht so gern mögen,
können Sie auch Krab-
ben-, Geflügel- oder
feinen Gemüsesalat, je-
weils mit Mayonnaise-
Dressing angemacht,
verwenden.

Schinkenröllchen à la Hawaii

Zutaten für 4 Personen:
3 Eßl. Mayonnaise
2 Eßl. Speisequark (20%)
1 Teel. Weinessig
je ¼ Teel. Salz, weißer Pfeffer
  und Zucker
2 Scheiben frische Ananas
3 hartgekochte Eier
4 große Scheiben gekochter
  Schinken (150 g)
einige Blätter Kopfsalat
2 Scheiben Vollkornbrot
2 Teel. Butter
etwas Petersilie, 1 Tomate

Pro Portion etwa 1955 Joule/
465 Kalorien

Die Mayonnaise mit dem
Quark, dem Essig, dem Salz,
dem Pfeffer und dem Zucker
cremig rühren. Die Ananas-

scheiben schälen, vom harten
Strunk in der Mitte befreien
und in kleine Stücke schneiden. Die Eier kleinhacken.
Beides unter die Mayonnaise
mischen. Von den Schinkenscheiben alle Fettränder entfernen und jede Scheibe halbieren. Die Salatblätter waschen, trockentupfen und eine
Schale damit auslegen. Die
Brotscheiben entrinden, mit
der Butter bestreichen und
vierteln. Die Schinkenscheiben mit dem Ananas-Eier-Sa-
lat bestreichen und aufrollen.
Auf jedes Stück Brot 1 Schinkenröllchen legen. Die Brote
auf den Salatblättern anrichten. Die Petersilie waschen
und trockentupfen. Die Tomate waschen, achteln; die Kerne
sowie das weiche Innere herauskratzen. Jedes Schinkenröllchen mit 1 Tomatenachtel
und Petersilie garnieren.

Schnittchen und Canapés

Canapés für den großen Empfang

Zutaten für je 6 Schnittchen:

Wildtaler
3 Scheiben Toastbrot
2 Teel. Butter
¼ Sellerieknolle, ½ Apfel
1 Scheibe Ananas, 2 Cornichons
2 Eßl. Mayonnaise
1 Eßl. Sahne
je 1 Prise Salz und Zucker
einige Tropfen Zitronensaft
12 dünne Scheiben gebratenes
*   Rehfilet*
6 Walnußkernhälften

Pro Taler etwa 860 Joule/
205 Kalorien

Aus den Brotscheiben mit einer Ausstechform 6 Taler ausstechen und mit der Butter bestreichen. Den Sellerie und

den Apfel schälen und feinraspeln. Die Ananasscheibe in Stückchen und die Cornichons in sehr dünne Streifen schneiden. Die Mayonnaise mit der Sahne, dem Salz, dem Zucker, dem Zitronensaft und den vorbereiteten Zutaten mischen. Den Salat auf die Brottaler häufeln. Mit Filetscheiben und Walnußkernen belegen.

Canapé à l'alsacienne
3 Scheiben Toastbrot
2 Teel. Butter
100 g getrüffeltes Gänseleberparfait aus der Dose
½ kleine Orange
3 Eßl. Madeiragelee (Rezept Seite 24)

Pro Stück etwa 715 Joule/
170 Kalorien

Die Brotscheiben halbieren, in der erhitzten Butter kurz an-

braten, abkühlen lassen. Jedes Brot mit 1 Scheibe Gänseleberparfait und 1 Orangenfilet belegen. Das Madeiragelee würfeln und neben die Orangenspalten setzen.

Canapé princier
3 Scheiben Toastbrot
3 Teel. Butter
3 Scheiben kalter Schweinebraten
¼ Banane
1 Scheibe Ananas
3 Eßl. Mayonnaise
1 Teel. mildes Currypulver
1 Prise weißer Pfeffer

Pro Stück etwa 1365 Joule/
325 Kalorien

Die Brotscheiben diagonal halbieren, so daß 6 Dreiecke entstehen. Die Dreiecke mit der Butter bestreichen. Die Bratenscheiben halbieren und

die Banane in 6 Scheiben schneiden. Jedes Canapé mit 1 Bratenscheibe, 1 Bananenscheibe und 3 Ananasstückchen belegen. Die Mayonnaise mit dem Curry und dem Pfeffer verrühren und mit dem Spritzbeutel auf jedes Canapé 1 Rosette setzen.

Canapé Alberta
3 Scheiben Toastbrot
3 Teel. Butter
100 g geräucherter Lachs in dünnen Scheiben, ½ Zwiebel
1 Teel. grüne Pfefferkörner

Pro Stück etwa 440 Joule/
105 Kalorien

Die Brotscheiben halbieren und mit der Butter bestreichen. Mit den Lachsscheiben und Zwiebelringen belegen. Auf jedes Canapé einige Pfefferkörner geben.

Schnittchen und Canapés

Canapé à la campagne

Zutaten für 12 Canapés:
3 Scheiben Toastbrot
3 Teel. Butter
12 Scheiben Lachsschinken
½ Honigmelone
2 Mandarinen

Pro Stück etwa 295 Joule/
70 Kalorien

Die Brotscheiben vierteln und
mit der Butter bestreichen. Jedes Brotstück mit 1 gefalteten
Schinkenscheibe belegen. Aus
der Honigmelone die Kerne
herauskratzen und mit einem
Mokkalöffel kleine Kugeln
aus dem Fruchtfleisch stechen.
Die Mandarinen schälen und
filetieren. Die Melonenkugeln
und Mandarinenspalten auf
dem Schinken anrichten.

Canapé mit Lachstatar

Zutaten für 6 Canapés:
6 Scheiben Toastbrot
4 Teel. Butter
2–3 Frühlingszwiebeln
300 g geräucherter Lachs in
  Scheiben
1 Limette, ½ Bund Dill

Pro Stück etwa 800 Joule/
190 Kalorien

Aus den Brotscheiben 6 große
Taler ausstechen und mit der
Butter bestreichen. Die grünen
Blätter der Zwiebeln blanchieren. Jeden Taler damit belegen.
Die Lachsscheiben durch die
grobe Scheibe des Fleischwolfs drehen, das Tatar hügel-
artig auf den Talern anrichten
und mit Limettenscheiben und
dem Dill garnieren.

Scampi-Canapé

Zutaten für 6 Canapés:
12 tiefgefrorene Scampi
3 Scheiben Toastbrot
¼ Sellerieknolle
einige Tropfen Zitronensaft
je 1 Prise Salz, weißer Pfeffer
2 Eßl. Butter, ½ Bund Dill

Pro Stück etwa 400 Joule/
95 Kalorien

Die Scampi auftauen lassen.
Aus den Broten 6 Taler ausstechen. Den Sellerie grobraspeln
und mit dem Zitronensaft,
dem Salz und dem Pfeffer mischen. Die Brottaler mit der
Butter bestreichen, mit dem
Sellerie belegen. Den Dill
kleinschneiden und um die
Ränder der Brote streuen. Jeweils 2 Scampi und 1 Dillzweig
in die Mitte legen.

Canapé mit Kaviar

Zutaten für 6 Canapés:
3 Scheiben Toastbrot
3 Teel. Butter
4 hartgekochte Eier
2 Eßl. Mayonnaise
1 Eßl. saure Sahne
1 Eßl. gehackte Petersilie
½ Teel. scharfer Senf
je 1 Prise Salz und Zucker
6 Eßl. Keta-Kaviar

Pro Stück etwa 925 Joule/
220 Kalorien

Die Brote halbieren, mit der
Butter bestreichen. 1 Ei in
Scheiben schneiden. 3 Eier
kleinhacken; mit den Zutaten
bis Zucker mischen. Die Brote
damit bestreichen und mit
Eischeiben und dem Keta-
Kaviar bedecken.

Ingwer-Honig-Quark

Zutaten für 4 Personen:
250 g Speisequark (20%)
1 Eßl. Milch, 3 Eßl. Sahne
1 kandierte Ingwerwurzel
5 kandierte Kirschen
3 Eßl. Honig

Pro Portion etwa 1050 Joule/
250 Kalorien

Den Quark mit der Milch glattrühren. Die Sahne leicht schlagen und unter den Quark heben. Die Ingwerwurzel und die Kirschen sehr klein würfeln. Jeweils ½ Teelöffel davon zurückbehalten. Die restlichen Ingwerstückchen und Kirschen mit dem Honig unter den Quark rühren. Mit den zurückbehaltenen kandierten Früchten garnieren.

Apfelquark

Zutaten für 4 Personen:
500 g Speisequark (20%)
¼ l Sahne
2 säuerliche Äpfel
1 große Zwiebel
½ Teel. Salz

Pro Portion etwa 1640 Joule/
390 Kalorien

Den Quark in einer großen Schüssel mit der Sahne glattrühren. Die Äpfel waschen, abtrocknen, vierteln, vom Kerngehäuse befreien und ungeschält grobraspeln. Die Zwiebel schälen und sehr fein schneiden. Die Äpfel und die Zwiebel unter den Quark rühren. Den Apfelquark mit dem Salz abschmecken.

Kräuterquark

Zutaten für 4 Personen:
250 g Speisequark (20%)
3 Eßl. Milch
je ½ Bund Schnittlauch, Dill
*   und Petersilie*
1 Zwiebel, 1 Knoblauchzehe
1 gute Prise Salz und frisch ge-
*   mahlener Pfeffer*

Pro Portion etwa 380 Joule/
90 Kalorien

Den Quark mit der Milch glattrühren. Die Kräuter waschen, trockentupfen und kleinschneiden. Die Zwiebel und den Knoblauch schälen und auf einer Reibe feinraspeln. Die Kräuter, die Zwiebel, den Knoblauch, das Salz und den Pfeffer unter den Quark rühren, nochmals würzig abschmecken.

Vitaminquark

Zutaten für 4 Personen:
250 g Speisequark (20%)
5 Eßl. Milch
1 kleine rote Paprikaschote
1 mittelgroße Gewürzgurke
1 kleine Zwiebel
½ Bund Radieschen
¼ Teel. Tabascosauce
¼ Teel. Salz

Pro Portion etwa 460 Joule/
110 Kalorien

Den Quark mit der Milch glattrühren. Die Schote putzen und mit der Gurke kleinwürfeln. Die Zwiebel schälen und feinraspeln. Die Radieschen waschen und feinhacken. Alles unter den Quark rühren. Mit der Tabascosauce und dem Salz würzen.

Pikante Brotaufstriche

Aufstrich mit Edelpilzkäse

Zutaten für 4 Personen:
200 g Edelpilzkäse
100 g Salami in Scheiben
3 kleine Essiggurken
10 Perlzwiebeln aus dem Glas
4 Walnußkernhälften
1 Teel. geriebener Meerrettich
1 Eßl. Joghurt
3 Eßl. Mayonnaise
1 Prise Salz
5 Tropfen Tabascosauce

Pro Portion etwa 2225 Joule/
530 Kalorien

Den Käse in einer großen Schüssel mit einer Gabel grob zerdrücken. Die Salamischeiben in dünne Streifen schneiden. Die Gurken sehr klein würfeln. Die Perlzwiebeln abtropfen lassen und feinhacken.

Die Walnußkerne ebenfalls feinhacken. Die vorbereiteten Zutaten mit dem Meerrettich, dem Joghurt, der Mayonnaise, dem Salz und der Tabascosauce unter den Käse mischen. Den Käseaufstrich nochmals abschmecken.

Eieraufstrich

Zutaten für 4 Personen:
5 hartgekochte Eier
200 g weiche Butter
½ rote Paprikaschote
1 kleine Zwiebel
½ Teel. Salz
je 1 Prise Selleriesalz, weißer
 Pfeffer, Currypulver und
 Cayennepfeffer

Pro Portion etwa 2120 Joule/
505 Kalorien

Die Eier halbieren und die Eigelbe herausheben. Die Eigelbe mit der Butter in einer Schüssel glattrühren. Die Eiweiße feinwürfeln. Die Paprikaschote putzen, die Zwiebel schälen. Beides sehr fein würfeln. Das Eiweiß, die Paprikaschote und die Zwiebel unter die Butter-Eigelb-Masse rühren. Mit dem Salz, dem Selleriesalz, dem Pfeffer, dem Curry und dem Cayennepfeffer abschmecken.

Emmentaler-Käse-Mischung

Zutaten für 4 Personen:
1 dicke Scheibe Emmentaler
 Käse (250 g)
4 Maiskölbchen aus dem Glas
10 gefüllte Oliven

½ Knoblauchzehe
je 2 Zweige Dill, Schnittlauch,
 Petersilie und Rosmarin
200 g weiche Butter
1 Teel. grüne Pfefferkörner aus
 dem Glas, ¼ Teel. Salz

Pro Portion etwa 2730 Joule/
650 Kalorien

Den Käse in sehr kleine Würfel schneiden. Die Maiskölbchen und die Oliven sehr fein hacken, den Knoblauch schälen, kleinschneiden und zerdrücken. Die Kräuter waschen, trockentupfen und kleinschneiden. Die Butter schaumig rühren. Die Käsewürfel mit den vorbereiteten Zutaten, den Pfefferkörnern und dem Salz unter die Butter mischen. Die Käsemischung noch einmal gut abschmecken, 1–2 Stunden im Kühlschrank durchziehen lassen.

43

Käsebrötchen mit Haube

Zutaten für 12 Brötchen:
150 g Emmentaler Käse
1 Bund Petersilie
4 Eßl. Mayonnaise
2 Eßl. Speisequark (20%)
1 Eßl. Weinessig
12 dünne Scheiben Salami
12 Scheiben Stangenweißbrot
3 Eßl. Butter

Pro Stück etwa 1195 Joule/
285 Kalorien

Den Käse in sehr kleine Würfel schneiden. Die Petersilie waschen und trockentupfen. Einige Zweige zurückbehalten, die restliche Petersilie kleinschneiden. Die Mayonnaise mit dem Quark, dem Essig und der kleingeschnittenen Petersilie in einer Schüssel verrühren.

Die Käsewürfelchen untermischen. Jede Salamischeibe bis zur Mitte einschneiden. Die Weißbrotscheiben toasten, etwas auskühlen lassen und mit der Butter bestreichen. Den Käsesalat auf die Brotscheiben häufeln und jedes Brot mit 1 Salamihütchen bedecken. Die Brote mit Petersiliezweigen garnieren.

Unser Tip
Stechen Sie aus 12 Toastbrotscheiben mit einem Wasserglas Taler aus. Für die größeren Brotflächen brauchen Sie die doppelte Menge Käsesalat. Die Hauben dann aus Mortadella- oder Bierschinkenscheiben formen.

Würzbutterstreifen

Zutaten für 24 Streifen:
150 g weiche Butter
je ½ Teel. Salz und Zitronensaft
1 Bund Schnittlauch
2 Eßl. geriebener Emmentaler Käse
1 Teel. Paprikapulver, edelsüß
50 g roher Schinken
2 hartgekochte Eier
2 Eßl. Kondensmilch
50 g Hummerbutter
8 Scheiben Toastbrot
2 Radieschen, 4 gefüllte Oliven
4 Cornichons, 4 Piri-Piri

Pro Stück etwa 505 Joule/
120 Kalorien

Die Butter mit dem Salz und dem Zitronensaft cremig rühren und in 3 gleich große Portionen teilen. Den Schnittlauch waschen, trockentupfen, sehr fein schneiden und mit 1 Portion Butter mischen. Das zweite Drittel mit dem geriebenen Käse und dem Paprika verrühren. Den Schinken in sehr kleine Würfel schneiden, die Eier feinhacken und beides mit der Kondensmilch unter den letzten Teil der Butter mischen. Mit der Hummerbutter sind es 4 gewürzte Butterarten. Je 2 Scheiben Toastbrot mit einer Art Würzbutter bestreichen und die Brotscheiben in gleich große Streifen schneiden. Die Radieschen und Oliven in Scheibchen schneiden. Die Cornichons fächerig einschneiden. Die Brotstreifen mit Schnittlauchbutter mit den Radieschen, der Käse-Paprika-Butter mit den Piri-Piri, der Schinken-Eier-Butter mit den Cornichons und der Hummerbutter mit den Oliven belegen.

Nabob-Dukaten

Zutaten für 20 Dukaten:
200 g weiche Butter
¼ Teel. Salz
1 Prise weißer Pfeffer
1 Teel. Zitronensaft
1 Karton Kresse
75 g Walnußkerne
10 runde Scheiben Cocktail-
Vollkornbrot
je 1 Messerspitze Selleriesalz,
Knoblauchpulver und
Ingwerpulver
2 Tropfen Tabascosauce
½ rote Paprikaschote
10 runde Scheiben Cocktail-
Pumpernickel
½ Bund Petersilie

Pro Stück etwa 860 Joule/
205 Kalorien

Die Hälfte der Butter mit dem
Salz, dem Pfeffer und dem Zitronensaft cremig rühren. Die
Spitzen der Kresse mit einer
Schere abschneiden, in einem
Sieb kalt abbrausen und abtropfen lassen. Die Walnußkerne hacken. Das Vollkornbrot mit der gewürzten Butter
bestreichen und die Ränder
mit der Kresse bestreuen. In
die Mitte die gehackten Walnüsse geben. Die zweite Hälfte
der Butter mit dem Selleriesalz, dem Knoblauchpulver,
dem Ingwerpulver und der Tabascosauce gut verrühren. Die
Paprikaschote waschen und
feinwürfeln. Die Würzbutter in
einen Spritzbeutel mit kleiner
Sterntülle füllen und die Ränder der Pumpernickelscheiben
nachspritzen. In die Mitte die
Paprikawürfelchen füllen. Die
Petersilie waschen, trockentupfen, die Blättchen abzupfen
und die Paprikawürfel damit
garnieren.

Räucherfisch-
Ecken

Zutaten für 8 Ecken:
1 Bund Schnittlauch
100 g weiche Butter oder
Margarine
1 Eßl. geriebener Meerrettich
1 Messerspitze Knoblauch-
pulver
¼ Teel. Salz
4 Scheiben Weizenkeimbrot
oder Grahambrot
1 Blatt Kopfsalat
400 g geräucherter Heilbutt
2 feste Tomaten
½ Bund Dill
grobgemahlener schwarzer
Pfeffer

Pro Stück etwa 1135 Joule/
270 Kalorien

Den Schnittlauch waschen, abtropfen lassen und klein-
schneiden. Die Butter oder
Margarine mit dem geriebenen
Meerrettich, dem Knoblauchpulver, dem Salz und dem
Schnittlauch cremig rühren.
Die Brotscheiben mit der gewürzten Butter oder Margarine bestreichen und jede Scheibe in 2 Dreiecke schneiden.
Das Salatblatt in kleinere Stük-
ke zerreißen. Den Fisch von
Haut und Gräten befreien und
in Stücke schneiden, die in etwa der Größe der Brotdreiecke
entsprechen. Die Tomaten waschen, abtrocknen und in
Scheiben schneiden. Den Dill
ebenfalls waschen und trok-
kentupfen. Jedes Brotdreieck
mit Kopfsalat, je 1 Fischstück,
1 Tomatenscheibe und 1 Dill-
sträußchen belegen. Die Tomatenscheiben vor dem Servieren mit Pfeffer bestreuen.

Beliebte Häppchen

Käsesnacks

Zutaten für 20 Snacks:
500 g Edamer Käse in
1 cm dicken Scheiben
50 g Salami in Scheiben
24 gefüllte Oliven
½ Bund Petersilie
1 kleine feste Tomate

Pro Stück etwa 525 Joule/
125 Kalorien

Den Käse in gleich große Würfel schneiden. Jeweils 1 Salamiröllchen, 1 Olive und einige Petersilieblättchen mit einem Holzspießchen auf einen Teil der Käsewürfel stecken. Die Tomate achteln. Jeweils 1 Tomatenachtel mit 1 Olive auf Käsewürfel stecken. Restliche Käsewürfel aufeinanderstekken, mit jeweils 1 gefüllten Olive dazwischen.

Gefüllte Tomaten

Zutaten für 4 Tomaten:
4 Tomaten
6 gefüllte Oliven
8 Eßl. gekochter Reis
1 Eßl. Salatmayonnaise
1 Eßl. Sahne
1 Eßl. gemischte gehackte
Kräuter
1 Eßl. geriebener Käse
je 1 Prise Salz und weißer
Pfeffer

Pro Stück etwa 800 Joule/
190 Kalorien

Die Tomaten aushöhlen. Die Oliven in Scheibchen schneiden. Den Reis mit allen übrigen Zutaten vermengen. Die Tomaten mit dem Reissalat füllen und die Deckelchen aufsetzen.

Currybällchen

Zutaten für etwa 20 Spießchen:
2 Zwiebeln
½ Bund Petersilie
500 g gemischtes Hackfleisch
2 Eier, 2 Eßl. Semmelbrösel
2 Teel. mildes Currypulver
½ Teel. Salz
¼ Teel. schwarzer Pfeffer
Zum Fritieren: 1 l Öl
Zum Garnieren: Mandarinen-
spalten, Maraschinokirschen,
Weintrauben, Roquefortkä-
se, gefüllte Oliven, Piri-Piri,
Maiskölbchen aus dem Glas
einige Blätter Kopfsalat

Pro Stück etwa 380 Joule/
90 Kalorien

Die Zwiebeln schälen, kleinschneiden und mit dem Wiegemesser feinwiegen. Die Petersilie waschen, trockentupfen

und ebenfalls wiegen. Das Hackfleisch mit den Zwiebeln und der Petersilie, den Eiern, den Semmelbröseln, dem Curry, dem Salz und dem Pfeffer gut mischen. Den Fleischteig pikant abschmecken und mit nassen Händen kleine Kugeln daraus formen. Das Öl in einer Friteuse auf 170° erhitzen. Die Currybällchen portionsweise in das heiße Öl geben und in 5–8 Minuten hellbraun bakken. Die Hackfleischbällchen mit einem Schaumlöffel aus dem Öl heben und auf Küchenkrepp abtropfen lassen. Von den Garnierungszutaten den Käse und die Maiskölbchen in Stücke schneiden. Die Currybällchen mit den Früchte-, Käse- und Gemüsestücken bestecken. Die Salatblätter waschen, abtropfen lassen und die Currybällchen darauf anrichten.

Herzhafte Snacks

Für 10 Cornichons mit Pfef-
ferschinken:
10 schmale dünne Scheiben
Lachsschinken
½ Teel. grobgemahlener
schwarzer Pfeffer
10 Cornichons
Für 10 Datteln mit Käsecreme:
10 Datteln
1 hartgekochtes Ei
1 Ecke Schmelzkäse (Vollfett-
stufe), 2 Eßl. Sahne
je ½ Teel. kleingeschnittener
Dill und gehackte Pimpinelle
Für 10 Oliven im Speckmantel:
10 hauchdünne Scheiben Früh-
stücksspeck
10 gefüllte Oliven

Pro Cornichon 85 Joule/
20 Kalorien; pro Dattel
230 Joule/55 Kalorien; pro
Olive 190 Joule/45 Kalorien

Die Lachsschinkenscheiben
mit dem Pfeffer bestreuen. Je
1 Cornichon in 1 Schinkenscheibe wickeln und mit Holzspießchen feststecken. Die
Datteln der Länge nach aufschneiden und entkernen. Das
Ei halbieren. Das Eigelb durch
ein Sieb streichen, den Käse
und die Sahne zufügen und
cremig rühren. Die Kräuter
untermischen. Die Masse in
einen Spritzbeutel mit kleiner
Sterntülle füllen und die Datteln ausspritzen. Die Datteln
bis zum Servieren kühl stellen.
Die Speckscheiben von beiden
Seiten glasig braten. Auf Küchenkrepp abtropfen lassen
und jeweils 1 Olive in 1 Speckscheibe wickeln. Den Speck
mit Holzspießchen feststek-
ken. Die Oliven im Speckmantel in der heißen Pfanne unter
Wenden knusprig braten.

Wildkrusteln

Zutaten für etwa 50 Krusteln:
300 g kleine Champignons
100 g gekochter Schinken
1 Bund Petersilie
3 Eßl. Butter, 9 Eßl. Mehl
⅛ l Milch, 4 Eigelbe
600 g Wildfleisch
3 Eßl. Madeirawein
je 1 Prise Salz und schwarzer
Pfeffer
1 Teel. gemahlenes Piment
2 Eier, 100 g Semmelbrösel
Zum Fritieren: 1 l Öl

Pro Stück etwa 250 Joule/
60 Kalorien

Die Champignons putzen und
die Stiele etwas kürzen. Den
Schinken und die Petersilie
feinhacken. 2 Eßlöffel Butter
erhitzen, 3 Eßlöffel Mehl anstäuben und hellgelb braten.

Nach und nach die Milch zu-
gießen und die Sauce unter
Rühren 10 Minuten kochen
lassen. In die abgekühlte Sauce die Eigelbe rühren. Das
Wildfleisch von Häuten und
Sehnen befreien, zweimal
durch die feinste Scheibe des
Fleischwolfes drehen. Mit der
Sauce, dem Schinken, der Petersilie, 2 Eßlöffeln Mehl, der
restlichen Butter, dem Madeira
und den Gewürzen verkneten.
Jeden Champignon in etwas
Wildmasse hüllen und den
Teig leicht festdrücken. Die
Wildkrusteln in dem restlichen
Mehl, den verquirlten Eiern
und in den Semmelbröseln
wenden. Das Öl in der Friteuse
auf 180° erhitzen. Die Wildkrusteln darin in 6–8 Minuten
knusprig braun backen.

Dazu schmeckt: Cumber-
landsauce.

47

Krabben-kroketten

Zutaten für etwa 16 Kroketten:
200 g tiefgefrorene Krabben
30 g Butter, 5 Eßl. Mehl
⅛ l Milch
1 Teel. Zitronensaft
½ Teel. Salz
¼ Teel. weißer Pfeffer
1 Eßl. gehackte Petersilie
1 Ei, 1 Tasse Semmelbrösel
Zum Fritieren: 1 l Öl

Pro Stück etwa 485 Joule/
115 Kalorien

Die Krabben aus der Verpak-
kung nehmen und zugedeckt
auftauen lassen. Die aufgetau-
ten Krabben feinhacken. Die
Butter in einem Topf zerlassen.
3 Eßlöffel Mehl hineinrühren
und hellgelb braten. Nach und
nach mit der Milch aufgießen
und so lange unter Rühren kochen lassen, bis eine dicke
Sauce entstanden ist. Die
Krabben, den Zitronensaft,
das Salz, den Pfeffer und die
Petersilie in die Sauce geben
und weiter unter Rühren kochen lassen, bis eine feste Masse entstanden ist. Die Krab-
benmasse abkühlen lassen.
Aus dem abgekühlten Krab-
benteig auf einem bemehlten
Backbrett eine Rolle formen.
Davon kleine Stücke abschneiden und daraus Kroketten drehen. Die Kroketten zuerst in
dem restlichen Mehl, dann in
dem verquirlten Ei und zuletzt
in den Semmelbröseln wen-
den. Das Öl in einer Friteuse
auf 170° erhitzen und die Kroketten darin in 6–8 Minuten
rundum goldbraun backen.
Die Krabbenkroketten auf
Küchenkrepp abtropfen und
erkalten lassen.

Fritierte Goudawürfel

Zutaten für 30 Würfel:
300 g mittelalter Goudakäse in
  2 cm dicken Scheiben
125 g geräucherter gekochter
  Bauchspeck in dünnen
  Scheiben
2 Eier, 2 Eßl. Mehl
1 Tasse Semmelbrösel
Zum Fritieren: 1 l Öl
Für die Sauce:
1 Becher Joghurt
je 1 Prise Salz und Selleriesalz
¼ Teel. gemahlener grüner
  Pfeffer
1 Messerspitze Ingwerpulver
3 Eßl. gemischte gehackte
  Kräuter wie Petersilie, Dill,
  Schnittlauch, Liebstöckel,
  wenig Rosmarin und Salbei

Pro Stück etwa 485 Joule/
115 Kalorien

Den Käse in 2 cm große Würfel schneiden. Jeden Käsewürfel in eine Speckscheibe hüllen
und den Speck mit Holzspießchen feststecken. Die Eier verquirlen. Die umhüllten Käsewürfel zuerst in dem Mehl
wenden, dann in die verquirlten Eier tauchen und zuletzt
mit den Semmelbröseln panie-
ren. Das Öl in einer Friteuse
auf 180° erhitzen und die
Goudawürfel darin in 4–6 Minuten rundum goldbraun bakken. Die Käsewürfel dann auf
Küchenkrepp abtropfen und
erkalten lassen. Den Joghurt
mit dem Salz, dem Selleriesalz,
dem Pfeffer, dem Ingwerpulver und den gehackten Kräutern verrühren. Die Kräutersauce gesondert zu den Gou-
dawürfeln reichen. Die Goudawürfel werden beim Verzehr
in die Sauce getaucht.

Pikante Gemüsehappen

Zutaten für jeweils 4 Personen:

Gefüllte Salatgurke
*1 Stück schlanke Salatgurke
(etwa 20 cm lang)
3 hartgekochte Eier
3 Sardellenfilets
1 Eßl. kleine Kapern
100 g weiche Butter
2 Teel. Sardellenpaste
4 Sardellenröllchen*

Pro Portion etwa 1260 Joule/
300 Kalorien

Das Gurkenstück waschen, abtrocknen, längs halbieren, die Kerne herauskratzen und jede Gurkenhälfte noch einmal quer durchschneiden. Die Eier schälen und mit den Sardellenfilets nicht zu klein würfeln. Von den Kapern 4 zurückbehalten, die restlichen kleinschneiden. Die weiche Butter mit der Sardellenpaste und den kleingewürfelten Zutaten mischen und in die ausgehöhlten Gurkenstücke füllen. Jedes Gurkenstück mit 1 Sardellenröllchen garnieren und darauf 1 Kaper setzen.

Sellerie mit Roquefortfüllung
*4 Stangen Staudensellerie
150 g Roquefortkäse
150 g Magerquark
50 g weiche Butter
1 schwarze Olive
etwas Petersilie*

Pro Portion etwa
1240 Joule/295 Kalorien

Vom Staudensellerie die grünen Blättchen abschneiden und aufbewahren. Die Stielenden abschneiden. Den Sellerie putzen, waschen, trockentupfen und quer halbieren. 4 Stücke Staudensellerie für die Paprikafüllung beiseite legen. Für die Roquefortfüllung den Käse mit dem Magerquark mischen und durch ein feines Sieb streichen. Die Sellerieblättchen sehr fein wiegen und mit der weichen Butter unter die Käsecreme mischen. Die Käsecreme in einen Spritzbeutel mit Sterntülle füllen. Die Creme in die Selleriestangen spritzen und jede Portion mit ¼ Olive und 1 Petersiliensträußchen garnieren.

Staudensellerie mit Paprikafüllung
*250 g Magerquark
1 Eßl. Paprikapulver, edelsüß
1 rote Paprikaschote
je 1 Prise Salz und frisch gemahlener weißer Pfeffer
1 kleine Zwiebel*
*4 Piri-Piri (Mini-Peperoni)
1 gefüllte Olive*

Pro Portion etwa
400 Joule/95 Kalorien

Für die Füllung den Quark durch ein Sieb streichen und mit dem Paprikapulver mischen. Die Paprikaschote sehr fein wiegen und mit dem Salz und dem Pfeffer zum Quark geben. Die Zwiebel schälen, in den Quark reiben und mit der Paprikaschote unter die Quarkmasse mischen. Die Quarkmasse in einen Spritzbeutel mit Lochtülle füllen und die übrigen 4 Stücke Staudensellerie damit gefällig füllen. Jede Portion mit 1 Piri-Piri und 1 Olivenscheibchen garnieren.

Beliebte Häppchen

Große Kräckerplatte

Zum Belegen für
  50–60 Kräcker:
400 g Doppelrahm-Frischkäse
6 Eßl. saure Sahne
¼ Teel. Salz
¼ Teel. Currypulver
1 Prise Zucker
1 Teel. Tomatenketchup
½ Teel. Paprikapulver, edelsüß
100 g weiche Butter
1 Teel. milder Senf
einige Blätter Kopfsalat
je 50 g Edelpilz- und
  Emmentaler Käse
50 g geräucherte Zunge in
  Scheiben
Zum Garnieren:
Krabben, Kaviar
Lachs- und Salamischeiben
1 Tomate, 1 Stück Salatgurke
einige Piri-Piri (Mini-Peperoni)
  und gefüllte Oliven
etwas Petersilie, Dill und Kresse
1 Eßl. Kapern, Cornichons
beliebiges Obst

Pro Stück etwa 295 Joule/
70 Kalorien

Den Frischkäse mit der sauren
Sahne und dem Salz schaumig
rühren und in 3 Portionen teilen. 1 Portion ohne weitere
Würzzutaten lassen. 1 Portion
mit dem Curry und dem Zukker, die letzte Portion mit dem
Ketchup und dem Paprika verrühren. Die Butter mit dem
Senf verrühren und auf die
Kräcker streichen. Die Salatblätter waschen und gut abtropfen lassen. In kleine Stük-
ke reißen und auf einen Teil
der Kräcker legen. Den Edel-
pilz- und den Emmentaler Käse in kleine Würfel schneiden.
Die Zungenscheiben in Größe
der Kräcker zurechtschneiden.
Die Kräcker mit den Käsewürfeln oder den Zungenscheiben
belegen. Nacheinander die
3 Sorten Käsecreme auf die
restlichen Kräcker spritzen.
Die Kräcker nach Vorschlägen
auf der Abbildung gefällig mit
den angegebenen Garnie-
rungszutaten belegen.

Dominosteine

Zutaten für etwa 20 Domino-
  steine:
200 g Doppelrahm-Frischkäse
3 Eßl. Sahne
½ Teel. Salz
1 Prise weißer Pfeffer
1 Teel. scharfer Senf
1 Messerspitze Safran
1 hartgekochtes Eigelb
½ Teel. Tomatenmark
¼ Teel. Paprikapulver, edelsüß
einige Tropfen Zitronensaft
1 Prise Zucker
1 Eßl. gemischte gehackte
  Kräuter
250 g Pumpernickel

Pro Stück etwa 420 Joule/
100 Kalorien

Den Frischkäse mit der Sahne
und dem Salz cremig rühren.
In 4 Portionen teilen. Den ersten Teil mit dem weißen Pfeffer und dem Senf verrühren.
Den zweiten Teil mit dem Safran mischen. Das Eigelb
durch ein Sieb streichen und
untermischen. Den dritten Teil
mit dem Tomatenmark und
dem Paprika verrühren. Den
letzten Teil mit dem Zitronensaft, dem Zucker und den
Kräutern mischen. Die Pumpernickelscheiben abwech-
selnd mit den 4 Sorten Käsecreme bestreichen. Die Scheiben aufeinander legen. Den
Pumpernickel mit einem Teller
beschweren, damit sich die
Scheiben nicht aufbiegen und
1 Stunde im Kühlschrank ruhen lassen. Die Brotpakete vor
dem Servieren mit einem
scharfen Messer in Rechtecke
oder Quadrate schneiden.

Kräckscheiben
mit Kräuterquark

Zutaten für 24 Scheiben:
1 dicke Möhre
250 g Speisequark (20%)
3 Eßl. Sahne
1 Teel. Zitronensaft
½ Teel. Salz
1 Messerspitze Cayennepfeffer
1 Messerspitze Zucker
½ kleine Zwiebel
2 Eßl. gemischte gehackte
  Kräuter wie Kerbel, Schnitt-
  lauch, Petersilie und Dill
24 Kräckscheiben
24 Piri-Piri (Mini-Peperoni)
½ Bund Petersilie
einige Zweige Dill

Pro Stück etwa 170 Joule/
40 Kalorien

Die Möhre schaben, waschen
und in wenig Salzwasser
20 Minuten kochen lassen.
Den Quark mit der Sahne,
dem Zitronensaft, dem Salz,
dem Cayennepfeffer und dem
Zucker schaumig rühren. Die
Zwiebel schälen und mit der
Gemüsereibe auf den Quark
reiben. Mit den Kräutern unter
den Quark mischen. Den
Kräuterquark in einen Spritzbeutel mit Sterntülle füllen
und gefällig auf die Kräckscheiben spritzen. Die Möhre
abtropfen und etwas abkühlen
lassen. In 24 Scheibchen
schneiden. Die Möhrenscheiben mit einer Ausstechform zu
Blümchen verändern oder mit
einem Messer so schneiden.
Jede Kräckscheibe mit einer
Möhrenblume und einem Piri-
Piri garnieren. Die Petersilie
und den Dill waschen, trok-
kentupfen und die Kräckscheiben damit verzieren.

Leberwurst auf Kräckscheiben

Zutaten für 12 Scheiben:
250 g grobe Leberwurst
1 Eigelb, 1 Zwiebel
½ rote Paprikaschote
2 kleine Gewürzgurken
4 gefüllte Oliven
½ Knoblauchzehe
1 Prise weißer Pfeffer
½ Teel. Paprikapulver, edelsüß
½ Bund Petersilie
etwas frische Zitronenmelisse
12 Kräckscheiben
2 hartgekochte Eier

Pro Stück etwa 400 Joule/
95 Kalorien

Die Leberwurst in eine Schüssel geben und mit dem Eigelb verrühren. Die Zwiebel schälen und feinwürfeln. Von der Paprikaschote Rippen und Kerne entfernen, die Schotenhälfte waschen, abtrocknen und in kleine Würfel schneiden. Die Gurken und die Oliven feinhacken. Die Knoblauchzehe schälen, grob zerkleinern und mit der Messerklinge zerdrücken. Die Zwiebel, die Paprikaschote, die Gurken, die Oliven und den Knoblauch mit dem Pfeffer und dem Paprika unter die Leberwurstmasse mischen. Die Kräuter waschen, abtropfen lassen und von Petersilie wie Zitronenmelisse einige Blätter zurückbehalten. Die restlichen Kräuter hacken und mit der Leberwurstmasse vermengen. Die Wurstmasse auf die Kräckscheiben streichen. Die Eier schälen, in 12 Spalten schneiden und jede Kräckscheibe mit 1 Eispalte und den zurückbehaltenen Kräutern garnieren.

Fleischkäserollen

Zutaten für 8 Rollen:
2–3 mittelgroße Möhren
4 Scheiben Fleischkäse, nicht zu
*   dünn geschnitten*
1 Eßl. Senf
1 Eßl. frisch geriebener Meer-
*   rettich*
2 große Essiggurken
1 rote Paprikaschote
8 Perlzwiebeln aus dem Glas

Pro Stück etwa 505 Joule/
120 Kalorien

Die Möhren waschen, schaben, in gleich dünne, lange Streifen schneiden und in wenig kochendem Salzwasser in 12 Minuten garen. Die Möhren abgießen, kalt abschrecken und auf einem Küchentuch erkalten lassen. Die Fleischkäsescheiben längs halbieren und mit dem Senf bestreichen, dann den Meerrettich darauf verteilen. Von beiden Essiggurken je 4 runde Scheiben abschneiden, die restlichen Gurkenstücke in dünne lange Streifen schneiden. Die Paprikaschote der Länge nach halbieren, von Rippen und Kernen befreien, die Schotenhälften waschen und ebenfalls in dünne lange Streifen schneiden. Die Möhren-, Gurken- und Paprikaschotenstreifen abwechselnd auf die Fleischkäsescheiben legen, aufrollen und mit Holzspießchen feststecken. Die Perlzwiebeln etwas abtropfen lassen. Auf jede Fleischkäserolle mit einem Holzspießchen 1 Gurkenscheibe und 1 Perlzwiebel stecken.

Gebackene Roquefort- schnittchen

Zutaten für 8 Schnittchen:
4 Scheiben Kastenweißbrot
2 Teel. Butter oder Margarine
8 Scheiben roher Schinken
100 g Roquefortkäse (französischer Edelpilzkäse)
je ½ rote und grüne Paprikaschote

Pro Stück etwa 650 Joule/
155 Kalorien

Den Backofen auf 250° vorheizen. Die Brotscheiben halbieren. Die Butter oder die Margarine in einer großen Pfanne erhitzen und die Brothälften darin von beiden Seiten hellbraun braten. Das Brot herausnehmen und auf einem Kuchengitter erkalten lassen. Jedes Stück Brot mit einer Schinkenscheibe belegen und darauf ein Stückchen Roquefort geben. Die Brote auf ein Backblech legen und kurz im vorgeheizten Backofen überbacken. Der Käse sollte zu schmelzen beginnen, aber keinesfalls braun werden. Die Schnittchen aus dem Ofen nehmen und auf einem Kuchengitter abkühlen lassen. Die Paprikaschoten von Rippen und Kernen befreien, waschen, trockentupfen und in sehr dünne Streifen schneiden. Jedes Brot mit roten und grünen Paprikaschotenstreifen garnieren.

Toskanische Crostini

Zutaten für 8 Crostini:
100 g Mozzarellakäse
8 Scheiben Toastbrot
2 Knoblauchzehen
½ Bund Petersilie
35 g Sardellenfilets
2 Eßl. Kapern, 6 Eßl. Olivenöl
¼ Teel. weißer Pfeffer
1 Glas schwarze Oliven

Pro Stück etwa 985 Joule/
235 Kalorien

Den Käse aus dem Beutel nehmen, trockentupfen und in nicht zu dünne Scheiben schneiden. Die Brotscheiben entrinden und halbieren. Die Knoblauchzehen schälen, grobhacken und zerdrücken. Die Petersilie waschen, abtropfen lassen und feinhacken. Die Sardellenfilets mit den Kapern und dem Knoblauch im Mixgerät pürieren oder durch ein Sieb streichen, so daß eine streichfähige Paste entsteht. Die Petersilie und 4 Eßlöffel Olivenöl unter die Paste rühren. Die Sardellenpaste mit dem möglichst frisch gemahlenen Pfeffer würzen. Den Backofen auf 250° vorheizen. Die Hälfte der Brotstücke mit der Paste bestreichen, darauf die Käsescheiben legen und mit den übrigen Brothälften bedecken. Die Crostini von beiden Seiten mit dem restlichen Öl beträufeln, auf ein Backblech legen und im vorgeheizten Backofen in wenigen Minuten goldbraun backen. Während der Backzeit einmal wenden. Die Crostini aus dem Ofen nehmen, leicht abkühlen lassen und mit den schwarzen Oliven servieren.

53

Cocktailbissen exquisit

Sellerietörtchen

Zutaten für 4 Törtchen:
1 Sellerieknolle
1 Teel. Salz, 1 Eßl. Essig
1 Teel. Zucker
1 Stange Lauch/Porree
500 g gebratene Entenbrust
1 Teel. milder Senf
2 Teel. Öl, 1 Teel. Sojasauce

Pro Stück etwa 1430 Joule/
340 Kalorien

Die Sellerieknolle schälen
und mit Wasser bedeckt mit
dem Salz, dem Essig und dem
Zucker 40 Minuten kochen
lassen. Den Lauch putzen, von
den harten grünen Enden und
dem Wurzelende befreien,
vierteln und mit Wasser bedeckt 15 Minuten kochen lassen. Die Haut von der Entenbrust entfernen, das Fleisch in
schräge Scheiben schneiden.
Das gekochte Gemüse abtropfen lassen. Den Sellerie in
4 gleich dicke Scheiben schneiden. Den Lauch in dünne
Streifchen schneiden. Das Gemüse abkühlen lassen. Die Selleriescheiben mit dem Senf bestreichen. Das Entenfleisch
darauf anordnen und mit den
Lauchstreifen belegen. Das Öl
mit der Sojasauce mischen,
über die Törtchen träufeln.

Unser Tip
Anstelle von Sellerie
können Sie auch Apfel-
scheiben als Unterlage
für die Entenbrust ver-
wenden und den Lauch
durch feine Scheibchen
von rohem Stauden-
sellerie ersetzen.

Party-Schnittchen

Zutaten für 12 Schnittchen:
500 g Kastenweißbrot
2 Sardellenfilets
1 Gewürzgurke
1 kleine Zwiebel
½ grüne Paprikaschote
250 g Tatar
1 Eigelb
2 Eßl. Madeirawein
½ Teel. Salz
je 1 Messerspitze schwarzer
  Pfeffer, Paprikapulver, scharf
  und Knoblauchpulver
1 Eßl. gehackte Kräuter
100 g Edelpilzkäse
100 g weiche Butter
1 Eigelb, 2 Eßl. Sahne
je 1 Prise Salz, weißer Pfeffer
  und Salbeipulver
je 70 g gehackte Walnüsse und
  Pistazien
200 g Doppelrahm-Frischkäse
6 gefüllte Oliven

Pro Stück etwa 1470 Joule/
350 Kalorien

Das Brot waagrecht in 3 gleich
dicke Scheiben schneiden und
die Rinde entfernen. Die Sardellenfilets zerdrücken. Die
Gurke, die geschälte Zwiebel
und die geputzte Paprikaschote feinhacken. Das Tatar mit
den zerkleinerten Zutaten,
dem Eigelb, dem Madeira,
dem Salz, den Gewürzen und
den Kräutern mischen. 1 Brotscheibe dick damit bestreichen
und mit der zweiten Brotscheibe bedecken. Den Käse mit
der Butter, dem Eigelb, der
Sahne, den Gewürzen und den
Walnüssen verrühren. Die
zweite Brotscheibe damit bestreichen; mit der dritten Brotscheibe bedecken. Das Brot
mit Frischkäse bestreichen, mit
Pistazien bestreuen und in
12 Schnittchen teilen

Wachteleier-Törtchen

Zutaten für 8 Törtchen:
200 g Putenlebern
½ Teel. Salz
je 1 Messerspitze Pfeffer, gemahlenes Piment und abgeriebene Orangenschale
3 Eßl. Butter, 2 Schalotten
1 Eigelb, 150 g Schlagsahne
8 Scheiben Toastbrot
2 kleine Orangen
8 Wachteleier aus dem Glas
einige Trüffelscheiben
einige Blätter Kopfsalat

Pro Stück etwa 1090 Joule/
260 Kalorien

Die Lebern in grobe Stücke schneiden, mit dem Salz, dem Pfeffer, dem Piment und der Orangenschale bestreuen.
 1 Eßlöffel Butter in einer Pfan-

ne erhitzen und die Leber darin 3 Minuten braten. Die Leber aus der Pfanne nehmen, beiseite stellen. Die Schalotten kleinwürfeln und in der Butter anbraten. Die Leber und die Schalotten abkühlen lassen und im Mixgerät pürieren. Die Masse mit dem Eigelb und der geschlagenen Sahne verrühren. Aus den Brotscheiben 8 Taler von 8 cm ⌀ ausstechen. In der gleichen Pfanne auf beiden Seiten hellgelb braten. Die Orangen schälen und in 8 Scheiben schneiden. Jeden Weißbrottaler mit 1 Orangenscheibe belegen. Die Lebercreme in einen Spritzbeutel füllen und große Rosetten auf die Orangenscheiben spritzen. In die Mitte 1 Wachtelei legen. Die Trüffelscheiben in Stifte schneiden. Die Törtchen damit garnieren und auf den Salatblättern anrichten.

Räucheraal auf Eierstich

Zutaten für 12 Schnitten:
⅛ l Milch, 6 Eier
¼ Teel. Salz
¼ Teel. Paprikapulver, edelsüß
je 1 Messerspitze weißer Pfeffer und geriebene Muskatnuß
2 Eßl. Butter
300 g geräucherter Aal
einige Blätter krause Endivie
2 Teel. Öl
1 Teel. Weinessig
je 1 Prise Salz und Pfeffer
6 Scheiben Toastbrot

Pro Stück etwa 880 Joule/
210 Kalorien

Den Backofen auf 130° vorheizen. Die Milch mit den Eiern, dem Salz und den Gewürzen verquirlen. Eine kleine Kastenform mit der Hälfte der

Butter ausstreichen. Die Eiermilch in die Form füllen. Die Form in eine halbhoch mit heißem Wasser gefüllte Auflaufform stellen. Die Eiermilch im Backofen in 30–40 Minuten stocken lassen. Den Eierstich abkühlen lassen. Die Kastenform kurz in heißes Wasser tauchen. Den Eierstich stürzen und in 12 Rechtecke schneiden. Den geräucherten Aal häuten und die Mittelgräte entfernen. Die Aalfilets in 4 cm lange Stücke schneiden. Die Salatblätter waschen und in kleine Stücke reißen. Das Öl mit dem Essig, dem Salz und dem Pfeffer verrühren. Die Sauce über den Salat gießen und gut untermischen. Die Brotscheiben halbieren, rösten und mit der restlichen Butter bestreichen. Mit dem Salat belegen. Darauf den Eierstich und die Aalfilets anrichten.

Schinkenrollen mit Meerrettichsahne

Zutaten für 8 Rollen:
8 Scheiben gekochter geräucherter Schinken (200 g)
1 Becher Sahne (0,2 l)
¼ Teel. Salz
1 Eßl. frisch geriebener Meerrettich
1 Eßl. Orangensaft
½ Orange
8 gefüllte Oliven
etwas krause Petersilie

Pro Stück etwa 715 Joule/ 170 Kalorien

Die Schinkenscheiben nebeneinander auf ein Küchenbrett legen. Die Sahne mit dem Salz sehr steif schlagen, den Meerrettich und den Orangensaft untermischen. Die Schinkenscheiben zur Hälfte damit bestreichen, dabei etwas Meerrettichsahne zurückbehalten. Die Schinkenscheiben aufrollen. Die restliche Meerrettichsahne mit einem Teelöffel in die größere Öffnung der Rollen füllen und auf einer Platte anrichten. Die Orange waschen, abtrocknen und ungeschält in dünne Scheiben schneiden. Die Orangenscheiben halbieren und die Schinkenrollen-Platte damit garnieren. Die Oliven halbieren und mit der Petersilie auf die Schinkenrollen setzen.

Glasiertes Filet mit Gänseleberpastete

Zutaten für 8 Taler:
300 g Rinderfilet aus dem Mittelstück
½ Teel. Salz
¼ Teel. weißer Pfeffer
50 g Butter
8 Scheiben Toastbrot
Madeiragelee (Rezept Seite 24)
150 g getrüffelte Gänseleberpastete aus der Dose

Pro Stück etwa 1260 Joule/ 300 Kalorien

Den Backofen auf 250° vorheizen. Vom Rinderfilet alle Häutchen und Sehnen entfernen. Das Fleisch kurz kalt waschen und gut abtrocknen. Mit dem Salz und dem Pfeffer einreiben und in eine Bratreine legen. Die Butter in einem Pfännchen zerlassen und über das Fleisch gießen. Das Filet im vorgeheizten Backofen auf der mittleren Schiene 15 Minuten braten. Das Fleisch dann aus dem Ofen nehmen und abkühlen lassen. Aus den Brotscheiben mit einer runden Ausstechform 8 Taler ausstechen. Die Brottaler toasten. Das Filet in 8 gleich dicke Scheiben schneiden und mit Madeiragelee überglänzen. Die Gänseleberpastete in 8 gleich dicke Scheiben schneiden, auf die Filetscheiben legen und beides auf den getoasteten Brottalern anrichten. Zum glasierten Filet mit Gänseleberpastete einen beliebigen leichten Salat (Rezepte Seite 76 ff.) servieren.

Cocktailbissen exquisit

Tatarhäppchen

Zutaten für 8 Häppchen:
1 Bund gemischte Kräuter wie
Petersilie, Schnittlauch, we-
nig Rosmarin und Thymian
½ kleine Zwiebel
1 kleine Gewürzgurke
½ rote Paprikaschote
2 Teel. Kapern
2 Eigelbe
½ Teel. Salz
1 Prise Knoblauchpulver
1 Teel. Paprikapulver, edelsüß
1 Prise schwarzer Pfeffer
2 Eßl. Cognac
350 g Tatar
8 Scheiben Toastbrot
4 Teel. Butter oder Margarine
1 hartgekochtes Ei
4 schwarze Oliven
etwas Petersilie

Pro Stück etwa 1785 Joule/
425 Kalorien

Die Kräuter waschen, abtropfen lassen und kleinschneiden.
Die Zwiebel schälen und mit
der Gurke feinhacken. Die Paprikaschote von Rippen und
Kernen befreien, waschen, abtrocknen und kleinhacken. Die
Kapern ebenfalls hacken. Alle
kleingehackten Zutaten mit
den Eigelben, den Gewürzen
und dem Cognac zum Fleisch
geben. Alles gut vermengen.
Die Fleischmasse zugedeckt
kurz im Kühlschrank durchziehen lassen. Aus den Brotscheiben mit einer Ausstechform 8 Taler ausstechen und
diese von beiden Seiten toasten. Die Brottaler mit der Butter oder der Margarine bestreichen. Das Ei schälen und in
Achtel schneiden. Das Tatar
auf die Brottaler streichen und
jedes Häppchen mit 1 Eispalte,
½ Olive und etwas Petersilie
garnieren.

Krabbentatar-
Schnittchen

Zutaten für 8 Schnittchen:
200 g tiefgefrorene Krabben
2 Schalotten, 1 Bund Dill
1 Zitrone
1–2 Eßl. Olivenöl
1–2 Teel. Zitronensaft
je 1 gute Prise Salz und weißer
*   Pfeffer*
4 Scheiben Pumpernickel
2 Teel. Butter

Pro Stück etwa 1030 Joule/
245 Kalorien

Die Krabben aus der Verpak-
kung nehmen und zugedeckt
auftauen lassen. Die Schalotten schälen und feinhacken.
Den Dill waschen und trok-
kentupfen. 8 kleine Zweige zurückbehalten, den restlichen
Dill kleinschneiden. Die Zitro-

ne heiß waschen, abtrocknen
und aus der Mitte 8 hauchdünne Scheiben schneiden. Die
Krabben feinhacken. Mit den
Schalotten, dem kleingeschnittenen Dill, dem Öl, dem Zitronensaft, dem Salz und dem
Pfeffer gut mischen. Die Pumpernickelscheiben längs halbieren und mit der Butter bestreichen. Das Krabbentatar
auf die Brote geben und jede
Brotscheibe mit 1 Zitronenscheibe und den zurückbehaltenen Dillzweigen garnieren.

Unser Tip
Das Krabbentatar kön-
nen Sie auch auf getoa-
steten Weißbrottalern
anrichten und mit Keta-
Kaviar garnieren.

Cocktailbissen exquisit

Lebercreme auf Sellerie

Zutaten für 4 Scheiben:
1 mittelgroße Sellerieknolle
5 Blättchen Salbei
200 g feine Kalbsleberwurst
½ Tasse Sahne
1 hartgekochtes Ei
je 1 Prise Salz und weißer
  Pfeffer
1 Eßl. Pistazien
4 schwarze Oliven

Pro Stück etwa 1720 Joule/
410 Kalorien

Die Sellerieknolle unter flie
ßendem kaltem Wasser gründlich bürsten und in ¾ l Salzwasser 45 Minuten kochen lassen. Den Topf dann vom Herd
nehmen und den Sellerie im
Kochsud erkalten lassen. Die
Salbeiblättchen waschen, trok

kentupfen und feinhacken.
Die Kalbsleberwurst in einer
Schüssel mit der Sahne und
dem Salbei verrühren. Das Ei
schälen und halbieren. Zuerst
das Eigelb und dann das Eiweiß durch ein feines Sieb in
die Wurstmasse streichen. Die
Wurstmasse mit dem Elektroquirl cremig rühren. Mit dem
Salz und dem möglichst frisch
gemahlenen Pfeffer abschmekken. Die Pistazien hacken. Die
kalte Sellerieknolle aus dem
Kochsud nehmen, schälen und
in 4 gleich dicke Scheiben
schneiden. Die Scheiben mit
einer gezackten Ausstechform
zu Talern von 5–6 cm Ø ausstechen. Die Lebercreme in einen Spritzbeutel mit Sterntülle
füllen und auf die Selleriescheiben spritzen. Die Creme
mit den gehackten Pistazien
bestreuen und mit den halbierten Oliven garnieren.

Kalbsmedaillon Elysée

Zutaten für 4 Medaillons:
4 Scheiben Toastbrot
4 Kalbsmedaillons zu je 50 g
je 1 Prise Salz und weißer
  Pfeffer
2 Eßl. Öl
½ kleiner Kopfsalat
2 Eßl. Mayonnaise
3 Eßl. Sahne
je 1 Prise Salz, Paprikapulver,
  edelsüß und Zucker
einige Tropfen Zitronensaft
⅛ l Madeiragelee (Rezept
  Seite 24)
2 Kirschen
4 Mandarinenspalten

Pro Stück etwa 2185 Joule/
520 Kalorien

Aus den Brotscheiben mit einer runden Ausstechform Ta

ler von etwa 5 cm Ø ausstechen. Die Brottaler beidseitig
goldbraun rösten. Die Fleischscheiben kurz kalt waschen
und gut trockentupfen. Mit
dem Salz und dem Pfeffer einreiben. Das Öl erhitzen und
die Medaillons darin von jeder
Seite 3 Minuten braten. Die
Medaillons herausnehmen,
das überflüssige Öl mit Küchenkrepp abtupfen und das
Fleisch erkalten lassen. Den
Salat waschen, trockenschleudern und in Streifen schneiden. Die Mayonnaise mit der
Sahne, dem Salz, dem Paprika,
dem Zucker und dem Zitronensaft verrühren. Den Salat
mit der Sauce anmachen, auf
die Brottaler verteilen und darauf die Kalbsmedaillons legen.
Das Fleisch mit Madeiragelee
überglänzen. Die Medaillons
mit den Kirschen und den
Mandarinenspalten garnieren.

Schollenröllchen

Zutaten für 8 Röllchen:
50 g junge grüne Bohnen
½ Bund Petersilie
8 Schollenfilets
1 Messerspitze weißer Pfeffer
½ Teel. getrockneter Estragon
Saft von ½ Zitrone
⅛ l Weißweingelee (Rezept
  Seite 24)
8 Scheiben Weißbrot
1 kleine Tomate, ⅛ l Sahne
je 1 Prise Salz und Zucker
5 Tropfen Zitronensaft
¼ Teel. Currypulver

Pro Stück etwa 965 Joule/
230 Kalorien

Die Bohnen putzen, in ½ Tasse
kochendem Salzwasser in
10 Minuten garen, auf einem
Küchentuch abtropfen und erkalten lassen. Die Petersilie
waschen, trockentupfen und
kleinschneiden. Die Schollenfilets kalt abbrausen, trockentupfen und mit der Petersilie,
dem Pfeffer und dem Estragon
bestreuen. Die Bohnen auf die
Fischfilets legen, die Filets aufrollen und mit Holzspießchen
zustecken. 1 l Salzwasser mit
dem Zitronensaft zum Kochen
bringen und die Fischröllchen
darin 15 Minuten bei schwacher Hitze ziehen lassen. Die
Schollenröllchen aus dem Sud
heben, erkalten lassen und mit
dem Weingelee überziehen.
Aus den Brotscheiben 8 Taler
von etwa 8 cm Ø ausstechen,
toasten und mit den Schollenröllchen belegen. Die Tomate
häuten, entkernen und würfeln. Die Sahne steif schlagen,
mit den Gewürzen abschmekken. Rosetten auf die Toastbrote spritzen und mit Tomatenstückchen garnieren.

Roquefort-schiffchen

Zutaten für 8 Schiffchen:
120 g gekochter Schinken
½ Zwiebel, 8 gefüllte Oliven
1 Eßl. Öl
8 salzige Mürbeteig-Schiffchen,
  Fertigprodukt oder selbst ge-
  backen (Rezept Seite 20)
200 g Roquefortkäse
100 g weiche Butter
2 Eigelbe
8 Walnußkernhälften

Pro Stück etwa 2520 Joule/
600 Kalorien

Den Schinken in kleine Würfel
schneiden. Die Zwiebel schälen und ebenfalls feinwürfeln.
Die Oliven hacken. Das Öl in
einer Pfanne erhitzen und den
Schinken mit der Zwiebel glasig braten. Die Schinken- und
Zwiebelwürfel aus dem Öl heben und erkalten lassen. Mit
den Oliven mischen. Die
Schinkenmasse in die Mürbeteig-Schiffchen verteilen. Den
Roquefort mit einer Gabel zerdrücken. Nach und nach die
Butter und die Eigelbe unter
den Käse mischen und alles
cremig rühren. Die Käsecreme
auf die Schinkenmasse spritzen und mit je 1 Walnußkern-
hälfte garnieren.

Unser Tip
Die Schinkenfüllung
und die Käsecreme kön-
nen Sie im Kühlschrank
aufbewahren. Nehmen
Sie die Käsecreme aber
rechtzeitig heraus, da-
mit sie zum Einfüllen
geschmeidig ist.

Schinken-Mousse

Zutaten für 6 Förmchen
von 0,1 l Inhalt:
300 g gekochter Schinken
200 g weiße Kalbfleischsauce
6 Blätter Gelatine
6 Eßl. Kraftbrühe
je 1 gute Prise Salz und weißer
Pfeffer, ¼ l Sahne
¼ l Weißweingelee (Rezept
Seite 24)
2 hartgekochte Eier
6 Tomatenwürfel
6 Kräuterzweige

Pro Portion 1765 Joule/
420 Kalorien

Den Schinken kleinschneiden,
durch die feine Scheibe des
Fleischwolfes drehen und mit
der Kalbfleischsauce im Mixer
pürieren. Die Gelatine in kaltem Wasser einweichen. Die
Brühe erhitzen. Die Gelatine
ausdrücken und in der Brühe
auflösen. Das heiße Gelee unter die Schinken-Mousse rühren. Die Masse durch ein Sieb
streichen und mit dem Salz
und dem Pfeffer würzen. Die
Sahne steif schlagen und unter
die Schinkenmasse heben. Die
Förmchen mit einer dünnen
Schicht Weingelee ausgießen
und dieses im Kühlschrank erstarren lassen. Aus der Mitte
der Eier 6 Scheiben schneiden.
Aus den Eischeiben, den Tomatenwürfeln und den Kräutern eine Verzierung nach Vorschlag auf der Abbildung auf
das Weingelee legen. Darüber
die Schinkenmasse streichen
und wiederum erstarren lassen. Die Förmchen mit dem
restlichen Weingelee ausgießen. Die Mousse im Kühlschrank in einigen Stunden
völlig erstarren lassen.

Tomaten-Mousse

Zutaten für 6 Förmchen
von 0,1 l Inhalt:
300 g Tomaten
50 g Tomatenketchup
2 Eßl. Tomatensaft
40 g Tomatenmark
je 1 Prise Salz, Zucker und
Cayennepfeffer
3 Blätter Gelatine
3 Eßl. Kraftbrühe, ¼ l Sahne
¼ l Weißweingelee (Rezept
Seite 24)

Pro Portion etwa 985 Joule/
235 Kalorien

Die Tomaten häuten, entkernen und in Würfel schneiden.
Die Tomatenwürfel in 2 Portionen teilen. 1 Portion Tomatenwürfel durch ein feines Sieb
streichen. Mit den Zutaten bis
Cayennepfeffer mischen. Die
Gelatine in kaltem Wasser einweichen. Die Brühe erhitzen.
Die Gelatine ausdrücken und
in der Brühe auflösen. Das heiße Gelee mit dem Schneebesen unter die Tomatenmischung rühren. Die Sahne steif
schlagen, ¼ davon mit dem
Schneebesen unter die Tomatenmasse rühren. Die restliche
Sahne mit einem Holzlöffel
unterziehen. Die zweite Hälfte
Tomatenwürfel unter die
Mousse mischen. Eine dünne
Schicht Weingelee in die
Förmchen gießen, erstarren
lassen. Die Tomaten-Mousse
einfüllen und im Kühlschrank
etwas erstarren lassen. Die
Förmchen mit dem restlichen
Weingelee ausgießen. Die
Mousse im Kühlschrank in einigen Stunden völlig erstarren
lassen. Die Förmchen vor dem
Servieren kurz in heißes Wasser tauchen und stürzen.

Französische Hors d'œuvre

Sahne-Eier mit Chicoréesalat

Zutaten für 4 Personen:
1 Tomate
6 hartgekochte Eier
125 g weiche Butter
½ Teel. Salz
1 Prise weißer Pfeffer
⅛ l Sahne
2 Teel. Kaviar
1 mittelgroße Staude Chicorée
1 Eßl. Kräuteressig
1 Eßl. Öl
½ Teel. Zucker, ¼ Teel. Salz
je ½ Teel. feingehackte Zwiebel,
*   Petersilie und*
*   feingehackter Dill*

Pro Portion etwa 2165 Joule/
515 Kalorien

Die Tomate kurz mit kochendheißem Wasser überbrühen,
häuten und in kleine Würfel
schneiden. Die Eier schälen
und quer halbieren. Die Eigelbe durch ein feines Sieb in eine
Schüssel streichen. Mit der
Butter schaumig rühren. Mit
dem Salz und dem Pfeffer würzen und kühl stellen. Die Sahne steif schlagen und den Kaviar unterziehen. Die Kaviar-
sahne in die Eiweißhälften füllen. Die Eigelbmasse in einen
Spritzbeutel mit kleiner Sterntülle füllen und auf die Kaviar-
sahne spritzen. Jede Rosette
mit 1 Tomatenstückchen garnieren. Den Chicorée in Streifen schneiden, waschen und
etwas abtropfen lassen. Den
Essig mit dem Öl, dem Zucker,
dem Salz, den Zwiebelstückchen, der Petersilie und dem
Dill verrühren. Die Sauce unter die Chicoréestreifen mischen. Den Salat auf vier Portionsteller verteilen. Jeweils
3 gefüllte Eihälften dazusetzen.

Garnierte Austern

Zutaten für 4 Personen:
200 g feinste grüne Bohnen
1 Stange Staudensellerie
1 kleine Tomate
8 Artischockenherzen aus dem
*   Glas, 100 g Edelpilzkäse*
50 g Feldsalat/Nisslsalat
3 Eßl. Sherry-Essig
¼ Teel. Salz
1 Messerspitze weißer Pfeffer
3 Eßl. Walnußöl
8 Austern, etwas Zitronensaft

Pro Portion etwa 1280 Joule/
290 Kalorien

Die Bohnen putzen und große
Bohnen halbieren. Den Staudensellerie in ganz dünne
Streifen schneiden. Die Bohnen in einem Sieb in ¾ l stark
kochendem Salzwasser 2 Minuten blanchieren. Dann sofort in eiskaltes Wasser tauchen und auf einem Küchentuch abtropfen lassen. Die Sel-
leriestreifen ebenfalls 2 Minuten blanchieren, in eiskaltes
Wasser tauchen und abtropfen
lassen. Die Tomate waschen,
abtrocknen, halbieren, die
Kerne herauskratzen und die
Tomatenhälften in feine Streifen schneiden. Die Artischok-
kenherzen abtropfen lassen
und vierteln. Den Käse in
4 dünne Scheiben schneiden.
Den Feldsalat gründlich waschen und gut abtropfen lassen. Bohnen, Sellerie- und Tomatenstreifen, Artischockenherzen, Feldsalat und Käsescheiben auf vier Tellern anrichten. Den Essig mit dem
Salz, dem Pfeffer und dem Öl
verrühren, über die Salatzutaten träufeln. Die Austern öffnen, mit Zitronensaft beträufeln und auf die Teller legen.

Sizilianischer Salat aus »frutti di mare«

Zutaten für 4 Personen:
400 g tiefgefrorene Tintenfische
125 g tiefgefrorene Scampi
1 Zwiebel
½ Knoblauchzehe
¼ Teel. Salz
⅛ l Weißwein
125 g frische Miesmuscheln
1 kleine Möhre, ½ Zwiebel
1/16 l Weißwein
2 Pfefferkörner, ¼ Teel. Salz
1 kleiner Kopf römischer Salat
Für die Salatsauce:
1 Schalotte
3 Knoblauchzehen
½ Bund Petersilie
6 Eßl. Olivenöl
Saft von 1 Zitrone
½ Teel. Salz
1 Prise weißer Pfeffer

Pro Portion etwa 1535 Joule/ 365 Kalorien

Die Tintenfische und die Scampi getrennt voneinander zugedeckt auftauen lassen. Für die Tintenfische die Zwiebel schälen und grobwürfeln. Die Knoblauchzehe schälen, klein- schneiden und mit dem Salz zerdrücken. Die Zwiebel, das Knoblauchsalz, den Wein und 1 Glas Wasser in einem großen Topf mischen. Von den Tinten- fischen die kleinen Köpfe ab- schneiden und wegwerfen. Die Fangarme abschneiden. Die feine äußere Schleimhaut ab- ziehen. Die Fische der Länge nach aufschneiden. Den Mit- telknochen und die Innereien entfernen und wegwerfen. Die Fische gründlich unter fließen- dem kalten Wasser waschen. In etwa 5 cm große Stücke schneiden. Den vorbereiteten

Sud zum Kochen bringen, die Tintenfischstücke hineingeben und zugedeckt bei schwacher Hitze in 30 Minuten garen las- sen. Für die Muscheln die Möhre schaben und klein- schneiden. Die Zwiebelhälfte achteln. Die Möhre, die Zwie- bel, den Wein, 1 Glas Wasser, die Pfefferkörner und das Salz in einem Topf mischen und zum Kochen bringen. Die Mu- scheln einzeln unter fließen- dem kaltem Wasser bürsten und den »Bart« entfernen. Die Muscheln (nur geschlossene Muscheln verwenden) in den kochenden Sud schütten. Die Muscheln zugedeckt bei star- ker Hitze 10 Minuten kochen lassen. Die Muscheln sind gar, wenn sich alle Schalen geöff- net haben. Den Topf dann vom Herd nehmen und die Muscheln im Sud erkalten las- sen. Die Tintenfischstücke in

ein Sieb schütten, abtropfen und erkalten lassen. Den römi- schen Salat putzen, die einzel- nen Blätter waschen und gut abtropfen lassen. Eine Platte mit den Salatblättern auslegen. Die Schalotte und die Knob- lauchzehen schälen und klein- hacken, die Petersilie klein- schneiden. Das Öl mit dem Zitronensaft, dem Salz, dem Pfeffer, der Schalotte, dem Knoblauch und der Petersilie verrühren. Die Scampi mit den Tintenfischstücken mischen und auf die Salatblätter legen. Die Muscheln abtropfen las- sen und in den geöffneten Schalen ebenfalls auf dem Sa- lat anrichten. Alles mit der Sa- latsauce beträufeln. Die Salat- platte mit Klarsichtfolie über- ziehen. Die »frutti di mare« 10 Minuten durchziehen lassen. Eventuell Zitronen- scheiben dazureichen.

Sarde de beccafico

Gefüllte Sardinen

Zutaten für 6 Personen:
36 frische Sardinen
1 Bund Petersilie
2 Knoblauchzehen
5 Eier, 1 Teel. Salz
6 Eßl. geriebener Pecorino
(Schafkäse) oder Bergkäse
5 Eßl. Semmelbrösel
18 Lorbeerblätter
Für die Form: Butter
Zum Bestreuen und Belegen:
je 2 Eßl. Semmelbrösel und
Butter

Pro Portion etwa 1450 Joule/
345 Kalorien

Die Sardinen an der Bauchsei-
te so aufschneiden, daß sie an
der Rückseite noch zusam-
menhängen. Die Köpfe und
die Schwänze abschneiden.
Die Fische innen und außen
kalt abspülen und trockentupfen. Die Petersilie waschen,
abtropfen lassen und kleinwie-
gen. Die Knoblauchzehen
schälen, grobschneiden und
zerdrücken. Die Eier mit dem
Salz, dem geriebenen Käse,
der Petersilie, dem Knoblauch
und den Semmelbröseln verrühren. Die Sardinen mit der
Eiermasse füllen und etwas zusammendrücken. Eine längli-
che Bratform mit Butter ausstreichen und die Sardinen in
die Form legen. Nach jeweils
2 Sardinen ein Lorbeerblatt
legen. Die Sardinen mit den
Semmelbröseln bestreuen und
die Butter in Flöckchen daraufsetzen. Die Sardinen
15–20 Minuten bei 220° im
Backofen backen; warm oder
kalt zu Weißbrot servieren.

Antipasti-Platte

Zutaten für 4 Personen:
2 Zucchini, 2 Auberginen
1 Teel. Zitronensaft
½ Teel. Salz
2 Tassen Olivenöl
je ½ Teel. getrockneter Thymi-
an, Oregano und Basilikum
oder je 1 kleiner Zweig der
frischen Kräuter
3 große Stücke rote Paprika-
schote aus dem Glas
250 g eingelegte Steinpilze
einige Blätter Kopfsalat
etwas Petersilie, 12 Oliven

Pro Portion etwa 840 Joule/
200 Kalorien

Die Zucchini und die Auberginen waschen, abtrocknen, in
sehr dünne Scheiben schneiden und in eine Schüssel legen.
Den Zitronensaft mit dem
Salz, dem Öl und den getrockneten zerriebenen oder frischen kleingehackten Kräutern verrühren. Die Sauce über
die Gemüsescheiben gießen.
Das Gemüse zugedeckt
4 Stunden bei Raumtemperatur marinieren lassen. Die Paprikastücke und die Steinpilze
abtropfen lassen. Die Zucchi-
ni- und die Auberginenschei-
ben aus der Marinade nehmen
und von jeder Seite 1–2 Minuten anbraten, dann auf Küchenkrepp abtropfen und erkalten lassen. Die Salatblätter
und die Petersilie waschen und
abtropfen lassen. Die Salatblätter auf eine Platte legen.
Die Paprikastücke halbieren.
Die Zucchini- und die Auber-
ginenscheiben mit den Papri-
kastücken, den Oliven und den
Steinpilzen auf den Salatblättern anrichten. Die Antipasti-
Platte mit Petersilie garnieren.

63

Festliche Entrées

Gemüsejulienne in Artischockenböden

Zutaten für 6 Personen:
6 Artischockenböden aus der Dose
150 g junge Möhren
100 g Prinzeßbohnen
1 Eigelb
1 Messerspitze weißer Pfeffer
1 Prise Zucker
5 Eßl. Olivenöl
1 Eßl. Speisequark (20%)
1 Teel. mittelscharfer Senf
1 Teel. Weinessig
einige Zweige Kerbel
einige Zweige Basilikum
5 Blättchen Estragon

Pro Portion etwa 545 Joule/
130 Kalorien

Die Artischockenböden abtropfen lassen. Die Möhren und die Bohnen waschen, putzen und in sehr dünne Streifen schneiden. In zwei kleinen Töpfen je ¼ l Wasser mit 1 Prise Salz zum Kochen bringen. Die Möhren und die Bohnen getrennt im kochenden Salzwasser in 8 Minuten garen. Das Gemüse dann abgießen, gut abtropfen und abkühlen lassen. Die Möhren und die Bohnen in den Artischockenböden verteilen. Das Eigelb mit dem Pfeffer und dem Zucker verquirlen, das Öl unter ständigem Rühren mit dem Schneebesen tropfenweise zugeben. Zuletzt den Quark, den Senf und den Essig untermischen. Die Kräuter kleinhakken und unter die Salatsauce mengen. Jeweils 1 Eßlöffel Salatsauce auf 1 gefüllten Artischockenboden geben.

Pfifferling-pastetchen

Zutaten für 4 Pastetchen:
160 g salziger Mürbeteig
(Rezept Seite 20)
500 g Pfifferlinge
2 Eßl. Butter, ¼ Teel. Salz
1 Prise Kümmelpulver
1–2 Schalotten
½ Bund Petersilie
je 2 Eßl. Öl und Weinessig
¼ Teel. Salz, 1 Prise Pfeffer
je 2 Eßl. Sahne und Mayonnaise
⅛ l Sherrygelee (Rezept Seite 24)
4 Tartelettesförmchen

Pro Stück etwa 2770 Joule/
660 Kalorien

Den Backofen auf 220° vorheizen. Den Teig ausrollen, die Förmchen damit auslegen und 10–12 Minuten backen. Die Pastetenkrusten leicht abkühlen lassen, dann auf ein Kuchengitter stürzen und völlig erkalten lassen. Die Pfifferlinge putzen, waschen und abtropfen lassen. Die Butter in einem Topf zerlassen. Die Pilze mit dem Salz und dem Kümmelpulver darin unter öfterem Wenden bei mittlerer Hitze in 10–15 Minuten garen. Die Pfifferlinge abkühlen lassen. Die Schalotten schälen und feinhacken. Die Petersilie waschen und ebenfalls feinhacken. Das Öl mit dem Essig, den Schalotten, der Petersilie, dem Salz und dem Pfeffer verrühren und unter die Pfifferlinge mischen. Die Törtchen damit füllen. Die Sahne cremig schlagen, mit der Mayonnaise mischen und auf die Pastetchen geben. Mit gewürfeltem Sherrygelee garnieren.

64

Hühnerbrüstchen in Tartelettes

Zutaten für 4 Tartelettes-
förmchen von 8 cm Ø :
160 g salziger Mürbeteig
(Rezept Seite 20)
200 g gekochte Hühnerbrust
200 g gegarte Spargelspitzen
4 Eßl. Olivenöl
1 Teel. Zitronensaft
1 Messerspitze Ingwerpulver
1 Bund Dill
1 Eßl. Crème fraîche
1 Eßl. Mayonnaise
1 Messerspitze Salz
1 Spritzer Worcestershiresauce
5 grüne Pfefferkörner

Pro Stück etwa 2350 Joule/
560 Kalorien

Den Backofen auf 220° vorheizen. Den Teig ausrollen
und die Tartelettesförmchen
damit auslegen. Die Pastetchen in 10-15 Minuten goldgelb backen. Die Tartelettes in
den Förmchen abkühlen und
auf einem Kuchengitter erkalten lassen. Das Hühnerfleisch
in kleine Stücke schneiden.
Die Spargelspitzen abtropfen
lassen und mit dem Hühnerfleisch mischen. Das Öl mit
dem Zitronensaft und dem
Ingwerpulver verrühren und
untermengen. Alles zugedeckt
30 Minuten durchziehen lassen. Den Dill waschen, abtropfen lassen und kleinschneiden.
Die Crème fraîche mit der
Mayonnaise, dem Dill, dem
Salz und der Worcestershiresauce verrühren. Die Pfefferkörner hacken und unter die
Dillmayonnaise mischen. Den
Geflügelsalat in die Tartelettes
füllen und jede Portion mit der
Dillcreme überziehen.

Palmenherzen im Schinken-mantel

Zutaten für 4 Personen:
400 g Palmenherzen (Palmen-
mark) aus der Dose
1 Eßl. Essig
1 Teel. Zitronensaft
4 Eßl. Olivenöl
je 1 Messerspitze Salz und
weißer Pfeffer
einige Blättchen Basilikum
2 Anchovisfilets
8 Scheiben roher Schinken
1 Eßl. grüner Pfeffer aus dem
Glas, 3 Eßl. Sahne
4 Eßl. Mayonnaise

Pro Portion etwa 2560 Joule/
610 Kalorien

Die Palmenherzen abtropfen
lassen. Den Essig mit dem Zitronensaft, dem Öl, dem Salz
und dem Pfeffer gut verrühren.
Die Basilikumblättchen waschen, abtropfen lassen und
kleinschneiden. Die Anchovisfilets kleinhacken. Das Basilikum und die Anchovisstück-
chen unter die Sauce rühren.
Die Palmenherzen unter die
Sauce heben und 1 Stunde zugedeckt bei Raumtemperatur
durchziehen lassen, gelegentlich wenden. Die Palmenherzen abtropfen lassen und in
die Schinkenscheiben rollen.
Den Schinken mit Holzspießchen feststecken und die
Schinkenröllchen auf einer
Platte anrichten. Die Pfefferkörner kleinhacken. Die Sahne
cremig schlagen und mit der
Mayonnaise und dem gehackten Pfeffer verrühren. Die
Pfeffermayonnaise getrennt zu
den Palmenherzen im Schinkenmantel servieren.

Hummercocktail

Zutaten für 4 Personen:
100 g Staudensellerie
100 g gegartes Hummerfleisch
8 Artischockenherzen aus dem
*   Glas*
2 Orangen, 1 Prise Salz
1 Schnapsglas Cognac (2 cl)
1 Eßl. Zitronensaft
½ Bund Dill
4 frische Pfefferminzblätter
8 Blätter Kopfsalat
je 3 Eßl. Mayonnaise und
*   Sahne*
je 1 Messerspitze Selleriesalz
*   und Cayennepfeffer*
4 Scheibchen Trüffel

Pro Portion etwa
1765 Joule/420 Kalorien

Den Sellerie waschen und in
dünne Scheibchen schneiden.
Das Hummerfleisch in kleine
Stücke teilen. Die Artischok-
kenherzen vierteln. 1 Orange
schälen, filetieren und die
Orangenspalten kleinschneiden. Die Selleriescheibchen,
das Hummerfleisch, die Artischockenherzen und die
Orangenstücke mit dem Salz,
dem Cognac und dem Zitro-
nensaft mischen und zuge-
deckt 30 Minuten durchziehen
lassen. Die Kräuter hacken.
Die Salatblätter waschen, trok-
kentupfen und vier Cocktailschalen damit auslegen. Den
Hummercocktail auf den
Salatblättern anrichten. Die
Mayonnaise mit der Sahne,
dem Selleriesalz, dem Ca-
yennepfeffer und den Kräutern mischen und auf den
Cocktails verteilen. Aus der
Mitte der zweiten Orange
4 dünne Scheiben schneiden.
Die Cocktails mit Orangen-
und Trüffelscheiben garnieren.

Papayacocktail

Zutaten für 4 Personen:
2 Papayas
100 g roher Schinken
2 Stauden Chicorée
1 rote kleine Peperoni
4 Eßl. trockener Weißwein
1 Teel. Zitronensaft
je 1 Messerspitze Salz und
*   Zucker, 3 Eßl. Öl*

Pro Portion etwa
945 Joule/225 Kalorien

Die Papayas halbieren, die
schwarzen Kerne herausschaben und das Fruchtfleisch mit
einem Kugelausstecher aushöhlen. Den Schinken in kleine Würfel schneiden. Vom
Chicorée etwa 12 schöne Blätter abnehmen, waschen und
abtropfen lassen. Die restlichen Stauden in feine Ringe
schneiden. Die Peperoni längs
halbieren, von Rippen und
Kernen befreien, gründlich
waschen, abtrocknen und sehr
klein würfeln. Den Weißwein
mit dem Zitronensaft, dem
Salz und dem Zucker gründlich verrühren und zuletzt das
Öl untermischen. Vier Cocktailgläser mit den Chicoréeblättern auslegen. Die Papaya-
kugeln, die Schinkenwürfel
und den kleingeschnittenen
Chicorée mischen und in die
Gläser verteilen. Die Sauce darüberträufeln und die Peperoni-
würfelchen darüberstreuen.

> **Unser Tip**
> Statt der Peperoniwürfel
> kann man auch feinge-
> hackte Pistazien über
> den Cocktail streuen.

Artischocken-cocktail

Zutaten für 4 Personen:
8 Artischockenherzen aus dem
* Glas*
1 grüne Paprikaschote
4 hartgekochte Eier
1 Knoblauchzehe
2 Eßl. Essig
je 1 Prise Salz und frisch ge-
* mahlener weißer Pfeffer*
3 Eßl. Öl
1 Eßl. frische feingehackte
Kräuter wie Petersilie, Thymian
* und Salbei*

Pro Portion etwa
945 Joule/225 Kalorien

Die Artischockenherzen abtropfen lassen und vierteln.
Die Paprikaschote halbieren,
von Rippen und Kernen be-
freien, waschen, abtrocknen

und in kleine Würfel schneiden. Die Eier schälen und vierteln. Die Knoblauchzehe schälen und sehr fein hacken. Die
Artischockenherzen mit den
Paprikaschotenstückchen und
dem Knoblauch mischen und
in vier Cocktailgläsern verteilen. Auf jeden Cocktail 4 Eispalten legen. Den Essig mit
dem Salz und dem Pfeffer verrühren, mit dem Öl und den
Kräutern mischen und über
die Cocktails träufeln.

Unser Tip
Statt mit Paprikascho-
tenwürfeln kann man
die Artischockenherzen
auch mit kleinen, »biß-
fest« gegarten Blumen-
kohlröschen mischen.

Geflügelcocktail

Zutaten für 4 Personen:
400 g gegartes Hähnchenfleisch
2 Scheiben frische Ananas
1 Honigmelone
1 kleine Orange
12 Kaiserkirschen aus dem Glas
4 Blätter Kopfsalat
100 g Crème fraîche
2 Eßl. Ananassaft
1–2 Teel. Currypulver
1 Teel. rosa Pfefferkörner
1 gute Messerspitze Salz

Pro Portion etwa
1280 Joule/305 Kalorien

Das Hähnchenfleisch in gleich
kleine Stücke schneiden. Die
Ananasscheiben von dem holzigen Strunk in der Mitte befreien, schälen und in Rauten
schneiden. Das Fleisch der
Melone mit einem Kugelaus-

stecher herauslösen. Die Orange so gründlich schälen, daß
auch die weiße Unterhaut entfernt ist, dann in dünne Scheiben schneiden und diese noch
einmal vierteln; dabei die Kerne entfernen. Die Kirschen abtropfen lassen. Die Salatblätter
waschen und trockentupfen.
Vier Cocktailgläser mit je 1 Salatblatt auslegen. Das Häh-
chenfleisch mit der Ananas,
den Melonenkugeln und den
Orangenstücken mischen und
auf den Salatblättern anrichten. Die Kirschen darüberstreuen. Die Crème fraîche mit
dem Ananassaft, dem Curry,
den Pfefferkörnern und dem
Salz mischen und die Cocktails mit der Sauce beträufeln.

Avocadococktail

Zutaten für 4 Personen:
1 Limette
2 reife Avocados
4 Eßl. Olivenöl
1 Teel. mittelscharfer Senf
1 Teel. frisch geriebener
*   Meerrettich*
5 Eßl. Joghurt
1 Spritzer Tabascosauce

Pro Portion etwa 1240 Joule/
295 Kalorien

Vier Cocktailgläser in den Gefrierschrank stellen. Die Limette warm waschen, abtrocknen und aus der Mitte 4
hauchdünne Scheiben schneiden. Die Avocados mit einem
spitzen Messer längs bis zum
Stein einschneiden, mit einer
drehenden Bewegung halbieren und den Stein auslösen.

Die Avocadohälften dünn
schälen, das Fruchtfleisch in
gleich große Würfel schneiden
und sofort mit etwas Limettensaft beträufeln. Das Öl mit
dem Senf, dem Meerrettich,
dem Joghurt und der Tabascosauce verrühren. Die Avocadowürfel in die gekühlten
Cocktailgläser füllen und das
Dressing darauf verteilen. Die
Limettenscheiben bis zur Mitte
einschneiden und jeden Avocadococktail mit 1 Limetten-
spirale garnieren.

> **Unser Tip**
> Für festliche Gelegen-
> heiten können Sie den
> Avocadococktail auch
> noch mit einigen
> Shrimps verzieren.

Palmenherzen-cocktail

Zutaten für 4 Personen:
400 g Palmenherzen (Palmen-
*   mark) aus der Dose*
4 Eßl. Olivenöl
2 Eßl. Weinessig
1 Messerspitze Salz
100 g roher Schinken im Stück
2 Eßl. Mayonnaise
½ Teel. Senf
1 Teel. Tomatenketchup
je ½ Bund Kerbel und Estragon
16 Wachteleier aus dem Glas

Pro Portion etwa 1805 Joule/
430 Kalorien

Die Palmenherzen abtropfen
lassen, in ½ cm dicke Scheiben
schneiden und in eine Schüssel
geben. Das Öl mit dem Essig
und dem Salz verrühren. Die
Sauce unter die Palmenherzen

mischen und diese zugedeckt
bei Raumtemperatur 40 Minuten marinieren lassen. Den
Schinken von den Fetträndern
befreien und in kleine Würfel
schneiden. Vier Cocktailgläser
in den Gefrierschrank stellen.
Die Mayonnaise mit dem Senf
und dem Tomatenketchup verrühren. Die Kräuter waschen,
abtropfen lassen und kleinschneiden. Die Wachteleier
ebenfalls abtropfen lassen und
4 Eier kleinhacken. Die Kräuter und die kleingehackten
Eier unter die Mayonnaisesauce rühren. Die marinierten,
abgetropften Palmenherzen in
die gekühlten Cocktailgläser
füllen, die Schinkenwürfel darüberstreuen und das Mayon-
naisedressing darauf verteilen.
Jede Portion mit 3 Wachteleiern verzieren.

Muschelcocktail

Zutaten für 4 Personen:
400 g pikant eingelegte
  Muscheln aus dem Glas
200 g Artischockenherzen aus
  dem Glas
1 kleiner Kopfsalat
4 Eßl. Mayonnaise
2 Eßl. Zitronensaft
1 Prise Zucker
2 Eßl. Cognac
1 Spritzer Tabascosauce
1 Prise Salz
1 Zitrone
5 gefüllte Oliven

Pro Portion etwa 1720 Joule/
410 Kalorien

Die Muscheln und die Artischockenherzen in einem Sieb
abtropfen lassen. Den Salat
zerpflücken, putzen, waschen,
gut abtropfen lassen und in
Streifen schneiden. Vier Cocktailschalen mit den Salatstreifen auslegen. Die Muscheln
und die Artischockenherzen
auf den Salatstreifen verteilen.
Die Mayonnaise mit dem Zitronensaft, dem Zucker, dem
Cognac, der Tabascosauce und
dem Salz verrühren und löffel-
weise über den Muschelcocktail geben. Die Zitrone heiß
waschen, abtrocknen und aus
der Mitte 4 dünne Scheiben
schneiden. Den Cocktail mit
den Zitronenscheiben garnieren. Die Oliven in Scheibchen
schneiden und zuletzt über
den Muschelcocktail streuen.

Pikanter Melonencocktail

Zutaten für 4 Personen:
1 mittelgroße Honigmelone
3 Eßl. Tomatenketchup
1 Teel. frisch geriebener Meer-
  rettich
je einige Tropfen Worcester-
  shiresauce und Tabascosauce
Saft von ½ Zitrone
⅛ l saure Sahne
je 1 Prise Salz und weißer
  Pfeffer

Pro Portion etwa 650 Joule/
155 Kalorien

Die Melone halbieren und die
Kerne herauskratzen. Die Melonenhälften mit einem Kugelausstecher aushöhlen und die
Melonenkügelchen in eine
Schüssel geben. Das Tomatenketchup mit dem Meerrettich,
der Worcestershiresauce, der
Tabascosauce, dem Zitronensaft, der sauren Sahne, dem
Salz und dem Pfeffer verrühren. Die Sauce über die Melonenkugeln gießen und unterheben. Den Cocktail zuge-
deckt 30 Minuten im Kühl-
schrank durchziehen lassen.
Vier Cocktailschalen in den
Gefrierschrank stellen. Den
marinierten Melonencocktail
in die Schalen füllen und servieren.

Unser Tip
Manche Melonen ha-
ben sehr wenig Eigenge-
schmack. Das Dressing
sollten Sie dann noch
mit etwas Zucker und
im ganzen kräftiger ab-
schmecken.

Kasseler Pastete

*Zutaten für 1 Springform von
26 cm ⌀ :*
Für die Teigkruste:
350 g Mehl, 150 g Butter
1 Eigelb, ½ Teel. Salz
0,1 l lauwarmes Wasser
Für die Füllung:
*750 g gekochtes Kasseler ohne
Knochen*
3 Eßl. Butter, 3 Eßl. Mehl
¼ l Fleischbrühe
1 Eigelb, 1 Teel. Salz
¼ Teel. weißer Pfeffer
1 Prise geriebene Muskatnuß
1 Eiweiß
Für die Form: 1 Eßl. Butter
Zum Bestreichen: 1 Eigelb

Bei 12 Stücken pro Portion etwa 1910 Joule/455 Kalorien

Das Mehl auf ein Backbrett
sieben. Die Butter in Flöckchen darauf verteilen. In die
Mitte eine Vertiefung drücken
und das Eigelb, das Salz und
das Wasser hineingeben. Alle
Zutaten rasch zu einem Mürbeteig verkneten. Den Teig in
Alufolie oder in Pergamentpapier wickeln und 2 Stunden im
Kühlschrank ruhen lassen. Für
die Füllung das Kasseler in
Stücke schneiden und zweimal
durch die feinste Scheibe des
Fleischwolfes drehen. Die Butter in einem großen Topf erhitzen, das Mehl anstäuben und
unter Rühren hellbraun braten. Nach und nach mit der
Fleischbrühe aufgießen und
unter Rühren 5–7 Minuten kochen lassen. Den Topf vom
Herd nehmen. Das Eigelb verquirlen und unter die Sauce
ziehen. Die Sauce mit dem
Salz, dem Pfeffer und Muskat
abschmecken. Das Kasseler
unter die Sauce mischen. Das

Eiweiß zu steifem Schnee
schlagen und unter die Füllung heben. Den Backofen auf
240° vorheizen. Den Mürbeteig in 3 Stücke teilen. Ein
Stück davon auf einer leicht
bemehlten Arbeitsfläche rund
ausrollen. Die restlichen Teigstücke bis zum Gebrauch im
Kühlschrank aufbewahren.
Den Boden und den Rand einer Springform von 26 cm ⌀
mit der Butter ausstreichen.
Den Teigboden in die Form legen, mit dem Messer am Rand
entlang glatt schneiden. Die
Teigreste aufbewahren. Den
Teigboden mehrmals mit einem Holzspießchen einste-
chen. Den zweiten Teil des
Mürbeteiges zu einem langen
gleichmäßigen Streifen ausrollen und damit den Rand der
Springform belegen. Den Teig
zwischen Rand und Boden fest
zusammendrücken. Die Fül-

lung in die Pastete geben und
die Oberfläche glattstreichen.
Den restlichen Teig in Größe
der Springform ausrollen, auf
die Füllung legen, überstehen-
de Ränder abschneiden. Teig-
rand und Teigdecke gut zusammendrücken. Die Teigdek-
ke mit einem Holzspießchen
mehrmals einstechen. Das Eigelb verquirlen und die Teigdecke damit bestreichen. Die
Teigreste dünn ausrollen und
Blätter und Halbmonde ausschneiden. Für die Mitte der
Pastete eine dünne Rolle formen. Die Verzierungen mit Eigelb bestreichen, auf die Pastete setzen und die Oberfläche
nochmals mit restlichem Eigelb bestreichen. Die Pastete
im vorgeheizten Backofen
60–70 Minuten backen. Dann
15 Minuten in der Form abkühlen, auf einem Kuchengitter erkalten lassen.

Krustenpasteten

Hackfleischpastete

Zutaten für 1 Pastete:
Für die Teigkruste:
250 g Mehl, 100 g Butter
1 Teel. Salz, 1 Ei
Für die Füllung:
2 Zwiebeln
1 Bund Petersilie
50 g Champignons
40 g Butter
500 g Rinderhackfleisch
je 100 g gekochter und roher
  Schinken
½ Brötchen, 1 Ei
1 Schnapsglas Weinbrand (2 cl)
1 Teel. Salz
je 1 Messerspitze Pfeffer, Muskatnuß und Majoran
½ Teel. abgeriebene Zitronenschale, 1 Eigelb

Bei 6 Scheiben pro Portion etwa 2960 Joule/705 Kalorien

Aus den Zutaten für den Teig einen Mürbeteig herstellen (Rezept Seite 70). Die Zwiebeln, die Petersilie und die Champignons feinhacken und in der Butter anbraten. Das Hackfleisch zugeben und braten, bis die Flüssigkeit verdampft ist. Den Schinken feinwürfeln. Das Brötchen einweichen, ausdrücken und mit dem Schinken, dem Ei, dem Weinbrand, dem Salz und den Gewürzen unter die Hackfleischmasse mischen. Den Backofen auf 200° vorheizen. 2 Teigplatten ausrollen, eine mit der Füllung belegen, die zweite Teigplatte darüber legen und die Ränder gut festdrücken. Die obere Teigplatte mehrmals einstechen. Aus den Teigresten Ornamente ausstechen und mit Eigelb bestrichen auf die Pastete setzen. Im Backofen 1–1¼ Stunden backen.

Leberpastetchen

Zutaten für 12 Förmchen:
250 g Geflügellebern
150 g Schweineleber
je 350 g Schweinerücken und
  frischer Speck
abgeriebene Schale von
  ½ Orange
2 Teel. Paprikapulver, edelsüß
½ Teel. zerdrückte grüne Pfefferkörner aus dem Glas
je 1 Messerspitze Ingwerpulver,
  Piment und Basilikum
½ Teel. Rosmarin
1 Lorbeerblatt
1 Schnapsglas Cognac (2 cl)
40 g rindenloses Weißbrot
50 g Schalotten, 1 Knoblauchzehe, 4 Eßl. Sahne, 1 Eiweiß
¼ l Portweingelee (Rezept
  Seite 24)

Pro Stück etwa 2795 Joule/665 Kalorien

Nach dem Rezept Seite 21 einen Briocheteig bereiten. 12 Briocheförmchen mit Teig auslegen. Die Lebern, das Fleisch und den Speck in dünne Scheiben schneiden. Die Orangenschale, die Gewürze und den Cognac zugeben. Dünne Weißbrotscheiben darauf verteilen. Die Schalotten würfeln, die Knoblauchzehe zerdrücken und das Weißbrot damit bestreuen. Die Sahne mit dem Eiweiß verrühren und über das Weißbrot gießen. Alles zugedeckt 1 Stunde marinieren lassen. Die Mischung dann im Mixer pürieren und in die Teigkrusten füllen. Teigdeckelchen mit Öffnungen daraufsetzen. Den Backofen auf 220° vorheizen. Die Pastetchen darin 20–25 Minuten backen. Erkaltet durch die Öffnungen in den Teigdeckelchen mit Gelee ausgießen.

Krustenpasteten

Feine Filetpastete

*Zutaten für 1 Form von
1,2 l Inhalt:*
400 g Schweinefilet
*200 g frischer ungeräucherter
Speck, 9 g Pastetensalz*
*1 gute Messerspitze frisch ge-
mahlener weißer Pfeffer
Knoblauchzehen*
6 Wacholderbeeren
*je 1 Teel. frischer gehackter
Thymian und Majoran*
*salziger Mürbeteig (Rezept Sei-
te 20, in zweifacher Menge)*
*0,4 l Sherry-Gelee (Rezept
Seite 24)*
*150 g rohes Kasseler ohne
Knochen*
40 g Pistazien, 2 Eigelbe
Für die Form: Butter

Bei 20 Scheiben pro Scheibe
etwa 1850 Joule/440 Kalorien

Das Schweinefilet und den
Speck in dünne Streifen
schneiden und diese nicht zu
dicht übereinander auf eine
Platte oder ein Blech legen.
Das Pastetensalz und den Pfeffer über das Fleisch geben. Die
Knoblauchzehen schälen und
zerdrücken. Die Wacholderbeeren ebenfalls zerdrücken
und beides mit den Kräutern
über das Fleisch streuen. Das
Fleisch mit Frischhaltefolie
abdecken und etwa 8 Stunden
im Kühlschrank durchziehen
lassen. Die Filetstreifen dann
zweimal, die Speckstreifen nur
einmal durch die feinste Scheibe des Fleischwolfs drehen.
Eine etwas kleinere Schüssel in
eine größere Schüssel mit Eiswürfeln stellen und nun nach
und nach in kleinen Portionen
das durchgedrehte Filet mit
dem durchgedrehten Speck
mischen. Die gemischte Farce

durch ein Sieb streichen und
noch einmal 2–3 Stunden im
Kühlschrank gut durchkühlen
lassen. Für den Pastetenteig
den Mürbeteig (Rezept Seite 20) in doppelter Menge bereiten und ebenfalls zugedeckt
30 Minuten im Kühlschrank
ruhen lassen. Das Sherry-Gelee nach dem Rezept auf Seite 24 zubereiten. Die Pastetenform mit Butter ausstreichen.
Das Kasseler von Fett und
Sehnen befreien und in kleine
Würfel schneiden. Die Pistazien halbieren. Den Backofen
auf 240° vorheizen. Einen Teil
des Mürbeteiges ausrollen und
die Pastetenform damit auskleiden. Die genaue Anleitung
dafür finden Sie auf Seite 21 f.
Die gut gekühlte Farce mit
dem gewürfelten Kasseler und
den Pistazien mischen, alles in
die Form füllen und die Pastete mit einer ausgerollten Teig-

decke belegen. Aus Teigresten
kleine Verzierungen für die Pa-
stetendecke ausstechen. In die
Mitte der Pastete eine runde
Öffnung für den abziehenden
Dampf ausstechen und in die
Rundung ein Stück Alufolie
als Kamin einsetzen. Die Pastete mit den verquirlten Eigelben bestreichen, die Verzierungen darauflegen und diese
ebenfalls mit Eigelb bestreichen. Die Pastete 15 Minuten
auf der zweiten Schiene von
unten im vorgeheizten Backofen backen, die Temperatur
dann auf 180° zurückschalten
und die Pastete in weiteren
30–35 Minuten goldbraun bakken. Die etwas abgekühlte Pastete aus der Form nehmen
und durch den Kamin in die
Öffnung das Sherry-Gelee gießen. Die Pastete dann restlos
erkalten lassen; das Sherry-
Gelee wird dabei erstarren.

72

Pilzterrine

Zutaten für 4 Personen:
200 g Kalbsfilet
50 g Schalotten, 1 Eßl. Butter
50 g rindenloses Weißbrot
1 Eiweiß, 3 Eßl. Sahne
½ Teel. Salz
je 1 Prise weißer Pfeffer,
* Ingwerpulver und Piment*
800 g gemischte Pilze
3 Eßl. Öl, 1 Eßl. Butter
50 g gewürfelte Schalotten
½ Knoblauchzehe
0,2 l gelierende Geflügelbrühe
je ½ Teel. Basilikum, Thymian,
* Salbei und Kümmel*
1 Prise Salz, 0,2 l Sahne
25 g gewürfelte Trüffel

Pro Portion etwa 1955 Joule/
465 Kalorien

Das Fleisch würfeln. Die Schalotten hacken, in der Butter hell anbraten und mit dem gewürfelten Brot über das Fleisch geben. Das Eiweiß mit der Sahne, dem Salz und den Gewürzen verquirlen. Über das Brot gießen, alles 12 Stunden kühl stellen. Die Pilze kleinschneiden. In dem Öl anbraten, in ein Sieb schütten und die Flüssigkeit auffangen. Die Butter zerlassen, die Schalotten und den gehackten Knoblauch darin anbraten. Mit dem Pilzsaft und der Geflügelbrühe aufgießen. Die Gewürze zugeben, alles dickflüssig einkochen lassen. Durch ein Sieb über die Pilze passieren. Alles vermengen, 12 Stunden kühl stellen. Die Fleischmasse pürieren, mit der Sahne glänzend rühren, mit der Pilzmasse und den Trüffeln mischen. In einer gebutterten Terrine im Wasserbad 50 Minuten garen (→ Seite 23).

Kaninchenterrine

2,5 kg Kaninchen
400 g Schweinerücken
je ½ Teel. Salz, grüne Pfeffer-
* körner und Pimentpulver*
500 g Kalbsknochen
3 Eßl. Öl, 1 Zwiebel
je 100 g Sellerie und Möhren
15 weiße Pfefferkörner
1 Kaninchenleber, 30 g Butter
2 cl Cognac, 1 Knoblauchzehe
2 gewürfelte Schalotten
1 Messerspitze Kardamom
400 g frischer Speck, 2 Eier
200 g gekochter Schinken
100 g Champignons
450 g frischer Speck

Bei 15 Scheiben pro Portion
3400 Joule/810 Kalorien

Vom Kaninchen die Rückenfilets auslösen. 400 g Kaninchenfleisch und das Schweinefleisch in Streifen schneiden. Mit den Gewürzen mischen. 12 Stunden marinieren. Aus den Knochen, dem restlichen Kaninchenfleisch, dem Öl, dem Gemüse und 5 Pfefferkörnern ¼ l Fond kochen (→ Seite 24). Die Leber und die Filets in der Butter anbraten, mit dem Cognac begießen. Den Fond mit den restlichen Gewürzen auf ½ Tasse Flüssigkeit einkochen, durchpassieren. Das Fleisch und den gewürfelten Speck zweimal durch den Fleischwolf drehen. Mit den Eiern, dem Fond, der Leber, dem Schinken und den Champignons – alles gewürfelt – mischen. Die mit dünnen Speckscheiben ausgelegte Terrine mit der Farce und den Filets füllen und mit Speck bedecken. In 1 Stunde und 10 Minuten im Wasserbad garen (→ Seite 23).

Terrinen für Verwöhnte

Bauern-Terrine

*Zutaten für 1 Steingutform
mit Deckel von etwa
1,2 l Fassungsvermögen:*
*2 Kaninchenkeulen (oder
Hasenkeulen)*
400 g fettloses Schweinefleisch
200 g frischer Speck
1 ½ Teel. Salz
½ Teel. schwarzer Pfeffer
*1 Messerspitze geriebene Mus-
katnuß, 5 Wacholderbeeren*
1 Lorbeerblatt
*1 Eßl. getrocknete gemischte
Kräuter wie Majoran,
Thymian, Salbei und
Bohnenkraut*
1 Schnapsglas Cognac (2 cl)
2 Eier
*250 g geräucherter Schweine-
bauch*
*300 g frischer Speck in dünnen
Scheiben*
3 Lorbeerblätter

*8 Wacholderbeeren
Zum Bestreichen:
1 Eßl. Butter
100 g Schweineschmalz*

Bei 15 Scheiben pro Portion etwa 2165 Joule/515 Kalorien

Die Kaninchen- oder Hasenkeulen auslösen und das
Fleisch von Haut und Sehnen
befreien. Das Kaninchen-
fleisch, das Schweinefleisch
und den frischen Speck in kleine Würfel schneiden. Die
Fleisch- und die Speckwürfel
in einer Schüssel mischen und
mit dem Salz, dem Pfeffer,
dem Muskat, den Wacholderbeeren, dem Lorbeerblatt, den
Kräutern und dem Cognac
würzen. Alles zugedeckt
12 Stunden im Kühlschrank
marinieren lassen. Das marinierte Fleisch mit den Kräutern und Gewürzen portions-

weise im Mixer pürieren. Das
pürierte Fleisch nochmals
2–3 Stunden kühl stellen. Die
Fleischfarce mit den Eiern
mindestens 10 Minuten kräftig
durchrühren. Vom Schweinebauch die Schwarte entfernen.
Den Schweinebauch in kleine
Würfel schneiden und unter
die Fleischfarce mischen. Den
Fleischteig abschmecken,
wenn nötig nachwürzen. Die
Steingutform nahtlos mit den
Speckscheiben auslegen und
die Fleischfarce einfüllen. Die
Oberfläche glattstreichen und
mit den Lorbeerblättern und
den Wacholderbeeren belegen.
Ein Stück Pergamentpapier
mit der Butter bestreichen und
über die Fleischfarce legen.
Den Backofen auf 200° vorheizen. Den Deckel der Terrine aufsetzen und den Inhalt im
Wasserbad im Backofen in
1 Stunde garen (→ Seite 23).

Das Wasserbad darf keinesfalls kochen, sondern sollte
höchstens 80° erreichen. Während des Garens schrumpft der
Fleischteig etwas ein. Nach beendeter Garzeit die Terrine aus
dem Wasserbad nehmen und
den Inhalt erkalten lassen. Das
Schweineschmalz zerlassen
und den Rand der Farce damit
ausgießen. Das Schmalz erstarren lassen. So konserviert
ist die Terrine im Kühlschrank
14 Tage haltbar.

Unser Tip
Bitte lesen Sie vor Be-
ginn der Zubereitung ei-
ner Pastete oder Terrine
die ausführliche Ar-
beitsanleitung auf der
Seite 20!

Terrinen für Verwöhnte

Kalbfleisch-terrine

*Zutaten für 1 Steingutform
  mit Deckel von etwa
  1,2 l Fassungsvermögen:*
300 g Kalbsfilet
200 g fettloses Schweinefleisch
250 g frischer Speck
1 Teel. Salz
*je ½ Teel. getrockneter grüner
  Pfeffer, Basilikum, Salbei
  und Thymian*
50 g rindenloses Weißbrot
1 Eiweiß, 6 Eßl. Sahne
30 g Butter, 2 Schalotten
200 g Kalbsleber
*je 1 Schnapsglas Cognac und
  Cointreau (2 cl)*
½ Teel. Salz
1 Knoblauchzehe
*je 1 Messerspitze Ingwerpulver,
  Kardamom und Salz*
⅛ l Sahne, 30 g Butter
200 g Champignons

2 Eßl. gehackte Petersilie
120 g gekochter Schinken
*400 g frischer Speck in dünnen
  Scheiben*

Bei 15 Scheiben pro Portion etwa 1910 Joule/455 Kalorien

Das Fleisch und den Speck in Scheiben schneiden. Mit dem Salz und den getrockneten Kräutern würzen. Das Weißbrot in Scheiben darüberlegen. Das Eiweiß mit der Sahne verrühren und über die Weißbrotscheiben gießen. Alles 12 Stunden kühl stellen. Aus dem marinierten Fleisch und den übrigen Zutaten eine Farce bereiten (→ Seite 22). Die Form mit Speckscheiben auslegen, die Farce einfüllen, mit Speckscheiben bedecken und die Terrine schließen. Die Terrine im Wasserbad im Backofen in 50 Minuten garen (→ Seite 23).

Wildterrine

*400 g Wildschweinrücken oder
  -keule*
300 g fettloses Schweinefleisch
1 Zwiebel, 30 g Butter
2 Teel. Salz
*je 1 Teel. Würze für Wildfarcen,
  Thymian und Basilikum*
¼ Teel. Rosmarin
1 Lorbeerblatt
8 Wacholderbeeren
½ Teel. grüner Pfeffer
1 zerdrückte Knoblauchzehe
40 g trockenes Schwarzbrot
1 Eiweiß, 3 Eßl. Sahne
100 g Kalbsleber
300 g frischer Speck
30 g Trüffel
*350 g frischer Speck in dünnen
  Scheiben*
*je 1 Zweig getrockneter
  Rosmarin und Thymian*
4 Lorbeerblätter
6 Wacholderbeeren

Bei 15 Scheiben pro Portion 1640 Joule/390 Kalorien

Das Fleisch in Streifen schneiden und mischen. Die Zwiebel schälen, in Ringe schneiden und in der zerlassenen Butter anbraten. Mit dem Salz und den Gewürzen über dem Fleisch verteilen. Das Brot darüberreiben. Das Eiweiß mit der Sahne verquirlen, darübergießen und zugedeckt 12 Stunden marinieren. Aus dem Fleisch und den restlichen Zutaten nach dem Rezept für Bauern-Terrine auf Seite 74 die Farce bereiten, in die mit Speckscheiben ausgelegte Terrine füllen und mit Speckscheiben belegen. Die Kräuterzweige, das Lorbeerblatt und die Wacholderbeeren darauflegen. Die Terrine im Backofen im Wasserbad in 1 Stunde garen (→ Seite 23).

Leichte Salate

Gurkensalat

Zutaten für 4 Personen:
1 Salatgurke
½ Bund Dill
4 Eßl. Joghurt
1 Eßl. Weinessig
½ Teel. Salz
1 Messerspitze schwarzer
  Pfeffer

Pro Portion etwa 105 Joule/
25 Kalorien

Die Gurke waschen, abtrocknen, in ½ cm dicke Scheiben und die Scheiben dann in Stifte schneiden. Den Dill waschen, trockentupfen und feinschneiden. Den Joghurt mit dem Essig, dem kleingeschnittenen Dill, dem Salz und dem möglichst frisch gemahlenen Pfeffer verrühren und unterheben.

Selleriesalat

Zutaten für 4 Personen:
400 g Sellerieknolle
1 Zitrone
3 Eßl. Olivenöl
einige Tropfen Weinessig
je ½ Teel. Salz und Zucker
2 Eßl. Kresse

Pro Portion etwa 460 Joule/
110 Kalorien

Den Sellerie unter kaltem Wasser bürsten, schälen, noch einmal gründlich waschen und die Knolle auf der Rohkostreibe in dünne Streifen raspeln. Die Zitrone auspressen und den Saft mit dem Sellerie mischen. Das Öl mit dem Essig, dem Salz und dem Zucker verrühren und unter den Salat heben. Den Salat zugedeckt bei Raumtemperatur 20 Minuten durchziehen lassen. Mit der Kresse bestreuen. Den Selleriesalat auf Kopfsalat oder Eichblattsalat anrichten.

Staudensellerie-Möhren-Salat

Zutaten für 4 Personen:
400 g Möhren
250 g Staudensellerie
1 Eßl. Zitronensaft
1 Teel. Zucker
½ Teel. grüne Pfefferkörner
  aus dem Glas
½ Teel. Salz
½ Becher Crème fraîche

Pro Portion etwa 335 Joule/
80 Kalorien

Die Möhren unter fließendem
kaltem Wasser bürsten, wenn
nötig schaben und auf einer
Rohkostreibe in lange dünne
Streifen raspeln. Vom Sellerie
die grünen Blättchen abstrei-
fen, die Stangen waschen und
in dünne Scheibchen schneiden. Die Möhrenstreifen und
die Selleriescheibchen in einer
Salatschüssel mischen. Den
Zitronensaft mit dem Zucker
verrühren und über den Salat
träufeln. Die Pfefferkörner mit
einer Gabel zerdrücken und
mit dem Salz und der Crème
fraîche mischen. Die Crème
fraîche über den Salat geben
und erst bei Tisch unterheben.

Unser Tip
Die Sellerieblättchen
sind sehr vitaminreich.
Verwenden Sie die
kleingehackten Sellerie-
blättchen für eine Ge-
müsesuppe oder streuen
Sie sie vor dem Servie-
ren noch über den Salat.

Paprikasalat

Zutaten für 4 Personen:
400 g Paprikaschoten
  (1 grüne, 2 gelbe, 1 rote)
1 große Zwiebel
1 Knoblauchzehe
1 Teel. Salz
2 Eßl. Weinessig
4 Eßl. Öl
3 Zweige frische Pimpinelle
1 Zweig Petersilie
¼ Teel. grobgemahlener weißer
  Pfeffer

Pro Portion etwa 545 Joule/
130 Kalorien

Mit einem spitzen Messer den
Blütenansatz der Paprikaschoten herausschneiden. Die
Schoten innen und außen waschen, in dünne Ringe schneiden und die Kerne und die
Rippen aus dem Inneren der
Ringe entfernen. Die Zwiebel
schälen und ebenfalls in dünne
Ringe schneiden. Die Knoblauchzehe halbieren und mit
den Schnittflächen die Salatschüssel gut ausreiben. Die
Schoten- und die Zwiebelringe
locker in der Schüssel mischen. Das Salz mit dem Essig
verrühren, das Öl zufügen und
die Sauce über den Salat gießen. Den Salat zugedeckt
30 Minuten bei Raumtemperatur durchziehen lassen. Die
Kräuterblättchen grob zerkleinern und vor dem Servieren
über den Salat streuen. Den
grobgemahlenen Pfeffer dar-
übergeben.

77

Chicorée-Fruchtsalat

Zutaten für 4 Personen:
4 kleine Stauden Chicorée
2 Grapefruits
2 Mandarinen
3 Eßl. Öl
2 Eßl. Limettensaft
1 Teel. Zucker
1 Messerspitze Ingwerpulver
½ Teel. grobgemahlener
*   schwarzer Pfeffer*
½ Teel. scharfer Senf
1 Limette

Pro Portion etwa 525 Joule/
125 Kalorien

Den Chicorée waschen, abtrocknen und die Strünke kegelförmig herausschneiden. Die Chicoréeblätter voneinander lösen und vier Schüsselchen damit auslegen. Die

Grapefruits schälen und die weiße Haut gut entfernen. Die Grapefruitspalten mit einem scharfen Messer filetieren, das heißt, das Fleisch der Fruchtspalten von den Häuten lösen. Die Grapefruitspalten vierteln und dabei die Kerne entfernen. Die Mandarinen schälen, ebenfalls filetieren und die Fruchtspalten halbieren; die Kerne dabei entfernen. Das Öl mit dem Limettensaft, dem Zucker, dem Ingwerpulver, dem Pfeffer und dem Senf verrühren. Die Marinade über die Früchte gießen, alles gut mischen und einige Minuten zugedeckt durchziehen lassen. Die Limette heiß abwaschen, abtrocknen und ungeschält in hauchdünne Scheiben schneiden. Den Fruchtsalat dann in die Schälchen mit den Chicoréeblättern füllen, mit den Limettenscheiben garnieren.

Muschelsalat mit Sojabohnensprossen

Zutaten für 4 Personen:
200 g frische Sojabohnen-
*   sprossen*
200 g pikant eingelegte
*   Muscheln*
100 g Mixed Pickles
½ rote Paprikaschote aus dem
*   Glas, 2 Gewürzgurken*
1 Eßl. Sojasauce
1 Eßl. Zitronensaft
je ¼ Teel. Pfeffer und Zucker

Pro Portion etwa 380 Joule/
90 Kalorien

Die Sojabohnensprossen unter fließendem kaltem Wasser abspülen und in einem Sieb abtropfen lassen. Die Muscheln ebenfalls abtropfen lassen, da-

bei den Muschelsaft auffangen. Die Mixed Pickles abtropfen lassen und größere Stücke kleinschneiden. Die Paprikaschote in Würfel, die Gewürzgurken in dünne Scheiben schneiden. Alle Zutaten locker in einer Schüssel mischen. Den Muschelsaft mit der Sojasauce, dem Zitronensaft, dem Pfeffer und dem Zucker verrühren. Den Muschelsalat damit anmachen.

Unser Tip
Statt mit den Muscheln können Sie den Salat auch mit Krabben zubereiten. Dann sollten Sie die Mixed Pickles aber durch einen säuerlichen grobgeraspelten Apfel ersetzen.

Radicchiosalat mit Pfeffersauce

Zutaten für 4 Personen:
3 kleine Stauden Radicchio
½ Kopfsalat
1 gelbe Paprikaschote
1 rote Zwiebel
½ Becher Joghurt
½ Becher Sahne (0,1 l)
je ½ Teel. Salz und Selleriesalz
4 Blättchen Basilikum
1 Eßl. grüne Pfefferkörner aus
    dem Glas

Pro Portion etwa 400 Joule/
95 Kalorien

Die Salatblätter gründlich kalt waschen und gut abtropfen lassen. Eine Salatschüssel mit den Kopfsalatblättern auslegen. Die Schote in dünne Ringe schneiden, dabei Kerne und Rippen entfernen. Die Zwie-bel schälen und in Ringe schneiden. Den Joghurt mit der Sahne, dem Salz und dem Selleriesalz verrühren. Die Basilikumblättchen waschen und feinschneiden. Den Radic-chiosalat mit den Schoten- und den Zwiebelringen, der Salat-sauce, dem Basilikum und den Pfefferkörnern mischen. Alles einige Minuten durchziehen lassen. Den angemachten Sa-lat auf den Kopfsalatblättern anrichten.

> **Unser Tip**
> Besonders intensiv kommt der Geschmack des Radicchio zur Gel-tung, wenn man den Strunk von 1 Staude feinreibt und unter die Salatsauce mischt.

Tomatensalat Balkanart

Zutaten für 4 Personen:
800 g schnittfeste Tomaten
100 g Schafkäse
1 kleine Zwiebel
je 2 Blättchen Zitronenmelisse
    und Pfefferminze
1 Knoblauchzehe
20 schwarze Oliven
1 Eßl. Zitronensaft
2 Eßl. Weinessig
1 Teel. Salz
¼ Teel. weißer Pfeffer
8 Eßl. Olivenöl
1 hartgekochtes Ei

Pro Portion etwa 945 Joule/
225 Kalorien

Die Tomaten waschen, ab-trocknen und in Scheiben schneiden. Den Schafkäse grob zerbröckeln. Die Zwiebel schälen und kleinwürfeln. Die Kräuter grobhacken. Die Knoblauchzehe halbieren und mit den Schnittflächen eine möglichst große Salatschüssel ausreiben. Die Tomatenschei-ben, den zerbröckelten Schaf-käse, die Zwiebelwürfel und die Oliven in die Schüssel ge-ben und mit den Kräutern be-streuen. Den Zitronensaft und den Essig mit dem Salz so lan-ge verrühren, bis sich das Salz ganz aufgelöst hat. Den Pfeffer und das Öl daruntermischen. Die Sauce über den Salat träu-feln und diesen zugedeckt bei Raumtemperatur 30 Minuten durchziehen lassen. Das Ei achteln. Den Salat vor dem Servieren mit 2 Gabeln vor-sichtig mischen und mit den Eispalten garnieren.

Leichte Salate

Friséesalat
in Portweinsauce

Zutaten für 4 Personen:
1 kleiner Kopf Friséesalat
½ Salatgurke
125 g Champignons
4 schnittfeste Tomaten
2 hartgekochte Eier
5 Eßl. Öl
3 Teel. Weinessig
⅛ l Portwein
je 1 gute Prise Salz und weißer
*   Pfeffer*
½ Bund Estragon
1 Karton Kresse

Pro Portion etwa 630 Joule/
150 Kalorien

Den Friséesalat putzen, waschen, abtropfen lassen und in
große Stücke zerreißen. Die
ungeschälte Gurkenhälfte waschen, längs halbieren, von

den Kernen befreien und in
Scheiben schneiden. Die
Champignons putzen, wa-
schen, auf Küchenkrepp trocknen lassen und vierteln, größere Pilze achteln. Die Tomaten
waschen, abtrocknen und vierteln. Die Eier schälen und in
Achtel schneiden. Das Öl mit
dem Essig, dem Portwein, dem
Salz und dem Pfeffer verrühren. Die Salatsauce vorsichtig
unter die Salatzutaten mischen
und den Salat in einer Schüssel
anrichten. Den Estragon waschen, abtropfen lassen und
hacken. Die Kresse mit einer
Küchenschere abschneiden, in
einem Sieb kalt abbrausen und
abtropfen lassen. Den gehackten Estragon und die Kresse
über den Salat streuen.

Feldsalat
mit Orangen

Zutaten für 4 Personen:
300 g Feldsalat/Nisslsalat
2 Orangen
4 Eßl. Öl
2 Eßl. Weinessig
½ Teel. Salz
3 Eßl. Crème fraîche
1 Teel. Limettensaft
2 Eßl. Cognac
1 Teel. grüne Pfefferkörner aus
*   dem Glas*

Pro Portion etwa 630 Joule/
150 Kalorien

Den Feldsalat putzen, in einem Sieb unter fließendem
kaltem Wasser waschen, dabei
jedes Pflänzchen von Sand befreien und gut abtropfen lassen. Die Orangen schälen, die
weiße Unterhaut gut entfer-

nen. Die Orangenspalten filetieren, das heißt, das Fruchtfleisch mit einem dünnen
scharfen Messer aus den Häuten schneiden. Dabei die Kerne entfernen. Den Feldsalat in
eine Schüssel geben. Das Öl
mit dem Essig und dem Salz
verrühren. Die Marinade unter
den Feldsalat heben und einige Minuten zugedeckt durchziehen lassen. Den Salat in einer Servierschüssel anrichten
und mit den Orangenspalten
garnieren. Die Crème fraîche
mit dem Limettensaft, dem
Cognac und den leicht zerdrückten grünen Pfefferkörnern verrühren. Die Sahnesauce in die Mitte des Salates
gießen.

Leichte Salate

Radicchio-Spinat-Salat

Zutaten für 4 Personen:
1 mittelgroße Staude Radicchio
200 g junger Spinat
1 kleines Glas Artischocken-
  herzen
2 Zwiebeln
½ Knoblauchzehe
1 hartgekochtes Ei
5 Eßl. Olivenöl
3 Eßl. Weinessig
½ Teel. Salz
¼ Teel. weißer Pfeffer

Pro Portion etwa 590 Joule/
140 Kalorien

Vom Radicchiosalat die äußeren Blätter entfernen, den
Strunk abschneiden und auf
der Rohkostreibe reiben. Die
übrigen Salatblätter voneinander lösen, kalt waschen und
gut abtropfen lassen. Den Spinat verlesen, lange Stiele entfernen. Den Spinat unter fließendem kaltem Wasser wa-
schen und abtropfen lassen.
Die Artischockenherzen abtropfen lassen und halbieren.
Die Zwiebeln schälen und in
dünne Ringe schneiden. Eine
Salatschüssel gut mit der
Schnittfläche der Knoblauchzehe ausreiben. Die Radicchioblätter, den Spinat und die
Artischockenherzen locker
einfüllen. Die Zwiebelringe
darüberstreuen. Das Ei schälen und hacken. Das Öl mit
dem Essig, dem Salz, dem
Pfeffer und dem geriebenen
Radicchiostrunk verrühren.
Die Marinade über den Salat
gießen und vorsichtig unterheben. Zuletzt das gehackte Ei
über den Salat streuen.

Bunter Frühlings-Salat

Zutaten für 4 Personen:
1 Kopfsalat
100 g junger Spinat
je ½ Bund Estragon, Dill und
  Petersilie
1 säuerlicher Apfel
1 Rettich, 1 Zwiebel
2 hartgekochte Eier
½ Tasse Weißwein (1/16 l)
je 2 Eßl. Öl und Weinessig
1 Teel. Zitronensaft
1 Eßl. Zucker
½ Teel. Salz
¼ Teel. weißer Pfeffer

Pro Portion etwa 505 Joule/
120 Kalorien

Den Kopfsalat putzen, die
Blätter zerkleinern, waschen,
trockenschleudern und in eine
große Schüssel geben. Den
Spinat verlesen, kalt waschen
und gut abtropfen lassen. Die
Kräuter waschen, trockentupfen und kleinschneiden. Den
Apfel waschen, abtrocknen
und ungeschält in Viertel
schneiden. Das Kernhaus entfernen und die Apfelviertel in
Scheibchen schneiden. Den
Rettich eventuell schälen, waschen, in dünne Scheiben
schneiden und die Scheiben
halbieren. Die Zwiebel in dünne Ringe schneiden. Die Eier
schälen und achteln. Den
Weißwein mit dem Öl, dem
Essig, dem Zitronensaft, dem
Zucker, dem Salz und dem
Pfeffer verrühren. Den Spinat,
die Zwiebel, den Rettich und
den Apfel zu den Kopfsalatblättern geben, die Salatsauce
darüberträufeln und alles lokker vermengen. Die Kräuter
über den Salat streuen und mit
den Eiachteln garnieren.

Eisbergsalat mit garnierten Eiern

Zutaten für 4 Personen:
4 Eier
1 Kopf Eisbergsalat
½ Becher Joghurt
je 2 Eßl. Mayonnaise und Senf
½ Teel. Zitronensaft
je ¼ Teel. Salz und weißer Pfeffer
½ rote Paprikaschote
8 gefüllte Oliven
50 g deutscher Kaviar

Pro Portion etwa 1090 Joule/ 260 Kalorien

Die Eier in 10-12 Minuten hart kochen, abschrecken, schälen und erkalten lassen. Den Eisbergsalat vierteln. Die Salatviertel gründlich waschen und gut abtropfen lassen. Den Joghurt mit der Mayonnaise, dem Senf, dem Zitronensaft, dem Salz und dem Pfeffer verrühren. Die Paprikaschote von weißen Rippen und Kernen befreien, waschen und kleinwürfeln. Die Oliven halbieren. Jedes Salatviertel mit dem Senf-Dressing überziehen und mit Paprikawürfeln bestreuen. Die Eier halbieren, mit dem Kaviar und den Oliven garnieren und gefällig neben den Eisbergsalatvierteln anrichten.

> **Unser Tip**
> Statt der garnierten Eier können Sie auch gefüllte Eier (Rezepte Seite 124 und 125) zum Salat reichen.

Thunfischsalat

Zutaten für 4 Personen:
400 g Thunfisch aus der Dose
18 gefüllte Oliven
je 1 Tasse Perlzwiebeln und rote Bete aus dem Glas
4 Eßl. Mayonnaise
1 Becher Joghurt oder ⅛ l saure Sahne
¼ Teel. Salz
½ Teel. Paprikapulver, edelsüß
3 Eßl. Tomatenketchup
1 hartgekochtes Ei
4 Zweige Dill

Pro Portion etwa 2815 Joule/ 670 Kalorien

Den Thunfisch gut abtropfen lassen und in Stücke zerpflücken. 10 Oliven in sehr dünne Scheibchen schneiden, die restlichen Oliven halbieren und beiseite stellen. Die Perlzwiebeln kalt abbrausen und abtropfen lassen. Die roten Bete in Streifen schneiden. Die Olivenscheibchen, die Perlzwiebeln und die rote-Bete-Streifen zum Thunfisch geben. Die Mayonnaise mit dem Joghurt oder der sauren Sahne, dem Salz, dem Paprika und dem Ketchup verrühren und unter die Thunfisch-Gemüse-Mischung heben. Den Thunfischsalat mit Eiachteln, den halbierten Oliven und dem Dill anrichten.

> **Unser Tip**
> Besonders mild schmeckt der Salat statt mit Perlzwiebeln und Oliven mit Bananenwürfeln und Chicoréestreifen.

Salat als Mahlzeit

Gurkensalat mit Krabben

Zutaten für 4 Personen:
250 g tiefgefrorene Krabben
1 Salatgurke
2 Eßl. Weinessig
je 1 gute Prise weißer Pfeffer
*   und Salz*
½ Teel. abgeriebene Zitronen-
*   schale*
½ Teel. Zucker
3 Eßl. Öl
½ Kästchen Kresse

Pro Portion etwa 505 Joule/
120 Kalorien

Die tiefgefrorenen Krabben
aus der Verpackung nehmen
und zugedeckt bei Raumtemperatur auftauen lassen. Die
ungeschälte Gurke waschen,
abtrocknen und längs halbieren. Mit einem spitzen Löffel
die Kerne herauskratzen und
die Gurkenhälften in dünne
Scheiben schneiden. Die
Krabben und die Gurken-
scheiben in einer Schüssel mischen. Den Essig mit dem
Pfeffer, dem Salz, der Zitronenschale und dem Zucker
verrühren. Das Öl zufügen.
Die Sauce unter die Krabben-
Gurken-Mischung heben. Den
Salat zugedeckt bei Raumtemperatur 1 Stunde durchziehen
lassen. Die Kresse mit einer
Küchenschere abschneiden, in
einem Sieb kalt abbrausen und
gut abtropfen lassen. Den Salat vor dem Servieren mit der
Kresse bestreuen.

Hühnersalat exquisit

Zutaten für 4 Personen:
1 Tasse tiefgefrorene Erbsen
600 g gegartes Hühnerfleisch
100 g gegarte Spargelspitzen
100 g Champignons
100 g frische Ananas
4 Eßl. Mayonnaise
6 Eßl. Joghurt, 2 Eßl. Cognac
1 Teel. Zitronensaft
je 1 Prise Salz, weißer Pfeffer,
*   Zucker und Currypulver*
1 Limette, 4 Zweige Dill

Pro Portion etwa 2165 Joule/
515 Kalorien

Die tiefgefrorenen Erbsen in
¼ l kochendes Salzwasser
schütten und zugedeckt 5 Minuten darin kochen lassen.
Das Hühnerfleisch von Haut
und Knochen lösen und in
2 cm große Stücke schneiden.
Die Spargelspitzen abtropfen
lassen und halbieren. Die
Champignons waschen, put-
zen und feinblättrig schneiden.
Die Ananas in kleine Stücke
schneiden. Die Erbsen abtropfen lassen. Alle Zutaten in eine
Schüssel geben. Die Mayonnaise mit dem Joghurt, dem
Cognac, dem Zitronensaft,
dem Salz, dem Pfeffer, dem
Zucker und dem Curry verrühren. Die Salatsauce über die
Hühnerfleisch-Gemüse-Mi-
schung gießen und locker untermengen. Den Salat zugedeckt 1 Stunde bei Raumtemperatur durchziehen lassen.
Die Limette warm waschen,
abtrocknen und aus der Mitte
4 hauchdünne Scheibchen
schneiden. Den Salat auf vier
Portionstellern anrichten. Jede
Portion mit 1 Limettenscheibe
und 1 Dillzweig garnieren.

Salat als Mahlzeit

Schweizer Salat

Zutaten für 4 Personen:
200 g Emmentaler Käse
200 g gekochter Schinken
200 g Sauerkirschen
2 Stangen Staudensellerie
250 g gekochte kleine Nudeln
2 Eßl. Weinessig
3 Eßl. Öl, 1 Eigelb
je 1 Prise Salz, Pfeffer, Paprika-
*   pulver, scharf, Zucker und*
*   Knoblauchpulver*
50 g Walnußkerne

Pro Portion etwa 2560 Joule/
610 Kalorien

Den Käse und den Schinken
würfeln. Die Kirschen wa-
schen und entkernen. Den Sellerie waschen und in 1 cm dik-
ke Scheibchen schneiden. Den
Käse, den Schinken, den Sellerie und die Nudeln in einer
Schüssel mischen. Den Essig
mit dem Öl, dem Eigelb und
den Gewürzen verrühren und
unter die Salatzutaten heben.
Mit den Nüssen und den Kirschen bestreuen.

Bunter Reissalat

Zutaten für 4 Personen:
3 Tassen tiefgefrorenes ge-
*   mischtes Sommergemüse*
200 g Kochsalami im Stück
1 Apfel, ¼ Sellerieknolle
3 Tassen gekochter kalter Reis
1 Becher Joghurt
2 Eßl. Zitronensaft, 3 Eßl. Öl
je 1 Prise Salz und Pfeffer
2 Eßl. gemischte gehackte
*   Kräuter*

Pro Portion etwa 1785 Joule/
425 Kalorien

Das Gemüse nach Vorschrift
garen und abtropfen lassen.
Die Kochsalami, den Apfel
und den Sellerie schälen, würfeln und mit dem Reis und
dem Gemüse mischen. Den
Joghurt mit dem Zitronensaft,
dem Öl, dem Salz, dem Pfeffer
und den Kräutern verrühren
und unter den Reissalat heben.

Salat als Mahlzeit

Kartoffel-Wurst-Salat

Zutaten für 4 Personen:
250 g junge grüne Bohnen
250 g Schinkenwurst im Stück
400 g gekochte Kartoffeln
1 Bund Radieschen
2 kleine Zwiebeln
1 Bund Petersilie
1 Eßl. Senf, 2 Eßl. Weinessig
2 Eßl. Öl, 2 Eßl. Sahne
1 Eigelb
je 1 Messerspitze Salz, weißer
   Pfeffer und Zucker
einige Tropfen Zitronensaft
1 Bund Schnittlauch

Pro Portion etwa 1825 Joule/
435 Kalorien

Von den Bohnen die Stielenden und die Spitzen abschneiden und das Gemüse von Salzwasser bedeckt in 20 Minuten
garen, dann abtropfen lassen.
Die Schinkenwurst in Streifen,
die Kartoffeln schälen und in
Scheiben schneiden. Die Radieschen waschen, putzen und
in Scheibchen schneiden. Die
Zwiebeln schälen und in Ringe
schneiden. Die Petersilie feinhacken. Alle vorbereiteten Zutaten in einer Schüssel mischen. Für die Salatsauce den
Senf, den Essig, das Öl, die
Sahne und das Eigelb gut verrühren. Die Senfsauce mit dem
Salz, dem Pfeffer und dem
Zucker würzen und mit dem
Zitronensaft abschmecken.
Den Schnittlauch waschen, abtropfen lassen und klein-
schneiden. Die Salatsauce
über die gemischten Zutaten
gießen und alles gut vermengen. Zuletzt den Schnittlauch
unterheben. Den Kartoffel-
Wurst-Salat zugedeckt 10 Minuten durchziehen lassen.

Gemischter Bohnensalat

Zutaten für 4 Personen:
je 300 g rote und weiße Bohnen-
   kerne aus der Dose
2 Zwiebeln
1 Knoblauchzehe
100 g Knoblauchwurst
100 g durchwachsener Speck
3 Eßl. Rotweinessig
je 1 gute Prise Salz und frisch
   gemahlener weißer Pfeffer
4 Eßl. Öl
2 Eßl. frische gehackte Kräuter
   wie Petersilie, Schnittlauch
   und Thymian

Pro Portion etwa 2185 Joule/
520 Kalorien

Die Bohnen abtropfen lassen.
Die Zwiebeln schälen und in
dünne Ringe schneiden. Die
Knoblauchzehe ebenfalls
schälen und sehr fein hacken.
Die Knoblauchwurst in dünne
Scheiben schneiden. Den
Speck kleinwürfeln und in
einer Pfanne knusprig braun
ausbraten. Die Speckwürfel
aus dem Speckfett heben und
etwas abkühlen lassen. Die
Bohnen, die Zwiebelringe, die
Knoblauchstückchen, die
Wurstscheiben und die Speckwürfel mischen. Den Essig mit
2 Eßlöffeln Wasser, dem Salz
und dem Pfeffer verrühren.
Das Öl untermischen. Die
Sauce unter den Salat heben.
Den Bohnensalat zugedeckt
bei Raumtemperatur etwa
20 Minuten durchziehen lassen. Die gehackten Kräuter
vor dem Servieren über den
Salat streuen.

Salat als Mahlzeit

Balkan-Salat

Zutaten für 4 Personen:
je 1 grüne, rote und gelbe
*   Paprikaschote*
1 große rote Zwiebel
150 g Schafkäse
2 Eßl. Weinessig
4 Eßl. Olivenöl
je 1 gute Prise Salz, weißer
*   Pfeffer und Zucker*
1 Messerspitze getrockneter
*   Oregano*

Pro Portion etwa 860 Joule/
205 Kalorien

Von den Paprikaschoten die
Blütenansätze entfernen. Die
Schoten waschen, abtrocknen
und in dünne Ringe schneiden. Aus den Schotenringen
die Rippen und Kerne entfernen. Die Zwiebel schälen und
ebenfalls in möglichst dünne
Ringe schneiden. Den Käse
zerbröckeln. Die Salatzutaten
locker in einer Schüssel mischen. Den Essig mit dem Öl,
dem Salz, dem Pfeffer und
dem Zucker gut verrühren. Zuletzt den Oregano unterrühren.
Die Sauce über den Salat träufeln. Den Balkan-Salat zugedeckt einige Minuten bei
Raumtemperatur durchziehen
lassen.

Unser Tip
Paprikaschoten werden
bekömmlicher, wenn
man die Schotenringe
3 Minuten in kochen-
dem Wasser blanchiert.
Anschließend in Eis-
wasser tauchen und ab-
tropfen lassen.

Geflügelsalat mit Schinken und Käse

Zutaten für 4 Personen:
1 kleiner Kopfsalat
2 feste Tomaten
2 gekochte Hühnerbrüste
125 g gekochter Schinken
125 g Schweizer Käse
1 Knoblauchzehe, 1 Eigelb
je 1 gute Prise Salz und Zucker
⅛ l Öl, 1 Eßl. Zitronensaft
frisch gemahlener weißer
*   Pfeffer*
1 Messerspitze scharfer Senf
etwas Petersilie

Pro Portion etwa 2415 Joule/
575 Kalorien

Die Salatblätter waschen und
gut abtropfen lassen. Die Tomaten häuten und in Scheiben
schneiden. Die Hühnerbrüste,
den Schinken und den Käse in
gleich große Streifen schneiden. Die Knoblauchzehe halbieren und eine Salatschüssel
damit ausreiben, dann mit den
Salatblättern auslegen. Die Tomatenscheiben, die Schinken-,
die Geflügel- und die Käsestreifen locker auf dem grünen
Salat verteilen. Das Eigelb mit
dem Salz und dem Zucker mit
dem Schneebesen oder dem
Elektroquirl schlagen, bis es
beginnt, dicklich zu werden.
Tropfenweise das Öl unter das
Eigelb rühren. Öl und Eigelb
sollten die gleiche Temperatur
haben. Sobald die Mayonnaise
beginnt, steif zu werden, den
Zitronensaft, den Pfeffer und
den Senf unterrühren. Die
Mayonnaise kräftig abschmekken und gesondert zum Salat
reichen. Den Salat mit gewa-
schener Petersilie verzieren.

Salat als Mahlzeit

Reissalat mit Thunfisch

Zutaten für 4 Personen:
125 g Langkornreis
150 g Thunfisch aus der Dose
100 g Perlzwiebeln aus dem
  Glas, 1 rote Paprikaschote
6 Eßl. Salatmayonnaise
2 Eßl. kleine Kapern
je 1 gute Prise Salz und frisch
  gemahlener weißer Pfeffer
abgeriebene Schale von
  ½ unbehandelte Zitrone

Pro Portion etwa 2375 Joule/
565 Kalorien

Den Reis nach Vorschrift kochen, dann kalt abbrausen, abtropfen und erkalten lassen. Den Thunfisch gut abtropfen lassen und in kleine Stücke zerpflücken. Die Perlzwiebeln abtropfen lassen. Die Paprika-

schote waschen, halbieren und den Blütenansatz, Rippen und Kerne entfernen. Die Schotenhälften würfeln. Die Mayonnaise mit den Kapern, 2 Eßlöffeln von der Kapernflüssigkeit, dem Salz, dem Pfeffer und der Zitronenschale verrühren. Die Mayonnaisesauce mit dem Reis, dem Thunfisch, den Perlzwiebeln und der Paprikaschote mischen, einige Minuten durchziehen lassen.

Unser Tip
Reis für Salate können Sie mit dem Reis für eine andere Mahlzeit garen und zugedeckt 3–4 Tage im Kühlschrank aufbewahren.

Pikanter Rindfleischsalat

Zutaten für 4 Personen:
500 g gekochtes mageres
  Rindfleisch
je 2 Zwiebeln und Gewürz-
  gurken
2 mittelgroße gekochte Möhren
1 rote Paprikaschote
100 g Champignons
1 großer Apfel
½ Bund Petersilie
6 Eßl. Gewürzgurkenwasser
6 Eßl. Öl
1 Teel. Worcestershiresauce
1 Prise Knoblauchsalz
½ Teel. schwarzer Pfeffer

Pro Portion etwa 1195 Joule/
285 Kalorien

Das Fleisch in etwa 2 cm große Würfel schneiden. Die Zwiebeln schälen und in Ringe

schneiden. Die Gewürzgurken dünn schälen und mit den gekochten Möhren in Scheiben schneiden. Die Paprikaschote waschen, abtrocknen, halbieren, von Rippen und Kernen befreien und die Schotenhälften in Streifen schneiden. Die Champignons waschen, abtropfen lassen, putzen und vierteln, größere Pilzköpfe achteln. Den Apfel schälen, achteln, das Kerngehäuse entfernen und die Apfelachtel in Scheiben schneiden. Die Petersilie waschen, abtropfen lassen und kleinschneiden. Das Gurkenwasser mit dem Öl, der Worcestershiresauce, dem Knoblauchsalz, dem Pfeffer und der Petersilie verrühren. Alles locker in einer Schüssel mischen, mit der Salatsauce beträufeln und zugedeckt bei Raumtemperatur 1 Stunde durchziehen lassen.

Salat aus
weißen Bohnen

Zutaten für 4 Personen:
250 g weiße Bohnen
½ Teel. Salz
½ Teel. getrockneter Thymian
1 Stange Staudensellerie
¼ kleine Sellerieknolle
1 mittelgroße Möhre
2 kleine Zwiebeln, ¼ Teel. Salz
20 gefüllte Oliven, 6 Eßl. Öl
4 Eßl. Weinessig

Pro Portion etwa 1470 Joule/
350 Kalorien

Die Bohnen verlesen, waschen
und mit kaltem Wasser be-
deckt 12 Stunden einweichen.
Die Bohnen danach im Ein-
weichwasser mit dem Salz und
dem Thymian zugedeckt bei
schwacher Hitze 1 Stunde kochen lassen. Den Staudensellerie waschen und in etwa 1 cm
dicke Scheiben schneiden.
Den Knollensellerie schälen
und mit der gewaschenen
Möhre kleinwürfeln. Die
Zwiebeln schälen und in Ringe
schneiden. Das Gemüse mi-
schen, mit dem Salz bestreuen
und in 1–1½ Tassen Wasser zugedeckt in 15 Minuten garen.
Die Bohnen und das Gemüse
jeweils in einem Sieb abtropfen und erkalten lassen. Die
Oliven halbieren. Das Öl mit
dem Essig verrühren. Die Bohnen mit dem Gemüse locker in
einer Schüssel vermengen. Die
Öl-Essig-Mischung darüberträufeln und die Oliven auf
den Salat streuen. Den Salat
zugedeckt 30 Minuten durchziehen lassen. Vor dem Anrichten nach Belieben mit
Streifen von eingelegter Paprikaschote und frischer Petersilie garnieren.

Kartoffelsalat mit
Creme-Dressing

Zutaten für 4 Personen:
1 kg Salatkartoffeln
125 g gekochter Schinken
im Stück
2 Gewürzgurken, 1 Apfel
2 Schalotten
5 Eßl. Öl
4 Eßl. Weinessig
1 Eigelb
2 Becher Crème fraîche
½ Teel. Salz
1 gute Prise weißer Pfeffer
½ Bund Petersilie

Pro Portion etwa 3045 Joule/
725 Kalorien

Die Kartoffeln waschen, in
Salzwasser 25–30 Minuten kochen lassen. Die Kartoffeln
dann abgießen und sofort unter fließendem kaltem Wasser
abschrecken. Den Schinken in
Streifen schneiden, die Gewürzgurken in Scheiben. Den
Apfel schälen, mit einem Apfelausstecher das Kerngehäuse
entfernen und den Apfel in
Scheiben schneiden, die Apfelscheiben dann in Streifen. Die
Schalotten schälen und feinhacken. Die erkalteten Kartoffeln schälen und in Scheiben
schneiden. Das Öl mit dem Essig, den feingehackten Schalotten, dem Eigelb, der Crème
fraîche, dem Salz und dem
Pfeffer verrühren. Alle Salatzutaten locker in einer Schüssel mischen und das Creme-
Dressing unterheben. Den
Kartoffelsalat zugedeckt
30 Minuten bei Raumtemperatur durchziehen lassen. Die Petersilie waschen, abtropfen lassen und kleinschneiden. Den
Salat vor dem Servieren mit
der Petersilie bestreuen.

Salat als Mahlzeit

Wurstsalat im Mai

Zutaten für 4 Personen:
2 Eier
½ Kopfsalat
½ Kopf römischer Salat
1 Bund Radieschen
1 Bund Frühlingszwiebeln
125 g Schinkenwurst oder
*   Fleischwurst in dünnen*
*   Scheiben*
125 g Mortadella
2 Bund gemischte Kräuter wie
*   Petersilie, Schnittlauch, Dill*
*   und Liebstöckel*
4 Eßl. Weinessig
6 Eßl. Öl
je 1 gute Prise Salz,
*   weißer Pfeffer*
*   und Zucker*
4 Eßl. Salatmayonnaise

Pro Portion etwa 2350 Joule/
560 Kalorien

Die Eier in 10 Minuten hart kochen, dann kalt abschrekken, schälen und erkalten lassen. Den Kopfsalat und den römischen Salat von den Strünken befreien und in Blätter zerpflücken. Die Salatblätter waschen und gut abtropfen lassen. Die Radieschen putzen, waschen, abtrocknen und in dünne Scheibchen schneiden. Die Frühlingszwiebeln vom Wurzelende befreien, waschen, abtrocknen und in feine Ringe schneiden. Die Schinkenwurst- oder Fleischwurstscheiben halbieren. Die Mortadella in Streifen schneiden. Die Eier achteln. Eine Platte mit den Salatblättern auslegen und alle vorbereiteten Zutaten gefällig darauf verteilen. Die Kräuter waschen, abtropfen lassen, ein Sträußchen davon zurückbehalten und den Rest feinschneiden. Den Essig mit

dem Öl, dem Salz, dem Pfeffer und dem Zucker gut verrühren. Die Kräuter unter die Salatsauce mischen und diese über den Salat träufeln. In die Mitte der Salatplatte die Salatmayonnaise geben. Den Wurstsalat mit den zurückbehaltenen Kräutern garnieren.

Unser Tip

Wenn Sie denselben Salat im Hochsommer zubereiten, gibt es keine Frühlingszwiebeln mehr. Nehmen Sie dafür eine große Zwiebel und reichern Sie den Salat durch 2 gehäutete, in Achtel geschnittene Tomaten und 100 g feine grüne Bohnen – in wenig Salzwasser in 15 Minuten gegart – an.
Im Herbst, wenn es keinen römischen Salat mehr gibt, mischen Sie 1 Handvoll Kresse unter den Salat. Verwenden Sie statt der Frühlingszwiebeln 1 große milde Gemüsezwiebel.

Salat als Mahlzeit

Erbsensalat

Zutaten für 4 Personen:
4 Eier
300 g ausgehülste junge Erbsen
4 feste Tomaten
200 g Champignons
200 g Weintrauben
200 g gekochter Schinken
4 Eßl. Weinessig
je 1 Prise Salz und Pfeffer
4 Eßl. Öl
1 Bund Petersilie
4 Eßl. Mayonnaise
4 Eßl. Tomatenketchup
6 Eßl. Sahne
je 1 Prise Salz und Pfeffer

Pro Portion etwa 2520 Joule/
600 Kalorien

Die Eier in 10 Minuten hart
kochen, kalt abschrecken,
schälen und erkalten lassen.
Die gefrorenen Erbsen in ⅛ l
kochendem Salzwasser zugedeckt in 15 Minuten garen, kalt
abbrausen und abtropfen lassen. Die Tomaten häuten, in
Achtel schneiden und entkernen. Die Champignons put-
zen, waschen und blättrig
schneiden. Die Weintrauben
waschen, häuten, halbieren
und entkernen. Den Schinken
in Streifen schneiden. Die Erbsen, die Tomaten, die Pilze, die
Weintrauben und den Schinken in einer Schüssel locker
mischen. 2 Eßlöffel Essig mit
dem Salz, dem Pfeffer und
dem Öl verrühren und über
den Salat träufeln. Den Salat
15 Minuten zugedeckt durchziehen lassen. Die Eier achteln
und auf dem Salat anrichten.
Die Petersilie hacken und über
den Salat streuen. Die Mayonnaise mit den übrigen Zutaten
verrühren und gesondert zum
Erbsensalat reichen.

Broccolisalat

Zutaten für 4 Personen:
600 g Broccoli
je ¹⁄₁₆ l Weinessig und Weißwein
2 Eßl. Kräuterlikör
je 1 Prise Salz und frisch ge-
mahlener schwarzer Pfeffer
¹⁄₁₆ l Öl
1 Eigelb
1 Teel. Estragonsenf
½ Teel. Senfpulver
1 Teel. Zitronensaft
1 Spritzer Worcestershiresauce
1 Prise Salz
⅛ l Öl
125 g Champignons
1 Teel. Zitronensaft

Pro Portion etwa 1490 Joule/
355 Kalorien

Den Broccoli in kochendes
Salzwasser geben und in 15
Minuten garen, dann in einem
Sieb abtropfen und erkalten
lassen. Den Essig, den Weißwein, den Likör, das Salz, den
Pfeffer und das Öl verrühren.
Den erkalteten Broccoli in
kleine Stücke schneiden, mit
der Salatsauce mischen und
zugedeckt 1 Stunde durchziehen lassen. Das Eigelb mit
dem Senf, dem Senfpulver,
dem Zitronensaft, der Worcestershiresauce und dem Salz
verrühren. Zunächst das Öl
tropfenweise, später in einem
dünnen Strahl mit dem
Schneebesen oder dem Elektroquirl unter die Eigelbmischung rühren. Die Champignons waschen, putzen, blättrig schneiden und mit dem
Zitronensaft beträufeln. Den
Broccolisalat auf einer Platte
anrichten, mit den Champignons bestreuen. Die Mayo-
naise gesondert zum Broccolisalat reichen.

Salat als Mahlzeit

Salatplatte mit Lachs

Zutaten für 4 Personen:
300 g Prinzeßbohnen
4 Tomaten
1 kleiner Kopfsalat
1 Staude Radicchio
1 Zwiebel
1 kleines Glas Cornichons
200 g Crab Meat (Krabben-
 fleisch) aus der Dose
1 Knoblauchzehe
100 g geräucherter Lachs in
 dünnen Scheiben
4 Eßl. Weinessig
1 Teel. scharfer Senf
½ Teel. Salz
¼ Teel. schwarzer Pfeffer
½ Teel. getrockneter Oregano
1 Eßl. gehackte Petersilie
6 Eßl. Olivenöl

Pro Portion etwa 1155 Joule/
275 Kalorien

Die Bohnen putzen und in ⅛ l kochendem Salzwasser zugedeckt 15 Minuten dünsten. Abtropfen und erkalten lassen. Die Tomaten häuten, in Achtel schneiden und entkernen. Die Salatblätter waschen und abtropfen lassen. Die Zwiebel schälen und in Ringe, die Cornichons in Streifen schneiden. Das Crab Meat zerteilen und dabei harte Stückchen entfernen. Die Knoblauchzehe schälen und feinhacken. Eine Salatschale mit den Salatblättern auslegen. Die Prinzeßbohnen darauf anrichten, die anderen Salatzutaten und die gerollten Lachsscheiben gefällig neben den Bohnen verteilen. Den Essig mit dem Senf, dem Salz, dem Pfeffer, dem Knoblauch, dem Oregano, der Petersilie und dem Öl verrühren und über die Salatplatte träufeln.

Erbsen-Fisch-Salat

Zutaten für 4 Personen:
300 g ausgehülste junge Erbsen
1 Eßl. Zitronensaft
je ¹⁄₁₆ l Wasser und Weißwein
¼ Teel. Salz
400 g tiefgefrorene Rotbarsch-
 filets
2 Eier
150 g Staudensellerie
2 mittelgroße Gewürzgurken
1 Kopfsalat
2 Eßl. Mayonnaise
½ Becher Joghurt
⅛ l saure Sahne
2 Eßl. Fischsud
je 1 Prise Salz und frisch ge-
 mahlener schwarzer Pfeffer
2 Tropfen Tabascosauce
1 Eßl. gehackte Petersilie

Pro Portion etwa 1995 Joule/
475 Kalorien

Die Erbsen 15 Minuten dünsten, dann mit dem Zitronensaft beträufeln. Das Wasser mit dem Weißwein und dem Salz zum Kochen bringen, den gefrorenen Fisch darin zugedeckt in 15 Minuten garen und im Sud abkühlen lassen. Die Eier in 10 Minuten hart kochen, abschrecken, schälen und abkühlen lassen. Den Sellerie waschen und mit den Gurken in Streifen schneiden. Die Salatblätter waschen, abtropfen lassen und eine Salatplatte damit auslegen. Den Fisch in Stücke teilen und mit allen Salatzutaten auf dem Kopfsalat anrichten. Die Mayonnaise mit dem Joghurt, der sauren Sahne, dem Fischsud, dem Salz, dem Pfeffer, der Tabascosauce und der Petersilie verrühren. Die Sauce über den Salat träufeln. Die Eier in Scheiben darauflegen.

91

Salat als Mahlzeit

Gemüsesalat-Platte

Zutaten für 4 Personen:
1 kleiner Blumenkohl
2 mittelgroße Möhren
je 1 Tasse tiefgefrorene oder fri-
sche ausgehülste Erbsen und
Bohnen
4 kleine gekochte Kartoffeln
100 g Champignons
1 Bund Radieschen, 1 Zwiebel
2 hartgekochte Eier
½ Bund Petersilie
8 Eßl. Öl, 4 Eßl. Weinessig
1 Eßl. milder Senf
je 1 Prise Salz, weißer Pfeffer
und Zucker
6 gefüllte Oliven
4 Sardellenröllchen

Pro Portion etwa 1490 Joule/
355 Kalorien

Den Blumenkohl in Röschen
zerteilen. Die Möhren schaben, waschen, in Scheiben
schneiden und mit dem Blumenkohl in wenig Salzwasser
in 20 Minuten garen. Die tiefgefrorenen Erbsen in 4 Minuten und die Bohnen in 8 Minuten in je ½ Tasse kochendem
Salzwasser garen. Frisches Gemüse von Salzwasser bedeckt
in 15–20 Minuten garen. Das
Gemüse kalt abbrausen und
abtropfen lassen. Die kalten
gekochten Kartoffeln schälen
und in Scheiben schneiden.
Die Pilze putzen, waschen und
blättrig schneiden. Die geputz-
ten Radieschen in Scheibchen
schneiden, die Zwiebel würfeln. 1 Ei in Scheiben schneiden. Das Gemüse, die Kartoffeln und die Champignons auf
einer Platte anrichten und mit
den Eischeiben belegen. Die
Petersilie kleinschneiden. Das
zweite Ei halbieren; das Eigelb
zerdrücken, das Eiweiß hakken. Das Öl mit dem Essig,
dem Senf, dem Salz, dem Pfeffer, dem Zucker, dem Eigelb,
dem Eiweiß und der Petersilie
verrühren und über den Salat
träufeln. Die Oliven in Scheiben schneiden und mit den
Sardellenröllchen auf dem Salat verteilen. Knoblauchbrot
(Rezept Seite 19) dazureichen.

Salat als Mahlzeit

Pfifferlingsalat

Zutaten für 4 Personen:
500 g kleine Pfifferlinge
2 Zweige Thymian
4 Blättchen Basilikum
4 Sardellenfilets
1 Knoblauchzehe
Saft von 1 Zitrone
1 Eigelb, 1 Tasse Olivenöl
1 Bund Petersilie

Pro Portion etwa 2165 Joule/
515 Kalorien

Die Pfifferlinge gründlich putzen, waschen und abtropfen lassen. ½ l Salzwasser mit dem Thymian zum Kochen bringen, 5 Minuten kochen lassen, die Pilze zugeben und zugedeckt bei mittlerer Hitze in 5 Minuten garen. Die Pfifferlinge dann in ein Sieb gießen, gut abtropfen und erkalten lassen. Die Basilikumblättchen kleinschneiden. Die Sardellenfilets und den Knoblauch feinhacken. Die Sardellen mit dem Knoblauch und dem Zitronensaft mischen. Das Eigelb mit dem Schneebesen verquirlen und tropfenweise das Öl unterrühren, bis eine cremige Sauce entsteht. Die Sardellensauce und die Basilikumblättchen in die Mayonnaise rühren. Die Pfifferlinge in einer großen Schüssel mit der Sauce mischen und zugedeckt 30 Minuten bei Raumtemperatur durchziehen lassen. Die Petersilie waschen, abtropfen lassen und kleinschneiden. Den Salat vor dem Servieren mit der Petersilie bestreuen.

Dazu schmeckt frisch getoastetes Weißbrot, Butter und Hasenpastete oder Hasenparfait (Fertigprodukt).

Reissalat mit Makrele

Zutaten für 4 Personen:
200 g Langkornreis
4 Tomaten
200 g Makrelenfilets aus der
*   Dose*
je ½ Bund Schnittlauch und
*   Petersilie*
2 Eßl. Weinessig
1 Teel. milder Senf
je 1 Prise Salz und schwarzer
*   Pfeffer*
3 Eßl. Öl
4 Sardellenröllchen

Pro Portion etwa 1135 Joule/
270 Kalorien

Den Reis in 3 l sprudelnd kochendes Salzwasser schütten und bei schwacher Hitze 15 Minuten kochen lassen. Dann den Reis in ein Sieb schütten, kalt abbrausen und gut abtropfen lassen. 3 Tomaten mit kochendheißem Wasser überbrühen, häuten und in Stücke schneiden, diese entkernen. Die Makrelenfilets abtropfen lassen und mit 2 Gabeln in kleine Stücke zerpflükken. Den Reis mit den Tomatenstückchen und den Makrelenfilets in einer Schüssel lokker mischen. Den Schnittlauch und die Petersilie waschen, abtropfen lassen und kleinschneiden. Den Essig mit dem Senf, dem Salz und dem Pfeffer gut verrühren. Das Öl zufügen und die Salatsauce unter den Reissalat mischen. Den Salat zugedeckt bei Raumtemperatur 30 Minuten durchziehen lassen. Die übrige Tomate waschen, abtrocknen und in Scheiben oder Achtel schneiden. Den Salat mit der Tomate und den Sardellen garnieren.

Salat als Mahlzeit

Salatplatte Riviera

Zutaten für 4 Personen:
250 g tiefgefrorene Krabben
    oder Shrimps
1 Kopfsalat
1 Kästchen Kresse
2 reife Avocados
je ½ rote und grüne Paprika-
    schote
½ Teel. Paprikapulver, edelsüß
1 Teel. Chilisauce
6–8 Eßl. Salatmayonnaise
4 Scheiben Toastbrot

Pro Portion etwa 1535 Joule/
365 Kalorien

Die Krabben oder Shrimps aus der Verpackung nehmen und zugedeckt auftauen lassen. Vom Kopfsalat die schlechten äußeren Blätter entfernen und den Salat in einzelne Blätter zerpflücken. Die Salatblätter gründlich kalt waschen und gut abtropfen lassen. Eine Salatplatte damit auslegen. Die Kresse mit einer Schere abschneiden, in einem Sieb kalt abbrausen und abtropfen lassen. Die Avocados schälen, halbieren und den Stein entfernen. Das Fruchtfleisch in dünne Scheiben schneiden und kreisförmig auf den Salatblättern anrichten. Die Schotenhälften in sehr kleine Würfel schneiden und mit dem Paprika, der Chilisauce und der Mayonnaise mischen. Die Krabben oder die Shrimps in die Mitte der Salatplatte häufeln und mit dem Salat-Dressing überziehen. Die Kresse als Sträußchen neben den Krabben auf die Salatplatte geben. Die Brotscheiben toasten, diagonal halbieren und zur Salatplatte reichen.

Spargelplatte Gärtnerinart

Zutaten für 4 Personen:
1 kg Spargel, 1 Teel. Salz
1 Stück Würfelzucker
2 Eßl. Weinessig, 3 Eßl. Öl
einige Blätter Kopfsalat
je 4 Eßl. Salatmayonnaise und
    Sahne
1 Teel. Weinessig, 1 Prise Salz
2 hartgekochte Eier
1 Kästchen Kresse
1 hartgekochtes Eigelb
1 Eßl. gemischte gehackte
    Kräuter

Pro Portion etwa 945 Joule/
225 Kalorien

Den Spargel eventuell schälen und die holzigen Enden abschneiden. Den Spargel mit einem Faden zu 2 oder 3 Bündeln zusammenbinden. 2 l Wasser mit dem Salz und dem Zucker zum Kochen bringen, die Spargelbündel hineinlegen und 20–30 Minuten kochen lassen, dann abtropfen und abkühlen lassen. Die Fäden entfernen. Den Essig mit dem Öl verrühren und über den Spargel träufeln. Den Spargel zugedeckt 15 Minuten durchziehen lassen. Die Salatblätter waschen, abtropfen lassen und eine Platte damit auslegen. Die Spargelstangen aus der Marinade heben und auf dem Salat anrichten. Die Mayonnaise mit der Sahne, dem Essig und dem Salz verrühren und über den Spargel träufeln. Die Eier schälen und vierteln. Die Kresse abschneiden, kalt abbrausen, abtropfen lassen und mit den Eivierteln auf der Platte anrichten. Das Eigelb hacken und mit den Kräutern über das Dressing streuen.

Salat als Mahlzeit

Salat »Gartenlaube«

Zutaten für 4 Personen:
½ Staude Endiviensalat
100 g Feldsalat / Nisslsalat
1 Kopfsalat
1 kleine Salatgurke
1 Tomate, 1 Avocado
100 g Edelpilzkäse
je 1 Eßl. Sahne und Weinessig
5 Eßl. Mayonnaise
je 1 Prise Salz und Zucker
5 Tropfen Tabascosauce
2 Eßl. kleingeschnittener
*   Schnittlauch*

Pro Portion etwa 1700 Joule /
405 Kalorien

Den Endiviensalat putzen und
in dünne Streifen schneiden.
Die Salatstreifen in einem Sieb
waschen und gut abtropfen
lassen. Den Feldsalat putzen,
gründlich waschen und ab-
tropfen lassen. Vom Kopfsalat
die äußeren dunkelgrünen
Blätter entfernen und für einen
anderen Salat verwenden. Das
hellgrüne Innere herauslösen,
leicht zerpflücken, waschen
und gut abtropfen lassen. Die
Salatgurke schälen, längs halbieren und die Kerne herausschaben. Die Gurkenhälften in
dünne Scheiben schneiden.
Die Tomate waschen, abtrocknen und vierteln. Die Avocado
schälen, halbieren und den
Stein auslösen. Das Fruchtfleisch in dünne Scheiben
schneiden. Alle Zutaten gefällig auf einer Salatplatte anrichten. Den Käse durch ein Sieb
streichen und mit der Sahne,
dem Essig, der Mayonnaise
und den Gewürzen verrühren.
Das Dressing in die Mitte der
Salatplatte füllen und mit dem
Schnittlauch bestreuen.

Salatplatte des Küchenchefs

Zutaten für 4 Personen:
3 Tomaten
1 kleine Salatgurke
2 hartgekochte Eier
250 g magerer gekochter Schin-
*   ken in Scheiben*
2 kleine rote Zwiebeln
einige Blätter Kopfsalat
1 kleine Staude Endiviensalat
*   oder Eisbergsalat*
125 g Emmentaler Käse
1 gute Prise grobgemahlener
*   schwarzer Pfeffer*
2 Eßl. Weinessig
3 Eßl. Öl
je 1 Prise Salz, weißer Pfeffer
*   und Zucker*
1 Eßl. gemischte gehackte
*   Kräuter*

Pro Portion etwa 1825 Joule /
435 Kalorien

Die Tomaten und die Gurke in
dünne Scheiben schneiden.
Die Eier feinwürfeln. Den
Schinken in dünne Streifen
schneiden, die Zwiebeln in
Ringe. Die Salatblätter waschen. Den Endivien- oder den
Eisbergsalat und den Käse in
Streifen schneiden. Die Toma-
ten- und die Gurkenscheiben
mischen und auf einer Salatplatte anrichten. Die Salatblätter danebenlegen. Auf den
Salatblättern die Schinkenstreifen und die Zwiebelringe
anrichten; mit dem Pfeffer bestreuen. Den Endiviensalat auf
die Salatplatte legen und mit
den Käsestreifen bestreuen.
Den Essig mit den übrigen Zutaten verrühren und kurz vor
dem Servieren über die Salate
träufeln. Den Gurken-Toma-
ten-Salat mit den Eiwürfel-
chen bestreuen.

Nudelsalat dänische Art

Zutaten für 6 Personen:
450 g tiefgefrorene Erbsen und
* Karotten*
200 g Nudeln (Hörnchen)
400 g Fleischwurst
1 große Gewürzgurke
1 große Zwiebel
200 g Mayonnaise
1 Becher Joghurt
1 Eßl. Zitronensaft
½ Teel. Salz
1 Prise Pfeffer
½ Teel. Zucker
je 1 Eßl. gehackte Kräuter wie
* Dill, Petersilie und Schnitt-*
* lauch*
2 hartgekochte Eier
2 schnittfeste Tomaten

Pro Portion etwa 3400 Joule/
810 Kalorien

Das tiefgefrorene Gemüse in wenig Salzwasser im geschlossenen Topf bei schwacher Hitze in 6 Minuten garen. Das Gemüse dann in einem Sieb abtropfen und erkalten lassen. Die Nudeln in reichlich Salzwasser bißfest garen, kalt abschrecken und abtropfen lassen. Die Haut von der Fleischwurst abziehen und die Wurst in 1 cm große Würfel schneiden. Die Gewürzgurke in Streifen und die Zwiebel in Ringe schneiden. Die Mayonnaise mit dem Joghurt, den Gewürzen und den Kräutern verrühren. Die Salatzutaten mit der Sauce mischen; 30 Minuten zugedeckt bei Raumtemperatur durchziehen lassen. Die Eier schälen und in Scheiben schneiden. Die Tomaten achteln. Den Nudelsalat mit den Eischeiben und den Tomatenachteln garnieren.

Gemüse-Fleisch-Salat mit Käse

Zutaten für 4 Personen:
150 g ausgehülste junge Erbsen
1 rote Paprikaschote
150 g Maiskörner aus der Dose
200 g kalter Schweinebraten
1 rote Zwiebel
3 Eßl. Weinessig
1 Teel. scharfer Senf
5 Tropfen Tabascosauce
¼ Teel. Salz
1 Prise Zucker
4 Eßl. Öl
100 g Edelpilzkäse
1 Bund gemischte Kräuter

Pro Portion 1955 Joule/
465 Kalorien

Die Erbsen von kochendem Salzwasser bedeckt in etwa 15 Minuten garen, dann in ein Sieb schütten, abtropfen und erkalten lassen. Die Schote halbieren, putzen, waschen und in Würfel schneiden. Die Maiskörner abtropfen lassen. Den Schweinebraten in Streifen schneiden. Die Zwiebel schälen und in Ringe schneiden. Den Weinessig mit dem Senf, der Tabascosauce, dem Salz, dem Zucker und dem Öl verrühren. Die Salatsauce mit dem Gemüse, den Fleischstreifen und den Zwiebelringen mischen. Den Salat zugedeckt 15 Minuten bei Raumtemperatur durchziehen lassen. Den Edelpilzkäse zerbröckeln. Die Kräuter waschen, trockentupfen und feinhacken. Den Salat in einer Schüssel anrichten und vor dem Servieren mit dem zerbröckelten Käse und mit den Kräutern bestreuen.

Käse-Salami-Salat

Zutaten für 4 Personen:
1 Knoblauchzehe
5 Eßl. Öl, 3 Eßl. Weinessig
½ Teel. Salz, ¼ Teel. Zucker
einige getrocknete Rosmarin-
nadeln
½ Lorbeerblatt
½ Teel. getrockneter grüner
Pfeffer
100 g grüne Bandnudeln
150 g Salami in dünnen
Scheiben
200 g Emmentaler Käse im
Stück
2 Zwiebeln

Pro Portion 2710 Joule/
645 Kalorien

Die Knoblauchzehe schälen
und feinhacken. Das Öl mit
dem Essig, dem Knoblauch,
dem Salz und dem Zucker verrühren. Den Rosmarin und
das Lorbeerblatt zwischen den
Fingern fein zerreiben. Den
Pfeffer im Mörser zerstoßen
und mit den zerriebenen Kräutern in die Marinade geben.
Die Salatmarinade zugedeckt
2 Stunden bei Raumtemperatur durchziehen lassen. Die
Bandnudeln in reichlich kochendem Salzwasser nach Vorschrift auf der Packung bißfest
kochen. Die Nudeln dann in
ein Sieb schütten, kalt abschrecken, abtropfen und erkalten lassen. Die Salamischeiben in 1 cm breite Streifen, den
Käse in dünne Streifen schneiden. Die Zwiebeln schälen
und in Ringe schneiden. Alle
Salatzutaten mischen und zugedeckt kühl stellen. Die Salatmarinade durch ein Sieb über
den Salat gießen, alles nochmals gut mischen.

Paprika-Matjes-Salat

Zutaten für 4 Personen:
¼ l Milch, ⅛ l Wasser
8 Matjesfilets
je 1 grüne und rote Paprika-
schote
2 Tomaten
2 hartgekochte Eier
1 kleine Zwiebel
4 Eßl. Öl
2 Eßl. Weinessig
1 Bund Dill
einige Blätter Kopfsalat

Pro Portion etwa 2415 Joule/
575 Kalorien

Die Milch und das Wasser mischen. Die Matjesfilets kurz
kalt abbrausen und in die
Milch legen, 1 Stunde darin
ziehen lassen. Die Paprikaschoten halbieren und von
Rippen und Kernen befreien.
Die Schotenhälften waschen,
abtrocknen und in Streifen
schneiden. Die Tomaten häuten und in Achtel schneiden.
Die Eier schälen und würfeln.
Die Matjesfilets aus der Milch
nehmen, abtropfen lassen und
in Streifen schneiden. Die
Zwiebel schälen und in Ringe
schneiden. Das Öl mit dem Essig verrühren und mit den
Matjesfiletstreifen, den Paprikaschotenstreifen, den Tomatenachteln und den Zwiebelringen mischen. Den Salat zugedeckt 10 Minuten durchziehen lassen. Den Dill waschen,
trockentupfen und klein-
schneiden. Die Salatblätter
waschen, abtropfen lassen und
eine Salatschüssel damit auslegen. Den Paprika-Matjes-Salat
auf den Salatblättern anrichten. Mit den gewürfelten Eiern
und dem Dill bestreuen.

Supersalat

Zutaten für 4 Personen:
2 Stauden Chicorée
100 g Feldsalat/Nisslsalat
1 gelbe Paprikaschote
2 schnittfeste Tomaten
1 kleine Honigmelone
1 Zwiebel
100 g Edamer Käse
100 g roher Schinken
2 geräucherte Forellenfilets
50 g Thunfisch aus der Dose
50 g Krabben aus der Dose
1 Bund gemischte Kräuter
1–2 Frühlingszwiebeln
4 Eßl. Öl
1 Eßl. Weinessig
1 Eßl. Limettensaft
je ½ Teel. Salz und Zucker
¼ Teel. grobgemahlener
schwarzer Pfeffer
1 Messerspitze Ingwerpulver
10 schwarze Oliven

Pro Portion etwa 1850 Joule/
440 Kalorien

Den Chicorée waschen und in
einzelne Blätter zerlegen. Den
Feldsalat putzen, waschen und
abtropfen lassen. Die Paprikaschote waschen, abtrocknen,
in Ringe schneiden und die
Rippen und Kerne entfernen.
Die Tomaten waschen, ab-
trocknen und in Achtel schneiden. Die Honigmelone halbieren und die Kerne herauskratzen. Das Fruchtfleisch in Kugeln ausstechen. Die Zwiebel
schälen und in Ringe schneiden. Den Käse und den Schinken in Streifen schneiden. Die
Forellenfilets und den Thunfisch in Stücke teilen. Die
Krabben abbrausen und ab-
tropfen lassen. Die Kräuter
waschen, abtropfen lassen und
mit den Frühlingszwiebeln
feinhacken. Das Öl mit dem
Essig, dem Limettensaft, dem
Salz, dem Zucker, dem Pfeffer
und dem Ingwerpulver verrühren. Alle Salatzutaten in einer
Servierschüssel oder auf einer
Platte gefällig anrichten, mit
den gehackten Kräutern und
Frühlingszwiebeln bestreuen,
mit der Sauce beträufeln und
mit den Oliven garnieren.

Camembert-cocktail

Zutaten für 4 Personen:
375 g Camembert
1 Glas Mixed Pickles
2 kleine Zwiebeln
1 kleine Dose Artischocken-
*   böden*
100 g Champignons
2 Eßl. Gewürzessig
1 Teel. Zitronensaft
1 Teel. Zucker
½ Teel. Salz
6 Eßl. Öl
½ Bund Petersilie

Pro Portion etwa 2060 Joule/
490 Kalorien

Den Käse in gleichmäßig dik-
ke Scheiben schneiden und die
großen Scheiben halbieren.
Die Mixed Pickles abtropfen
lassen und in gefällige Stückchen schneiden. Die Zwiebeln
schälen und in möglichst dünne Ringe schneiden. Die Artischockenböden abtropfen
lassen und halbieren. Die
Champignons gründlich putzen, kalt waschen, abtropfen
lassen und feinblättrig schneiden. Alle Salatzutaten locker
in einer großen Schüssel mischen. Den Gewürzessig mit
dem Zitronensaft, dem Zucker,
dem Salz und dem Öl gut verrühren. Die Sauce über den
Salat träufeln. Den Cocktail
zugedeckt 30 Minuten bei
Raumtemperatur durchziehen
lassen. Die Petersilie waschen,
abtropfen lassen und kleinschneiden. Den Cocktail in
Gläsern anrichten; mit der Petersilie bestreuen. Mit Butter
bestrichene Pumpernickeltaler
dazureichen.

Gemischter Fleischsalat

Zutaten für 4 Personen:
1 Tasse tiefgefrorene Erbsen
400 g Frühstücksfleisch oder
*   Corned beef aus der Dose*
125 g Emmentaler Käse im
*   Stück*
2 grüne Paprikaschoten
4 Tomaten
2 hartgekochte Eier
100 g Maiskörner aus der Dose
20 gefüllte Oliven
½ Bund Petersilie
1 Knoblauchzehe
½ Teel. Salz
5 Eßl. Öl, 2 Eßl. Essig
1 Prise weißer Pfeffer

Pro Portion etwa 2835 Joule/
675 Kalorien

½ Tasse Salzwasser zum Kochen bringen und die gefrorenen Erbsen zugedeckt darin in
4 Minuten garen. Die Erbsen
in ein Sieb schütten, kalt abbrausen und abtropfen lassen.
Das Frühstücksfleisch und
den Käse in Streifen schneiden. Die Paprikaschoten waschen, abtrocknen, vierteln, die
Rippen und Kerne entfernen
und die Schotenstücke in Streifen schneiden. Die Tomaten
waschen, abtrocknen und mit
den Eiern achteln. Die Maiskörner abtropfen lassen. Die
Oliven in Scheiben schneiden.
Die Petersilie waschen, abtropfen lassen und klein-
schneiden. Die Knoblauchzehe schälen, grob zerkleinern
und mit dem Salz bestreut zerdrücken. Mit dem Öl, dem Essig und dem Pfeffer verrühren.
Die Marinade unter die vorbereiteten Salatzutaten mischen.
Den Salat zugedeckt 15 Minuten durchziehen lassen.

Hähnchen-Gemüse-Salat

Zutaten für 4 Personen:
½ Blumenkohl
1 gebratenes Hähnchen
1 Stange Lauch/Porree
½ Sellerieknolle
je ½ rote und grüne Paprika-
*   schote, 1 Möhre*
⅛ l saure Sahne
1 Becher Joghurt
Saft von 1 Zitrone
½ Teel. Salz
1 gute Prise weißer Pfeffer
1 Bund gemischte Kräuter
1 Teel. Bierhefe in Flocken

Pro Portion etwa 1300 Joule/
310 Kalorien

Den Blumenkohl in Röschen teilen, waschen und zugedeckt in 15 Minuten garen. Die Blumenkohlröschen herausneh-men, kurz in eiskaltes Wasser tauchen und in einem Sieb abtropfen lassen. Das Hähnchen von Haut und Knochen befrei-en und das Fleisch in kleine Scheiben schneiden. Vom Lauch das Wurzelende und die kräftigen grünen Blattenden entfernen. Den Lauch waschen, abtrocknen und in dünne Streifen schneiden. Den Sellerie schälen, waschen und ebenfalls in dünne Streifen schneiden. Die Paprikascho-ten vierteln, von Rippen und Kernen befreien und in Streifen schneiden. Die Möhre in dünne Streifen hobeln. Den Lauch und den Sellerie 4 Minuten blanchieren, kalt abschrecken, abtropfen und erkalten lassen. Die saure Sahne mit dem Joghurt, dem Zitronensaft, dem Salz und dem Pfeffer verrühren. Die Kräuter kalt waschen, abtropfen las-sen, kleinschneiden und mit der Bierhefe unter die Salatsauce rühren. Alle Salatzutaten mit der Sauce mischen. Den Salat zugedeckt 10 Minuten durchziehen lassen.

Variante:
Hähnchensalat mit Spargel

Zutaten für 4 Personen:
500 g Spargel
300 g tiefgefrorene Erbsen
1 gebratenes Hähnchen
4 hartgekochte Eier
1 Bund Petersilie
4 Scheiben Ananas
5 Eßl. Mayonnaise
2 Eßl. Sahne
3 Eßl. Ananassaft
1 Teel. Zitronensaft
je 1 gute Prise Salz und Zucker

Pro Portion etwa 2350 Joule/
560 Kalorien

Den Spargel schälen und je nach Dicke der Stangen 20–30 Minuten in Salzwasser kochen lassen. Die Erbsen nach Vorschrift auf der Packung garen. Das Hähnchen von Haut und Knochen befrei-en und in gleich große Stücke schneiden. Den Spargel und die Erbsen abtropfen und er-kalten lassen. Den Spargel in gleich lange Stücke schneiden. Die Eier feinhacken. Die Petersilie kleinschneiden. Die Ananasscheiben schälen, vom harten Strunk in der Mitte befreien und würfeln. Die Mayonnaise mit der Sahne, dem Ananassaft, dem Zitronensaft, dem Salz und dem Zucker ver-rühren. Das Hähnchenfleisch, den Spargel, die Erbsen und die Ananasstückchen mit der Sauce mischen. Den Salat mit der Petersilie und den gehack-ten Eiern bestreuen.

Party-Salate

Italienischer Salat

Zutaten für 4 Personen:
je 1 rote und grüne Paprika-
schote
¼ Kopfsalat, 1 Zwiebel
2 kleine Orangen
250 g gegartes Hähnchenfleisch
12 gefüllte Oliven
je 100 g Krabben und Muscheln
aus der Dose
3 Eßl. Remouladensauce
2 Eßl. Sahne, ½ Teel. Salz
¼ Teel. weißer Pfeffer
2 Eßl. Zitronensaft
2 hartgekochte Eier

Pro Portion etwa 1825 Joule/
435 Kalorien

Die Paprikaschoten halbieren,
von Rippen und Kernen be-
freien, waschen und in Streifen
schneiden. Den Kopfsalat in
Blätter zerpflücken. Die Salat-

blätter waschen, abtropfen lassen und in Streifen schneiden.
Die Zwiebel schälen und würfeln. Die Orangen schälen, filetieren und würfeln. Das
Hähnchenfleisch in Streifen,
die Oliven in Scheiben schneiden. Die Krabben auseinanderzupfen, mit kaltem Wasser
abbrausen und abtropfen lassen. Die Muscheln ebenfalls
abtropfen lassen. Die Krabben, die Muscheln, die Paprikaschoten, die Salatstreifen,
die Zwiebel- und die Orangenwürfel, das Hähnchenfleisch
und die Olivenscheibchen in
einer Schüssel mischen. Die
Remouladensauce mit der
Sahne, dem Salz, dem Pfeffer
und dem Zitronensaft mi-
schen. Die Sauce unter die Salatzutaten heben und alles kurz
durchziehen lassen. Die Eier
schälen, in Achtel schneiden
und den Salat damit garnieren.

Salat aus Ziegenkäse

Zutaten für 4 Personen:
300 g trockener Ziegenkäse
½ Teel. grobgemahlener
schwarzer Pfeffer
5 Eßl. Olivenöl
3 Eßl. Weinessig
2 Stangen Staudensellerie
½ Staude Endiviensalat
¼ Teel. Salz
30 g Pekannußkerne

Pro Portion etwa 1700 Joule/
405 Kalorien

Den Käse in dünne Scheiben
schneiden und in eine Schüssel
geben. Mit dem Pfeffer bestreuen und mit 3 Eßlöffeln Öl
und 1 Eßlöffel Essig beträufeln. Zugedeckt bei Raumtemperatur 40 Minuten durchziehen lassen. Den Staudenselle-

rie waschen, abtrocknen und
in Scheibchen schneiden. Den
Endiviensalat waschen, gut abtropfen lassen und in Streifen
schneiden. Die Selleriescheibchen mit dem Endiviensalat,
dem Salz, dem restlichen Öl,
und dem restlichen Essig mischen. Den Salat locker unter
die Käsescheiben heben. Die
Nüsse darüberstreuen.

Unser Tip
Statt des Staudenselle-
ries können Sie auch 1
kleine gewürfelte Salat-
gurke verwenden, die
Pekannüsse durch ent-
kernte schwarze Oliven
ersetzen und den Salat
mit einigen frischen ge-
hackten Pfefferminz-
blättchen bestreuen.

Apfel-Sellerie-Salat

Zutaten für 4 Personen:
1 Staude Staudensellerie
3 kleine rote Äpfel
1 Teel. Zitronensaft
50 g Haselnußkerne
150 g Schafkäse
1 Becher Sahne (0,2 l)
3 Eßl. Öl
¼ Teel. weißer Pfeffer
1 Prise Salz

Pro Portion etwa 1930 Joule/
460 Kalorien

Die Selleriestangen voneinander trennen, putzen und die grünen Blätter abschneiden. Die Stangen halbieren. Die Selleriestangen in einem Sieb in kochendem Salzwasser 5 Minuten blanchieren. Die Stangen aus dem Wasser heben, kalt abbrausen, abtropfen und erkalten lassen. Die abgekühlten Selleriestangen in Scheiben schneiden. Die ungeschälten Äpfel waschen, abtrocknen, vierteln, vom Kerngehäuse befreien, in dünne Scheiben schneiden und mit dem Zitronensaft beträufeln. Die Nüsse grobhacken. Die Selleriescheibchen, die Apfelscheiben und die Hälfte der gehackten Nüsse mischen und auf einer Platte anrichten. Den Schafkäse in einer Schüssel mit einer Gabel zerdrücken und mit der Sahne, dem Öl, dem Pfeffer und dem Salz mischen. Die restlichen Nüsse in die Sauce rühren. Die Sauce über den Salat gießen oder gesondert dazureichen.

Kartoffelsalat Westernart

Zutaten für 4 Personen:
500 g Salatkartoffeln
1 Staude Endiviensalat
1 kleine Salatgurke
2 säuerliche Äpfel
2 Zwiebeln, 1 Bund Dill
320 g Maiskörner aus der Dose
3 Eßl. Weinessig
1 Eßl. Zitronensaft
2 Eßl. naturtrüber Apfelsaft
1 Teel. mittelscharfer Senf
1 Teel. Salz
je ¼ Teel. weißer Pfeffer und
  Zucker, 5 Eßl. Öl

Pro Portion etwa 1535 Joule/
365 Kalorien

Die Kartoffeln waschen und mit Wasser bedeckt in 25–35 Minuten garen. Dann abgießen und von den noch warmen Kartoffeln die Schalen abziehen. Die Kartoffeln in Scheiben schneiden und in eine große Schüssel geben. Den Endiviensalat putzen, waschen, gut abtropfen lassen und in Streifen schneiden. Die ungeschälte Salatgurke waschen, abtrocknen, der Länge nach halbieren und mit einem Teelöffel die Kerne herauskratzen. Die Gurkenhälften in dünne Scheiben schneiden. Die Äpfel waschen, abtrocknen, vierteln, vom Kerngehäuse befreien und ungeschält in feine Scheiben schneiden. Die Zwiebeln schälen und in Ringe schneiden. Den Dill waschen, gut abtropfen lassen und hacken. Die Maiskörner abtropfen lassen. Alles zu den Kartoffeln geben. Aus den übrigen Zutaten eine Sauce rühren, über die Salatzutaten gießen und alles gut mischen.

Party-Salate

Herbstliche Kohlsalate

Zutaten für jeweils 4 Personen:

Weißkohlsalat
1 kleiner Kopf Weißkohl
100 g durchwachsener Speck
1 große Zwiebel
5 Eßl. Weinessig
5 Eßl. Öl
1 Teel. Zucker
1 Teel. Kümmel

Pro Portion etwa 1365 Joule/
325 Kalorien

Den Kohlkopf vierteln, von den Strünken befreien, feinhobeln und in 1 l kochendem Salzwasser 8 Minuten blanchieren. Dann in einem Sieb abtropfen lassen. Den Speck in kleine Würfel schneiden und in einer Pfanne knusprig ausbraten. Die Speckwürfel aus der Pfanne nehmen, das Speckfett anderweitig verwenden. Die Zwiebel schälen und sehr fein hacken. Den Essig mit dem Öl und dem Zucker verrühren und mit den Speckwürfeln und der Zwiebel unter den Weißkohl mischen. Den Kohl mit dem Kümmel bestreuen und vor dem Servieren zugedeckt 20 Minuten kühl stellen.

Rotkohlsalat
1 kleiner Kopf Rotkohl
1 großer säuerlicher Apfel
1 Zwiebel
5 Eßl. Öl
3 Eßl. Weinessig
1 Eßl. Zitronensaft
2 Eßl. Zucker
3 Eßl. Orangensaft
abgeriebene Schale von
½ Orange
⅛ l saure Sahne

Pro Portion etwa 1090 Joule/
260 Kalorien

Den Kohl putzen, vierteln und die Strünke herausschneiden. Die Kohlviertel in feine Streifen hobeln und in 1 l kochendem Salzwasser 8 Minuten blanchieren. Dann in einem Sieb abtropfen lassen. Den Apfel schälen, vierteln, vom Kerngehäuse befreien und in dünne Scheiben schneiden. Die Zwiebel schälen und kleinwürfeln. Das Öl mit dem Essig, dem Zitronensaft, dem Zucker, dem Orangensaft, der Orangenschale und den Zwiebelwürfeln verrühren. Den Rotkohl und die Apfelscheiben mit der Salatsauce mischen. Den Salat 20 Minuten kühl stellen. Vor dem Servieren mit der sauren Sahne begießen.

Wirsingsalat
1 kleiner Kopf Wirsingkohl
je 20 g Mandeln, Haselnuß-
und Cashewnußkerne
1 Zwiebel
5 Eßl. Weinessig, 4 Eßl. Öl
1 Teel. Zucker, ¼ Teel. Salz
1 Prise weißer Pfeffer
1 Messerspitze Currypulver

Pro Portion etwa 965 Joule/
230 Kalorien

Den Kohl vierteln, von den Strünken befreien und in feine Streifen hobeln. Die Kohlstreifen 8 Minuten in 1 l kochendem Salzwasser blanchieren. Dann in einem Sieb abtropfen lassen. Die Nüsse grob zerkleinern. Die Zwiebel kleinwürfeln und mit den übrigen Zutaten verrühren. Den Kohl mit der Salatsauce mischen, zugedeckt 20 Minuten kühl stellen, dann die Nüsse unterheben.

Rettich-
Apfel-Salat

Zutaten für 4 Personen:
2 junge weiße Rettiche
1 säuerlicher Apfel
150 g Erdbeeren
1 Eßl. Zitronensaft
1 Teel. Salz
½ Teel. Zucker
1 Messerspitze Cayennepfeffer
2 Eßl. Öl

Pro Portion etwa 380 Joule/
90 Kalorien

Die Rettiche dünn schälen,
waschen, abtrocknen und auf
der Rohkostreibe in dünne
Streifen raspeln. Den Apfel
waschen, abtrocknen und vierteln. Das Kerngehäuse entfernen und die Apfelviertel in
dünne Scheiben schneiden.
Die Erdbeeren waschen, ent-

stielen und halbieren oder
vierteln. Den Zitronensaft mit
dem Salz, dem Zucker und
dem Cayennepfeffer verrühren und das Öl unter die Salatsauce mischen. Alle Salatzutaten locker in einer großen
Schale vermengen und mit der
Salatsauce beträufeln.

Unser Tip
Nach Belieben kann der
Apfel ebenfalls wie die
Rettiche streifig geras-
pelt werden. Allerdings
empfiehlt es sich dann,
den Apfel zuvor zu
schälen, weil er sich mit
der Schale schlecht ras-
peln läßt.

Chicorée-
schiffchen

Zutaten für 4 Schiffchen:
100 g tiefgefrorene Krabben
1 große Staude Chicorée
6 gefüllte Oliven
8 schwarze Oliven
2 Eßl. Weinessig
3 Eßl. Öl
1 Teel. mittelscharfer Senf
1 Prise weißer Pfeffer
¼ Teel. Salz
2 hartgekochte Eier
½ Bund Dill

Pro Stück etwa 670 Joule/
160 Kalorien

Die Krabben aus der Verpak-
kung nehmen und zugedeckt
bei Raumtemperatur auftauen
lassen. Von der Chicoréestau-
de 8 große Blätter abtrennen,
kalt waschen·und abtropfen

lassen. Vom restlichen Chicorée den Strunk abschneiden
und die Blätter in dünne Streifen schneiden. Die grünen Oliven halbieren, die schwarzen
Oliven ganz lassen. Den Weinessig mit dem Öl, dem Senf,
dem Pfeffer und dem Salz verrühren. Die Eier schälen und
in Achtel schneiden. Den Dill
kalt waschen, abtropfen lassen
und grob kleinschneiden. Die
großen Chicoréeblätter auf einer Platte anrichten. Den in
Streifen geschnittenen Chicorée mit den Krabben, den Oliven und der Salatsauce mischen und in die großen Blätter einfüllen. Die Eiachtel auf
der Platte anrichten und die
Chicoréeschiffchen mit dem
Dill garnieren.

Avocado-Schinken-Salat

Zutaten für 4 Personen:
4 reife Avocados
Saft von 1 Zitrone
150 g roher Schinken in dünnen
    Scheiben
4 Mandarinen
3 Eßl. Öl
1 Eßl. Weinbrand
1 Messerspitze Salz
3–4 Blättchen frische Zitronen-
    melisse

Pro Portion etwa 2120 Joule/
505 Kalorien

Die Avocados halbieren und
die Steine herauslösen. Mit
einem Kugelausstecher das
Fruchtfleisch der Avocados
aushöhlen und in eine Schüssel geben. Die Avocadokugeln
mit etwas Zitronensaft beträufeln. Den Schinken in sehr
dünne Streifen schneiden. Die
Mandarinen schälen und mit
einem spitzen Messer filetieren, dabei die Kerne entfernen.
Die Mandarinenfilets mit den
Schinkenstreifen zu den Avocadokugeln geben. Den restlichen Zitronensaft gut mit dem
Öl, dem Weinbrand und dem
Salz verrühren. Die Sauce über
die Salatzutaten träufeln, lokker unter den Salat mischen
und zugedeckt einige Minuten
durchziehen lassen. Die Zitronenmelisse kalt waschen, gut
abtropfen lassen und in Streifen schneiden. Den Salat anrichten und mit der Zitronenmelisse bestreuen.

Poulardensalat
»Angelo«

Zutaten für 4 Personen:
3 gegarte Poulardenbrüste
¼ Salatgurke
4 Tomaten
1 Apfel
Saft von ½ Zitrone
5 Eßl. Mayonnaise
1 Eßl. scharfer Senf
1 Bund Dill
2 Eßl. Weinessig
2 Eßl. Zucker

Pro Portion etwa 2185 Joule/
520 Kalorien

Von den Poulardenbrüsten
wenn nötig die Haut abziehen
und das Fleisch in dünne
Scheiben schneiden. Die Gurke waschen, abtrocknen, längs
vierteln und mit einem Löffel
die Kerne herausschaben. Die
Gurkenviertel in dünne Scheiben schneiden. Die Tomaten
häuten, die Kerne entfernen
und das Tomatenfleisch in
Würfel schneiden. Den Apfel
schälen, vierteln, das Kerngehäuse entfernen und die Apfelviertel in Scheiben schneiden.
Die Apfelscheiben mit dem
Zitronensaft beträufeln. Alle
Salatzutaten in einer Schüssel
mischen. Die Mayonnaise mit
dem Senf verrühren. Den Dill
waschen, abtropfen lassen, einige Zweige zurückbehalten
und den restlichen Dill kleinschneiden. Den Essig mit dem
Zucker verrühren, aufkochen
und erkalten lassen. Den Dill
und den gezuckerten Essig unter die Mayonnaise rühren.
Den Salat in Portionsgläsern
anrichten und mit je 1 Eßlöffel
Marinade bedecken. Mit den
zurückbehaltenen Dillzweigen
garnieren.

Obstsalate

Melonensalat

Zutaten für 4 Personen:
1 kleine Zuckermelone (600 g)
1 große weiße Zwiebel
3 Eßl. Öl
3 Eßl. Weinessig
je ¼ Teel. Salz, Paprikapulver,
*   edelsüß und weißer Pfeffer*
6 Eßl. Portwein

Pro Portion etwa 610 Joule/
145 Kalorien

Die Melone in Achtel schneiden und entkernen. Das
Fruchtfleisch von der Schale
lösen und in gleich große Würfel schneiden. Die Zwiebel
schälen, halbieren und in
hauchdünne Scheiben schneiden oder hobeln. Das Öl mit
dem Weinessig, dem Salz, dem
Paprika und dem Pfeffer verrühren. Die Melonenwürfel

mit den Zwiebelscheiben und
der Salatsauce mischen. Den
Melonensalat zugedeckt im
Kühlschrank 20 Minuten
durchziehen lassen. Vor dem
Servieren den Portwein über
den Salat träufeln.

Unser Tip
Sollte Ihnen die eigen-
willige Komposition
»Melone und Zwiebel«
geschmacklich nicht
ganz zusagen, verwen-
den Sie statt der Zwiebel
einmal ½ in feine Strei-
fen geschnittene Fen-
chelknolle.

Bananen-Tomaten-Salat

Zutaten für 4 Personen:
4 mittelgroße Tomaten
2 Bananen, Saft von 1 Zitrone
3 Eßl. Öl, ½ Teel. Salz
1 gute Prise schwarzer Pfeffer
¼ Teel. Currypulver
1 Teel. rosa Pfefferkörner

Pro Portion etwa 545 Joule/
130 Kalorien

Die Tomaten mit kochendheißem Wasser überbrühen, kalt
abschrecken und die Tomaten-
haut abziehen. Die gehäuteten
Tomaten in Scheiben schneiden und auf einer Salatplatte
oder auf vier Portionstellern
anrichten. Die Bananen schälen, in Scheiben schneiden und
auf die Tomatenscheiben legen. Die Bananenscheiben so-

fort mit 1 Teelöffel Zitronensaft beträufeln. Das Öl mit
dem restlichen Zitronensaft,
dem Salz, dem schwarzen Pfeffer und dem Curry verrühren.
Die Sauce über den Salat träufeln. Den Pfeffer im Mörser
zerstoßen und den Salat damit
bestreuen.

Unser Tip
Noch exquisiter
schmeckt der Salat,
wenn Sie nur 1 Banane,
dafür aber noch 100 g
Bambussprossen ver-
wenden. Für diese
Komposition sollten Sie
die gehäuteten Toma-
ten, die Banane und die
Bambussprossen wür-
feln und die Salatsauce
locker untermischen.

Feuriger Fruchtsalat

Zutaten für 4 Personen:
2 säuerliche Äpfel
1 Teel. Zitronensaft
200 g gegarter Knollensellerie
250 g Mandarinen
125 g blaue Weintrauben
je 20 g Walnußkerne und
*   abgezogene Mandeln*
⅛ l saure Sahne
2 Eßl. Mayonnaise
je 1 Eßl. Chilisauce und
*   Zitronensaft*
je 1 Prise Salz und Zucker
1 kleiner Kopfsalat

Pro Portion etwa 1700 Joule/
405 Kalorien

Die Äpfel schälen, vierteln,
das Kerngehäuse entfernen
und die Apfelviertel in dünne
Scheibchen schneiden; sofort

mit dem Zitronensaft beträufeln, damit sie sich nicht dunkel färben. Den Sellerie würfeln. Die Mandarinen schälen,
filetieren und die Mandarinenspalten halbieren. Die Weintrauben waschen, halbieren
und entkernen. Die Walnußkerne und die Mandeln hakken. Alle Salatzutaten in einer
Schüssel mischen. Die saure
Sahne mit der Mayonnaise,
der Chilisauce, dem Zitronensaft, dem Salz und dem Zucker
verrühren. Die Sauce über die
Salatzutaten gießen. Den
Fruchtsalat zugedeckt 15 Minuten im Kühlschrank durchziehen lassen. Den Kopfsalat
in Blätter zerpflücken. Eine
Salatschüssel damit auslegen.
Den Fruchtsalat auf den Salatblättern anrichten.

Apfelsalat mit Rumsauce

Zutaten für 4 Personen:
500 g Äpfel
250 g helle Weintrauben
Saft von ½ Zitrone
¹⁄₁₀ l Weißwein, 3 Eßl. Zucker
1 Eßl. Bienenhonig
je 1 Messerspitze Zimt und
*   Ingwerpulver*
1½ Schnapsgläser weißer
*   Rum (3 cl)*
¼ Kokosnuß oder 4 Eßl. ge-
*   trocknete Kokosraspel*
4 Datteln

Pro Portion etwa 1615 Joule/
385 Kalorien

Die Äpfel schälen, vierteln,
vom Kerngehäuse befreien
und kleinwürfeln. Die Weintrauben waschen, die Haut abziehen, die Trauben halbieren

und die Kerne entfernen. Die
Apfelwürfel und die Weintrauben mit dem Zitronensaft, dem
Weißwein und dem Zucker
mischen. Die Früchte zugedeckt 2 Stunden durchziehen
lassen. Den Salat dann in ein
Sieb gießen und die Marinade
auffangen. Die Marinade bei
schwacher Hitze im offenen
Topf so lange kochen lassen,
bis die Hälfte der Flüssigkeit
verdampft ist. Den Honig unterrühren und die Marinade
erkalten lassen. Dann mit dem
Zimt, dem Ingwerpulver und
dem Rum verrühren und den
Fruchtsalat damit anmachen.
Den Salat in Portionsschälchen oder in ausgehöhlten Ko-
kosnußschalen anrichten. Die
frische Kokosnuß über den Salat raspeln oder die getrockneten Kokosraspel über den Salat streuen. Jede Portion mit
1 Dattel garnieren.

Obstsalate

Apfel-Orangen-Salat

Zutaten für 4 Personen:
300 g Äpfel
Saft von 1 Zitrone
500 g Orangen
40 g Marzipanrohmasse
1 Eßl. Honig
1½ Schnapsgläser Cointreau
(3 cl)
6 Eßl. Sahne
15 Walnußkerne

Pro Portion etwa 1450 Joule/
345 Kalorien

Die Äpfel schälen, achteln und
das Kerngehäuse entfernen.
Die Apfelspalten in dünne
Scheibchen schneiden. Die
Apfelscheibchen mit dem Zitronensaft beträufeln, damit
sie sich nicht braun färben.
Die Orangen schälen und die
weiße Unterhaut sorgfältig
entfernen. Die Orangen in
Scheiben schneiden. Die
Orangenscheiben achteln und
dabei die Kerne entfernen. Die
Apfel- und die Orangenscheib-
chen in einer großen Schüssel
locker miteinander mischen.
Die Marzipanrohmasse mit
dem Honig, dem Likör und
der Sahne gut verrühren. Die
Mischung unter die Früchte
heben und alles zugedeckt
15 Minuten durchziehen lassen. Den Salat in einer Servierschüssel anrichten. Die Walnußkerne vierteln und über
den Salat streuen.

Zwetschgensalat mit Ingwer

Zutaten für 4 Personen:
500 g Zwetschgen (am besten
kleine süße Spätzwetschgen)
2 Ingwerpflaumen
6 Eßl. Crème fraîche
1 Schnapsglas Slibowitz (2 cl)
4 Teel. Puderzucker
1 Messerspitze Salz
1 Messerspitze Ingwerpulver

Pro Portion etwa 985 Joule/
235 Kalorien

Die Zwetschgen entstielen, in
ein Sieb legen und 5–6 Minuten in kochendem Wasser
blanchieren. Die Zwetschgen
dann abkühlen lassen und die
Haut abziehen. Die Zwetschgen halbieren, entsteinen und
in eine Schüssel geben. Die
Ingwerpflaumen in feine Streifen schneiden und unter die
Zwetschgen mischen. Die Crème fraîche mit dem Slibowitz,
dem Puderzucker, dem Salz
und dem Ingwerpulver verrühren. Die Salatsauce in die Mitte der Zwetschgen geben. Den
Salat zugedeckt 30 Minuten im
Kühlschrank durchziehen lassen. Die Salatsauce erst bei
Tisch unter den Salat heben.

Unser Tip
Wenn Sie keine süßen
Spätzwetschgen bekom-
men können, nehmen
Sie gut reife Pflaumen,
bereiten diese ebenso zu
wie im Rezept beschrie-
ben und verrühren die
Salatsauce zusätzlich
mit 2 Eßlöffeln Honig.

Obstsalate

Herbstlicher Obstsalat

Zutaten für 4 Personen:
2 Birnen
2 säuerliche Äpfel
2 Teel. Zitronensaft
je 100 g helle und blaue
*   Weintrauben*
200 g Zwetschgen
50 g Walnußkerne
Saft von 2 Orangen
2 Eßl. Zucker
1 Schnapsglas Himbeergeist
1 Eßl. Honig

Pro Portion etwa 1325 Joule/
315 Kalorien

Die Birnen und die Äpfel waschen, abtrocknen und vierteln. Die Kerngehäuse entfernen und die Fruchtviertel ungeschält in dünne Spalten schneiden, mit dem Zitronensaft beträufeln. Die Weintrauben waschen und abtropfen lassen. Die Zwetschgen ebenfalls waschen, abtrocknen, halbieren und die Steine entfernen. Die Zwetschgenhälften dann noch einmal durchschneiden. Die Walnußkerne vierteln und mit dem zerkleinerten Obst locker in einer Schüssel mischen. Den Orangensaft mit dem Zucker bei schwacher Hitze unter Rühren etwas einkochen lassen. Den abgekühlten Saft mit dem Schnaps und dem Honig verrühren; unter den Salat heben.

Unser Tip
Für eine Kinderparty eignet sich dieser Salat – ohne Alkoholanreicherung – hervorragend.

Feiner Weintraubensalat

Zutaten für 4 Personen:
400 g helle süße Weintrauben
3 Schnapsgläser Sherry Cream
*   (6 cl)*
1 kleiner Kopfsalat
60 g gehackte Walnußkerne
3 Eßl. Limettensaft
2 Eßl. Puderzucker
1 Messerspitze Salz
4 Eßl. Walnußöl
½ Teel. rosa Pfefferkörner

Pro Portion etwa 1260 Joule/
300 Kalorien

Die Weintrauben von den Zweigen zupfen, in ein Sieb geben und 4 Minuten in kochendem Wasser blanchieren. Die Weintrauben dann etwas abkühlen lassen. Die Haut der Trauben abziehen. Die gehäuteten Trauben in eine große Schüssel geben und mit dem Sherry Cream übergießen. Zugedeckt 2 Stunden im Kühlschrank durchziehen lassen. Vom Kopfsalat die äußeren Blätter entfernen (für einen anderen gemischten Salat verwenden). Die zarten Herzblätter des Salates kalt waschen und gut abtropfen lassen. Die Salatblätter dann in feine Streifen schneiden. Die Salatstreifen mit den gehackten Walnußkernen zu den marinierten Weintrauben geben und alles locker mischen. Den Limettensaft mit dem Puderzucker, dem Salz und dem Walnußöl verrühren. Die Sauce unter den Salat heben. Die rosa Pfefferkörner im Mörser zerstoßen und vor dem Servieren über den Salat streuen.

Obstsalate

Obstsalat mit Himbeeren

Zutaten für 4 Personen:
250 g Himbeeren
2 Eßl. Zucker
1 Williams Christbirne
Saft von ½ Zitrone
1 Schnapsglas Birnengeist (2 cl)
1 Pfirsich, 2 Aprikosen
4 Kumquats, 2 Kiwis
⅛ l Sahne, 1 Eßl. Puderzucker
1 Vanilleschote
1 Eßl. Pistazien

Pro Portion etwa 1430 Joule/
340 Kalorien

Die Himbeeren waschen, abtropfen lassen und mit dem Zucker bestreuen. Die Birne schälen, vierteln, das Kerngehäuse entfernen und die Birnenviertel in dünne Spalten schneiden. Die Birnenspalten mit dem Zitronensaft und dem Birnengeist beträufeln und zugedeckt 10 Minuten durchziehen lassen. Den Pfirsich kurz in kochendheißes Wasser tauchen, häuten, halbieren und entsteinen. Die Aprikosen waschen und halbieren. Die Pfirsich- und die Aprikosenhälften mit den Kumquats in Scheiben schneiden. Die Kiwis dünn schälen und ebenfalls in Scheiben schneiden. Das vorbereitete Obst sorgfältig mit den Himbeeren in einer Schüssel mischen. In einer Schale oder auf Portionstellern anrichten. Die Sahne mit dem Puderzucker halbsteif schlagen. Das Mark der Vanilleschote herauskratzen und unter die Schlagsahne rühren. Die Pistazien hacken. Den Salat vor dem Servieren mit der Schlagsahne überziehen und mit den Pistazien bestreuen.

Chinesischer Obstsalat

Zutaten für 4 Personen:
250 g Erdbeeren
2 Eßl. Zucker
200 g Lychees aus der Dose
250 g Mandarinen
1 Eßl. Zitronensaft
1 Schnapsglas Arrak (2 cl)
½ Becher Sahne (0,1 l)
1 Teel. Puderzucker
1 Eßl. Arrak
1 Eßl. Pistazien

Pro Portion etwa 1115 Joule/
265 Kalorien

Die Erdbeeren waschen, auf Küchenkrepp abtropfen lassen und die Stiele abzupfen. Die Erdbeeren dann in eine Schüssel geben und mit dem Zucker bestreuen. Die Lychees in einem Sieb abtropfen lassen und unter die Erdbeeren mischen. Die Mandarinen schälen und in Spalten teilen. Die Mandarinenspalten filetieren, das heißt mit einem spitzen Messer aus den Häutchen lösen, dabei die Kerne entfernen. Die Mandarinenfilets ebenfalls zu den Erdbeeren geben. Die Früchte mit dem Zitronensaft und dem Arrak beträufeln und zugedeckt 15 Minuten durchziehen lassen. Den Obstsalat dann in einer Salatschale oder in Portionsschälchen anrichten. Die Sahne mit dem Puderzucker cremig schlagen und den Arrak unterrühren. Vor dem Servieren auf jede Salatportion 1 Tupfen Sahnecreme geben. Die Pistazien hacken und auf die Sahne streuen.

Obstsalate

Sizilianischer Fruchtsalat

Zutaten für 4 Personen:
1 kleine Ogen-Melone
2 Kakipflaumen
2 Kaktusfrüchte
2 Orangen, Saft von 1 Zitrone
⅛ l weißer Corvo (Weißwein)
4 Eßl. Zucker

Pro Portion etwa 945 Joule/
225 Kalorien

Die Früchte schälen, in Scheiben oder Spalten schneiden, die Orangen filetieren. Das Obst mit dem Zitronensaft beträufeln und 1 Stunde zugedeckt im Kühlschrank durchziehen lassen. Den Wein mit dem Zucker so lange erhitzen, bis die Hälfte der Flüssigkeit verdampft ist. Dann erkalten lassen. Vor dem Servieren über die Früchte gießen.

Karibik-Salat

Zutaten für 4 Personen:
1 kleine Ananas
1 Papaya, 2 Guavas
2 Limetten, 100 g Zucker
Saft von 1 Orange
1 Stück Zimtstange
1 Vanilleschote
etwas geriebene Muskatnuß
1 Messerspitze Ingwerpulver
1 Schnapsglas Rum (2 cl)

Pro Portion etwa 1070 Joule/
255 Kalorien

Die Früchte schälen. Die Ananas in Scheiben, die Papaya und die Guavas in Stücke schneiden und entkernen. Die Limetten heiß waschen und in hauchdünne Scheiben schneiden. Den Zucker mit dem Orangensaft, dem Zimt und der aufgeschnittenen Vanilleschote aufkochen, dann abseihen und abkühlen lassen. Die Sauce mit wenig Muskat, dem Ingwer und dem Rum würzen, über die Früchte gießen und alles 1 Stunde im Kühlschrank durchziehen lassen.

Obstsalate

Sommerlicher Obstsalat

Zutaten für 4 Personen:
1 Honigmelone
1 Banane, 1 Apfel
Saft von 1 Zitrone
1 Pfirsich, 2 Aprikosen
250 g helle Weintrauben
125 g Sauerkirschen
125 g Erdbeeren
125 g Himbeeren
4 Eßl. Farinzucker
1 kleine Tasse Malaga-,
Madeira- oder Portwein

Pro Portion etwa 1280 Joule/
305 Kalorien

Das obere Drittel der Melone abschneiden und das Innere der Melone sorgfältig aushöhlen. Die Melonenkerne entfernen und das Fruchtfleisch in Würfel schneiden. Den Rand

der großen Melonenhälfte zackig einschneiden. Die Banane schälen und in Scheiben schneiden. Sofort mit etwas Zitronensaft beträufeln. Den Apfel schälen, achteln, vom Kerngehäuse befreien. Die Apfelspalten in Scheibchen schneiden und mit dem restlichen Zitronensaft beträufeln. Den Pfirsich kurz in heißes Wasser tauchen, häuten und mit den Aprikosen kleinwürfeln. Die Trauben waschen. Die Kirschen waschen und entsteinen. Die Beeren waschen und abtropfen lassen. Den Zucker mit dem Dessertwein verrühren. Mit den Früchten mischen. Den Obstsalat 1 Stunde im Kühlschrank durchziehen lassen. Dann den Salat in die Melonenschale füllen. Die gefüllte Melone auf zerstoßenen Eiswürfeln mit Weinschaumsauce servieren.

Obstsalat in der Ananas

Zutaten für 4 Personen:
1 Ananas, 3 Kiwis
150 g Erdbeeren
je 100 g Weintrauben und
süße Kirschen
4 Mandarinen
Saft von 1 Zitrone, 60 g Zucker
1 Schnapsglas Maraschinolikör
1/8 l Sahne, 2 Eßl. Zucker
1/2 Vanilleschote
1 Maraschinokirsche

Pro Portion etwa 1450 Joule/
345 Kalorien

Aus der Ananas 1/3 der Frucht als Keil herausschneiden. Den Keil schälen, das harte Herzstück entfernen und das Fruchtfleisch würfeln. Nochmals etwas Fruchtfleisch aus der Ananas schneiden, dabei

die harte Mitte entfernen. Das Fruchtfleisch ebenfalls würfeln. Die Kiwifrüchte schälen und in dünne Scheiben schneiden. Die Erdbeeren und die Weintrauben waschen, entstielen und halbieren. Die Kirschen waschen, abtropfen lassen, entsteinen und ebenfalls halbieren. Die Mandarinen schälen und filetieren. Das vorbereitete Obst locker mischen. Den Zitronensaft mit dem Zucker kochen lassen, bis sich der Zucker aufgelöst hat. Abgekühlt mit dem Likör verrühren und über den Salat träufeln. Den Salat zugedeckt 1 Stunde im Kühlschrank durchziehen lassen. Die Sahne mit dem Zucker und dem ausgeschabten Vanillemark steif schlagen. Den Obstsalat in die ausgehöhlte Ananas füllen und mit Schlagsahne und der Maraschinokirsche garnieren.

112

Gefüllte Wassermelone

Zutaten für 4 Personen:
1 kleine Wassermelone
2 Orangen
Saft von 1 Orange
Saft von ½ Zitrone
50 g Zucker
1 Schnapsglas weißer Rum
*   (2 cl)*
1 Eßl. Honig
4 Kugeln Vanilleeis
1 Teel. gehackte Pistazien

Pro Portion etwa 1405 Joule/
335 Kalorien

Das obere Drittel von der Wassermelone als Deckel abschneiden und das Fruchtfleisch der gesamten Melone mit einem Eßlöffel aushöhlen. Die Kerne entfernen und das Fruchtfleisch in Streifen schneiden. Die Orangen schälen, die weiße Unterhaut gründlich entfernen und die Orangenspalten filetieren, das heißt, das Fruchtfleisch aus den Häuten lösen. Die Orangenspalten in Stücke schneiden. Die Melonenstreifen und die Orangenstücke in einer Schüssel mischen. Den Rand der ausgehöhlten größeren Melonenhälfte dekorativ in Bogen schneiden. Den Fruchtsalat einfüllen. Den Orangen- und den Zitronensaft mit dem Zucker unter Rühren so lange aufkochen lassen, bis sich der Zucker völlig gelöst hat. Dann erkalten lassen und mit dem Rum und dem Honig verrühren. Die Sauce über den Salat gießen, die Vanilleeiskugeln auf den Salat setzen. Mit den gehackten Pistazien bestreuen.

Avocado-Fruchtsalat

Zutaten für 4 Personen:
2 reife Avocados
Saft von ½ Zitrone
4 kleine grüne Tomaten
3 Pfirsiche
150 g Erdbeeren
3 Eßl. Zucker
2 Teel. Limettensaft
3 Teel. Portwein
1 Teel. grüne Pfefferkörner aus
*   dem Glas*

Pro Portion etwa 1535 Joule/
365 Kalorien

Die Avocados waschen, abtrocknen, der Länge nach halbieren und die Steine herauslösen. Das Fruchtfleisch mit einem kleinen Kugelausstecher oder einem Mokkalöffel aus den Avocados lösen, so daß die Fruchthälften nur noch dünnwandig sind. Die Avocadokugeln in eine große Schüssel geben und mit dem Zitronensaft beträufeln. Die Tomaten waschen, abtrocknen und in dünne Spalten schneiden. Die Pfirsiche kurz heiß überbrühen und die Haut abziehen. Die Pfirsiche halbieren und die Steine herauslösen. Die Pfirsichhälften ebenfalls in dünne Spalten schneiden. Die Tomaten- und die Pfirsichspalten locker mit den Avocadokugeln mischen. Die Erdbeeren waschen, abtropfen lassen, entstielen und mit der Gabel zerdrücken. Das Erdbeermus mit dem Zucker, dem Limettensaft und dem Portwein verrühren. Zuletzt den grünen Pfeffer untermischen. Den Fruchtsalat in die Avocadohälften füllen. Das Erdbeermus darauf verteilen.

Selleriesalat mit Avocado

Zutaten für 4 Personen:
1 Stange Staudensellerie
1 grüne Paprikaschote
2 Zwiebeln, 3 Möhren
2 reife Avocados
je 1 Teel. Orangen- und
  Zitronensaft
1 schnittfeste Tomate
etwas Petersilie
4 Eßl. Öl, 1 Eßl. Weinessig
¼ Teel. Salz
1 Prise weißer Pfeffer
1 Messerspitze scharfer Senf

Pro Portion etwa 1155 Joule/
270 Kalorien

Die Selleriestange in dünne
Scheibchen schneiden. Die Paprikaschote halbieren, putzen,
waschen und in Streifen
schneiden. Die Zwiebeln schälen und in Ringe schneiden.
Die Zwiebelringe in einem
Sieb kurz mit kochendheißem
Wasser überbrühen und ab-
tropfen lassen. Die Möhren
schaben, waschen und grobraspeln. Die vorbereiteten Zutaten mischen und auf einer
Salatplatte anrichten. Die
Avocados schälen, halbieren,
die Steine herauslösen und das
Fruchtfleisch der Länge nach
in Scheiben schneiden. Den
Orangen- und den Zitronensaft mischen und die Avocado-
scheiben damit begießen. Die
Tomate waschen und in Achtel
schneiden. Die Petersilie waschen und abtropfen lassen.
Das Öl mit dem Essig, dem
Salz, dem Pfeffer und dem
Senf verrühren und über den
Salat träufeln. Die Avocado-
scheiben auf dem Salat anrichten und mit den Tomatenachteln und Petersilie garnieren.

Gemischter Blattsalat

Zutaten für 4 Personen:
500 g Chinakohl
1 große Staude Radicchio
  (150 g)
50 g frischer junger Spinat
1 Bund Schnittlauch
4 Eßl. Walnußöl
2 Eßl. Weinessig
1 Messerspitze weißer Pfeffer
je ¼ Teel. Salz und Sojasauce

Pro Portion etwa 355 Joule/
85 Kalorien

Den Chinakohl halbieren,
gründlich unter fließendem
kaltem Wasser waschen und
gut abtropfen lassen. Den
Strunk abschneiden und die
Blätter in 1 cm breite Streifen
schneiden. Vom Radicchio die
äußeren schlechten Blätter
entfernen, den Strunk ab-
schneiden, den Salat in Blätter
zerteilen und große Blätter halbieren. Die Radicchioblätter
waschen und trockenschleudern. Den Spinat verlesen, waschen und abtropfen lassen.
Die Chinakohlstreifen, die Radicchioblätter und den Spinat
in einer großen Schüssel locker
mischen. Den Schnittlauch
waschen, trockentupfen und
kleinschneiden. Das Walnußöl
mit dem Weinessig, dem Pfeffer, dem Salz und der Sojasauce verrühren. Die Sauce unter
den Salat heben. Den Salat mit
dem kleingeschnittenen
Schnittlauch bestreuen.

Fenchelsalat nach Gärtnerart

Zutaten für 4 Personen:
2 Fenchelknollen
½ Salatgurke
2 schnittfeste Tomaten
1 Bund Radieschen
½ Bund Schnittlauch
etwas Fenchelkraut
1 Zwiebel
4 Eßl. Olivenöl
2 Eßl. Weinessig
½ Teel. Salz
1 Prise Zucker
½ Teel. grobgemahlener
*   schwarzer Pfeffer*

Pro Portion etwa 505 Joule/
120 Kalorien

Den Fenchel waschen, putzen und in dünne Streifen schneiden. Das zarte Fenchelgrün aufbewahren. Die Gurke waschen, abtrocknen und mit der Schale in Stifte schneiden. Die Tomaten waschen, abtrocknen und in Achtel schneiden. Die Radieschen gründlich kalt waschen und abtrocknen. Die Stiele und Wurzelenden abschneiden und die Radieschen in Scheiben schneiden. Den Schnittlauch und das Fenchelkraut waschen, trockentupfen und kleinschneiden. Die Zwiebel schälen und sehr klein würfeln. Die Fenchelstreifen, die Gurkenstifte, die Tomatenachtel und die Radieschenscheiben locker in einer Schüssel mischen. Das Olivenöl mit dem Weinessig, dem Salz, dem Zucker, den Zwiebelwürfeln und dem schwarzen Pfeffer verrühren. Die Sauce über den Salat träufeln. Den Fenchelsalat vor dem Servieren mit den kleingeschnittenen Kräutern bestreuen.

Feldsalat mit Weizenkeimen

Zutaten für 4 Personen:
100 g Feldsalat/Nisslsalat
1 säuerlicher Apfel
1 kleine Orange
6 Eßl. gekeimte Weizenkörner
100 g Cottage Cheese
3 Eßl. Öl, 2 Eßl. Weinessig
¼ Teel. Salz
1 Prise weißer Pfeffer
20 g gehackte Haselnußkerne

Pro Portion etwa 985 Joule/
235 Kalorien

Den Feldsalat putzen, waschen und gut abtropfen lassen. Den Apfel vierteln, vom Kerngehäuse befreien und in Scheiben schneiden. Die Orange schälen, filetieren, die Spalten zweimal durchschneiden und dabei die Kerne entfernen. Die vorbereiteten Zutaten mischen und die Weizenkörner darüberstreuen. Den Cottage Cheese über den Salat verteilen. Das Öl mit dem Essig, dem Salz, dem Pfeffer und den Nüssen mischen und über den Salat träufeln.

> **Unser Tip**
> Die Weizenkörner müssen Sie selbst zum Keimen bringen. Dafür die Weizenkörner mit kaltem Wasser bedeckt 24 Stunden einweichen. Die Körner dann in einem Sieb kalt abbrausen. Zudecken und 1–2 Tage keimen lassen. Vor dem Verwenden abbrausen und abtropfen lassen.

Sauerkrautsalat

Zutaten für 4 Personen:
500 g Sauerkraut
2 mittelgroße rote Äpfel
3 Frühlingszwiebeln
1 Becher Joghurt
je 1 gute Prise Salz, weißer
Pfeffer und Zucker
1 Teel. mittelscharfer Senf
4 Eßl. Öl

Pro Portion etwa 905 Joule/
215 Kalorien

Das Sauerkraut zunächst probieren; sollte es zu sauer sein, das Kraut in eine Schüssel mit lauwarmem Wasser legen und einige Minuten wässern. Das Kraut dann in einem Sieb gut abtropfen lassen. Ist das Sauerkraut im Geschmack richtig, nur locker mit zwei Gabeln auseinanderzupfen und

in eine Schüssel geben. Die Äpfel waschen, abtrocknen und mit der Schale in gleichmäßige Stifte schneiden; dabei die Kerngehäuse entfernen. Die Frühlingszwiebeln waschen, trockentupfen und in schmale Ringe schneiden. Den Joghurt mit dem Salz, dem Pfeffer, dem Zucker, dem Senf und dem Öl verrühren, mit den Apfelstiften und den Zwiebelringen unter das Sauerkraut heben und den Salat zugedeckt bei Raumtemperatur 1 Stunde durchziehen lassen.

Unser Tip
Sollte Ihnen der Krautsalat noch nicht würzig genug sein, können Sie mit etwas Zitronensaft für mehr Säure sorgen.

Rettichsalat mit Kresse

Zutaten für 4 Personen:
50 g Weizenkörner
1 großer weißer Rettich
*   von 400 g*
1 Eßl. Zitronensaft
1 Teel. Ahornsirup
8 Walnußkernhälften
1 Kästchen Kresse
100 g Créme fraîche
½ Teel. Kräutersalz
1 Prise weißer Pfeffer

Pro Portion etwa 840 Joule/
200 Kalorien

Die Weizenkörner von Wasser bedeckt mindestens 12 Stunden quellen lassen. Die Körner dann im Einweichwasser bei schwacher Hitze im offenen Topf so lange kochen lassen, bis alles Wasser verdampft ist.

Den Rettich dünn schälen und auf einer Gemüsereibe raspeln. Die Weizenkörner gut abtropfen lassen und mit dem Rettich, dem Zitronensaft und dem Ahornsirup mischen. Die Walnußkerne kleinhacken. Die Kresse vom Beet abschneiden, in einem Sieb kalt abbrausen und gut abtropfen lassen. Die Créme fraîche mit dem Kräutersalz und dem Pfeffer verrühren, unter den Rettichsalat heben und den Salat mit der Kresse bestreut servieren.

Selleriesalat mit Trauben

Zutaten für 4 Personen:
300 g Staudensellerie
150 g blaue Weintrauben
100 g frisch geschroteter
  Roggen
1 Bund Dill, 100 g Dickmilch
2 Eßl. Limettensaft
½ Teel. Kräutersalz
1 Prise Zucker
50 g geröstete Mandelblättchen

Pro Portion etwa 985 Joule/
235 Kalorien

Den Sellerie waschen, von
schlechten Stellen befreien,
abtrocknen und in dünne
Streifen schneiden. Die Weintrauben ebenfalls waschen, abtrocknen, halbieren und dabei
entkernen. Den Staudensellerie mit den Weintrauben und
dem geschroteten Roggen lokker mischen. Den Dill wa-
schen, trockentupfen und bis
auf einen Zweig kleinschneiden. Die Dickmilch mit dem
Limettensaft, dem Kräutersalz
und dem Zucker verrühren,
mit dem kleingeschnittenen
Dill unter die Salatzutaten heben und den Salat zugedeckt
etwa 30 Minuten durchziehen
lassen. Mit den Mandelblättchen bestreuen und mit dem
Dillzweig garnieren.

Unser Tip
Statt der Mandelblätt-
chen kann man auch die
doppelte Menge von
frisch geschrotetem, in
2 Eßlöffeln Öl angerö-
steten und abgekühlten
Roggen nehmen.

Kohlrabisalat

Zutaten für 4 Personen:
500 g Kohlrabi
3 mittelgroße Tomaten
2 Eßl. Weinessig
1 Eßl. Orangensaft
½ Teel. Salz
1 Messerspitze weißer Pfeffer
4 Eßl. Öl
1 Eßl. gehackte Petersilie

Pro Portion etwa 545 Joule/
130 Kalorien

Die Kohlrabi waschen, ab-
trocknen, dünn schälen und
dabei die zarten inneren Blättchen aufbewahren. Die Kohlrabi in Achtel schneiden und
die Achtel in Scheiben. Die
Kohlrabiblättchen feinhacken.
Die Tomaten heiß überbrühen,
häuten, halbieren, den Stilan-
satz und die Kerne entfernen
und die Tomatenhälften in
Spalten schneiden. Den Essig
mit dem Orangensaft, dem
Salz und dem Pfeffer verrühren, das Öl zugießen und die
Salatsauce mit dem Kohlrabi
und den Tomatenspalten mischen. Das kleingehackte
Kohlrabigrün und die Petersilie vor dem Servieren über
den Salat streuen.

Unser Tip
Wenn Sie den Kohlrabi-
salat etwas zarter wün-
schen, so schneiden Sie
die Scheibchen zuletzt
in feine Stifte und ma-
chen den Salat statt mit
der Essig-Öl-Sauce mit
cremig geschlagener
Sahne, Zitronensaft und
etwas Ahornsirup an.

Sülzring mit Shrimps

Zutaten für 4 Personen:
250 g tiefgefrorene Shrimps
5 Blätter Gelatine
¼ l geklärte Fischbrühe
⅛ l trockener Weißwein
je 1 Prise Salz und weißer
* Pfeffer, 1 Bund Dill*
100 g Mayonnaise
1 Teel. Zitronensaft
je 1 Teel. Currypulver und
* gehackter Dill*
1 Prise weißer Pfeffer
2 Eßl. Sahne

Pro Portion etwa 1345 Joule/
320 Kalorien

Die Shrimps zugedeckt auftau-
en lassen. Dann kalt abbrausen und mit Küchenkrepp gut
trockentupfen. Die Gelatineblätter 10 Minuten in kaltem
Wasser einweichen. Die Fischbrühe mit dem Wein, dem Salz
und dem Pfeffer erhitzen, aber
nicht kochen lassen. Die Gelatine gut ausdrücken und unter
Rühren in dem heißen Fischsud auflösen. Die Brühe etwas
abkühlen lassen und den Boden einer ovalen Ringform
von ½ l Fassungsvermögen damit dünn ausgießen. Die
Schicht im Kühlschrank erstarren lassen. Den Dill hakken. Abwechselnd die Shrimps
mit dem Dill auf die erstarrte
Sülze füllen und die restliche
Aspikflüssigkeit in die Form
gießen. Jede Schicht erneut im
Kühlschrank erstarren lassen.
Die fertige Sülze 2–4 Stunden
kühl stellen. Die Sülzform kurz
in heißes Wasser tauchen und
die Sülze auf eine Platte stürzen. Die Mayonnaise mit den
restlichen Zutaten verrühren
und zur Sülze servieren.

Tomatensülze mit Fisch

Zutaten für 4 Personen:
400 g Fischfilet
3 Eßl. Zitronensaft
1 Zwiebel, 1 Teel. Salz
6 weiße Pfefferkörner
1 kleines Lorbeerblatt
10 Blätter Gelatine
¼ l Tomatensaft
⅛ l Weißwein, 1 Eßl. Essig
½ Teel. Selleriesalz
1 Teel. Paprikapulver, edelsüß
½ Teel. gehackter Estragon
½ Tasse gegarte Erbsen
1 Zitrone, einige Zweige Dill

Pro Portion etwa 670 Joule/
160 Kalorien

Das Fischfilet mit etwas Zitronensaft beträufeln. Die Zwiebel schälen und mit ½ l Wasser,
dem restlichen Zitronensaft
und den Gewürzen aufkochen.
Das Fischfilet in 10 Minuten
darin garen und erkalten lassen. Die Gelatine in kaltem
Wasser einweichen. Den Fisch
in große Würfel schneiden. ¼ l
Fischbrühe durchseihen. Mit
dem Tomatensaft, dem Wein,
dem Essig, dem Selleriesalz,
dem Paprika und dem Estragon erhitzen, aber nicht kochen lassen. Die Gelatine ausdrücken und im heißen Sud
auflösen. Den Boden einer
Fischform mit einer dünnen
Schicht Aspikflüssigkeit ausgießen. Im Kühlschrank erstarren lassen. Abwechselnd
die Fischwürfel, die Erbsen
und die Tomatensülze in die
Form füllen. Die Sülze im
Kühlschrank erstarren lassen.
Die Zitrone in dünne Scheiben
schneiden. Die Sülze auf eine
Platte stürzen. Mit der Zitrone
und Dill garnieren.

Seafood zart umhüllt

Lachs in Riesling-Gelee

Zutaten für 4 Personen:
2 Teel. Salz, 10 Pfefferkörner
Saft von 1 Zitrone
4 Scheiben Lachs (je 150 g)
500 g grüner Spargel
7 Blätter Gelatine
20 g Trüffel in Streifen
6 kleine Tomaten
1 Eiweiß
½ l trockener Rieslingwein

Pro Portion etwa 2015 Joule/
480 Kalorien

¾ l Wasser mit dem Salz, dem Pfeffer und dem Zitronensaft zum Kochen bringen. Die Lachsscheiben in den Sud legen und bei sehr schwacher Hitze in 10 Minuten garen. Die Lachsscheiben aus dem Sud heben und in Alufolie wickeln.

Den Spargel schälen und holzige Enden abschneiden. Den Spargel im Fischsud in 25–30 Minuten weich kochen. Dann aus der Brühe heben und abkühlen lassen. Die Gelatineblätter 10 Minuten in kaltem Wasser einweichen. Die Lachsscheiben auf vier Teller legen, mit den Trüffelstreifen bestreuen und den Spargel neben und auf den Lachsscheiben verteilen. Die Tomaten waschen, abtrocknen, halbieren und jeweils 3 Tomatenhälften auf jeden Teller legen. Den Fischsud mit 1 Eiweiß klären. ¼ l Fischsud erhitzen, aber nicht kochen lassen. Die Gelatine gut ausdrücken und in dem heißen Fischsud auflösen. Den Riesling zur Aspikbrühe gießen; etwas abkühlen lassen. Die vorbereiteten Teller mit dem Gelee füllen. Im Kühlschrank erstarren lassen.

Heilbuttsülze

Zutaten für 4 Personen:
1 Bund Suppengrün
1 kg Fischreste vom Heilbutt
1 Teel. Salz, Saft von 1 Zitrone
1 Eiweiß, 12 Blätter Gelatine
⅛ l trockener Weißwein
4 Scheiben Heilbutt (je 200 g)
Saft von ½ Zitrone
150 g Shrimps
3 hartgekochte Eier
150 g gegarte Erbsen
200 g gegarte Möhrenstifte
einige Zweige Dill

Pro Portion etwa 2205 Joule/
525 Kalorien

Das Suppengrün grob zerkleinern. Die Fischreste mit 2 l Wasser, dem Salz, dem Zitronensaft und dem Suppengrün 1 Stunde köcheln lassen. Die Brühe durchseihen, mit dem

Eiweiß klären, filtern und auf ¾ l einkochen lassen. Die Gelatine 10 Minuten in kaltem Wasser einweichen. Den Weißwein in den Fischsud gießen. Die Gelatine ausdrücken und im heißen Fischsud auflösen, etwas abkühlen lassen. Die Heilbuttscheiben mit dem Zitronensaft beträufeln und in 1 l Salzwasser in etwa 10 Minuten bei schwacher Hitze gar ziehen lassen. Die Fischscheiben herausheben, erkalten lassen und von Haut und Gräten befreien. Die Shrimps kalt abbrausen und abtropfen lassen. Die Eier schälen und in Sechstel schneiden. Die Heilbuttscheiben mit den Shrimps, dem Gemüse und den Eispalten in vier Suppentellern verteilen. Mit der Aspikflüssigkeit übergießen und im Kühlschrank erstarren lassen. Mit dem Dill garnieren.

119

Bunte Gemüsesülzen

Erbsensülzchen

Zutaten für 4 Förmchen:
300 g ausgehülste junge Erbsen
150 g Shrimps
1 Eßl. Zitronensaft
10 Blätter Gelatine
¼ l Weißwein, 2–3 Eßl. Essig
1 Eßl. gekörnte Brühe
je 1 Prise Salz und Zucker
1 Spritzer Worcestershiresauce
2–3 Tropfen Tabascosauce
1 gekochte Möhre
1 kleines Stück Trüffel

Pro Portion etwa 735 Joule/
175 Kalorien

Die Erbsen von Salzwasser bedeckt in 20 Minuten garen. In einem Sieb abtropfen und abkühlen lassen. Die Shrimps abbrausen, abtropfen lassen und mit dem Zitronensaft beträufeln. Die Gelatine in kaltem Wasser einweichen. Den Weißwein mit ¼ l Wasser und dem Essig erhitzen. Die gekörnte Brühe einstreuen und die Gewürze zugeben. Die Gelatine ausdrücken und in der heißen Brühe auflösen. Etwas abgekühlte Geleeflüssigkeit in vier Förmchen gießen und erstarren lassen. Aus der Möhre und dem Stückchen Trüffel wie abgebildet Verzierungen schneiden. In die Förmchen legen und darauf Erbsen füllen. Etwas Geleeflüssigkeit auf die Erbsen gießen und wieder erstarren lassen. Dann die Shrimps und die restlichen Erbsen einschichten. Die restliche Geleeflüssigkeit darauf verteilen. Die Sülzchen im Kühlschrank in einigen Stunden erstarren lassen. Die Förmchen vor dem Servieren in heißes Wasser tauchen und die Sülzchen stürzen.

Pfifferlingsülzchen mit Wild

Zutaten für 4 Förmchen:
100 g Pfifferlinge aus der Dose
300 g gegartes Wildfleisch
1 gekochte Möhre
1 Schnapsglas Sherry medium
2 Eßl. Cognac
1 Teel. Zitronensaft
je 1 Prise Salz, weißer Pfeffer,
*   gemahlener Piment und ge-*
*   trockneter Thymian*
2 Teel. gehackte Petersilie
⅜ l Sherry-Gelee (Seite 24)
8 blanchierte Sellerieblättchen
4 kleine Scheiben Trüffel

Pro Portion etwa 1010 Joule/
240 Kalorien

Die Pfifferlinge abtropfen lassen und je nach Größe halbieren oder vierteln. Das Wildfleisch und die Möhre in kleine Würfel schneiden. Die zerkleinerten Zutaten mit dem Sherry, dem Cognac, dem Zitronensaft, dem Salz, den Gewürzen und der gehackten Petersilie mischen. 3 Stunden im Kühlschrank durchziehen lassen. Das Sherry-Gelee auf Eiswürfeln fast kalt rühren. Vier Förmchen mit Gelee vollgießen. Die Förmchen in Eiswasser stellen, damit die äußerste Geleeschicht schnell erstarrt. Das noch flüssige Gelee wieder ausgießen. Die Sellerieblättchen und die Trüffelscheibchen auf die erstarrte Geleeschicht in den Förmchen legen. Die zerkleinerten marinierten Zutaten einfüllen und mit restlichem Gelee auffüllen; wenn nötig das Gelee dazu leicht erwärmen. Die Sülzchen in einigen Stunden im Kühlschrank erstarren lassen.

Bunte Gemüsesülzen

Gemüse-Hühner-Sülze

Zutaten für 4 Personen:
1 Zwiebel, 2 große Möhren
1 kleines küchenfertiges Suppenhuhn, 1 Teel. Salz
12 Blätter Gelatine
2 Eßl. Essig
¼ Teel. Worcestershiresauce
1 Prise weißer Pfeffer
150 g tiefgefrorene Erbsen
2 hartgekochte Eier
2 Tomaten, 1 Gewürzgurke
100 g gegarte Spargelspitzen
grobgemahlener schwarzer Pfeffer

Pro Portion etwa 2645 Joule/ 630 Kalorien

Die Zwiebel schälen und halbieren. Die Möhren putzen und waschen. Das Suppenhuhn mit der Zwiebel, den Möhren und dem Salz mit Wasser bedeckt 1 Stunde kochen lassen. Das Huhn aus der Brühe nehmen, die Brühe durchseihen und erkalten lassen. Die Gelatine in kaltem Wasser einweichen. 1 l Hühnerbrühe abmessen, nochmals erhitzen. Die Gelatine gut ausdrücken und in der heißen Brühe auflösen. Die Aspikflüssigkeit mit dem Essig, der Worcestershiresauce und dem Pfeffer würzen. Eine Auflaufform mit 1 Tasse Aspikflüssigkeit ausgießen. Im Kühlschrank erstarren lassen. Das Hühnerfleisch von Haut und Knochen befreien und in kleine Stücke schneiden. Die Möhren in Scheiben schneiden. Die Erbsen nach Vorschrift garen und erkalten lassen. Die Eier schälen und in Scheiben schneiden. Die Tomaten waschen, abtrocknen und mit der Gurke ebenfalls in Scheiben schneiden. Alle Zutaten auf die erstarrte Schicht Sülze in die Auflaufform füllen. Die restliche Aspikflüssigkeit darübergießen und im Kühlschrank restlos erstarren lassen. Die Sülze vor dem Servieren mit grobgemahlenem schwarzem Pfeffer aus der Mühle bestreuen.

Festliche Gelees

Krabbensülze

Zutaten für 6 Personen:
400 g Krabben oder Shrimps
1 kleiner Kopf Blumenkohl
¼ Teel. Salz
300 g tiefgefrorene Erbsen und
  Karotten
300 g Maiskörner aus der Dose
200 g gegarte Spargelspitzen
1 Eßl. Zitronensaft
16 Blätter Gelatine
½ l fettlose Fleischbrühe
½ l Weißwein
je 1 gute Prise Salz, weißer
  Pfeffer, Zucker und
  Cayennepfeffer
einige Tropfen Zitronensaft
einige Blätter Kopfsalat

Pro Portion etwa 1175 Joule/
280 Kalorien

Die Krabben oder Shrimps in
einem Sieb kalt abbrausen und
abtropfen lassen. Den Blumenkohl in einzelne Röschen
teilen und die Strünke der Röschen kürzen. Die Blumenkohlröschen in einen Siebeinsatz
legen. Wenig Wasser zum Kochen bringen (ohne Salz, damit
die Blumenkohlröschen schön
weiß bleiben), das Sieb über
das kochende Wasser stellen
und den Blumenkohl im ge-
schlossenen Topf 20–25 Minuten dämpfen. 1 Tasse Wasser
mit dem Salz zum Kochen
bringen. Die tiefgefrorenen
Erbsen und Karotten hineinlegen und zugedeckt bei schwacher Hitze 8 Minuten kochen
lassen. Die Maiskörner und
die Spargelspitzen abtropfen
lassen. Die Krabben oder
Shrimps mit dem Zitronensaft
beträufeln. Den Blumenkohl
im Sieb aus dem Topf nehmen
und in eiskaltes Wasser tauchen. Auf einem Küchentuch
abtropfen und erkalten lassen.
Die Erbsen-Karotten-Mi-
schung in ein Sieb schütten,
ebenfalls in eiskaltes Wasser
tauchen, abtropfen und erkalten lassen. Die Gelatine in genügend kaltem Wasser 10 Minuten einweichen. Die Fleischbrühe erhitzen. Die Gelatine
ausdrücken und in der heißen
Fleischbrühe auflösen. Den
Weißwein, das Salz, den Pfeffer, den Zucker und den Cayennepfeffer in die Brühe rühren. Die Sülzflüssigkeit mit Zitronensaft kräftig abschmekken, eventuell nachsalzen. Abkühlen lassen. Eine Ringform
mit kaltem Wasser ausspülen,
mit der bereits gelierenden
Sülzflüssigkeit 1 cm hoch füllen. Die Sülze im Kühlschrank
erstarren lassen. Abwechselnd
die Krabben oder Shrimps
und das Gemüse gefällig in die
Form füllen. Auf jede Schicht
Krabben oder Gemüse Sülz-
flüssigkeit gießen und im
Kühlschrank erstarren lassen.
Dann die restlichen Krabben
oder Shrimps und das restliche
Gemüse einfüllen und die restliche Sülzflüssigkeit darübergießen. Die Krabbensülze im
Kühlschrank in einigen Stunden völlig erstarren lassen. Vor
dem Servieren die Salatblätter
waschen und gut abtropfen
lassen. Eine Platte mit den Salatblättern auslegen. Die Form
kurz in heißes Wasser tauchen
und die Sülze auf die Salatblätter stürzen.
Bauernbrot und Remouladensauce zur Sülze reichen.

Festliche Gelees

Gänsekeulen in Gemüsesülze

Zutaten für 4 Personen:
2 Zwiebeln
1 kleine Stange Lauch/Porree
¼ Sellerieknolle
10 weiße Pfefferkörner
je ½ Teel. getrockneter Rosmarin und Thymian
1 kleines Stück Ingwerwurzel
4 Gänsekeulen, 3 Möhren
4 Eßl. Essig
½ Teel. Salz
1–2 Teel. Zucker
10 Blätter Gelatine
½ hartgekochtes Ei
1 Gewürzgurke

Pro Portion etwa 2770 Joule/ 660 Kalorien

Das Gemüse grob zerkleinern und in 3 l Salzwasser mit den Gewürzen zum Kochen bringen. Die Keulen darin zugedeckt 2½ Stunden kochen. Die Möhren 25 Minuten mitgaren. Die Keulen in der Brühe erkalten lassen. Die Brühe entfetten. Die Keulen häuten und das Fleisch in Würfel schneiden. Die Brühe durchseihen, dabei ¾ l abmessen. Kräftig mit dem Essig, dem Salz und dem Zucker abschmecken. Die Gelatine in kaltem Wasser einweichen. Die Brühe erhitzen und die ausgedrückte Gelatine darin auflösen. Eine Schüssel mit Gelee ausgießen. Erstarren lassen. Darauf Eischeiben, Gurkenscheiben und Möhrenscheiben legen. Mit Gelee bedecken und wieder erstarren lassen. Das Fleisch auf das Gelee füllen, mit Möhrenscheiben und dem Lauch bedecken. Mit Gelee begießen und die Sülze im Kühlschrank völlig erstarren lassen.

Schweinebratensülze

Zutaten für 4 Personen:
300 g tiefgefrorene Perlerbsen
1 rote Paprikaschote
200 g Essiggurken
2 hartgekochte Eier
200 g Möhren
400 g kalter Schweinebraten vom Halsgrat
1 Päckchen Aspikpulver
¼ l klates Wasser
¼ l entfettete Fleischbrühe
einige Zweige Petersilie

Pro Portion etwa 1805 Joule/ 430 Kalorien

Die Erbsen in Salzwasser 4 Minuten kochen, dann abtropfen lassen. Die Paprikaschote waschen und in Streifen schneiden. Die Gurken in Scheiben schneiden. Aus den geschälten Eiern 8 gleiche große Scheiben schneiden. Die Möhren schaben, waschen und in feine Streifen raspeln. Den Schweinebraten in 8 gleiche dünne Scheiben schneiden. Das Aspikpulver mit dem Wasser und der Fleischbrühe nach Vorschrift auf der Packung zubereiten und leicht abkühlen lassen. Je 2 Bratenscheiben in einen Teller legen und darauf gefällig die Erbsen, die Schotenstreifen, die Gurkenscheiben, die Eischeiben und die Möhrenstreifen anrichten. Die bereits leicht gelierende Aspikflüssigkeit darüber gießen. Die Sülzen in 2–3 Stunden im Kühlschrank erstarren lassen. Jede Portion vor dem Servieren mit Petersilie garnieren.

Das paßt dazu: frisches dunkles Mischbrot und Bier.

Gefüllte Eier

Pfeffereier mit Bohnensalat

Zutaten für 4 Personen:
Für die Eier:
4 hartgekochte Eier
2 Eßl. Mayonnaise
50 g weiche Butter
1 Messerspitze Salz
1 Eßl. Cognac
1 Eßl. grüne Pfefferkörner
Für den Salat:
200 g zarte grüne Bohnen
200 g Kalbsleber, 1 Eßl. Öl
2 Schalotten, ½ Bund Petersilie
2 Eßl. Öl, 1 Eßl. Estragonessig
¼ Teel. Salz
½ Teel. grobgemahlener
*   schwarzer Pfeffer*

Pro Portion etwa 1825 Joule/
435 Kalorien

Die Eier schälen und quer halbieren. Die Eigelbe mit der

Mayonnaise, der Butter, dem Salz und dem Cognac verrühren. Die Hälfte des grünen Pfeffers zerdrücken und unter die Füllung rühren. Die Creme in die Eiweißhälften spritzen. Die Rosetten mit dem restlichen grünen Pfeffer garnieren. Für den Salat die Bohnen in Salzwasser zugedeckt in 10 Minuten garen, abtropfen und erkalten lassen. Die Kalbsleber in feine Streifen schneiden und in dem Öl 2–3 Minuten braten. Die Schalotten schälen und feinhacken. Die Petersilie waschen, abtropfen lassen und kleinschneiden. Das Öl mit dem Essig, dem Salz, dem Pfeffer, den Schalotten und der Petersilie verrühren. Die grünen Bohnen und die Leberstreifen auf eine Platte geben, mit der Salatsauce beträufeln und die Eier ringsum anrichten.

Festliche Eierplatte

Zutaten für 5 Personen:
Für die Eier:
10 hartgekochte Eier
½ Bund Petersilie
6 Eßl. Salatmayonnaise
½ Teel. Salz
1 Messerspitze weißer Pfeffer
Zum Garnieren in kleinen
*   Mengen:*
einige Blätter Kopfsalat, Feldsalat, kleine Zwiebelringe, Sardellenfilets, gekochter Schinken, Lachsscheiben, Krabben, Muscheln aus dem Glas, Kapern, grüne Pfefferkörner aus dem Glas, Piri-Piri (Mini-Peperoni), Maiskölbchen, Zitronenscheiben, Petersilie und Dill
Für die Salatsauce:
Saft von ½ Zitrone
½ Teel. Salz, 1–2 Eßl. Öl

Pro Portion etwa 2920 Joule/
695 Kalorien

Die Eier schälen und längs halbieren. Die Eigelbe durch ein Sieb in eine Schüssel streichen. Die Petersilie waschen, trockentupfen und kleinhacken. Die Eigelbe mit der Mayonnaise, dem Salz und dem Pfeffer verrühren. Unter die Hälfte der Eigelbmasse die Petersilie mischen. Beide Eigelbmassen in die Eiweißhälften spritzen. Die Eier mit den Garnierungszutaten auf einer Platte wie abgebildet anrichten. Zerkleinerte Salatblätter und übrige Garnierungszutaten in einer Schüssel mischen. Den Zitronensaft mit dem Salz verrühren. Das Öl zufügen und die Salatzutaten damit anmachen. Den Salat in die Mitte der Platte geben.

Phantasie-Eier

Zutaten für 20 Eihälften:
10 hartgekochte Eier
Zum Füllen von jeweils
* 4 Eihälften:*
2 Eßl. Doppelrahm-Frischkäse
1 Eßl. gehackte Kräuter
2 Eßl. Milch, 1 Prise Salz

2 Eßl. Cottage Cheese
1 Eßl. feingeraspelte Möhre
1 Teel. gemahlene Haselnüsse
je 1 Prise Salz und Pfeffer

2 Eßl. Doppelrahm-Frischkäse
1 Teel. mildes Currypulver
1 Teel. zerdrückte Avocado
1 Teel. Zitronensaft
1 Eßl. Milch, 1 Prise Salz

2 Eßl. Speisequark (20%)
1 Teel. gehackter Dill
etwas abgeriebene Zitronen-
* schale*
1 Prise Salz

2 Eßl. Speisequark (20%)
1 Eßl. Tomatenmark
½ Teel. Paprikapulver, edelsüß
1 Prise Salz

Zum Garnieren:
jeweils Maiskölbchen und grüne
* Pfefferkörner*
kleine Peperoni und Petersilie
schwarze Oliven und Petersilie
Sardellenröllchen und Toma-
* tenwürfel*
Kiwischeiben und Cocktail-
* kirschen*
Limettenscheiben, Krabben
* und Dill*
Lachsröllchen und Dill
deutscher Kaviar und Kresse
Cornichons und Peperoni-
* scheiben*
gefüllte Oliven und Kresse

Pro Eihälfte etwa 400 Joule/
95 Kalorien

Die Eier längs halbieren. Die
Eigelbe mit den genannten Zutaten zum Füllen mischen und
in die Eiweißhälften spritzen.
Die Eier nach Vorschlägen auf
der Abbildung garnieren. Die
Beschreibung erfaßt die abgebildeten Eier von oben nach
unten und jede Reihe von links
nach rechts.

Harte Eier mit delikaten Saucen

Rechnen Sie pro Person 2 bis 3 hartgekochte Eier. Jede Sauce reicht für etwa 8 Eier.

Russische Sauce
je 1 rote, grüne und gelbe
Paprikaschote
2 Bund Schnittlauch
0,2 l saure Sahne
1 Teel. Paprikapulver, edelsüß
1 Spritzer Tabascosauce
1 Teel. Meerrettichsenf
50 g deutscher Kaviar

Etwa 2520 Joule/600 Kalorien

Die Paprikaschoten waschen, abtrocknen, halbieren und die Rippen und Kerne entfernen. Die Schotenhälften kleinwürfeln. Den Schnittlauch klein-schneiden. Die saure Sahne mit den Schotenwürfeln, dem Paprikapulver, der Tabasco-sauce, dem Schnittlauch, dem Meerrettichsenf und der Hälfte des Kaviars vermengen. Den restlichen Kaviar auf die Sau-ce setzen.

Champignonsauce
200 g Champignons
2 Stangen Lauch/Porree
2 Zwiebeln
100 g durchwachsener Speck

Etwa 4135 Joule/985 Kalorien

Die Champignons waschen, putzen und in Scheibchen schneiden. Den Lauch wa-schen und in Scheibchen schneiden. Die Zwiebeln schä-len und kleinwürfeln. Den Speck in Würfel schneiden, ausbraten. Die Lauchscheib-chen und die Zwiebelwürfel zugeben und 4–5 Minuten dünsten, dann die Champi-gnons zufügen und alles weite-re 6 Minuten braten.

Quarksauce
200 g Magerquark
100 g Edelpilzkäse
Saft von 1 Zitrone
½ Teel. Salz
2 Teel. Preiselbeerkonfitüre
etwas Mineralwasser

Etwa 2205 Joule/525 Kalorien

Den Quark schaumig rühren. Den Edelpilzkäse durch ein Sieb dazustreichen und unter-rühren. Die Quarkmischung mit dem Zitronensaft, dem Salz, der Preiselbeerkonfitüre und Mineralwasser verrühren und mit einigen Preiselbeeren verzieren.

Capri-Sauce
3 Bund gemischte Kräuter
2 Sardellenfilets
1 Eßl. Kapern
10 gefüllte Oliven
2 Eigelbe
1 Teel. scharfer Senf
3 Eßl. Weinessig
½ Teel. Salz
1 Prise weißer Pfeffer
6 Eßl. Öl, 2 Tomaten

Etwa 4390 Joule/1045 Kalo-rien

Die Kräuter waschen, abtrop-fen lassen und mit den Sardel-lenfilets, den Kapern und den Oliven feinhacken. Die Eigel-be mit dem Senf, dem Essig, dem Salz und dem Pfeffer ver-rühren. Tropfenweise das Öl und zuletzt die kleingehackten Zutaten unterrühren. Die To-maten häuten, in kleine Stücke schneiden und untermischen.

Eiertörtchen mit Leberparfait

Zutaten für 8 Törtchen:
4 hartgekochte Eier
1 Bund gemischte Kräuter wie
  Salbei, Petersilie, Dill,
  Schnittlauch und Liebstöckel
100 g weiche Butter
2 Eßl. milder Senf
¼ Teel. weißer Pfeffer
¼ Teel. Salz
8 kleine salzige Mürbeteig-
  Tartelettes (Fertigprodukt)
125 g Leberparfait
2 Scheibchen Trüffel
4 Zweige Dill

Pro Stück etwa 1555 Joule/
370 Kalorien

Die Eier quer halbieren, die
Eigelbe herausheben und in eine Schüssel geben. Die Kräuter waschen, trockentupfen
und kleinschneiden. Die Eigelbe mit der Butter, dem Senf,
dem Pfeffer, dem Salz und den
kleingeschnittenen Kräutern
schaumig rühren. Die Mi-
schung in einen Spritzbeutel
mit Sterntülle füllen und die
Mürbeteig-Tartelettes damit
ausspritzen. Die Eiweißhälften
jeweils in die Mitte setzen. Das
Leberparfait mit einem kleinen
Schneebesen schaumig rühren
und in die Eiweißhälften füllen. Die Trüffelscheibchen
kleinwürfeln und auf dem Parfait verteilen. Die Eiweißhälften mit Dill garnieren.

> **Unser Tip**
> Die Mürbeteig-Tartelet-
> tes können Sie auch
> selbst backen (Rezept
> Seite 20).

Eiertörtchen mit Schinkensalat

Zutaten für 8 Törtchen:
200 g gekochter Schinken
1 säuerlicher Apfel
1 Banane
2 Teel. Zitronensaft
3 Eßl. Mayonnaise
2 Eßl. Sahne
2–3 Teel. mildes Currypulver
je 1 Prise Salz und Zucker
8 kleine salzige Mürbeteig-
  Tartelettes (Fertigprodukt)
4 hartgekochte Eier
4 Scheiben geräucherter Lachs
einige Blättchen Estragon

Pro Stück etwa 1785 Joule/
425 Kalorien

Den Schinken in kleine Würfel
schneiden. Den Apfel schälen,
das Kerngehäuse mit dem Apfelausstecher entfernen, den
Apfel in Scheiben und die
Scheiben in Streifen schneiden. Die Banane schälen und
würfeln. Die Schinkenwürfel,
die Apfelstreifen und die Ba-
nanenwürfel locker in einer
Schüssel mischen. Mit 1 Teelöffel Zitronensaft beträufeln.
Die Mayonnaise mit der Sahne, dem restlichen Zitronensaft, dem Curry, dem Salz und
dem Zucker verrühren. Die
Sauce nochmals gut ab-
schmecken. Die Salatsauce unter die kleingeschnittenen Zutaten heben. Den Schinkensalat in die Mürbeteig-Tartelettes
füllen. Die Eier schälen, längs
halbieren und auf jedes Törtchen 1 Eihälfte legen. Die
Lachsscheiben der Länge nach
halbieren und zu Röllchen formen. Jede Eihälfte mit
1 Lachsröllchen belegen und
diese mit Estragonblättchen
garnieren.

Marinierte Eier

½ l Essig
je 1 Teel. Salz, Senfkörner und
    schwarze Pfefferkörner
3 Gewürznelken
1 Zimtstange
2 Lorbeerblätter
15 hartgekochte Eier

Pro Ei etwa 355 Joule/
85 Kalorien

Den Essig mit ½ l Wasser, dem
Salz, den Senfkörnern, den
Pfefferkörnern, den Nelken,
der Zimtstange und den Lorbeerblättern zum Kochen bringen und zugedeckt bei schwacher Hitze 10 Minuten kochen
lassen. Die hartgekochten Eier
in ein hohes Glas oder in einen
Steinguttopf legen. Den noch
heißen Sud über die Eier gießen und erkalten lassen. Den
Topf oder das Glas nach dem
Erkalten der Flüssigkeit mit
Pergamentpapier verschließen.
Die Eier im Sud 2–3 Tage im
Kühlschrank durchziehen lassen. Die Eier haben dann den
Geschmack der Marinade an-
genommen und schmecken in
Scheiben geschnitten als Brotbelag oder kombiniert mit delikaten Saucen (Rezepte Seite 126).

Unser Tip
Zum Marinieren sollten
Sie nur ganz frische Eier
verwenden. Garantie für
Frische geben die Pak-
kungen mit dem Auf-
druck »Extra«. Diese
Eier dürfen nicht älter
als 7 Tage sein.

Soleier mit Tomaten-Chutney

Zutaten für 4 Personen:
3 Eßl. Salz, 12 Eier
4 große Tomaten (500 g)
2 mittelgroße rote Paprika-
schoten, 3 Zwiebeln
⅛ l Rotweinessig
180 g Farinzucker
je 1 Teel. Salz, grüne Pfefferkör-
ner aus dem Glas und mittel-
scharfer Senf
½ Teel. Paprikapulver, edelsüß
1 Messerspitze Nelkenpulver

Pro Portion etwa 2185 Joule/
520 Kalorien

1¼ l Wasser mit dem Salz zum
Kochen bringen, die Eier vorsichtig hineinlegen und etwa
12 Minuten kochen lassen. Die
Eier aus dem Salzwasser nehmen, kalt abschrecken und die

Schalen etwas anschlagen. Das
Salzwasser abkühlen lassen.
Die Eier in ein großes Glas legen und das abgekühlte Salzwasser darübergießen.
Zugedeckt im Kühlschrank
2–3 Tage durchziehen lassen.
Die Tomaten häuten und in
grobe Stücke schneiden. Die
Paprikaschoten waschen, halbieren, von Rippen und Kernen befreien und in 1 cm große
Stücke schneiden. Die Zwiebeln schälen und würfeln. Das
Gemüse mit dem Essig so lange kochen lassen, bis nur noch
wenig Flüssigkeit übrig ist.
Den Zucker, das Salz und alle
Gewürze unterrühren. Das
Chutney 8 Minuten unter ständigem Rühren sprudelnd kochen lassen und heiß in vorbereitete Gläser füllen; mit Einmachcellophan verschließen.
Die Eier mit dem Chutney
servieren.

Tee-Eier mit Orangen-Chutney

Zutaten für 4 Personen:
je 2 Orangen und Äpfel
125 g Rosinen, 60 g Zucker
½ Teel. Salz
1 Teel. Ingwerpulver
¼ Teel. geriebene Muskatnuß
⅛ l Rotweinessig
250 g Preiselbeerkonfitüre
2 Eßl. Orangenkonfitüre
8 Eier, 2 Eßl. Salz
3 Eßl. schwarzer Tee
1 Eßl. Salz
1 Eßl. gemahlene gemischte Ge-
würze wie Sternanis, Fenchel,
Zimt, Gewürznelken und
Pfeffer

Pro Portion etwa 2270 Joule/
540 Kalorien

Die Orangen und die Äpfel
schälen und das Fruchtfleisch

in kleine Würfel schneiden,
dabei alle Kerne entfernen.
Das Obst mit den Rosinen,
dem Zucker, dem Salz, den
Gewürzen und dem Essig in
30 Minuten bei schwacher Hitze zu einem dicken Brei kochen. Die Konfitüre unterrühren und noch einmal aufkochen. Das Chutney in vorbereitete Gläser füllen; mit Einmachcellophan verschließen.
Die Eier mit 1 l Wasser und
dem Salz zum Kochen bringen
und 10 Minuten kochen lassen.
Dann auf einer Tischplatte rollen, bis die Schalen rundherum
eingeknickt sind. Nochmals 1 l
Wasser zum Kochen bringen.
Den schwarzen Tee, das Salz
und die Gewürze einrühren.
Die Eier kochen lassen, bis die
Schalen braun gefärbt sind.
Die Eier 30 Minuten im Tee-
sud ziehen lassen und mit dem
Chutney servieren.

Gemüse mit feiner Fülle

Kräuter-Shrimps in Avocados

Zutaten für 4 Personen:
300–400 g tiefgefrorene
Shrimps
2 reife Avocados
1 Teel. Zitronensaft
3 Eßl. Mayonnaise
3 Eßl. Crème fraîche
1 Eßl. Zitronensaft
2 Eßl. Whisky
1 Messerspitze Salz
1 Prise weißer Pfeffer
1 Bund gemischte Kräuter
wie Dill, Estragon und
Pimpinelle
einige Zweige Dill

Pro Portion etwa 2060 Joule/
490 Kalorien

Die Shrimps aus der Verpak-
kung nehmen und zugedeckt
bei Raumtemperatur auftauen

lassen. Die Avocados wa-
schen, abtrocknen und der
Länge nach halbieren. Die
Steine herauslösen und die
Avocadohälften so aushöhlen,
daß noch ein dicker Rand bestehen bleibt. Die Avocadohälften mit dem Zitronensaft
ausstreichen und kühl stellen.
Das ausgelöste Fruchtfleisch
in kleine Würfel schneiden.
Die Mayonnaise mit der Crème fraîche, dem Zitronensaft,
dem Whisky, dem Salz und
dem Pfeffer verrühren. Die
Kräuter waschen, abtropfen
lassen und kleinschneiden.
Die kleingeschnittenen Kräuter unter die Mayonnaisesauce
rühren. Das Avocadofrucht-
fleisch und die Shrimps mit
der Mayonnaisesauce mi-
schen. Die Avocadohälften
mit den Kräuter-Shrimps füllen. Jede Portion mit 1 kleinen
Dillzweig garnieren.

Gefüllte Auberginen

Zutaten für 4 Personen:
2 gleich große Auberginen
1 Messerspitze Salz, 1 Schalotte
2 Eßl. Öl, 250 g Tatar
100 g gekochter Reis
je ¼ Teel. Salz, weißer Pfeffer
und Currypulver
1 Messerspitze Knoblauch-
pulver
½ Teel. abgeriebene Zitronen-
schale, 1 Eßl. Orangensaft
1 Eßl. gehackte Pinienkerne
einige frische Blättchen Pfeffer-
minze

Pro Portion etwa 1220 Joule/
290 Kalorien

Die Auberginen waschen, abtrocknen, der Länge nach halbieren und aushöhlen. Das Innere der Auberginen mit dem

Salz würzen. Die Schalotte
schälen und mit dem Aubergi-
nenfleisch feinhacken. Den
Backofen auf 200° vorheizen.
Das Öl erhitzen und die gehackte Schalotte mit dem Au-
berginenfleisch darin glasig
braten. Das Tatar zugeben und
richtig durchbraten, dabei das
Tatar öfters wenden. Den Reis
mit dem Salz, den Gewürzen
und der Zitronenschale, dem
Orangensaft und den gehackten Pinienkernen mischen. Die
Reismasse unter das Tatar
mengen und alles noch 1 Minute braten. Die Füllung in die
Auberginenhälften geben. Die
Auberginenhälften auf eine
feuerfeste Platte setzen und im
Backofen 10–20 Minuten auf
der mittleren Schiene überbak-
ken. Die Auberginenhälften
abkühlen lassen; vor dem Servieren mit den Pfefferminzblättchen garnieren.

Gemüse mit feiner Fülle

Fenchel mit Roquefortcreme

Zutaten für 4 Personen:
2 Fenchelknollen
1 Messerspitze Salz
1 Eßl. Zitronensaft
1 Bund Dill
1 Eßl. Kapern
2 Tomaten
50 g Roquefort (französischer
* Schafkäse)*
150 g Speisequark (20%)
3 Eßl. Sahne
je 1 Prise Salz, schwarzer
* Pfeffer und Knoblauchpulver*
1 Spritzer Essig

Pro Portion etwa 925 Joule/
220 Kalorien

Den Fenchel putzen und die
zarten Blattspitzen aufbewahren. ¼ l Wasser mit dem Salz
und dem Zitronensaft zum

Kochen bringen. Die Fenchelknollen darin zugedeckt
15 Minuten kochen lassen.
Den Fenchel dann in einem
Sieb abtropfen und erkalten
lassen. Den Dill mit den Fen-
chelblattspitzen waschen, trok-
kentupfen und kleinschneiden.
Die Kapern hacken. Die Tomaten häuten, halbieren, entkernen und das Fruchtfleisch
würfeln. Den Roquefort leicht
zerbröckeln und mit dem
Quark in eine Schüssel geben.
Die Roquefort-Quark-Mi-
schung mit der Sahne, dem
Salz, dem Pfeffer, dem Knoblauchpulver, dem Essig, den
gehackten Kapern, dem Dill
und dem Fenchelkraut cremig
rühren. Die Fenchelknollen
der Länge nach halbieren und
die Quarkmasse daraufhäu-
feln. Den Quark mit den Tomatenwürfeln garnieren.

Gefüllte Arti-schockenböden

Zutaten für 4 Personen:
8 Artischockenböden aus der
* Dose*
200 g Thunfisch aus der Dose
2 hartgekochte Eier
3 Eßl. Mayonnaise
je 1 Prise Salz und Pfeffer
einige Tropfen Zitronensaft
1 Messerspitze Cayennepfeffer
100 g Krabben
½ kleine Zitrone
einige Blätter Kopfsalat
1 kleines Glas deutscher Kaviar

Pro Portion etwa 1745 Joule/
415 Kalorien

Die Artischockenböden und
den Thunfisch gut abtropfen
lassen. Die Eier schälen und
kleinwürfeln. Den Thunfisch
und die Eier mit der Gabel zer-

drücken oder im Mixer pürieren. Nach und nach die Mayonnaise zufügen. Die Mi-
schung mit dem Salz, dem
Pfeffer, dem Zitronensaft und
dem Cayennepfeffer ab-
schmecken. Die Krabben in einem Sieb kalt abbrausen und
abtropfen lassen. Die Zitrone
waschen, abtrocknen und in
dünne Scheiben schneiden.
Die Zitronenscheiben halbieren. Die Salatblätter waschen,
gut abtropfen lassen und eine
Platte damit auslegen. Die Artischockenböden auf den Salatblättern anrichten und mit
der Thunfischmayonnaise füllen. Die Krabben auf die
Thunfischmayonnaise geben.
Mit je ½ Zitronenscheibe und
etwas Kaviar garnieren.

131

Gemüse mit feiner Fülle

Tomaten Delicato

Zutaten für 8 Tomaten:
100 g tiefgefrorene Krabben
8 runde Tomaten
je 1 Teel. Salz und weißer
  Pfeffer
1 Pfirsich
1 gebratene Poulardenbrust
2 Eßl. Mayonnaise
1 Eßl. saure Sahne
1 Eßl. Tomatenketchup
1 Spritzer Worcestershiresauce
1 Prise Cayennepfeffer
1 Teel. Cognac

Pro Stück etwa 715 Joule/
170 Kalorien

Die tiefgefrorenen Krabben
zugedeckt auftauen lassen. Die
Tomaten waschen, abtrocknen
und das obere Drittel als Dek-
kelchen abschneiden. Die Tomaten aushöhlen und innen
mit dem Salz und dem Pfeffer
würzen. Den Pfirsich mit einer
Gabel mehrmals einstechen,
kurz in kochendes Wasser tauchen, häuten, halbieren, den
Stein herauslösen und die Pfirsichhälften in kleine Würfel
schneiden. Die Poularden-
brust ebenfalls kleinwürfeln.
Die Pfirsichwürfel, die Poular-
denfleischwürfel und die
Krabben in einer Schüssel mischen. Die Mayonnaise mit
der sauren Sahne, dem Ketchup, der Worcestershiresauce,
dem Cayennepfeffer und dem
Cognac verrühren. Die Ma-
yonnaisesauce mit den Zutaten in der Schüssel mischen.
Den Salat zugedeckt bei
Raumtemperatur 15 Minuten
durchziehen lassen. Den Salat
in die Tomaten füllen und die
Deckelchen wieder aufsetzen.

Käse-Paprika
auf Tomaten

Zutaten für 4 Personen:
2 grüne Paprikaschoten
1 Messerspitze Salz
1 kleine Zwiebel
4 Tomaten
1 Messerspitze weißer Pfeffer
50 g weiche Butter
150 g Doppelrahm-Frischkäse
3 Eßl. saure Sahne
½ Teel. Paprikapulver, edelsüß

Pro Portion etwa 1090 Joule/
260 Kalorien

Die Paprikaschoten halbieren,
von Rippen und Kernen be-
freien. Die Schotenhälften
gründlich kalt waschen und
abtrocknen. 2 Schotenhälften
in sehr kleine Würfel schneiden. Die anderen beiden Schotenhälften innen salzen. Die
Zwiebel schälen und in kleine
Würfel schneiden. Die Tomaten waschen, abtrocknen und
in gleichmäßig dicke Scheiben
schneiden, mit dem Pfeffer
und etwas Salz würzen und mit
den Zwiebelwürfelchen be-
streuen. Die Butter mit dem
Frischkäse verrühren und so
viel saure Sahne zufügen, daß
eine geschmeidige Masse entsteht. Die kleingewürfelte Paprikaschote zufügen und die
Käsecreme mit Salz und Pfeffer würzen. Die Schotenhälften mit der Käsemasse füllen
und zusammensetzen. Die gefüllte Schote mit Klarsichtfolie
umwickeln und etwa 30 Mi-
nuten kühl stellen. Die gefüllten
Schotenhälften in Scheiben
schneiden und auf den Tomatenscheiben anrichten. Die
Käsecreme mit dem Paprikapulver bestreuen.

Gemüse mit feiner Fülle

Illustrierte Gurke

Zutaten für 4 Personen:
1 Salatgurke
1 Tasse Mirabellen aus
   dem Glas
½ Sellerieknolle
1 großer roter Apfel
200 g gegarte Spargelspitzen
1 kleiner Kopfsalat
3 Eßl. Mayonnaise
3 Eßl. Joghurt
2 Eigelbe
5 Eßl. Sahne
1 Teel. Zitronensaft
1 Eßl. Aprikosengelee
½ Teel. Salz

Pro Portion etwa 1720 Joule/
410 Kalorien

Die Gurke waschen, abtrocknen und ein Drittel der Länge nach abschneiden. Die Gurkenkerne herauskratzen. Die Gurke aushöhlen und das Gurkenfleisch würfeln. Die Mirabellen abtropfen lassen, entsteinen und halbieren. Die Sellerieknolle schälen, waschen und in kleine Würfel schneiden. Den Apfel waschen, abtrocknen, das Kerngehäuse ausstechen und den Apfel ungeschält würfeln. Die Spargelspitzen abtropfen lassen. Vom Kopfsalat schlechte Blätter entfernen, große Blätter zerkleinern, kalt waschen und gut abtropfen lassen. Die Gurkenstückchen, die Mirabellenhälften, die Selleriewürfel, die Apfelwürfel und die Spargelspitzen mischen. Die Mayonnaise mit dem Joghurt, den Eigelben, der Sahne, dem Zitronensaft, dem Aprikosengelee und dem Salz verrühren. Das Dressing unter die Salatzutaten heben. Die Salatblätter in die ausgehöhlte Gurke legen. Die angemachten Salatzutaten auf den Salatblättern anrichten.

133

Pikante Schlemmerteller

Bündner Fleisch mit Kumquatsauce

Zutaten für 4 Personen:
2 Eßl. Mayonnaise
¼ Teel. Salz
1 Prise weißer Pfeffer
2 Teel. Zitronensaft
4 eingelegte Kumquats
   (Zwergorangen)
⅛ l Sahne
200 g Bündner Fleisch in
   dünnen Scheiben

Pro Portion etwa 1640 Joule/
390 Kalorien

Die Mayonnaise in eine
Schüssel geben und mit dem
Salz, dem Pfeffer und dem Zitronensaft verrühren. 3 Kumquats in sehr feine Würfelchen
schneiden und unter die Mayonnaise rühren. Die vierte
Frucht in sehr dünne Scheiben
schneiden. Die Sahne schlagen. Die Schlagsahne unter die
Mayonnaise heben. Die Kumquatsauce in eine Schüssel füllen und mit den Kumquatscheiben garnieren. Das Bündner Fleisch zu Röllchen formen und auf einem Teller anrichten.

Unser Tip
Bündner Fleisch mit
Kumquatsauce können
Sie als feine Vorspeise,
als raffiniertes Detail eines Kalten Buffets oder
als ganz besonderen Imbiß für Gäste, die nach
dem Abendessen zu Ihnen kommen, servieren.

Avocados mit Muscheln

Zutaten für 4 Personen:
2 reife Avocados
2 Teel. Zitronensaft
1 kleine Grapefruit
1 Dose pikant eingelegte
   Muscheln (200 g)
2 Eßl. Mayonnaise
1 Eßl. Joghurt
1 Teel. gemahlene Mandeln
je 1 Messerspitze Salz, weißer
   Pfeffer und Currypulver

Pro Portion etwa 1535 Joule/
365 Kalorien

Die Avocados waschen, abtrocknen, der Länge nach halbieren und die Steine herauslösen. Die Schnittflächen der
Avocadohälften mit 1 Teelöffel
Zitronensaft beträufeln, damit
sich das Fruchtfleisch nicht
dunkel verfärbt. Die Grapefruit schälen und filetieren.
Die Muscheln in einem Sieb
abtropfen lassen. Die Grapefruitspalten und die Muscheln
auf den Avocadohälften anrichten. Die Mayonnaise mit
dem Joghurt, den Mandeln,
dem restlichen Zitronensaft,
dem Salz, dem Pfeffer und
dem Curry verrühren. Je 1 Eßlöffel von der Mayonnaisesauce auf 1 gefüllte Avocadohälfte geben.

Unser Tip
Sie können die Avocadohälften mit einem
Teelöffel auch etwas
aushöhlen, das Avocadofleisch feinwürfeln
und zuletzt unter die
Mayonnaise mischen.

Pikante Schlemmerteller

Feigen mit Currysahne

Zutaten für 4 Personen:
8–12 frische Feigen
1 Becher Sahne (0,2 l)
3 Teel. Limettensaft
1 Teel. Currypulver
¼ Teel. Salz
½ Teel. Zucker

Pro Portion etwa 1050 Joule/
250 Kalorien

Die Feigen schälen und in
dünne Scheiben schneiden.
Die Feigenscheiben auf vier
Tellern fächerförmig anrichten. Die Sahne cremig schlagen. Den Limettensaft mit dem
Curry, dem Salz und dem Zukker verrühren und zuletzt mit
dem Schneebesen unter die
Sahne mischen. Die Currysahne über die Feigen gießen.

Unser Tip
Feigen mit Currysahne
sind eine ausgezeichne-
te Vorspeise, eignen sich
aber auch hervorragend
als Dessert.

Guavas mit Kräuterquark

Zutaten für 4 Personen:
2 Guavas
1 Bund gemischte Kräuter
250 g Sahnequark (40%)
¼ Teel. Salz
1 Prise weißer Pfeffer

Pro Portion etwa 610 Joule/
145 Kalorien

Die Guavas waschen, abtrocknen und halbieren. Mit einem
Teelöffel alle Kerne und die
Mittelstränge aus den Fruchthälften entfernen. Die Kräuter
waschen, trockentupfen und
einige Zweige zum Garnieren
beiseite legen. Die restlichen
Kräuter hacken. Den Sahnequark mit dem Salz, dem Pfeffer und den gehackten Kräutern verrühren. Wenn nötig,

noch einige Eßlöffel Milch
unter den Quark rühren; der
Quark soll die Konsistenz einer Creme haben. Die Guava-
hälften mit dem Kräuterquark
füllen. Die Quarkfüllung mit
kleinen Zweigen von den zurückbehaltenen Kräutern garnieren.

Unser Tip
Mit einem Löffel den
Kräuterquark und das
Fruchtfleisch aus den
Fruchtschalen lösen;
die äußere Schale wird
nicht mitverzehrt.

Pikante Schlemmerteller

Hühnerbrüstchen mit Kiwis und Orangensauce

Zutaten für 4 Personen:
4 gekochte Hühnerbrüstchen
3 Kiwis
1 Teel. Butter
1 Eßl. Zucker
¼ l frisch ausgepreßter
*   Orangensaft*
abgeriebene Schale von
*   ½ unbehandelten Orange*
1 Eßl. Cognac

Pro Portion etwa 1070 Joule/
255 Kalorien

Die Haut der Hühnerbrüstchen entfernen und das Fleisch in dünne Scheiben schneiden. Die Geflügelfleischscheiben auf vier Tellern oder einer großen Platte fä-
cherförmig anrichten. Die Kiwifrüchte dünn schälen und in Scheiben schneiden. Die Kiwischeiben ebenfalls fächerförmig neben den Fleischscheiben anrichten. Die Butter in einer kleinen Kasserolle zerlassen, den Zucker einstreuen und unter Rühren leicht karamelisieren lassen. Den Orangensaft nach und nach zugeben und die Orangenschale einstreuen. Die Sauce bei schwacher Hitze unter ständigem Rühren so lange kochen lassen, bis sie sirupähnlich ist. Die Sauce vom Herd nehmen und den Cognac unterrühren. Die Orangensauce abkühlen lassen. Einen Teil der abgekühlten Sauce über die Hühnerbrustscheiben und die Kiwischeiben gießen. Die restliche Orangensauce gesondert dazureichen.

Melone mit Parmaschinken und Pfeffermayonnaise

Zutaten für 4 Personen:
1 Eßl. grüne Pfefferkörner aus
*   dem Glas*
4 Eßl. Mayonnaise
1 Teel. Zitronensaft
1 Prise Salz
1 kleine Ogen-Melone
200 g Parmaschinken in dünnen
*   Scheiben*

Pro Portion etwa 1555 Joule/
370 Kalorien

Die Hälfte der Pfefferkörner mit einer Gabel zerdrücken und mit der Mayonnaise, dem Zitronensaft und dem Salz verrühren. Die Mayonnaisesauce abschmecken, in einer Schale
anrichten und mit den restlichen unzerkleinerten Pfefferkörnern bestreuen. Die Melone dünn schälen, halbieren und die Kerne herauskratzen. Die Melonenhälften in gleich große Spalten schneiden. Jede Melonenspalte locker mit 1 Schinkenscheibe umhüllen und auf einer Platte anrichten.

Unser Tip
Die Melonenspalten mit Parmaschinken sind ausgezeichnet als Vorspeise zu einem festlichen Menü geeignet. Liebe Gäste erfreuen Sie aber mit diesem raffinierten Imbiß sicher auch zu fortgeschrittener Stunde am Abend.

Pikante Schlemmerteller

Gefüllte Kakipflaumen

Zutaten für 4 Personen:
4 Kakipflaumen
2 Teel. Zitronensaft
1 Teel. grüne Pfefferkörner aus dem Glas
200 g Doppelrahm-Frischkäse
⅛ l Sahne
je 1 Messerspitze Zucker und Salz
1 Zitrone

Pro Portion etwa 1510 Joule/ 360 Kalorien

Die Kakipflaumen kurz kalt waschen und mit einem Tuch trockenreiben. Mit einem scharfen Messer einen Deckel von den Früchten abschneiden. Das Fruchtfleisch mit einem Teelöffel aus den Kakipflaumen heben und in kleine Würfel schneiden. Die ausgehöhlten Früchte sowie die Fruchtfleischwürfel mit dem Zitronensaft beträufeln. Die Pfefferkörner mit einer Gabel leicht zerdrücken. Den Frischkäse mit der Sahne, dem Zukker, dem Salz und den zerdrückten Pfefferkörnern cremig rühren. Nochmals gut abschmecken. Die Fruchtfleischwürfel unter die Käsecreme heben. Die Kakipflaumen mit der Käsecreme füllen. Die Zitrone warm waschen, abtrocknen und aus der Mitte 4 dünne Scheiben schneiden. Jede gefüllte Kakipflaume mit 1 Zitronenscheibe garnieren.

Lycheecocktail

Zutaten für 4 Personen:
280 g Lychees aus der Dose oder 400 g frische Lychees
350 g gekochtes Hühnerfleisch
4 Eßl. Mayonnaise
3 Eßl. Lycheesaft oder Apfelsaft
½ Teel. Salz
¼ Teel. weißer Pfeffer
3 Eßl. Sahne
abgeriebene Schale von ½ unbehandelten Orange
einige Blätter Kopfsalat
2 Teel. Zitronensaft
¼ Teel. Cayennepfeffer
4 Piri-Piri (Mini-Peperoni)

Pro Portion etwa 2060 Joule/ 490 Kalorien

Lychees aus der Dose abtropfen lassen und den Saft auffangen. Frische Lychees schälen, die Früchte halbieren und entkernen. Das Hühnerfleisch in 1–2 cm große Würfel schneiden. Die Mayonnaise mit dem Lycheesaft oder dem Apfelsaft, dem Salz, dem Pfeffer, der Sahne und der Orangenschale verrühren. Die Salatblätter waschen, gut abtropfen lassen und vier Teller damit auslegen. Die Lychees und die Hühnerfleischwürfel auf den Salatblättern verteilen. Die Mayonnaisesauce über die Früchte und das Hühnerfleisch gießen. Die Cocktails zugedeckt 30 Minuten im Kühlschrank durchziehen lassen. Den Zitronensaft mit dem Cayennepfeffer verrühren und vor dem Servieren über die Cocktails träufeln. Jede Portion mit 1 Piri-Piri garnieren.

137

Delikat und süß

Cherimoyaspeise

Zutaten für 4 Personen:
4 Cherimoyas
1 Schnapsglas Orangenlikör
  (2 cl)
2 Limetten
2 Eigelbe
100 g Zucker
abgeriebene Schale von
  1 unbehandelten Zitrone
⅛ l Sahne

Pro Portion etwa 1280 Joule/
305 Kalorien

Die Cherimoyas dünn schälen
und halbieren. Mit einem spitzen Messer die Kerne entfernen und die Fruchthälften in
kleine Stücke schneiden. Die
kleingeschnittenen Früchte
mit dem Orangenlikör beträufeln. Die Limetten heiß waschen, abtrocknen und aus der

Mitte 4 dünne Scheiben
schneiden. Die restlichen Limetten auspressen und den
Saft mit den Eigelben, dem
Zucker und der Zitronenschale so lange rühren, bis sich der
Zucker völlig gelöst hat. Die
Sahne steif schlagen. Die
Schlagsahne unter die Eigelbcreme ziehen. Die Creme in
vier Portionsgläsern abwechselnd mit den Cherimoyastük-
ken einfüllen. Jede Portion mit
1 Limettenscheibe garnieren.

Obstsalat mit Kaktusfeigen

Zutaten für 4 Personen:
2 Kaktusfeigen
½ roter säuerlicher Apfel
½ Birne
½ Banane
1 Eßl. Zucker
1 Schnapsglas Calvados
  (Apfelschnaps, 2 cl)
⅛ l Sahne
2 Eßl. Krokantstreusel

Pro Portion etwa 905 Joule/
215 Kalorien

Die Haut von den Kaktusfeigen abziehen, die Früchte der
Länge nach halbieren und die
Fruchthälften in gleich dünne
Scheiben schneiden. Den Apfel waschen, abtrocknen, vierteln, das Kerngehäuse entfernen und die Apfelstücke in

Scheiben schneiden. Die Birne
und die Banane schälen. Die
Birnenhälfte vierteln, vom
Kerngehäuse befreien und mit
der Banane in Scheibchen
schneiden. Alle vorbereiteten
Früchte locker in einer Schüssel mischen und mit dem Zukker bestreuen. Den Calvados
über den Obstsalat träufeln
und zugedeckt 15 Minuten
durchziehen lassen. Die Sahne
cremig schlagen und vor dem
Servieren auf den Obstsalat geben. Die Sahne mit den Kro-
kantstreuseln garnieren.

Delikat und süß

Papaya-Eiscreme

Zutaten für 4 Personen:
2 Papayas
¼ l Sahne
100 g Zucker
2 Schnapsgläser Zitronenlikör
*   (4 cl)*
4 Walnußkerne

Pro Portion etwa 1595 Joule/
380 Kalorien

Die Papayas schälen, halbieren und die Kerne herausschaben. Das Fruchtfleisch von 1 Papaya pürieren, das der zweiten Papaya in kleine Würfel schneiden. Die Sahne steif schlagen. Während des Schlagens nach und nach den Zucker zugeben. Zuletzt die Schlagsahne mit dem Fruchtpüree und den Fruchtwürfeln mischen. Die Papaya-Sahne in eine Eisschale füllen und in der Tiefkühltruhe oder im Eiswürfelfach des Kühlschranks festfrieren lassen. Vor dem Servieren die Eisschale kurz in heißes Wasser tauchen, die Eiscreme stürzen, in Würfel schneiden und in vier Gläser verteilen. Den Zitronenlikör über die Eiscreme träufeln und jede Portion mit 2 Walnußhälften garnieren.

Limettencreme

Zutaten für 4 Personen:
4–5 Limetten
3 Blätter Gelatine
¹⁄₁₆ l Milch
3 Eigelbe
150 g Zucker
⅜ l Sahne
2 Eßl. Zucker
1 Schnapsglas Grand Marnier
*   (Orangenlikör, 2 cl)*
4 Belegkirschen

Pro Portion etwa 2395 Joule/
570 Kalorien

Die Limetten auspressen und ⅛ l Limettensaft abmessen. Den Limettensaft zugedeckt beiseite stellen. Die Gelatine 10 Minuten in kaltem Wasser einweichen. Die Milch mit den Eigelben und dem Zucker im Mixer schaumig schlagen. Die Masse dann in einen Topf geben und im heißen Wasserbad mit dem Schneebesen cremig rühren. Die Eigelbcreme aus dem Wasserbad nehmen. Die Gelatine gut ausdrücken und in der noch heißen Creme auflösen. Die Eigelbcreme abkühlen lassen. Die Sahne steif schlagen. Während des Schlagens nach und nach den Zucker einrieseln lassen. Die Schlagsahne unter die gut abgekühlte Creme ziehen. Den Limettensaft mit dem Grand Marnier mischen und ebenfalls unter die Creme ziehen. Die Limettencreme in vier Gläser füllen und in etwa 1 Stunde im Kühlschrank fest werden lassen. Jede Portion Limettencreme vor dem Servieren mit 1 Belegkirsche garnieren.

Klassisches Austernessen

Pro Person:
12–16 Austern
2–3 Zitronenspalten

Etwa 84 Joule/20 Kalorien

Die Austern unter fließendem kaltem Wasser abbürsten und abtrocknen. Auster für Auster mit einem feuchten Tuch anfassen, mit der gewölbten Schale nach unten in den Handteller legen und mit dem Austernbrecher oder einem starken Messer an der spitzen Seite der Auster am »Scharnier« die Schale mit einem Ruck öffnen. Darauf achten, daß der Rest Meerwasser in der geöffneten Auster nicht verschüttet wird, denn dieses trägt zum würzigen Ge-

schmack der Auster bei. Mit einem Küchenmesser den Schließmuskel entlang der Schalenränder lösen. Die gefüllten Austernhälften auf eine Platte setzen. Wenn Sie keine spezielle Austernplatte mit Vertiefungen haben, streuen Sie eine 1 cm dicke Schicht Salz auf eine normale Platte und setzen die Austern darauf. So können die Austern nicht kippen und kein Tropfen der wertvollen Flüssigkeit wird verschüttet. Austern darf man aus der Schale schlürfen! Den Muskel am »Scharnier« gegebenenfalls zuvor mit einer Austerngabel lockern. Die Austern nach Belieben mit etwas Zitronensaft beträufeln oder mit etwas Pfeffer aus der Mühle würzen. Dazu reichen Sie frisches Weißbrot oder Kümmelbrot und einen trockenen Weißwein.

Muschelsalat mit Safransauce

Zutaten für 4 Personen:
1 Zwiebel
1 kleine Stange Lauch/Porree
¼ l Weißwein
1½ kg frische Miesmuscheln
1 Schalotte, 2 Eßl. Olivenöl
3 Messerspitzen Safranpulver
3 Eßl. Crème fraîche
1 Stange Staudensellerie
2 Kopfsalatherzen
1 Eßl. Zitronensaft
einige Blättchen Estragon

Pro Portion etwa 985 Joule/235 Kalorien

Die Zwiebel schälen und würfeln. Den Lauch putzen, waschen und kleinschneiden. Das Gemüse in dem Weißwein und ¼ l Wasser zum Kochen bringen. Die Muscheln unter fließendem kaltem Wasser bürsten, den »Bart« abschneiden und die Muscheln im kochenden Sud zugedeckt bei starker Hitze 10 Minuten kochen lassen. Die Muscheln sind gar, wenn sich alle Schalen geöffnet haben. Das Muschelfleisch aus den Schalen lösen. Vom Sud ¼ l abmessen. Die Schalotte schälen, kleinwürfeln und in dem Öl hellgelb anbraten. Den Safran, die Crème fraîche und den Muschelsud zufügen. Die Sauce 1 Minute kochen lassen, mit den Muscheln mischen und erkalten lassen. Den Sellerie in dünne Scheibchen schneiden und unter den Muschelsalat heben. Auf vier Teller je ½ Salatherz legen und mit dem Zitronensaft beträufeln. Den Muschelsalat um die Salatherzen anrichten und mit Estragonblättchen garnieren.

Muscheln aller Art

Muscheln mit Mayonnaise-Dressing

Zutaten für 4 Personen:
1 kleine Zwiebel
1 kleine Stange Lauch/Porree
¼ l Weißwein
1½ kg frische Miesmuscheln
250 g Mayonnaise
1 Teel. Zitronensaft
je 1 Prise Salz, weißer Pfeffer und Zucker
3 Eßl. Schlagsahne
1 Eßl. gehackte Petersilie

Pro Portion etwa 1995 Joule/ 475 Kalorien

Die Zwiebel schälen und hakken. Den Lauch putzen, gründlich waschen und in kleine Stücke schneiden. Das Gemüse in dem Weißwein und ¼ l Wasser zum Kochen bringen. Die Muscheln unter fließendem kaltem Wasser bürsten, den »Bart« abschneiden und die Muscheln in dem kochenden Sud zugedeckt bei starker Hitze in 10 Minuten garen. Sie sind gar, wenn sich alle Schalen geöffnet haben. Die Muscheln dann abtropfen und erkalten lassen. Die leeren Muschelschalen entfernen. Die gefüllten Schalenhälften auf vier Portionstellern anrichten. Den Muschelsud auf etwa ½ Tasse Flüssigkeit einkochen lassen und durchseihen. Die Mayonnaise mit dem erkalteten Muschelsud, dem Zitronensaft, dem Salz, dem Pfeffer und dem Zucker verrühren. Die Schlagsahne unter die Mayonnaise ziehen. Das Dressing auf den Muscheln verteilen. Die Petersilie darüberstreuen.

Muschelsülzchen

Zutaten für 4 Sülzchen:
8 Blätter Gelatine
4 kleine Gewürzgurken
2 Eßl. Kapern
1 Bund Petersilie
250 g Mayonnaise
je 1 Prise Salz und weißer Pfeffer
160 g naturell eingelegte Muscheln aus dem Glas
5 Eßl. Weißwein
einige Blätter Kopfsalat
1 Zitrone

Pro Stück etwa 1680 Joule/ 400 Kalorien

Die Gelatine in kaltem Wasser einweichen. Die Gewürzgurken und die Kapern hacken. Die Petersilie waschen, abtropfen lassen und kleinschneiden. Die Mayonnaise in eine Schüssel geben und die zerkleinerten Zutaten untermischen. Mit dem Salz und dem Pfeffer abschmecken. Die Muscheln in einem Sieb abtropfen lassen. Den Weißwein erhitzen. Die Gelatine gut ausdrükken und unter Rühren in dem Weißwein auflösen. Das Weingelee mit den abgetropften Muscheln unter die Mayonnaise heben. Vier Tassen oder Förmchen kalt ausspülen, die Sülzmasse einfüllen und im Kühlschrank erstarren lassen. Die Salatblätter waschen, abtropfen lassen und vier Portionsteller damit auslegen. Die Tassen oder Förmchen kurz in heißes Wasser tauchen und die Muschelsülzchen auf die Salatblätter stürzen. Die Zitrone heiß waschen, abtrocknen und achteln. Jede Portion mit 2 Zitronenachteln garnieren.

Krabben, Scampi, Shrimps

Scampi mit Aniscreme

Zutaten für 4 Personen:
16 frische Scampi
1 Teel. Anissamen
¼ Teel. Salz
1 Schnapsglas Anisschnaps
   (2 cl)
6 Eßl. Fleischbrühe
2 Teel. Weinessig
2 Eigelbe
125 g Butter
je 1 Prise zerstoßene Anissamen
   und Salz
1 Teel. rosa Pfefferkörner

Pro Portion etwa 1595 Joule/
380 Kalorien

Die frischen Scampi kalt abbrausen und abtropfen lassen. ½ l Wasser mit den Anissamen und dem Salz zum Kochen bringen. Die frischen Scampi hineinlegen und 5 Minuten bei sehr schwacher Hitze ziehen lassen. Den Sud vom Herd nehmen und die Scampi weitere 5 Minuten darin ziehen lassen. Die Scampi in einem Sieb abtropfen und erkalten lassen. Die Scampi aus den Schalen lösen. Den Anisschnaps mit der Fleischbrühe und dem Essig auf 2 Eßlöffel Flüssigkeit einkochen und abkühlen lassen. Mit den Eigelben verquirlen. Bei äußerst schwacher Hitze die Butter nach und nach in die Eigelbmischung rühren, bis eine dicke Creme entsteht. Die zerstoßenen Anissamen unterrühren. Die Sauce mit dem Salz abschmekken und mit dem rosa Pfeffer bestreuen. Eiswürfel zerstoßen und die Scampi darauf anrichten. Die Aniscreme gesondert dazureichen.

Marinierte Riesengarnelen mit Seezungenfilets

Zutaten für 4 Personen:
4 bratfertige Seezungenfilets
1–2 Eßl. Mehl
1 Eßl. Öl, ¼ Teel. Salz
1 Eßl. Korinthen
2 Zwiebeln
4 Eßl. Olivenöl
¼ l Weißweinessig
1 Lorbeerblatt
je ¼ Teel. weißer Pfeffer und
   Salz
30 g Pinienkerne
8 gekochte Riesengarnelen

Pro Portion etwa 1345 Joule/
320 Kalorien

Die Seezungenfilets waschen, abtrocknen und in dem Mehl wenden. Das Öl erhitzen und die Seezungenfilets darin von beiden Seiten goldbraun braten. Die Filets auf Küchenkrepp abtropfen lassen und salzen. Die Korinthen in lauwarmem Wasser einweichen. Die Zwiebeln schälen und in Ringe schneiden. Das Olivenöl erhitzen. Die Zwiebelringe darin goldgelb braten. Den Essig, das Lorbeerblatt, den Pfeffer und das Salz zufügen. Alles 2 Minuten kochen lassen. Die Korinthen abtropfen lassen. Die Seezungenfilets, die Pinienkerne, die Korinthen und die Garnelen in eine Schüssel füllen. Mit der leicht abgekühlten Marinade übergießen. Im Kühlschrank 5–6 Stunden durchziehen lassen. Die Garnelen und die Filets auf einer Platte anrichten und mit etwas Marinade beträufeln.

Hecht-Mousse mit Shrimps

Zutaten für 4 Förmchen:
3 Blätter Gelatine
150 g gedünstetes Hechtfleisch
¹⁄₁₀ l helle Sauce
je 1 Prise Salz und weißer
  Pfeffer
5 Eßl. Fleischbrühe, ⅛ l Sahne
¼ l Weißweingelee (Rezept
  Seite 24)
200 g tiefgefrorene Shrimps
einige Blätter Kopfsalat
einige Zweige Dill

Pro Stück etwa 1090 Joule/
260 Kalorien

Die Gelatine in kaltem Wasser
einweichen. Das Hechtfleisch
mit der hellen Sauce im Mixer
pürieren, durch ein feines Sieb
streichen und mit dem Salz
und dem Pfeffer würzen. Die
Fleischbrühe erhitzen. Die Gelatine ausdrücken und unter
Rühren in der Fleischbrühe
auflösen. Die Sahne steif
schlagen. 2 Eßlöffel Schlagsahne unter die Aspikflüssigkeit rühren. Die restliche Sahne und das Hechtpüree mit
einem Holzlöffel unterziehen.
Vier Förmchen mit einer dünnen Schicht Weißweingelee
ausgießen und das Gelee erstarren lassen. Das Hecht-
Mousse einfüllen und ebenfalls im Kühlschrank erstarren
lassen. Die Shrimps zugedeckt
auftauen lassen. Die Salatblätter waschen, abtropfen lassen
und vier Teller damit auslegen.
Das Mousse auf die Salatblätter stürzen. Mit den Shrimps
belegen. Die Portionen mit
dem restlichen Weingelee
überziehen. Das Gelee wiederum erstarren lassen. Vor dem
Servieren mit Dill garnieren.

Krabben-Mango-Cocktail

Zutaten für 4 Personen:
2 Mangofrüchte
1 rote Paprikaschote
100 g Krabben aus der Dose
2 Eßl. Mayonnaise
4 Eßl. Sahne
1 Teel. Zucker
1 Teel. Zitronensaft
1 Teel. grüne Pfefferkörner aus
  dem Glas
1 Eßl. frisch geriebener Meer-
  rettich
einige Blättchen Pfefferminze

Pro Portion etwa 1050 Joule/
250 Kalorien

Die Mangofrüchte waschen,
abtrocknen und längs halbieren. Den Stein herauslösen, die
Fruchthälften bis auf ½ cm
aushöhlen und das Frucht-
fleisch in kleine Würfel schneiden. Die Paprikaschote waschen, abtrocknen und so lange grillen, bis die Haut platzt.
Die Haut abziehen. Die Schote
halbieren, Rippen und Kerne
entfernen und die Schotenhälften in dünne Streifen
schneiden. Die Krabben in einem Sieb etwas auseinanderzupfen, kalt abbrausen und abtropfen lassen. Die Mayonnaise mit den Mangowürfeln, der
Sahne, dem Zucker, dem Zitronensaft, dem grünen Pfeffer, dem geriebenen Meerrettich und den Krabben mi-
schen. Den Cocktail in die
Mangohälften füllen. Mit den
Paprikastreifen belegen und
mit Pfefferminzblättchen garnieren.

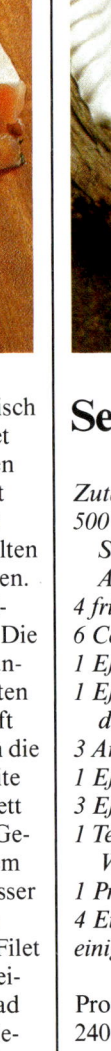

Gravad Laks

Marinierter Lachs

Zutaten für 6 Personen:
1,5 kg frischer Lachs (Mittel-
stück)
2 Bund Dill
1½ Eßl. grobes Salz
½ Eßl. Zucker
1 Eßl. weißer Pfeffer

Pro Portion etwa 2330 Joule/
555 Kalorien

Den geschuppten küchenferti-
gen Lachs längs halbieren und
die Mittelgräte entfernen. Die
Lachshälften kurz waschen
und abtrocknen. Ein Filet mit
der Hautseite nach unten in eine große Schüssel legen. Den
Dill waschen, trockentupfen,
grobhacken und über das Filet
streuen. Das Salz, den Zucker
und den Pfeffer mischen. Die
Würzmischung über den Fisch
streuen und das zweite Filet
mit der Hautseite nach oben
darauflegen. Den Fisch mit
Alufolie abdecken und mit
einem Brett und zwei gefüllten
Konservendosen beschweren.
Den Lachs 3 Tage im Kühl-
schrank marinieren lassen. Die
Lachsfilets etwa alle 12 Stunden wenden und beide Seiten
mit dem sich bildenden Saft
bestreichen. Zum Servieren die
Lachsfilets mit der Hautseite
nach unten auf ein Holzbrett
legen. Den Dill sowie die Gewürze abschaben. Mit einem
scharfen dünnen Lachsmesser
jeweils 10–15 cm der Haut
hauchdünn lösen und das Filet
in sehr dünne schräge Scheiben schneiden. Zum Gravad
Laks Zitronenspalten servieren, eventuell auch eine Würzmayonnaise (Rezept Seite 152)
und Weißbrot.

Seewolf-Tatar

Zutaten für 4 Personen:
500 g frischer Seewolf (auch
Steinbeißer, Loup oder
Austernfisch genannt)
4 frische Jakobsmuscheln
6 Cornichons
1 Eßl. Kapern
1 Eßl. grüne Pfefferkörner aus
dem Glas
3 Anchovisfilets
1 Eßl. gehackte Petersilie
3 Eßl. Öl
1 Teel. Armagnac (französischer
Weinbrand)
1 Prise Cayennepfeffer
4 Eigelbe
einige Zweige Petersilie

Pro Portion etwa 1010 Joule/
240 Kalorien

Den Fisch kalt waschen, abtrocknen und häuten. Die Filets auslösen und sorgfältig
entgräten. Die Fischfilets und
das weiße Fleisch der Jakobsmuscheln sehr fein hacken.
2 Cornichons, die Kapern, den
grünen Pfeffer und die Anchovisfilets ebenfalls feinhacken
und mit der Petersilie und dem
Öl unter das Fischfleisch mischen. Das Tatar mit dem Armagnac und dem Cayenne-
pfeffer abschmecken. Auf vier
Portionstellern anrichten. In
die Mitte der Portionen eine
kleine Vertiefung drücken und
jeweils 1 Eigelb hineingeben.
Die restlichen Cornichons fächerförmig einschneiden. Das
Tatar mit den Gürkchen und
der Petersilie garnieren. Zum
Seewolf-Tatar frisch getoastetes Weißbrot sowie Butter und
Salz reichen.

Marinierte Schollenfilets

Zutaten für 4 Personen:
½ l trockener Weißwein
⅛ l Zitronensaft, 1 Teel. Salz
1 Teel. grüne Pfefferkörner aus
*   dem Glas*
3 Blättchen Salbei
3 Lorbeerblätter
750 g Schollenfilets

Pro Portion etwa 755 Joule/
180 Kalorien

Den Weißwein mit dem Zitronensaft, dem Salz, den Pfefferkörnern, den Salbeiblättchen und den Lorbeerblättern einmal aufkochen und erkalten lassen. Die Schollenfilets kalt abbrausen, abtrocknen und längs halbieren. In eine Schüssel legen und mit dem erkalteten Sud übergießen. Die

Schollenfilets zugedeckt 3 Tage im Kühlschrank marinieren lassen. Die Filets 2 Stunden vor dem Servieren aus dem Kühlschrank nehmen. Aus dem Sud heben, abtropfen lassen und auf einer Platte anrichten. Etwas von den Gewürzen aus dem Sud auf den Fischen verteilen. Zu den marinierten Schollenfilets Sahnemeerrettich (Rezept Seite 204) und frisch getoastetes Weißbrot reichen.

Unser Tip
Statt Schollenfilets können Sie auch Seezungenfilets marinieren. Bedenken Sie aber, daß sich dafür nur frische Fische eignen, keinesfalls tiefgefrorene.

Forellenfilets mit Tomatensauce

Zutaten für 4 Personen:
4 mittelgroße frische Forellen
½ Teel. Salz, Saft von
*   2 Zitronen*
½ Tasse Rotweinessig
1 Teel. weißer Pfeffer
2 Schalotten, 4 Tomaten
1 Knoblauchzehe, 1 Teel. Öl
½ Teel. getrocknetes Basilikum
1 Eßl. Tomatenmark
⅛ l Rotwein
je 1 Prise Salz und Zucker

Pro Portion etwa 775 Joule/
185 Kalorien

Die Forellen waschen, abtrocknen und filetieren. Die Forellenfilets mit einem scharfen Messer in hauchdünne Scheiben schneiden. Die Filetscheiben auf einer Platte anrichten, salzen, mit dem Zitronensaft und dem Essig beträufeln und mit dem Pfeffer bestreuen. Zugedeckt 1 Stunde im Kühlschrank marinieren lassen. Die Schalotten schälen und würfeln. Die Tomaten auf der Unterseite kreuzweise einschneiden, kurz in kochendheißes Wasser tauchen und die Haut abziehen. Die Tomaten halbieren, die Kerne entfernen und die Tomatenhälften würfeln. Die Knoblauchzehe schälen, grob zerkleinern und zerdrücken. Das Öl erhitzen, die Schalottenwürfel darin anbraten, die Tomatenwürfel, den Knoblauch, das Basilikum, das Tomatenmark und den Rotwein zufügen. Unter Rühren 1 Minute köcheln lassen. Die Sauce mit dem Salz und dem Zucker abschmecken, erkalten lassen und zu den Forellenfiletscheiben reichen.

Fisch-Spezialitäten

Seewolf »Nizza«

Zutaten für 4 Personen:
600 g frischer Seewolf
je 1 Prise Salz und Pfeffer
1 Handvoll Seetang
½ l Weißwein, 5 Pfefferkörner
¼ l Fischgelee (Rezept
*   Seite 24)*
1 Eßl. gehackte Petersilie
1 gefüllte Olive
1 Scheibchen gekochte Möhre
3 Scheiben Trüffel
1 hartgekochtes Eiweiß
1 Becher Crème fraîche (0,2 l)
1 Prise Salz
1 Teel. Zitronensaft
1 Eßl. gemischte gehackte
*   Kräuter*

Pro Portion etwa 1300 Joule/
310 Kalorien

Den Fisch waschen, salzen
und pfeffern. Den Seetang mit
dem Wein, ¼ l Wasser und den
Pfefferkörnern zum Kochen
bringen. Den Fisch darin
15 Minuten ziehen lassen;
dann die Flossen abschneiden
und die Haut abziehen. Den
Fisch mit einem feuchten Tuch
bedeckt 1 Stunde kühl stellen.
Eine dünne Schicht Fischgelee
auf eine Platte gießen und erstarren lassen. Den Fisch darauf anrichten, mit Gelee überziehen und dieses erstarren
lassen. Die Petersilie über den
Fischkopf streuen und 1 Olivenscheibchen als Auge darauflegen. Die Möhrenscheibe,
ausgestochene Trüffeltaler,
Blättchen aus Eiweiß und
1 Petersilienstengel auf dem
Fisch anordnen. Den Fisch mit
dem restlichen Gelee überglänzen und erstarren lassen.
Die Crème fraîche mit den
restlichen Zutaten verrühren
und dazureichen.

Dillsaiblinge

Zutaten für 4 Personen:
4 küchenfertige Saiblinge
*   (je 200 g)*
2 Bund Dill, 6 Eßl. Weinessig
1 Eßl. Salz, 1 Zitrone
2 Blätter Gelatine
⅛ l trockener Weißwein
je 1 Prise Salz und Zucker
1 gekochte Möhre
1 Becher Crème fraîche (0,2 l)
abgeriebene Schale von
*   1 unbehandelten Zitrone*
je 1 Prise Salz und weißer
*   Pfeffer*
1 Eßl. Sherry Fino

Pro Portion etwa 1450 Joule/
345 Kalorien

Die Fische und den Dill waschen. Die Hälfte des Dills in
die Bauchhöhlen der Fische legen. Den Essig mit dem Salz
und ¼ l Wasser zum Kochen
bringen. Ein Stück Zitronenschale und den Saft einer halben Zitrone in den Sud geben.
Die Saiblinge einlegen und bei
milder Hitze 10–12 Minuten
ziehen lassen. Die Fische aus
dem Sud heben, häuten und
erkalten lassen. Die Gelatine
in kaltem Wasser einweichen.
Den Wein mit dem Salz und
dem Zucker erhitzen und die
ausgedrückte Gelatine darin
auflösen. Den restlichen Dill
feinhacken und unter das Gelee rühren. Die Möhre in
Scheibchen schneiden und die
Fische damit belegen. Die Fische mit der Aspikflüssigkeit
übergießen und das Gelee im
Kühlschrank erstarren lassen.
Die Crème fraîche mit der ab-
geriebenen Zitronenschale,
1 Teelöffel Zitronensaft, Salz,
Pfeffer und dem Sherry verrühren; dazureichen.

Lachsschnitten
mit Gemüsesalat

Zutaten für 4 Personen:
⅛ l Weißwein, 1 Eßl. Essig
1 Teel. Salz
2 weiße Pfefferkörner
200 g Fischabschnitte
500 g Lachsfilet
¼ l Fischgelee (Rezept
*   Seite 24)*
500 g gemischtes Gemüse wie
*   ausgehülste junge Erbsen,*
*   Möhren, Knollensellerie*
*   und Tomaten*
1½ Eßl. Mayonnaise
2 Eßl. Crème fraîche
1 Teel. Zitronensaft
je 1 Prise Salz, weißer Pfeffer
*   und Zucker*
einige Blätter Kopfsalat

Pro Portion etwa 2455 Joule/
585 Kalorien

¼ l Wasser mit dem Wein, dem
Essig, dem Salz, den Pfefferkörnern und den Fischab-
schnitten 15 Minuten bei
schwacher Hitze kochen lassen, dann durchseihen. Den
Backofen auf 210° vorheizen.
Das Lachsfilet in gebutterte
Alufolie wickeln und die Ränder gut zusammendrücken. In
die Fettpfanne legen, mit dem
Fischsud umgießen, im Backofen 20 Minuten ziehen, dann
in der Folie abkühlen, auswik-
keln und im Kühlschrank erkalten lassen. Eine Platte mit
dem Fischgelee ausgießen und
dieses erstarren lassen. Den
Lachs in dünne Scheiben
schneiden und auf dem Gelee
anrichten. Das Gemüse wa-
schen und würfeln. 15 Minuten in wenig Salzwasser dünsten. Die Tomaten häuten, entkernen, kleinwürfeln und
5 Minuten mit dem Gemüse
garen. Das Gemüse abtropfen
und erkalten lassen. Die Mayonnaise mit der Crème
fraîche, dem Zitronensaft, dem
Salz, dem Pfeffer und dem
Zucker mischen und unter das
Gemüse heben. Auf den Salatblättern auf der Lachsplatte
anrichten. Die Platte mit gefüllten Eiern (Rezept Seite 125)
garnieren.

Köstliches mit Kaviar

Schlemmeressen mit Kaviar

Kaviar – eine begehrte Delikatesse – wird häufig zum Garnieren von kalten Speisen verwendet. Je nach Erlesenheit der zu verzierenden Gaumenfreuden nimmt man deutschen Kaviar, der recht preiswert ist (auf der Abbildung hinten), rötlichen Keta-Kaviar (auf der Abbildung Mitte links) oder gelblichen Forellen-Kaviar (auf der Abbildung Mitte rechts). Der kostbare, edelste Kaviar, der Beluga-Malossol (auf der Abbildung vorne), wird vorwiegend als delikate Vorspeise oder gar als richtiges Schlemmeressen gereicht. Man kann aber auch mit nicht ganz so teuren Sorten ein Kaviaressen bestreiten.

Für ein Kaviaressen rechnet man pro Person 50–100 g Kaviar.

Pro Portion 295 bis 590 Joule/ 70 bis 140 Kalorien

Den Kaviar entweder im Originalglas auf gestoßenem Eis servieren oder in eine Schale umfüllen und auf Eis anrichten. Zum Umfüllen am besten einen Horn- oder Kunststofflöffel verwenden, da Kaviar niemals mit Metall in Berührung kommen sollte.
Zum Kaviaressen reicht man Zitronenspalten, getoastetes Weißbrot und Butter. Als Getränke passen zum Kaviar Sekt – am besten Krimsekt –, eiskalter Wodka oder ein trockener Weißwein.

Unser Tip
Ist das Originalglas einmal geöffnet worden, hält sich Kaviar darin nur noch 8–14 Tage. Die Lagertemperatur für Kaviar sollte 2–4° + C nicht unterschreiten.

Köstliches mit Kaviar

Hummer-tartelettes

Zutaten für 4 Tartelettes:
4 Eßl. Mayonnaise
2 Eßl. Sahne
einige Tropfen Zitronensaft
je 1 Prise Salz und Zucker
4 salzige Mürbeteig-Tartelettes
(Fertigprodukt)
Fleisch von 2 gekochten, mittel-
großen Hummerschwänzen
⅛ l Weißweingelee (Rezept
Seite 24)
4 Blätter Kopfsalat
4 Teel. Kaviar (Beluga-
Malossol), etwas Dill

Pro Stück etwa 1470 Joule/
350 Kalorien

Die Mayonnaise mit der Sahne, dem Zitronensaft, dem Salz
und dem Zucker verrühren. In
die Tartelettes füllen. Das

Hummerfleisch in Scheiben
schneiden und gefällig auf der
Mayonnaise anrichten. Die
Tartelettes mit dem Weißweingelee überziehen. Das Gelee
im Kühlschrank erstarren lassen. Die Salatblätter waschen,
gut abtropfen lassen und auf
vier Portionsteller legen. Die
Tartelettes auf den Salatblättern anrichten. Auf das Gelee
jeweils 1 Teelöffel Kaviar geben, mit Dill garnieren.

Unser Tip
Die Tartelettes können
Sie auch selbst backen
(Rezept salziger Mürbe-
teig Seite 20). Aus der
Teigmenge erhalten Sie
8 bis 10 Stück. Übrige
Tartelettes lassen sich
gut einfrieren.

Seezungen-Mousse mit Kaviar

Zutaten für 4 Förmchen:
6 Blätter Gelatine, ¼ l Sahne
300 g gegartes Seezungenfilet
0,2 l helle Sauce
je 1 Prise Salz und Pfeffer
6 Eßl. Fleischbrühe
⅛ l Fischgelee (Rezept
Seite 24)
1 Glas Kaviar (50 g)
6 Limetten, etwas Dill

Pro Stück etwa 1495 Joule/
355 Kalorien

Die Gelatine in kaltem Wasser
einweichen. Die Sahne steif
schlagen. Die Fischfilets zerpflücken, mit der hellen Sauce
im Mixer pürieren. Das Fisch-
püree durch ein Sieb streichen

und mit dem Salz und dem
Pfeffer würzen. Die Fleischbrühe erhitzen. Die Gelatine
gut ausdrücken und in der heißen Fleischbrühe auflösen. Bevor der Aspik fest wird, 1 Tasse
Schlagsahne unterrühren.
Dann die restliche Schlagsahne und die Seezungenmasse
unter den Aspik ziehen. Vier
Förmchen mit dem Fischgelee
ausgießen, erstarren lassen. Etwa die Hälfte der Seezungen-
Mousse in die Förmchen füllen. In die Mitte jeweils eine
kleine Vertiefung drücken, den
Kaviar einfüllen, mit der restlichen Mousse bedecken, erstarren lassen. Die Limetten waschen, abtrocknen und in dünne Scheiben schneiden. Die
Dillzweige waschen und abtropfen lassen. Vier Portionsteller mit den Limettenscheiben auslegen. Die Mousse dar-
aufstürzen, mit Dill garnieren.

Fisch zart geräuchert

Festliche Forellenplatte

Zutaten für 4 Personen:
8 frisch geräucherte Forellen-
*   filets*
¼ l Weißweingelee (Rezept
*   Seite 24)*
¼ l Sahne
1 Prise Salz
1 Eßl. frisch geriebener Meer-
*   rettich oder 1½ Eßl. Meerret-*
*   tich aus dem Glas*
1 Glas Spargelspitzen (200 g)
4 dünne Scheiben geräucherter
*   Lachs*
4 hartgekochte Eier
1 kleines Glas deutscher Kaviar
*   (50 g)*
2 Zitronen
½ Salatgurke
einige Blätter Kopfsalat
100 g Butter
8 Scheiben Toastbrot
½ Bund Dill

Pro Portion etwa 3570 Joule/
850 Kalorien

Die Forellenfilets auf einer genügend großen Platte kranz-
artig anrichten. Mit dem Weißweingelee überziehen und dieses erstarren lassen. Die Sahne
mit dem Salz steif schlagen.
Den geriebenen Meerrettich
unter die Schlagsahne heben.
Die Meerrettichsahne in ein
Glas oder eine Schüssel füllen
und auf die Platte stellen. Die
Spargelspitzen abtropfen lassen. Den Spargel bündelweise
in die Lachsscheiben rollen.
Die Eier schälen und in gleich
dicke Scheiben schneiden. Auf
jedes Forellenfilet 1 Eischeibe
legen. Die Eischeiben mit dem
Kaviar garnieren. Die Zitronen heiß waschen, abtrocknen
und aus der Mitte der Zitronen
jeweils 4 dünne Scheiben
schneiden. Die restlichen Zi-

tronenstücke anderweitig verwenden. Die Zitronenscheiben
einseitig bis zur Mitte einschneiden, zu Spiralen formen
und zwischen den Forellenfilets anrichten. Die Gurke waschen, abtrocknen, in gleich
dünne Scheiben schneiden
und kranzförmig auf der Platte
anrichten. Die Lachsröllchen
dazulegen. Die Salatblätter
waschen, gut abtropfen lassen
und auf die Platte legen. Aus
der Butter mit dem Butterformer Löckchen drehen und diese auf den Salatblättern anrichten. Die Brote toasten, diagonal halbieren und ebenfalls
auf der Platte anrichten. Den
Dill waschen, abtropfen lassen
und die Platte damit garnieren.

Unser Tip
Sollten Sie die Forellen-
platte während der
Spargelsaison servieren,
füllen Sie die Lachsröll-
chen unbedingt mit
frisch gekochten Spar-
gelspitzen. Aus den un-
teren Teilen der Spar-
gelstangen können Sie
einen Salat bereiten, aus
dem Kochwasser eine
Suppe herstellen und
restliche Spargelstücke
in der Suppe servieren.

Forellentoast mit Spargel

Zutaten für 4 Personen:
4 Scheiben Toastbrot
4 frisch geräucherte Forellen-
filets
24 frisch gekochte Spargel-
stangen
3 Eßl. Sauce vinaigrette (Rezept
Seite 177)
⅛ l Weingelee (Rezept
Seite 24)
1 Zitrone
16 Blättchen Zitronenmelisse

Pro Portion etwa 880 Joule/
210 Kalorien

Die Brotscheiben goldgelb
toasten und halbieren. Von
den Forellenfilets noch eventuell vorhandene Hautreste
mit einem scharfen Messer
entfernen und die Filets halbieren. Jede Brotscheibe mit
½ Forellenfilet belegen. Die
Spargelstangen abtropfen lassen und halbieren. Die unteren
Enden anderweitig verwen-
den. Die oberen Spargelabschnitte mit den Spargelköp-
fen mit der Sauce vinaigrette
übergießen und zugedeckt
15 Minuten marinieren lassen.
Die Spargelabschnitte dann
abtropfen lassen und jeweils
3 Stangen auf ein Forellenfilet
legen. Den Spargel mit dem
Weingelee überziehen und dieses erstarren lassen. Die Zitrone heiß waschen, abtrocknen
und aus der Mitte 3 Scheiben
schneiden. Die restliche Zitrone anderweitig verwenden. Jede Zitronenscheibe in 5–6
Spalten schneiden. Jeweils
2 Zitronenspalten auf dem
Spargel anrichten. Jeden Toast
mit 2 Blättchen Zitronenmelisse garnieren.

Pastetchen mit Räucherlachs-creme

Zutaten für 8 Pastetchen:
100 g Krabben
½ Teel. Zitronensaft
100 g geräucherter Lachs
¼ l Sahne
je 1 Prise Salz und weißer
Pfeffer
1 Blatt Gelatine
8 Blätterteigpastetchen von et-
wa 6 cm ⌀ (Fertigprodukt)
8 dünne Scheiben Trüffel

Pro Stück etwa 1195 Joule/
285 Kalorien

Die Krabben in einem Sieb abbrausen, gut abtropfen lassen,
grobhacken und mit dem Zitronensaft beträufeln. Den
Räucherlachs kleinschneiden
und zusammen mit den ge-
hackten Krabben im Mixer
pürieren. Die Sahne steif
schlagen und mit dem Salz
und dem Pfeffer würzen. Das
Krabben-Lachs-Püree löffel-
weise unter die Schlagsahne
ziehen. Die Gelatine in kaltem
Wasser einweichen. 3 Eßlöffel
Wasser in einem kleinen Topf
zum Kochen bringen, den
Topf vom Herd ziehen und die
gut ausgedrückte Gelatine unter Rühren darin auflösen. Die
aufgelöste Gelatine abkühlen
lassen und unter die Creme
rühren. Die Räucherlachscreme zugedeckt 30 Minuten kühl
stellen. Dann in einen Spritzbeutel mit Lochtülle füllen und
in die Pastetchen spritzen. Jedes Pastetchen mit 1 Trüffel-
scheibe garnieren.

151

Fisch zart geräuchert

Makrelenfilets mit Würzmayonnaise

Zutaten für 4 Personen:
400 g geräucherte Makrelen-
*   filets*
1½ rote Paprikaschoten (150 g)
1 mittelgroße Zwiebel
1 Eßl. gehackte Petersilie
3 Eßl. Mayonnaise
3 Eßl. Crème fraîche
2 kleine Gewürzgurken
1 hartgekochtes Ei
1 Eßl. gemischte, gehackte
*   Kräuter, 1 Prise Salz*
1 Teel. grobgemahlener grüner
*   Pfeffer*

Pro Portion etwa 1680 Joule/
400 Kalorien

Die geräucherten Makrelenfilets auf einer Platte anrichten.

Die Paprikaschoten halbieren,
von Rippen und Kernen be-
freien, die Schotenhälften waschen und abtrocknen. 1 Paprikaschote in etwa 1 cm große
Würfel schneiden, die halbe
Schote sehr klein würfeln. Die
Zwiebel schälen und in Ringe
schneiden. Die größeren Paprikawürfel und die Zwiebelringe auf den Makrelen verteilen und die Petersilie darüberstreuen. Die Mayonnaise und
die Crème fraîche miteinander
verrühren. Die Gewürzgurken
und das Ei kleinhacken. Die
Gurkenwürfel, das gehackte
Ei, die kleinen Schotenwürfel,
die Kräuter, das Salz und den
grünen Pfeffer mit der Mayonnaise mischen und auf der
Platte mit den Makrelen anrichten.

Das paßt dazu: getoastetes
Mischbrot

Salat mit Räucherlachs

Zutaten für 4 Personen:
1 Kopfsalatherz
200 g geräucherter Lachs
*   in dünnen Scheiben*
2 Tomaten
12 Perlzwiebeln aus dem Glas
1 Eßl. gehackte Petersilie
2 hartgekochte Eier
1 Teel. frisch gemahlener rosa
*   Pfeffer*
1 kleine Zwiebel
2 Zweige Dill
½ Becher Crème fraîche
1 Teel. Zitronensaft
¼ Teel. Salz
1 Prise weißer Pfeffer

Pro Portion etwa 1575 Joule/
375 Kalorien

Die Salatblätter waschen, abtropfen lassen, große Blätter in

Stücke reißen und eine Platte
damit auslegen. Die Lachsscheiben längs halbieren, aufrollen und auf dem Salat anrichten. Die Tomaten häuten,
achteln und auf dem Salat anrichten. Die Perlzwiebeln abtropfen lassen, in der gehackten Petersilie wenden und
ebenfalls über den Salat streu-
en. Die hartgekochten Eier
schälen, achteln und mit dem
rosa Pfeffer auf den Salat geben. Die Zwiebel schälen und
auf der Rohkostreibe raspeln.
Den Dill waschen, abtropfen
lassen und kleinschneiden.
Die geraspelte Zwiebel mit
dem Dill, der Crème fraîche,
dem Zitronensaft, dem Salz
und dem Pfeffer verrühren.
Die Sauce gesondert zum Salat
reichen.

Das paßt dazu: getoastetes
Weißbrot oder Kräcker.

Fisch zart geräuchert

Räucherplatte mit pikanten Salaten

Zutaten für 6 Personen:
je 100 g geräucherter Flußaal,
geräucherter Seeaal und
Schillerlocken
200 g geräucherter Lachs
1 geräucherte Makrele
2 geräucherte Forellenfilets
je einige Zweige Dill und Peter-
silie, 1 Limette, 1 Tomate

Pro Portion etwa 1195 Joule/
285 Kalorien

Den Fisch in gefällige Stücke
schneiden und auf einer großen Platte anrichten. Die
Kräuter, die Limette und die
Tomate waschen und trockentupfen. Die Fischstücke mit
den Kräutern verzieren. Die

Tomate und die Limette in
Scheiben schneiden und ebenfalls auf der Platte anrichten.
Die Platte mit gefüllten Eiern
(Rezepte Seite 124 und 125)
belegen. Zur Räucherplatte
Meerrettichsahne (Rezept Seite 150) und folgende Spezialitäten reichen:

Süß-saure Kronsardinen
100 g Kronsardinen
1 Scheibe Ananas
1 kleine Zwiebel
1 große Tomate
1 Ogen-Melone
1 Eßl. Zitronensaft, 2 Eßl. Öl
je 1 Prise Salz und Pfeffer
1 Messerspitze Senf

Pro Portion etwa 335 Joule/
80 Kalorien

Die Sardinen und die Ananasscheibe in Stücke, die Zwiebel
in Ringe schneiden. Die Toma-

te häuten und würfeln. Die
Melone halbieren und das Me-
lonenfleisch in Kugeln ausstechen. Alle Salatzutaten mit
dem Zitronensaft, dem Öl und
den Gewürzen mischen und in
1 Melonenhälfte anrichten.

Matjesfilets mit Pfeffersahne
200 g Matjesfilets
½ rote Paprikaschote
2 Eßl. saure Sahne
je 1 Prise Salz, weißer Pfeffer
je einige Tropfen Worcester-
shiresauce und Zitronensaft
1 Teel. grüne Pfefferkörner aus
dem Glas
einige Blätter Kopfsalat

Pro Portion etwa 505 Joule/
120 Kalorien

Die Matjesfilets in Stücke, die
Paprikaschote in Streifen
schneiden. Die saure Sahne
mit den Gewürzen verrühren.

Mit den Matjesstücken und den
Schotenstreifen mischen. Auf
den Salatblättern anrichten.

Bohnensalat
150 g gekochte grüne Bohnen
200 g naturell eingelegte
Muscheln aus der Dose
100 g Krabben
1 Eßl. Weinessig, 2 Eßl. Öl
je 1 Prise Salz und Pfeffer
1 Teel. Schnittlauchröllchen

Pro Portion etwa 250 Joule/
60 Kalorien

Die Bohnen in Stücke schneiden. Die Muscheln abtropfen
lassen und mit den Krabben
und den Bohnen mischen. Den
Essig mit dem Öl, dem Salz
und dem Pfeffer verrühren,
unter den Salat mischen. Den
Salat in der zweiten Melonenhälfte anrichten. Mit dem
Schnittlauch bestreuen.

153

Kräutermatjes mit Paprika

Zutaten für 6 Personen:
12 Matjesfilets
je 1 rote, grüne und gelbe
*   Paprikaschote*
4 Schalotten oder 2 kleine
*   Zwiebeln*
½ Tasse Weinessig
2 Zweige Thymian
1 Blättchen Salbei
5 Stengel Pimpinelle
8 Eßl. Öl
Saft von 1 Zitrone

Pro Portion etwa 3150 Joule/
750 Kalorien

Sehr salzig schmeckende Matjesfilets 1–2 Stunden in kaltem Wasser liegen lassen, das Wasser dabei mehrmals erneuern. Milde Matjesfilets kalt waschen und trockentupfen. In nicht zu dünne Streifen schneiden. Die Paprikaschoten waschen, abtrocknen und in dünne Ringe schneiden. Dabei weiße Rippen und Kerne entfernen. Die Schalotten oder die Zwiebeln schälen und kleinwürfeln. Den Essig mit den Schalotten- oder den Zwiebelwürfeln 2 Minuten bei schwacher Hitze zugedeckt kochen und dann abkühlen lassen. Die Matjesstreifen und die Paprikaringe mischen und mit der Essigmarinade übergießen. Die Kräuter waschen, trockentupfen, kleinschneiden und über den Matjessalat geben. Das Öl mit dem Zitronensaft verrühren und dazugießen. Alles gut mischen. Den Salat zugedeckt mindestens 2 Stunden im Kühlschrank durchziehen lassen.

Matjes in Dillmayonnaise

Zutaten für 4 Personen:
8 Matjesfilets
⅛ l Milch
1 Eigelb
2 Eßl. mittelscharfer Senf
1 Teel. Weinessig
je 1 gute Prise Salz und
*   weißer Pfeffer*
⅛ l Öl
4 Eßl. Sahne
150 g Senfgurken
1 Bund Dill

Pro Portion etwa 3150 Joule/
750 Kalorien

Wenn die Matjesfilets sehr salzig sind, die Milch mit ¹⁄₁₆ l Wasser mischen und die Filets 12 Stunden darin einlegen. Die Filets dann abtropfen lassen und in nicht zu dünne Streifen schneiden. Die Matjesstreifen in eine Schüssel oder in einen Steinguttopf legen. Das Eigelb mit dem Senf, dem Weinessig, dem Salz und dem Pfeffer verquirlen. Unter ständigem Rühren tropfenweise das Öl zufügen. Die Sahne unterrühren. Die Senfgurken in kleine Würfel schneiden. Den Dill waschen und abtropfen lassen. 1 Zweig zurückbehalten und den restlichen Dill kleinschneiden. Die Gurkenwürfel und den Dill in die zubereitete Mayonnaise rühren. Die Dillmayonnaise über die Matjesstreifen gießen und untermischen. Zugedeckt im Kühlschrank 1–2 Stunden durchziehen lassen. Die Matjesstreifen vor dem Servieren mit dem Dillzweig garnieren.

Heringsschwärmereien

Matjesfilets in Rotwein-Marinade

Zutaten für 4 Personen:
8 Matjesfilets
2 große rote Zwiebeln
¼ l Rotwein
⅛ l Weinessig
200 g Zucker
4 schwarze Pfefferkörner
1 Stange Zimt
3 Gewürznelken

Pro Portion etwa 2980 Joule/
710 Kalorien

Die Matjesfilets kalt abwaschen, in ½ l Wasser legen und 12 Stunden wässern. Die Matjesfilets danach längs und quer halbieren und in einen Steinguttopf schichten. Die Zwiebeln schälen und in dünne Ringe schneiden. Den Rotwein mit dem Essig, den Zwiebelringen, dem Zucker, den Pfefferkörnern, der Zimtstange und den Gewürznelken aufkochen. Bei schwacher Hitze 5 Minuten ziehen und dann abkühlen lassen. Die erkaltete Marinade über die Matjesfilets gießen. Die Matjesfilets zugedeckt 3 Tage im Kühlschrank durchziehen lassen.

Unser Tip
Bis zu 14 Tage halten sich die Matjesfilets in Rotweinmarinade, wenn man sie in einem fest verschlossenen Schraubglas in den Kühlschrank stellt.

Heringstöpfchen Hausfrauenart

Zutaten für 4 Personen:
4 mittelgroße Zwiebeln
⅛ l Weinessig
2 Eßl. Zucker
1 Teel. schwarze Pfefferkörner
8 küchenfertige Salzheringe
2 hartgekochte Eier

Pro Portion etwa 2120 Joule/
505 Kalorien

Die Zwiebeln schälen und grobwürfeln. Den Essig mit dem Zucker, den Pfefferkörnern und den Zwiebelwürfeln mischen. Die Heringe von Flossen, Schwänzen, Köpfen und Gräten befreien und in gleich große Stücke schneiden. Die Heringsstücke in einen Steinguttopf legen und die Essigmarinade darübergießen. Die Heringsstücke zugedeckt 4 Tage im Kühlschrank durchziehen lassen. Die Eier schälen und in Achtel schneiden. Das Heringstöpfchen vor dem Servieren mit den Eispalten garnieren.

Unser Tip
14 Tage halten sich die marinierten Heringe, wenn man sie in einem fest verschlossenen Schraubglas in den Kühlschrank stellt. Es lohnt sich also, gleich die doppelte Menge zuzubereiten. Mischen Sie zur Abwechslung marinierte Heringe mit 1 gewürfelten Apfel und saurer Sahne.

Matjesröllchen nach Gärtnerinnenart

Zutaten für 4 Personen:
1 Scheibe Ananas, 2 Möhren
1 Apfel
Saft von 1 kleinen Zitrone
½ Teel. Zucker
2 kleine Tomaten
1 Bund Schnittlauch
4 Eßl. Mayonnaise
2 Eßl. Tomatenketchup
1 Eßl. Sahne
je 1 gute Prise Salz, schwarzer
*   Pfeffer und Paprikapulver,*
*   edelsüß*
8 Matjesfilets

Pro Portion etwa 3235 Joule/
770 Kalorien

Die Ananasscheibe klein-
schneiden. Die Möhren putzen
oder schaben und waschen.
Den Apfel schälen und zusammen mit den Möhren auf der
Rohkostreibe in eine Schüssel
raspeln. Den Zitronensaft mit
dem Zucker verrühren und mit
den Ananasstücken unter die
Apfel-Möhren-Raspel heben.
Die Tomaten häuten, halbieren, die Kerne entfernen und
das Fruchtfleisch in kleine
Würfel schneiden. Den
Schnittlauch waschen, abtropfen lassen und kleinschneiden.
Die Mayonnaise mit dem Tomatenketchup, der Sahne, dem
Salz, dem Pfeffer, dem Paprika
und dem Schnittlauch verrühren. Die Tomatenwürfel unter
die Mayonnaise heben. Den
Apfel-Möhren-Salat auf einer
Platte anrichten. Die Matjesfilets zu Röllchen formen, auf
die Platte setzen und mit der
Mayonnaisesauce füllen.

Matjestatar

Zutaten für 4 Personen:
8 Matjesfilets
1 große Zwiebel
2 Eßl. Kapern
2 Teel. Kümmel
2 Teel. grobgemahlener weißer
*   Pfeffer*
1 Eßl. Paprikapulver, edelsüß
2 Eßl. gehackte Petersilie
4 Eigelbe

Pro Portion etwa 2270 Joule/
540 Kalorien

Sehr salzige Matjesfilets einige
Stunden in kaltes Wasser legen, das Wasser dabei öfters
erneuern. Die Filets dann auf
Küchenkrepp abtropfen lassen, grobhacken und auf vier
Portionstellern verteilen. In jede Matjesportion eine kleine
Vertiefung drücken. Die Zwiebel schälen und kleinwürfeln.
Auf jedem Portionsteller um
die Matjesstückchen Zwiebelwürfelchen, Kapern, Kümmel,
Pfeffer, Paprika und Petersilie
anrichten. In die Vertiefungen
in der Mitte die Eigelbe gleiten
lassen. Jeder Teilnehmer an
der Tafelrunde mischt sich seine Portion Matjestatar bei
Tisch selbst nach eigenem Geschmack mit den Gewürzen.
Dazu schmeckt Bauernbrot
mit Butter. Als Getränke Bier
und eisgekühlten klaren
Schnaps dazureichen.

Heringsplatte mit süß-saurem Gemüse

Zutaten für 4 Personen:
4 Bismarckheringe
2 Eßl. Kapern
6 Eßl. Weinessig
3 Eßl. Öl, 1 Teel. Zucker
4 hartgekochte Eier
100 g Keta-Kaviar (Lachs-
rogen)
2 kleine Knollen gekochte rote
Bete
4 Eßl. Perlzwiebeln aus dem
Glas
100 g süß-sauer eingelegte
Kürbiswürfel aus dem Glas

Pro Portion etwa 2015 Joule/
480 Kalorien

Die Heringe am Rückgrat entlang aufschneiden, so daß 8 Fi-

lets entstehen. Die Heringsfilets entgräten. Die Kapern mit
einer Gabel leicht zerdrücken
und mit dem Essig, dem Öl,
dem Zucker mischen. Die
Fischfilets in die Marinade legen und zugedeckt 2 Stunden
im Kühlschrank durchziehen
lassen. Die Eier schälen, längs
halbieren und mit je 1 Teelöffel Kaviar belegen. Die roten
Bete schälen und in Würfel
schneiden. Die Perlzwiebeln
und die Kürbiswürfel abtropfen lassen. Alles Gemüse in
einer Schüssel mischen. Die
Heringsfilets aus der Marinade nehmen und mit den Eiern
auf einer Platte anrichten. Das
Gemüse gefällig auf die Platte
häufeln.

Heringsröllchen mit Maissalat

Zutaten für 4 Personen:
½ kleiner Kopf Blumenkohl
200 g tiefgefrorene Erbsen
240 g Maiskörner aus der Dose
2 kleine Zwiebeln
½ Teel. Salz
1 Prise schwarzer Pfeffer
2 Eßl. Weinessig
4 Eßl. Öl
4 Bismarckheringe
2 gekochte Möhren
2 kleine Gewürzgurken
2 Hälften rote Paprikaschote
aus dem Glas

Pro Portion etwa 1890 Joule/
450 Kalorien

Den Blumenkohl in Röschen
teilen. In Salzwasser 25 Minuten kochen lassen. Die Erbsen
nach Vorschrift auf der Pak-

kung garen. Das Gemüse in einem Sieb abtropfen und erkalten lassen. Die Maiskörner
ebenfalls abtropfen lassen. Die
Zwiebeln schälen, würfeln und
mit dem Salz, dem Pfeffer,
dem Essig und dem Öl in einer
Schüssel verrühren. Die Blumenkohlröschen, die Erbsen
und die Maiskörner unter die
Salatsauce mischen. Die Heringe am Rückgrat entlang
aufschneiden und entgräten.
Die Möhren, die Gurken und
die Schotenhälften in etwa
4 cm lange, dünne Stifte
schneiden. Auf jedes Herings-
filet Möhren-, Gurken- und
Schotenstifte legen. Die Filets
aufrollen und mit Holzspießchen feststecken. Den Gemüsesalat auf einer Platte anrichten und mit den Heringsröllchen belegen.

Große Braten

Kasseler mit Currysauce

Zutaten für 6 Personen:
50 g getrocknete Aprikosen
4 Eßl. Mayonnaise
4 Eßl. Crème fraîche
2–3 Teel. Currypulver
je 1 Prise Zucker und Pfeffer
1 kg geräuchertes rohes Kasse-
  ler ohne Knochen
200 g Bratwurstmasse
½ feingehackte Zwiebel
3 Eßl. gehackte Petersilie
je ½ Teel. getrockneter Thymian
  und Majoran
je 1 Prise Salz und weißer
  Pfeffer
1 Ei
1 Eßl. Öl
1 Teel. Paprikapulver, edelsüß

Pro Portion etwa 3045 Joule/
725 Kalorien

Die Aprikosen 3 Stunden einweichen. Dann pürieren und
mit der Mayonnaise, der
Crème fraîche, dem Curry,
dem Zucker und Pfeffer verrühren. Den Backofen auf
220° vorheizen. In das Kasseler vorsichtig ein 3 cm großes
Loch schneiden; das Fleisch
am Ende nicht durchstoßen.
Das ausgelöste, durchgedrehte
Fleisch mit der Wurstmasse,
der Zwiebel, 1 Eßlöffel Petersilie, den zerriebenen Kräutern,
Salz, Pfeffer und dem Ei mischen. Das Kasseler damit füllen, mit dem Öl bepinseln und
mit dem Paprika bestreuen.
Die Fleischöffnung mit Alufolie abdecken. Das Kasseler
45 Minuten im Backofen braten. Nach 40 Minuten Bratzeit
mit der Petersilie bestreuen.
Das Fleisch erkaltet in Scheiben schneiden.

Gegrillter Schweinehals mit Kräuter- mayonnaise

Zutaten für 6 Personen:
1 kg Schweinehals ohne
  Knochen
2 Eßl. Öl, 1 Teel. Salz
ausgepreßter Saft von
  ½ Knoblauchzehe
1 Eßl. scharfer Senf
je ½ Teel. getrockneter Thymian
  und Majoran
250 g Salatmayonnaise
1 Gewürzgurke
je 1 Bund Schnittlauch und
  Petersilie
½ Bund Dill
2 hartgekochte Eier

Pro Portion etwa 3570 Joule/
850 Kalorien

Das Fleisch kalt waschen und
gut abtrocknen. Das Öl mit
dem Salz, dem Knoblauchsaft,
dem Senf und dem zerriebenen Thymian und Majoran
verrühren. Das Fleisch rundherum gut mit dem gewürzten
Öl einreiben. Den Elektrogrill
vorheizen. Das Fleisch auf
dem Drehspieß befestigen und
70-80 Minuten grillen. Den
Schweinehals dann vom Spieß
nehmen und erkalten lassen.
Die Mayonnaise in eine
Schüssel geben. Die Gewürzgurke feinhacken. Die Kräuter
waschen, abtropfen lassen und
sehr klein schneiden. Die Eier
schälen und hacken. Alle zerkleinerten Zutaten unter die
Mayonnaise mischen. Den
Schweinehals in dünne Scheiben schneiden und auf einer
Platte anrichten – eventuell
mit Spargelsalat. Die Kräutermayonnaise dazureichen.

Kalbsnuß mit Mostarda

Zutaten für 6 Personen:
1 kg Kalbsnuß, 1 Teel. Salz
je ¼ Teel. weißer Pfeffer,
getrockneter Rosmarin und
getrockneter Salbei
½ Teel. Paprikapulver, edelsüß
1 Zwiebel, 1 Bund Suppengrün
⅛ l Fleischbrühe
4 Eßl. Öl, ⅛ l Weißwein
1 Tasse Mostarda (italienische
Senffrüchte) aus dem Glas

Pro Portion etwa 1115 Joule/
265 Kalorien

Den Backofen auf 220° vorheizen. Das Fleisch kurz kalt
waschen und gut abtrocknen.
Das Salz, den Pfeffer, die zerriebenen getrockneten Kräuter
und das Paprikapulver mi-
schen. Die Kalbsnuß rundherum damit einreiben. Die Zwiebel schälen und vierteln. Das
Suppengrün waschen, abtropfen lassen, putzen und grob
zerkleinern. Die Fleischbrühe
erhitzen. Das Öl in einer
Bratenpfanne erhitzen. Das
Fleisch darin 10 Minuten anbraten, dabei öfters wenden.
Die Zwiebelviertel und das
Suppengrün zugeben und kurz
mitbraten. Die heiße Fleischbrühe in die Bratenpfanne gießen und den Weißwein zufügen. Die Kalbsnuß auf der
zweiten Schiene von unten
60–70 Minuten braten. Das
Fleisch während der Bratzeit
öfters mit dem Bratenfond beschöpfen. Die Kalbsnuß aus
der Bratenpfanne nehmen und
erkalten lassen. Das Fleisch
vor dem Servieren in dünne
Scheiben schneiden und auf
einer Platte mit den Senffrüchten anrichten.

Hirtenrolle

Zutaten für 6 Personen:
300 g Spinat, 3 Möhren
4 hartgekochte Eier
3 Zwiebeln, 2 Lorbeerblätter
2 Gewürznelken
6 Scheiben gekochter Schinken
4 Rinderrouladen (je 200 g)
1 Teel. Salz, ¼ Teel. Pfeffer
1½ Eßl. grüne Pfefferkörner aus
dem Glas, 4 Eßl. Öl
¼ l heiße Fleischbrühe
⅛ l Rotwein

Pro Portion etwa 1785 Joule/
425 Kalorien

Den Spinat verlesen, waschen
und abtropfen lassen. Die
Möhren schaben und längs in
Stifte schneiden. Die Eier
schälen und achteln. Die
Zwiebeln schälen. 2 Zwiebeln
in Ringe schneiden, 1 Zwiebel
mit den Lorbeerblättern und
den Nelken bestecken. Den
Schinken in Streifen schneiden. Den Backofen auf 220°
vorheizen. Die Rouladen salzen, pfeffern und mit den
Breitseiten so nebeneinander-
legen, daß sich die Ränder jeweils 2 cm überlappen. Die
Ränder mit dem Fleischklop-
fer zusammenklopfen. Den
Spinat, die Möhren, die Eier,
die Zwiebelringe und den
Schinken auf das Fleisch legen. Den grünen Pfeffer leicht
zerdrücken und auf die Füllung streuen. Die Rouladen-
platte aufrollen und mit Küchengarn zusammenbinden
und in dem Öl rundherum anbraten. Dann die Brühe und
den Wein zugießen. Die Zwiebel zufügen. Das Fleisch im
Backofen in 70 Minuten garen.
Die erkaltete Hirtenrolle in
Scheiben schneiden.

Getrüffelte Fasanenbrust

Zutaten für 4 Personen:
2 junge Fasane
½ Teel. Salz
1 gute Prise weißer Pfeffer
1 Bund gemischte Kräuter
60 g Trüffeln aus der Dose
2 Eßl. Öl, 50 g Butter
1 Schnapsglas Armagnac (2 cl)
⅛ l Madeiragelee (Rezept
*   Seite 24)*

Pro Portion etwa 1300 Joule/
310 Kalorien

Den Backofen auf 210° vorheizen. Die Fasane innen und außen kalt abbrausen und gut abtrocknen. Die Tiere innen mit dem Salz und dem Pfeffer einreiben. Die Kräuter waschen, abtropfen lassen, in 2 Sträußchen teilen und in die Bauchhöhlen der Fasane legen. Die Trüffeln in dünne Scheibchen schneiden. Die Haut der Fasane über den Brüsten von der Halsöffnung aus mit einem spitzen Messer lösen und die Trüffelscheiben unter die Haut schieben. Die Fasane mit dem Öl einreiben. Im Backofen auf der zweiten Schiene von unten 35 Minuten braten. Die Butter zerlassen und nach 10 Minuten Bratzeit über die Fasane gießen. Die Fasane während der Bratzeit öfter mit dem Bratenfond bestreichen. 10 Minuten vor Ende der Bratzeit die Fasane mit dem Armagnac übergießen. Von den Fasanen die Brüste mit der Haut abschneiden. Die Brüste erkalten lassen und in Scheiben schneiden. Die Fasanenbrustscheiben mit dem gewürfelten Madeiragelee auf einer Platte anrichten.

Glasierter Wildschweinrücken

Zutaten für 8 Personen:
2 kg Wildschweinrücken
3 Wacholderbeeren
½ Lorbeerblatt
1 Teel. Salz, ¼ Teel. Pfeffer
je 1 Prise Pimentpulver, Ingwerpulver und Thymian
1 Teel. Paprikapulver, edelsüß
4 Eßl. Öl, ½ Tasse Portwein
4 Schalotten, 1 Eßl. Butter
150 g feine Kalbsleberwurst
⅛ l Portweingelee (Rezept
*   Seite 24), 6 Kumquats*
5 kandierte Kirschen

Pro Portion etwa 2015 Joule/
480 Kalorien

Das Fleisch kalt abbrausen und abtrocknen. Die Wacholderbeeren und das Lorbeerblatt im Mörser zerstoßen und mit dem Salz, den übrigen Gewürzen und dem Öl mischen. Den Wildschweinrücken damit einreiben. Zugedeckt 3 Stunden einziehen lassen. Den Backofen auf 210° vorheizen. Den Wildschweinrücken auf der untersten Schiene 40–50 Minuten braten. Nach 20 Minuten Bratzeit den Portwein über das Fleisch gießen. Den Wildschweinrücken erkalten lassen und tranchieren. Die Schalotten schälen, würfeln und in der Butter glasig braten. Den Bratenfond dickflüssig einkochen, mit der Leberwurst und den Schalottenwürfeln verrühren. Auf die Rückenkarkasse streichen. Die Fleischscheiben darauf anordnen, mit dem Portweingelee überziehen, mit Kirschen und Kumquats garnieren.

Wild und Wildgeflügel

Rehrücken mit gefüllten Birnen

Zutaten für 6 Personen:
1 bratfertiger gespickter Reh-
*   rücken (etwa 1,5 kg) von*
*   einem jungen Tier*
je ½ Teel. Salz und weißer
*   Pfeffer*
6 Eßl. Öl
3 Birnen
Saft von ½ Zitrone
1 kleine Stange Zimt
6 Eßl. Johannisbeergelee

Pro Portion etwa 1660 Joule/
395 Kalorien

Den Rehrücken kalt abbrausen und gut trockentupfen.
Den Backofen auf 220° vorheizen. Das Salz und den Pfeffer mischen. Den Rehrücken
rundherum damit einreiben.
Das Öl erhitzen. Den Rehrük-
ken in eine Bratenpfanne legen
und das heiße Öl darübergießen. Den Rehrücken im vorgeheizten Backofen auf der zweiten Schiene von unten 50 Minuten braten. Das Fleisch
während der Bratzeit etwa alle
10 Minuten mit dem Bratenfond bestreichen. Die Birnen
schälen, halbieren und das
Kerngehäuse entfernen. Die
Birnenhälften mit dem Zitronensaft, der Zimtstange und
1 Tasse Wasser zugedeckt bei
schwacher Hitze 15 Minuten
dünsten. Dann abtropfen und
erkalten lassen. Die Birnen mit
dem Johannisbeergelee füllen.
Den Rehrücken erkalten lassen. Die beiden Rückenstränge
von den Knochen lösen, in
Scheiben schneiden und die
Fleischscheiben wieder auf der
Rückenkarkasse anrichten.
Die gefüllten Birnen zum Rehrücken reichen.

Gänsekeulen mit Broccoli

Zutaten für 2 Personen:
2 bratfertige Gänsekeulen
(je 350 g)
¼ Teel. Salz, 3 Eßl. Öl
1 Möhre, 1 Zwiebel
1 Stange Staudensellerie
1 Teel. gehackte Petersilie
1 Messerspitze getrockneter
Thymian
½ l Hühnerbrühe
je ⅛ l Weinessig und Sherry
je ¼ Teel. Salz und weißer
Pfeffer
450 g tiefgefrorener Broccoli
2 Teel. Zitronensaft
¼ Teel. Salz, 1 Prise Zucker
2 Eßl. Öl
1 Tomate
1 Eßl. gehackte Petersilie

Pro Portion etwa 3190 Joule/
760 Kalorien

Die Gänsekeulen mit dem Salz
einreiben und im heißen Öl
rundherum braun anbraten.
Das Gemüse putzen, grob zerkleinern, mit der gehackten Petersilie und dem Thymian mit
den Gänsekeulen anbraten.
Die Hühnerbrühe, den Essig,
den Sherry, das Salz und den
Pfeffer zufügen. Die Keulen
zugedeckt in 40 Minuten garen, dann abkühlen lassen. Die
Brühe auf ¼ l einkochen und
erkalten lassen. Den Broccoli
nach Vorschrift garen, abtropfen und erkalten lassen. Den
Zitronensaft mit dem Salz,
dem Zucker und dem Öl verrühren, über den Broccoli gießen und zugedeckt durchziehen lassen. Die erkaltete, gelierende Brühe entfetten und die
Gänsekeulen auf einer Platte
damit überziehen. Den Broccoli und die Tomate zufügen,
alles mit Petersilie bestreuen.

Poulet-Bresse

Zutaten für 6 Personen:
2 Poulets-Bresse (je 1 kg)
1 Eßl. Öl, 50 g Butter
2 Zwiebeln, 1 Möhre
1 Stange Staudensellerie
0,2 l Sherry-Essig
je 2 frische Zweige Thymian
und Petersilie
je ¼ Teel. Salz und Pfeffer
1½ l Hühnerbrühe, 1 Eßl. Mehl
Saft von 1 Zitrone, ¼ Teel. Salz
12 kleine flache Zwiebeln
2 Eßl. Schnittlauchröllchen

Pro Portion etwa 2375 Joule/
565 Kalorien

Die Hühner bis auf die Unter-
keulen ausbeinen, die Knochen grob zerhacken. Das
Hühnerfleisch und die Knochen im Öl und der Butter
braun anbraten. Das Gemüse
putzen, kleinschneiden und
ebenfalls mit anbraten. Mit
dem Essig und ¼ l Wasser aufgießen. Die Kräuter, das Salz
und den Pfeffer zufügen. Alles
zugedeckt 25 Minuten schmoren lassen. Dann das Geflügelfleisch herausnehmen und die
Schmorflüssigkeit auf ⅓ einkochen lassen. Die Geflügelbrühe zugießen und 30 Minuten
kochen lassen. Die Brühe
durchseihen, abkühlen und erkalten lassen. Das Mehl mit ¾ l
Wasser, dem Zitronensaft und
dem Salz zum Kochen brin-
gen. Die Zwiebeln darin in
8 Minuten garen, dann kühl
stellen. Die gelierende Geflügelbrühe entfetten. Die Poulet-
stücke und die Zwiebeln auf
einer Platte anrichten. In Abständen von 30 Minuten mit
dem Gelee bestreichen und im
Kühlschrank erstarren lassen.
Mit Schnittlauch bestreuen.

Feine Geflügelplatten

Gespickte Putenbrust

Zutaten für 6 Personen:
2 Möhren (100 g)
100 g Speck in Scheiben
1,5 kg Putenbrust
je ½ Teel. Salz und weißer
  Pfeffer
1 Teel. Paprikapulver, edelsüß
4 Eßl. Öl, ¼ l Fleischbrühe
5 Eßl. Butter
¼ l Muskatellergelee (Rezept
  Seite 24)

Pro Portion etwa 2480 Joule/
590 Kalorien

Die Möhren schaben, waschen
und in lange Stifte schneiden.
Den Speck in lange Streifen
schneiden. Die Möhrenstifte
und die Speckstreifen im Gefrierfach anfrieren lassen. Die
Ränder der Putenbrust mit der
Spicknadel abwechselnd mit
Möhrenstiften und Speckstreifen spicken. Den Backofen auf
200° vorheizen. Das Salz, den
Pfeffer und den Paprika mischen. Die Putenbrust damit
einreiben und in eine Bratenpfanne legen. Das Öl erhitzen
und um die Putenbrust gießen.
Die Putenbrust auf der zweiten
Schiene von unten 65–70 Minuten braten. Die Fleischbrühe erhitzen. Nach 15 Minuten
Bratzeit etwas heiße Fleischbrühe um die Putenbrust gießen und öfter damit beschöpfen; immer etwas heiße
Fleischbrühe zugießen. Die
Butter zerlassen und 15 Minuten vor Ende der Bratzeit über
den Braten träufeln. Die abgekühlte Putenbrust im Kühlschrank erkalten lassen. Die
Putenbrust in dünne Scheiben
schneiden und mit gewürfeltem Gelee bestreuen.

Gefüllte Wachteln

Zutaten für 8 Wachteln:
8 bratfertige Wachteln
1 Teel. Salz
je ¼ Teel. weißer Pfeffer und ge-
  trocknetes Basilikum
4 Eßl. Butter, 1 Eßl. Öl
100 g Geflügellebern
1 Eßl. Madeirawein
1 Eßl. Butter
je 1 Prise Salz, weißer Pfeffer
  und getrocknetes Basilikum
25 g frischer Speck, ¹⁄₁₆ l Sahne
8 Stücke Trüffeln aus der Dose
¼ l Madeiragelee (Rezept
Seite 24)

Pro Stück etwa 1615 Joule/
385 Kalorien

Die Wachteln mit dem Salz
nur innen, mit dem Pfeffer und
dem Basilikum außen und innen einreiben. Die Butter mit
dem Öl erhitzen und jeweils
2 Wachteln darin rundherum
braun braten (Gesamtbratzeit
etwa 20 Minuten). Die Wachteln erkalten lassen. Die Geflügellebern häuten, mit dem Madeira beträufeln und 30 Minuten marinieren, dann in der
Butter 4 Minuten braten. Mit
dem Salz, dem Pfeffer und
dem Basilikum würzen und
abkühlen lassen. Die Lebern
und den Speck im Mixer pürieren. Die Sahne cremig
schlagen und unter das Püree
rühren. Das Püree in einen
Spritzbeutel mit Lochtülle geben. Die Wachteln jeweils zur
Hälfte damit füllen, je 1 Stück
Trüffel hineinlegen, dann ganz
füllen. Mehrmals mit dem Madeiragelee bestreichen. Jede
Schicht erstarren lassen. Auf
Endiviensalat mit Mandarinen
anrichten.

Garnierte Rinderfilet-scheiben

Zutaten für 10 Scheiben:
750 g Rinderfilet, ½ Teel. Salz
½ Teel. Paprikapulver, edelsüß
1 Prise weißer Pfeffer, 3 Eßl. Öl
Zum Garnieren (Abbildung von
*   links nach rechts):*
1 hartgekochtes Ei
1 Teel. weiche Butter
2 Teel. Sahne
je 1 Prise Salz, Pfeffer und
*   Paprikapulver, edelsüß*
1 Teel. gehackte Kräuter
2 Tomatenachtel –
150 g gekochte Spargelspitzen
3 Eßl. Weißwein
1 Teel. Zitronensaft
je 1 Prise Salz, Zucker und
*   weißer Pfeffer*
einige Tropfen Worcestershire-
*   sauce*

1 gegarte Möhre –
3 Artischockenböden aus der
*   Dose*
2 Teel. Zitronensaft
3 Eßl. Weißwein
3 Teel. Mayonnaise
1 Teel. rosa Pfefferkörner
einige Zweige Dill –
2 Scheiben Gänseleberparfait
6 Weintrauben
2 Eßl. Cognac –
¼ l Sherry-Gelee (Rezept
*   Seite 24)*

Pro Scheibe etwa 925 Joule/
220 Kalorien

Das Rinderfilet von allen Häuten befreien, kurz kalt waschen und abtrocknen. Das Salz mit dem Paprika, dem Pfeffer und dem Öl verrühren. Das Fleisch gut mit dem gewürzten Öl einreiben, in Alufolie wickeln und 12 Stunden im Kühlschrank durchziehen lassen. Den Back-
ofen auf 220° vorheizen. Das Rinderfilet in der geöffneten Alufolie auf den Rost des Backofens legen und in 20–25 Minuten rosa braten. Das Fleisch dann erkalten lassen. Das kalte Rinderfilet in 1½ cm dicke Scheiben schneiden. Zum Garnieren der Filetscheiben das Ei schälen, halbieren und das Eigelb herauslösen. Das Eigelb mit der Butter, der Sahne, dem Salz, dem Pfeffer, dem Paprika und den Kräutern verrühren. Die Eigelbmasse in die Eiweißhälften spritzen. Je 1 Tomatenspalte auf die Eihälften legen. Die Eihälften auf 2 Filetscheiben anrichten. Die Spargelspitzen abtropfen lassen. Den Weißwein mit dem Zitronensaft, dem Salz, dem Zucker, dem Pfeffer und der Worcestershiresauce verrühren. Die Spargelspitzen darin 1 Stunde marinieren. Dann abtropfen lassen und auf 3 Filetscheiben anrichten. Aus der gegarten Möhre 3 Scheibchen schneiden und auf die Spargelbündel legen.
Die Artischockenböden abtropfen lassen. Den Zitronensaft und den Weißwein mischen und die Artischockenböden darin 1 Stunde marinieren. Die Artischockenböden abtropfen lassen, auf 3 Filetscheiben anrichten und mit der Mayonnaise füllen. Die Mayonnaise mit den Dillzweigen und Pfefferkörnern garnieren. Das Gänseleberparfait auf 2 Filetscheiben legen. Die Weintrauben häuten, etwa 10 Minuten in den Cognac legen, abtropfen lassen und das Parfait damit garnieren.
Alle Filetscheiben mit dem Sherry-Gelee überziehen und das Gelee erstarren lassen.

Gefüllte Filetscheiben

Zutaten für etwa 20 Scheiben:
15 Morcheln
2 Schweinefilets (je 300–375 g)
je 1 Prise weißer Pfeffer, Salbeipulver und getrockneter Majoran
1 Eßl. weiche Butter
1 Eßl. gehackte Petersilie
2 kleine Eier
3 Eßl. Semmelbrösel
je 1 Prise Salz und Pfeffer
3 Eßl. Öl
½ Teel. Salz
⅛ l Weißwein
⅛ l Weißweingelee (Rezept Seite 24)

Pro Stück etwa 505 Joule/
120 Kalorien

Die Morcheln unter fließendem kaltem Wasser gründlich waschen und in ⅛ l Wasser 20 Minuten kochen lassen. Dann abtropfen und erkalten lassen. Die Filets häuten, waschen und abtrocknen. Den Pfeffer mit dem Salbeipulver und dem Majoran mischen und die Filets damit einreiben. Die Butter mit der gehackten Petersilie, den Eiern, den Semmelbröseln, dem Salz und dem Pfeffer mischen. Die Morcheln damit füllen. Die Filets längs einschneiden, mit den Morcheln füllen. Die Filets zunähen oder zustecken. Das Öl erhitzen. Die Filets von allen Seiten darin anbraten, salzen, den Wein zugießen und 15 Minuten schmoren lassen. Die Filets dabei öfters wenden. Die Schweinefilets erkalten lassen und in Scheiben schneiden. Mit dem Weißweingelee überziehen. Das Gelee im Kühlschrank erstarren lassen.

Medaillons mit Broccolipüree

Zutaten für 8 Medaillons:
8 Kalbsmedaillons
¼ Teel. weißer Pfeffer
1 Prise Paprikapulver, scharf
4 Eßl. Öl, ½ Teel. Salz
175 g Broccoli
6 Blätter Gelatine
je ¼ Teel. Salz und weißer Pfeffer, geriebene Muskatnuß, getrockneter Thymian und getrocknetes Basilikum
3 Eßl. Wild- oder Fleischbrühe
¼ l Sahne
¼ l Weingelee (Rezept Seite 24)
8 Wachteleier aus dem Glas

Pro Stück etwa 1345 Joule/
320 Kalorien

Die Medaillons mit dem Pfeffer und dem Paprika einreiben, in dem Öl von jeder Seite 3–4 Minuten braten. Die Medaillons salzen und erkalten lassen. Den Broccoli putzen. In Salzwasser 10 Minuten kochen, dann abtropfen und erkalten lassen. Die Gelatine in kaltem Wasser 10 Minuten einweichen. Den Broccoli im Mixer pürieren und das Püree mit dem Salz, dem Pfeffer, dem Muskat, dem Thymian und dem Basilikum würzen. Die Wild- oder Fleischbrühe erhitzen. Die Gelatine gut ausdrücken und in der heißen Brühe auflösen. Die Aspikflüssigkeit unter das Broccolipüree rühren. Die Sahne steif schlagen, unter das Püree heben. Die Gemüse-Mousse auf die Medaillons spritzen. Mit dem Weingelee überziehen, das Gelee im Kühlschrank erstarren lassen. Die Medaillons mit den Wachteleiern belegen.

Kasseler im Brotteig

Zutaten für 10 Personen:
1 kg Teig für dunkles Mischbrot
500 g rohe Bratwurstmasse
1,5 kg mageres Kasseler
2 Eßl. gehackte Petersilie
1 Eigelb, 1 Eßl. Wasser
Für das Backblech: Öl

Pro Portion etwa 2900 Joule/
690 Kalorien

Den Brotteig entweder beim
Bäcker rechtzeitig bestellen
und fertig kaufen oder aus
einer Fertig-Backmischung
herstellen. Den Backofen auf
200° vorheizen. Das Back-
blech mit Öl bestreichen. Den
Brotteig etwa 7 mm dick zu einer so großen Platte ausrollen,
daß das Kasseler rundherum
in Teig eingeschlagen werden
kann. Etwas Teig für die Ornamente zurückbehalten.
Die Bratwurstmasse auf die
Teigplatte streichen, dabei
einen etwa 2 Finger breiten
Streifen frei lassen. Das Kasseler waschen, abtrocknen, mit
der Petersilie bestreuen und
auf den Teig legen. Den Teig
über dem Fleisch zusammen-
schlagen, die Enden zusammendrücken und das Kasseler
mit der Teignaht nach unten
auf das Backblech setzen. Das
Eigelb mit dem Wasser quirlen
und den Teigmantel damit bestreichen. Aus restlichem Teig
kleine Blätter ausstechen, mit
einem Holzstäbchen die feinen
Rippen in die Blätter eingra-
vieren und die Teigoberfläche
des Kasselers damit belegen.
Die Teigblätter ebenfalls mit
verquirltem Eigelb bestreichen. Das Kasseler auf der untersten Schiene etwa 1 Stunde
und 30 Minuten backen. Nach
der Hälfte der Backzeit nach-
sehen, ob der Teig nicht zu
dunkel wird, und den Laib nö-
tigenfalls mit Pergamentpapier
abdecken. Das Kasseler einige
Stunden abkühlen lassen.

Das paßt dazu: gemischter Salat und Orangendip (Rezept
Seite 178).

Vitello tonnato

Zutaten für 6 Personen:
1 kg Kalbsfrikandeau
1 Knoblauchzehe
1 Zwiebel, 2 Möhren
1 Stück Sellerieknolle
6 Sardellenfilets
1 l Fleischbrühe
⅛ l trockener Weißwein
2 Lorbeerblätter
5 Pfefferkörner
¾ Tasse Olivenöl, 1 Eigelb
1 Dose Thunfisch (180 g)
2 Eßl. Zitronensaft
4 Eßl. Sahne, 2 Eßl. Kapern
je 1 Prise Salz und Pfeffer
1 Glas Senffrüchte

Pro Portion etwa 2 060 Joule/
490 Kalorien

Das Kalbfleisch mit kleinen
Einschnitten versehen. Die
Knoblauchzehe schälen und in
Stifte schneiden. Die Zwiebel
schälen und halbieren. Die
Möhren waschen und grob-
würfeln. Die Sellerieknolle
putzen und waschen. Die
Knoblauchstifte und 3 Sardellenfilets in die Einschnitte im
Fleisch stecken. Das Fleisch
mit kaltem Wasser ansetzen,
bei starker Hitze 1 Minute kochen lassen und das Wasser
abgießen. Das Fleisch in eine
Kasserolle geben und alle Zutaten bis zu den Pfefferkörnern
zufügen. Zugedeckt 1½ Stunden leicht kochen, dann in der
Brühe erkalten lassen. ⅛ l der
Fleischbrühe durchseihen.
Das Öl mit dem Eigelb, dem
Thunfisch, den restlichen Sardellen und dem Zitronensaft
im Mixer pürieren. Mit der
Sahne, der Brühe, den Kapern
und den Gewürzen verrühren.
Das Fleisch mit der Sauce und
Senffrüchten servieren.

Hackfleisch-kuchen

Zutaten für 25 Stücke:
500 g Mehl, 250 g Butter
½ Teel. Salz, 1 Ei
1 Bund Petersilie
1 kg Hackfleisch, 3 Eier
je 2 Teel. Salz und Paprikapul-
ver, edelsüß, 1 Teel. Pfeffer
½ Teel. getrockneter Majoran
150 g Putenlebern, 1 Eßl. Butter
100 g Champignons, 2 Eigelbe

Pro Stück etwa 1 135 Joule/
270 Kalorien

Aus dem Mehl, der Butter,
dem Salz, etwas kaltem Wasser
und dem Ei einen Mürbeteig
bereiten. 2 Stunden im Kühlschrank ruhen lassen. Eine
30 × 30 cm und eine 35 × 35 cm
große dünne Platte ausrollen.
Die Petersilie waschen und
hacken. Das Hackfleisch mit
der Petersilie, den Eiern, dem
Salz und allen Gewürzen verkneten. Die Lebern würfeln, in
der Butter anbraten und erkalten lassen. Die Pilze putzen.
Die kleinere Teigplatte auf ein
Backblech legen, die Hackfleischmasse daraufstreichen,
die Ränder frei lassen. Die Le-
berwürfel und die Pilze in die
Hackfleischmasse drücken
und die größere Teigplatte darüberlegen. Aus Teigresten kleine Ornamente ausstechen. Die
Teigränder und die Platte mit
verquirltem Eigelb bestreichen. Die Ränder zusammendrücken. Die Ornamente auf
die Teigplatte legen und mit
Eigelb bestreichen. Einige Öffnungen in die Teigoberfläche
schneiden. Den Hackfleischkuchen in 40 Minuten bei 230°
goldbraun backen. Abgekühlt
in Quadrate schneiden.

Fleisch-Spezialitäten

Tatar auf Vollkornbrot

Zutaten für 4 Brote:
1 Zwiebel, 400 g Tatar
2 Eigelbe, ½ Teel. Salz
1 Teel. Paprikapulver, edelsüß
1 Teel. grüne Pfefferkörner aus dem Glas
1 Schnapsglas Wodka (2 cl)
4 Scheiben Vollkornbrot
2 Eßl. Butter
2 Matjesfilets
1 Eßl. kleine Kapern
1 hartgekochtes Ei
½ Bund Petersilie

Pro Stück etwa 2015 Joule/
480 Kalorien

Die Zwiebel schälen und in
sehr kleine Würfel schneiden.
Das Tatar in eine Schüssel geben, mit den Zwiebelwürfeln,
den Eigelben, dem Salz, dem
Paprikapulver, den zerdrückten Pfefferkörnern und dem
Wodka mischen und pikant
abschmecken. Die Brote mit
der Butter bestreichen. Das Tatar darauf anrichten. Die Matjesfilets in Stücke schneiden
und auf die Brote legen. Das
Tatar mit den Kapern bestreu-
en. Das hartgekochte Ei schälen und feinhacken. Die Petersilie waschen, abtropfen lassen
und kleinschneiden. Die Ei-
würfel und die Petersilie auf
die Brote streuen.

> **Unser Tip**
> Das Tatar schmeckt
> auch auf dunklem
> Mischbrot angerichtet.
> Reichen Sie Bier dazu.

Husaren-Tatar

Zutaten für 6 Personen:
2 Zwiebeln
1 Bund Petersilie
4 Blättchen Salbei
6 Cornichons
600 g Tatar
1 Eßl. kleine Kapern
3 Eigelbe
¼ Teel. frisch gemahlener schwarzer Pfeffer
½ Teel. Salz
2 Sardellenfilets

Pro Portion etwa 775 Joule/
185 Kalorien

Die Zwiebeln schälen und
würfeln. Die Petersilie und die
Salbeiblättchen waschen, abtropfen lassen. Die Petersilie
und 3 Salbeiblättchen kleinschneiden. Die Cornichons in
sehr kleine Würfel schneiden.
Das Tatar in eine Schüssel geben und mit den Zwiebelwürfeln, den kleingeschnittenen
Kräutern, den gewürfelten
Cornichons, den Kapern, 2 Eigelben, dem Pfeffer und dem
Salz mischen. Das Tatar in einer Schüssel oder in einem tie-
fen Teller anrichten, in die
Mitte eine kleine Vertiefung
drücken und das dritte Eigelb
hineingeben. Die Sardellenfilets auf das Tatar legen. Das
Tatar mit dem übrigen Salbei-
blatt garnieren.

Tatarbuffet

Zutaten für 8 Personen:
5 große Zwiebeln
25 gefüllte Oliven
4 Gewürzgurken
8 Sardellenfilets
Salz
weißer Pfeffer aus der Mühle
Paprikapulver, edelsüß
Tomatenketchup
Cognac
Kapern
je 2 Bund Petersilie und
*   Schnittlauch*
9 Eier
1,2–1,6 kg Tatar

Pro Portion etwa 1 575 Joule/
375 Kalorien

Die Zwiebeln schälen, 4 Zwiebeln in sehr kleine Würfel schneiden, 1 in Ringe. Die Oliven hacken. Die Gewürzgurken in kleine Würfel schneiden. Die Sardellenfilets längs halbieren. Die Zwiebelwürfel, die gehackten Oliven, die Gurkenwürfel, die Sardellenfiletstreifen, Salz, Pfeffer, Paprikapulver, Tomatenketchup, Cognac und Kapern in Schalen anrichten. Die Petersilie und den Schnittlauch waschen, abtropfen lassen, kleinschneiden und ebenfalls in Schalen anrichten. Die Eier aufschlagen und das Eiweiß vorsichtig abtropfen lassen. 8 Eigelbe in je 1 Eischalenhälfte auf einer mit Salz ausgestreuten Platte anrichten. Das Tatar auf eine Platte geben, mit den Zwiebelringen belegen und das restliche Eigelb in die Mitte setzen. Jeder Gast kann sich nun seine Portion Tatar nach Belieben würzen und mit den verschiedenen gewürfelten Zutaten ergänzen.

Sie können das Tatar aber auch gleich auf acht Portionsteller verteilen. Auf jeden Teller um das Tatar herum Zwiebelringe legen und die Zwiebelringe mit Zwiebelwürfeln, mit Kapern, mit Paprikapulver, mit Salz, mit weißem Pfeffer, mit Kümmel, mit Schnittlauch oder Petersilie füllen, das Eigelb in der Eischale auf das Tatar setzen und dazu noch Cornichons, Maiskölbchen aus dem Glas, Perlzwiebeln, Sardellenfilets, Mixed Pickles und vor allem genügend Bauernbrot und Butter reichen.

Unser Tip

Verwenden Sie für das Tatar nur ganz frische Eier. – Wenn Sie es vorziehen, das Tatar bereits in der Küche mit den genannten Gewürzen, den gehackten oder gewürfelten Zutaten und den Eigelben zu mischen, raten wir Ihnen, beim Würzen zurückhaltend zu sein. Nicht jeder mag gleichermaßen stark gewürzte oder salzige Speisen. Stellen Sie Salz, die Pfeffermühle und übrige Gewürze lieber zusätzlich auf den Tisch, damit sich jeder nach eigenem Geschmack bedienen kann.

Käseplatten

Käseplatte mit Gorgonzolacreme

Zutaten für 6 Personen:
Für die Käseplatte:
150 g Schinken-Räucherkäse
250 g Emmentaler Käse
150 g Tilsiter Käse
150 g Edelpilzkäse
125 g Camembert
Zum Garnieren:
Oliven, Weintrauben
Walnußkerne
kleine Salzbrezeln
Für die Gorgonzolacreme:
150 g Gorgonzolakäse
50 g weiche Butter
1 Eigelb, 1 Eßl. Sahne
1 Messerspitze Cayennepfeffer
1 Eßl. gemischte gehackte
Kräuter
100 g gekochter Schinken

Pro Portion etwa 3 215 Joule/
765 Kalorien

Den Hart- und Schnittkäse in Scheiben schneiden, vom Emmentaler Käse auch einige Würfel. Den Camembert in Ecken schneiden. Die Käsestücke oder -scheiben gefällig auf einem Brett anrichten. Die Emmentalerwürfel mit schwarzen Oliven und Weintrauben bestecken. Die Walnußkerne und die Salzbrezeln auf dem Käse arrangieren. Für die Gorgonzolacreme den Käse mit der Gabel zerdrücken und mit der Butter, dem Eigelb, der Sahne, dem Cayennepfeffer und den Kräutern verrühren. Den Schinken in kleine Würfel schneiden und unter die Creme mischen. – Zur Käseplatte Roggenbrötchen, Stangenweißbrot, Pumpernickel und trockenen Weißwein reichen.

Rustikale Käseplatte mit Käsebällchen

Zutaten für 6 Personen:
Für die Käsebällchen:
125 g reifer Camembert
100 g geriebener Emmentaler
50 g weiche Butter, 1 Eigelb
1 Teel. Paprikapulver, scharf
½ Teel. Salz
1 Messerspitze weißer Pfeffer
1 Schnapsglas Cognac (2 cl)
2 Scheiben Pumpernickel
3 Eßl. gehackte Pistazien
Für die Käseplatte:
200 g Limburger Käse
125 g Romadur
200 g Appenzeller Käse
200 g Steinbuscher Käse
2 Laibchen Sauermilchkäse mit
Kümmel (je 50 g)
100 g Goudakäse in Scheiben
1 Zwiebel

Pro Portion etwa 3 190 Joule/
760 Kalorien

Für die Käsebällchen den Camembert zerdrücken. Mit dem Emmentaler, der Butter, dem Eigelb, dem Paprika, dem Salz, dem Pfeffer und dem Cognac verkneten und 2 Stunden kühl stellen. Den Pumpernickel zerkrümeln. Aus der Käsemasse Bällchen formen. Die Hälfte der Bällchen in den gehackten Pistazien, die andere Hälfte in den Pumpernickelkrümeln wälzen. Den Limburger Käse, den Romadur, den Appenzeller und den Steinbuscher Käse in gleich dicke Scheiben, den Sauermilchkäse in dicke Stücke schneiden. Alle Käsesorten auf einem großen Brett anrichten. Die Zwiebel schälen, in Ringe schneiden und mit den Käsebällchen auf dem Brett anrichten.

Großes Käsebuffet

Zum Käsebuffet gehören die unterschiedlichsten Käsesorten, eine Auswahl an Brotsorten sowie Kräcker, Pumpernikkel, Butter, Tafelobst, Nüsse, Cornichons und eingelegte Früchte.

Käse sollten Sie möglichst frisch und nur von bester Qualität kaufen. Von jeder Sorte wird nur ein kleiner Teil in Scheiben geschnitten; Käse im Stück bleibt länger frisch. Zur Selbstbedienung werden Käsemesser auf das Käsebrett gelegt. Welche Käsesorten Sie für ein Buffet wählen, bleibt ganz Ihrem Geschmack überlassen. In jedem Fall sollte es aber Hartkäse, Schnittkäse und Weichkäse von mildem,

würzigem und scharfem Geschmack geben. Pro Gast rechnen Sie 200 bis 300 g Käse. Bereichern Sie das Buffet noch mit einer zarten Käsecreme (zum Beispiel Gorgonzolacreme, Rezept Seite 170), einem Käsc-Wurst-Salat und/oder einem Käse-Obst-Salat in der Melone. Beide Salate sind für 6 Personen berechnet.

Auf dem abgebildeten Käsebuffet sind links Emmentaler, Esrom, Chester und Edamer Käse – in Scheiben und Würfel geschnitten – angerichtet. Die Käseplatte im Hintergrund ist mit Emmentaler Käse, Bergkäse, Fontina Käse, mit Gouda- und Edelpilzkäse belegt. Auf der Platte im Vordergrund liegen Tilsiter, Livarot- und Reblochonkäse, Camembert, Pont l'Evêque, Weinkäse und Ziegenkäse.

Käse-Wurst-Salat
300 g Lyoner Wurst
200 g Edamer Käse
150 g Emmentaler Käse
2 Schalotten
1 Knoblauchzehe
3 Eßl. Weinessig, ½ Teel. Salz
1 Messerspitze weißer Pfeffer
1 Teel. scharfer Senf
*2 Eßl. gemischte gehackte
    Kräuter wie Petersilie, etwas
    Liebstöckel, Thymian, Pimpi-
    nelle und Pfefferminze*
6 Eßl. Öl

Pro Portion etwa 1 870 Joule/
445 Kalorien

Die Wurst pellen und mit dem Käse in Streifen schneiden. Die Schalotten und die Knoblauchzehe schälen und feinwürfeln, mit dem Essig und allen übrigen Zutaten verrühren. Den Salat mit der Salatsauce anmachen.

Käse-Obst-Salat in der Melone
1 Honigmelone
*2 Tassen gemischte gewürfelte
    Früchte wie Birnen, Pfirsiche
    und Kirschen*
300 g junger Goudakäse
2 Eßl. Zitronensaft
½ Teel. Salz, 1 Teel. Zucker
*je 1 Messerspitze Cayenne-
    pfeffer und Ingwerpulver*
1 Schnapsglas Cognac (2 cl)
4 Eßl. Walnußöl

Pro Portion etwa 1 175 Joule/
280 Kalorien

Ein Drittel von der Melone als Deckel abschneiden. Das Fruchtfleisch in Kugeln ausstechen. Mit dem vorbereiteten Obst und dem gewürfelten Käse mischen. Aus dem Zitronensaft und allen übrigen Zutaten eine Sauce bereiten, unter den Salat heben und in der Melone anrichten.

Kräuteröl

Würziges Kräuteröl

Für das Rosmarinöl:
2–3 Zweige Rosmarin
½ l kaltgepreßtes Olivenöl oder
* Sonnenblumenöl*
Für das Öl mit gemischten
* Kräutern:*
je ½ Bund Petersilie und
* Schnittlauch*
2 Zweige Salbei
je ½ Eßl. getrockneter
* Thymian, Liebstöckel und*
* Majoran*
½–¾ l Sonnenblumenöl

Die Rosmarinzweige kalt waschen und auf einem Küchentuch gut abtropfen lassen (am besten die Kräuter über Nacht trocknen lassen). Die Rosmarinzweige in eine entsprechend hohe Flasche geben. Das Öl darübergießen, bis die Kräuter ganz bedeckt sind. Die Flasche verkorken, in den Kühlschrank stellen. Die Kräuter 14 Tage ziehen lassen. Das Rosmarinöl für Salatsaucen verwenden. Stets so viel frisches Öl nachgießen, daß die Kräuter wieder bedeckt sind. Die Petersilie, den Schnittlauch und den Salbei waschen, sorgfältig trockentupfen und feinhacken. Mit den zerriebenen getrockneten Kräutern in ein Glasgefäß geben und fest andrücken. So viel Öl daraufgießen, daß die Kräuter gut bedeckt sind. Das Gefäß verschließen und in den Kühlschrank stellen. Die Kräuter 8–10 Tage ziehen lassen. Das Öl vor Gebrauch stets gut schütteln. Stets mit frischem Öl auffüllen, so daß die Kräuter immer mit Öl bedeckt sind.

Unser Tip
Statt frischen Rosmarin können Sie auch Basilikum, Lavendel, Salbei oder Thymian für das Kräuteröl verwenden. – Das Kräuteröl sollte in ungefähr 6 Wochen verbraucht sein.

Zitronen- und Knoblauchessig

Für den Zitronenessig:
5 Eßl. Zitronensaft
Schale von 1 unbehandelten
*   Zitrone*
¼ l Weinessig
einige Blättchen Zitronen-
*   melisse*
Für den Knoblauchessig:
6 Knoblauchzehen
1 kleiner Zweig Thymian
1 Teel. weiße Pfefferkörner
½ l Rotweinessig

Den Zitronensaft in eine Flasche gießen. Die Zitrone warm
waschen, gut abtrocknen und
die Schale hauchdünn abschälen. Die Zitronenschale ebenfalls in die Flasche geben und
mit dem Essig auffüllen. Die
Zitronenmelisse waschen, gut
trockentupfen und in den Essig geben. Die Flasche verkorken und in den Kühlschrank
stellen. Den Zitronenessig
mindestens 3 Wochen ziehen
lassen.
Für den Knoblauchessig die
Knoblauchzehen schälen. Den
Thymian kalt abbrausen und
gut trockentupfen. Die Knoblauchzehen, den Thymian und
die Pfefferkörner in eine Flasche geben und mit dem Rotweinessig auffüllen. Die Flasche verkorken und in den
Kühlschrank stellen. Den
Knoblauchessig ebenfalls
3 Wochen ziehen lassen. Beide
Essigsorten dann durch ein
Tuch abseihen. Den Essig wieder in die Flasche füllen. Die
Flaschen verkorken und im
Kühlschrank bis zum Ge-
brauch aufbewahren.

Salbei- und Pimpinelle-Essig

Für den Salbei-Essig:
1 großer und 2 kleinere Salbei-
*   zweige*
½ l trockener Rotwein
0,1 l Essigessenz
Für den Pimpinelle-Essig:
3 kleine Zweige Pimpinelle
½ l trockener Weißwein
0,1 l Essigessenz

Die Salbeizweige kalt abbrausen und gut trockentupfen.
Die Kräuter in eine Flasche
geben. Den Rotwein mit der
Essigessenz mischen und über
die Kräuter füllen. Die Flasche
gut verschließen und in den
Kühlschrank stellen. Den Essig mindestens 3 Wochen ziehen lassen.
Die Pimpinelle kalt waschen
und gut trockentupfen. Die
Kräuter in eine Flasche geben.
Den Weißwein mit der Essigessenz mischen und über die
Pimpinelle gießen. Die Flasche verkorken und minde-
stens 3 Wochen in den Kühlschrank stellen.
Bcidc Essigsorten nach 3 Wochen durch ein Tuch filtern
und wieder in die Flaschen füllen. Die Essigflaschen gut verschließen und im Kühlschrank
aufbewahren.

Buttermischungen

Butter-mischungen

Jeweils etwa 4200 Joule/1000 Kalorien

Knoblauchbutter
1 Knoblauchzehe
125 g weiche Butter
1 Teel. Zitronensaft
¼ Teel. weißer Pfeffer

Die Knoblauchzehe schälen, zerdrücken und mit der Butter, dem Zitronensaft und dem Pfeffer verrühren. Als Block im Gefrierfach erstarren lassen. Mit dem Buntmesser aufschneiden.

Grüne Butter
125 g weiche Butter
2 Eßl. Spinatsaft
½ Teel. Selleriesalz
1 Prise geriebene Muskatnuß

Die Butter mit dem Spinatsaft, dem Selleriesalz und dem Muskat verrühren. Rosetten auf Alufolie spritzen, kühl stellen und mit Petersilie bestreuen.

Paprikabutter
125 g weiche Butter
je ½ Teel. Zucker und Salz
½ Teel. Tomatenmark
1 Prise Cayennepfeffer
1 Eßl. Paprikapulver, edelsüß

Die Butter mit dem Zucker, dem Salz, dem Tomatenmark und dem Cayennepfeffer verrühren. 2 cm dick auf Alufolie streichen, kühl stellen. Rechtecke in Paprika wenden.

Trüffelbutter
125 g weiche Butter
1 Teel. Zitronensaft
¼ Teel. Salz
1 Messerspitze Cayennepfeffer
1 Stückchen Trüffel (12,5 g)

Die Butter mit dem Zitronensaft, dem Salz, dem Cayennepfeffer und der gehackten Trüffel mischen, in Alufolie rollen, erstarren lassen und in Scheiben schneiden.

Kapernbutter
1 kleines Glas Kapern (25 g)
125 g weiche Butter
je ½ Teel. Zitronen- und Orangensaft
50 g Sardellenfilets

Die Hälfte der Kapern zerdrücken und mit der Butter, dem Fruchtsaft und den gehackten Sardellen mischen. Kleine Kugeln formen und je 3 Kapern darauflegen.

Orangenbutter
125 g weiche Butter
je 1 Eßl. Orangensaft, abgeriebene Orangenschale und grüne Pfefferkörner

Die Butter mit dem Orangensaft, der -schale und dem Pfeffer verrühren. 1 cm dick auf Alufolie erstarren lassen. Den Block in Rechtecke schneiden.

Curryrosetten
125 g weiche Butter
je 1 Teel. Salz und Currypulver

Die Butter mit den Gewürzen verrühren. Rosetten auf Alufolie spritzen und kühl stellen.

Kressebutter
125 g weiche Butter
½ Kästchen Kresse
1 Teel. Zitronensaft
1 Eßl. saure Sahne

Die Butter mit der gehackten Kresse, dem Zitronensaft und der sauren Sahne mischen. 1 cm dick auf Alufolie streichen; im Kühlschrank erstarren lassen. Ovale ausstechen.

Buttermischungen

Senfbutter

125 g weiche Butter
½ Teel. Salz
6 Tropfen Tabascosauce
1 Eßl. scharfer Senf
1 Spritzer Worcestershiresauce

Die Butter mit allen Zutaten schaumig rühren. Jeweils 3 zusammenhängende Kugeln auf Folie spritzen; erstarren lassen.

Paprikataler

125 g Butter, ½ Teel. Salz
1 Prise Ingwerpulver
8 Tropfen Tabascosauce
3 Eßl. feingehackte rote
Paprikaschote
2 Eßl. gehackte Petersilie

Die Butter mit den Gewürzen schaumig rühren und die Paprikawürfel untermischen. In Alufolie rollen und kühl stellen. Die Butterrolle in der Petersilie wälzen.

Pfefferbutter

125 g Butter
1 Teel. grobgemahlener Pfeffer
½ Teel. Selleriesalz
1 Prise Knoblauchpulver

Die Butter mit den Gewürzen schaumig rühren und in Alufolie wickeln. Erstarren lassen. Mit einem Butterformer Locken abziehen.

Schinkenbutter

125 g Butter, ½ Teel. Salz
je 1 Messerspitze weißer Pfeffer
und geriebene Muskatnuß
50 g feingehackter gekochter
Schinken
1 Eßl. geriebener Goudakäse

Die Butter mit den Gewürzen, dem Schinken und dem Käse verrühren. Kugeln formen.

Kräuterkugeln

125 g weiche Butter
je 1 Messerspitze Pfeffer und
Zucker, ½ Teel. Salz
1 Teel. Zitronensaft
3 Eßl. gehackte Kräuter

Die Butter mit den Gewürzen, dem Zitronensaft und 1 Eßlöffel Kräuter verrühren. Kugeln formen und diese in den gehackten Kräutern wälzen.

Lachs-Dill-Butter

125 g weiche Butter
1 Messerspitze Cayennepfeffer
3 Eßl. feingehackte Zwiebeln
80 g geräucherter Lachs
1 Eßl. feingehackter Dill

Die Butter mit dem Cayennepfeffer und den Zwiebelstückchen schaumig rühren. Den Lachs kleinschneiden, durch ein Sieb streichen, mit der Butter mischen, auf Alufolie strei-

chen, kühl stellen; dann mit dem Dill bestreuen, rollen und in Scheiben schneiden.

Meerrettichbutter

125 g weiche Butter
2 Eßl. geriebener Meerrettich
1 Prise Zucker, 1 Teel. Salz

Die Butter mit allen Zutaten verrühren. 1½ cm dick auf Alufolie streichen und kühl stellen. In Quadrate schneiden. Mit einer Gabel wellenförmig verzieren.

Kaviarbutter

125 g weiche Butter
1 Teel. Zitronensaft, ½ Eigelb
80 g deutscher Kaviar

Die Butter mit allen Zutaten verrühren. 1 cm dick auf Alufolie streichen, kühl stellen; dann kleine Taler ausstechen.

Ohio-Sauce

Zutaten für 6 Personen:
2 hartgekochte Eier
4 große Zwiebeln
je ½ Tasse Öl und Essig
je 1 Teel. Salz und weißer
   Pfeffer
7 Eßl. geraspelte rote Bete aus
   dem Glas
8 Eßl. saure Sahne
2 Eßl. Speisequark (20%)
1½ Teel. Zucker
je 1 Eßl. gehackter Dill,
   Borretsch und Schnittlauch
1 Teel. flüssige Speisewürze
1 Teel. Knoblauchsaft (Fertig-
   produkt)

Pro Portion etwa 840 Joule/
200 Kalorien

Die Eier schälen und vierteln.
2 Eiviertel kleinwürfeln. Die
Zwiebeln schälen und in Ringe
schneiden. Die Zwiebelringe
in einer Kasserolle mit dem Öl,
dem Essig, dem Salz, dem
Pfeffer und knapp 1 Tasse
Wasser 5 Minuten kochen und
im Kochsud etwas abkühlen
lassen. Die roten Bete, die Eiviertel, die saure Sahne, den
Quark und den Zucker unter
die Zwiebelringe mischen. Die
Masse im Mixer pürieren.
1 Teelöffel gemischte Kräuter
zurückbehalten, die restlichen
Kräuter mit der Speisewürze
und dem Knoblauchsaft unter
die Sauce rühren. Die Sauce
mit dem gehackten Ei und den
zurückbehaltenen Kräutern
bestreuen.

Paßt gut zu Fleisch- oder
Fischfondue, kaltem Rind-
fleisch und geräucherten Makrelen.

Frankfurter grüne Kräutersauce

Zutaten für 6 Personen:
2 Eier
je 2 Bund Petersilie und Schnitt-
   lauch
je 1 Bund Borretsch, Dill,
   Kerbel, Kresse, Pimpinelle
   und Sauerampfer
2 Teel. Zucker, 1 Teel. Salz
½ Teel. weißer Pfeffer
2 Eßl. Zitronensaft, 6 Eßl. Öl
4 Eßl. Salatmayonnaise
3 Eßl. Speisequark (20%)
4 Eßl. saure Sahne

Pro Portion etwa 1 430 Joule/
340 Kalorien

Die Eier in kochendes Wasser
legen, in 10 Minuten hart kochen, kalt abschrecken, schälen und in Würfel schneiden.
Die Kräuter kalt waschen, abtropfen lassen und die harten
Stiele entfernen. Die Kräuter
auf einem Brett mit dem Zukker, dem Salz und dem Pfeffer
bestreuen und sehr fein hakken oder mit dem Wiegemesser zerkleinern. Die Kräuter-
mischung in eine Schale füllen,
mit dem Zitronensaft und dem
Öl mischen und zugedeckt
5 Minuten durchziehen lassen.
Die Mayonnaise, den Quark
und die saure Sahne in einer
Schüssel mischen. ⅛ l heißes
Wasser zufügen und mit dem
Schneebesen gut glatt rühren.
Die Mayonnaisesauce mit den
Kräutern und den Eiwürfeln
mischen. Die Kräutersauce bis
zum Servieren kühl stellen.

Paßt gut zu gekochtem Rindfleisch, Sülzen und pochierten
oder hartgekochten Eiern.

Sauce tatare

Zutaten für 6 Personen:
2 Eier
200 g Mayonnaise
4 Eßl. saure Sahne
2 kleine Gewürzgurken
je 1 Bund Petersilie, Dill und
*   Estragon*
2 Eßl. Mixed Pickles mit Essig-
*   flüssigkeit aus dem Glas*
1 kleines Glas Kapern (50 g)

Pro Portion etwa 1050 Joule/
250 Kalorien

Die Eier in kochendes Wasser
legen, in 10 Minuten hart kochen, kalt abschrecken, schälen und kleinhacken. Die Mayonnaise und die saure Sahne
in einer Schüssel gründlich mit
dem Schneebesen verrühren.
Die Gewürzgurken dünn schälen und feinhacken. Die Kräuter kalt waschen, abtropfen
lassen und die harten Stengel
entfernen. Die Kräuter feinhacken oder mit dem Wiegemesser zerkleinern. Die Mixed
Pickles und die Kapern abtropfen lassen und ebenfalls
kleinhacken. Alle gehackten
Zutaten unter die Mayonnaisesauce rühren. Etwas Essig-
flüssigkeit von den Mixed
Pickles untermischen.

Paßt gut zu Fleischfondue,
hartgekochten Eiern und
Heringsfilets.

Sauce vinaigrette

Zutaten für 6 Personen:
2 kleine Tomaten
3 Frühlingszwiebeln
je 1 Bund Petersilie und
*   Schnittlauch*
je ½ Bund Estragon, Zitronen-
*   melisse und Pimpinelle*
8 Eßl. Öl
3 Eßl. Sherry-Essig
1 Teel. Zitronensaft
½ Teel. Salz, ¼ Teel. Zucker
1 gute Prise weißer Pfeffer

Pro Portion etwa 545 Joule/
130 Kalorien

Die Tomaten in kochendheißes Wasser tauchen, kalt abschrecken, die Haut abziehen
und die Tomaten halbieren.
Die Kerne herauskratzen und
das Fruchtfleisch in dünne
Streifen schneiden. Die Frühlingszwiebeln putzen, waschen
und mit etwas Grün sehr fein
hacken. Die Kräuter kalt abbrausen und gut abtropfen lassen. Grobe Stengel entfernen
und die Kräuter feinhacken
oder mit dem Wiegemesser
zerkleinern. Das Öl mit dem
Sherry-Essig, dem Zitronensaft, dem Salz, dem Zucker
und dem Pfeffer verrühren.
Die Tomatenstreifen, die
Zwiebelstückchen und die zerkleinerten Kräuter unter die
Sauce mischen.

Schmeckt besonders gut zu
frisch gekochtem Stangenspar-
gel, kann aber auch als Salatsauce für Blattsalate und Ge-
müsesalate verwendet werden.
Statt der Tomaten kann man
auch 2 hartgekochte feingehackte Eier unter die Sauce
mischen.

177

Die feinen Dips

Dips zu Gemüse

Für den Orangendip:
125 g Mayonnaise
2 Eßl. Sahne, 1 Orange
1 Eßl. mittelscharfer Senf
je 1 Prise Salz, weißer Pfeffer
*   und Zucker*
Für den Kräuterdip:
1 Becher Joghurt
100 g Doppelrahm-Frischkäse
1 Eßl. Crème fraîche
etwas Knoblauchsaft
½ Teel. Selleriesalz
1 Prise weißer Pfeffer
4 Eßl. gemischte gehackte
*   Kräuter*
Für den Ketchupdip:
150 g Tomatenketchup
½ Becher Joghurt
2 Eßl. Olivenöl
je 1 Prise Salz, Cayennepfeffer
*   und Zucker*
1 Teel. Zitronensaft
3 Eßl. Schnittlauchröllchen
2 Eßl. zerdrückte grüne Pfeffer-
*   körner aus dem Glas*

Orangendip: etwa 3 550 Joule/
845 Kalorien
Kräuterdip: etwa 2 375 Joule/
565 Kalorien
Ketchupdip: etwa 1 785 Joule/
425 Kalorien

Für den Orangendip die Mayonnaise mit der Sahne verrühren. Die Orange auspressen. Etwa ein Viertel der Orangenschale hauchdünn schälen
und in dünne Streifen schneiden. Die Orangenstreifen, den
-saft, den Senf, das Salz, den
Pfeffer und den Zucker unter
die Mayonnaise rühren. Für
den Kräuterdip den Joghurt
mit dem Frischkäse und der
Crème fraîche verrühren. Die
Creme mit Knoblauchsaft,
dem Selleriesalz und dem Pfeffer würzen. Die gehackten
Kräuter unterrühren. Für den
Ketchupdip das Ketchup mit
den Zutaten bis Zitronensaft
verrühren. Den Schnittlauch
und die Pfefferkörner untermischen.

Die Dips schmecken gut zu
rohem Gemüse wie Fenchel-
knollen, Staudensellerie, Paprikaschoten, Chicorée und
Tomaten.

Die feinen Dips

Dips zu Artischocken

Für den Tomatendip:
2 Tomaten, 100 g Mayonnaise
3 Eßl. Tomatenketchup
2 Eßl. Sahne
5 Tropfen Tabascosauce
je 1 Prise Salz und Zucker
1 Eßl. Paprikapulver, edelsüß
Für den Eierdip:
3 hartgekochte Eier
1 Teel. Senf
8 Eßl. Olivenöl, 3 Eßl. Essig
je 1 Messerspitze weißer Pfeffer
*   und Salz, ½ Eßl. Kapern*
je 1 Eßl. gehackte Petersilie und
*   Zitronenmelisse*
Für den Mayonnaisedip:
100 g Mayonnaise
2 Teel. Zitronensaft
3 Eßl. Sahne

Tomatendip: etwa 3 085 Joule/
735 Kalorien

Eierdip: etwa 4 240 Joule/
1 010 Kalorien
Mayonnaisedip: etwa
3 110 Joule/740 Kalorien

Für den Tomatendip die Tomaten häuten, halbieren, entkernen und kleinwürfeln. Mit
der Mayonnaise, dem Ketchup, der Sahne, der Tabascosauce, dem Salz, dem Zucker
und dem Paprika verrühren.
Für den Eierdip die Eier schälen und halbieren. Die Eigelbe
durch ein feines Sieb streichen
und mit dem Senf, dem Öl,
dem Essig, dem Pfeffer und
dem Salz verrühren. Die Kapern leicht zerdrücken und mit
den Kräutern unter die Sauce
rühren. Eiweiße sehr klein
hacken; unter den Dip heben.
Für den Mayonnaisedip die
Mayonnaise mit dem Zitro-
nensaft verrühren. Die Sahne
cremig schlagen, unterheben.

Dips zu Wurst

Für den Knoblauchdip:
4 hartgekochte Eier
2 rohe Eigelbe, 1 Teel. Salz
½ Teel. Pfeffer
Saft von 1 Zitrone
4 Knoblauchzehen
⅛ l Olivenöl
Für den Gorgonzoladip:
100 g Gorgonzolakäse
50 g weiche Butter
1 Becher Joghurt
Für den Sahnedip:
2 hartgekochte Eier
50 g Butter, 1 Eßl. Weinessig
je 1 Prise Salz, weißer Pfeffer
*   und Paprikapulver, scharf*
einige Tropfen Worcestershire-
*   sauce*
2 Eßl. Schnittlauchröllchen
je ⅛ l saure und süße Sahne

Knoblauchdip: etwa
5 080 Joule/1 210 Kalorien

Gorgonzoladip: etwa
3 610 Joule/860 Kalorien
Sahnedip: etwa 5 630 Joule/
1 340 Kalorien

Für den Knoblauchdip die gekochten Eigelbe durch ein feines Sieb streichen und die rohen
Eigelbe mit dem Salz, dem Pfeffer und dem Zitronensaft unterrühren. Die Knoblauchzehen
schälen, durch die Knoblauchpresse drücken und mit dem Öl
und den gehackten Eiweißen
unter die Eigelbmasse rühren.
Für den Gorgonzoladip den
Käse durch ein Sieb in die Butter streichen; mit dem Joghurt
unterrühren.
Für den Sahnedip die Eigelbe
durch ein Sieb streichen, die
Eiweiße feinhacken und mit
den Zutaten einschließlich der
sauren Sahne verrühren. Die
süße Sahne cremig schlagen
und unter den Dip heben.

179

Marinierte Paprikaschoten

Zutaten für 6 Personen:
je 2 gelbe, grüne und rote Papri-
kaschoten
3 Knoblauchzehen
1½ Teel. Salz
½ Teel. weißer Pfeffer
½ Teel. getrockneter Oregano
4 Eßl. Weißweinessig
8 Eßl. Olivenöl

Pro Portion etwa 670 Joule/
160 Kalorien

Den Backofen auf 250° vorheizen. Die Paprikaschoten
auf den Rost des Backofens legen, auf die mittlere Schiene
schieben und so lange braten,
bis die äußere glänzende Haut
aufplatzt. Die Schoten dann
aus dem Herd nehmen, etwas
abkühlen lassen und die Haut
abziehen. Die Schoten halbieren, von Rippen und Kernen
befreien und die Schotenhälften in etwa 3 cm breite Streifen
schneiden. Die Knoblauchzehen schälen, hacken und mit
dem Salz zerdrücken. Den
Knoblauch mit dem Pfeffer,
dem Oregano, dem Essig und
dem Öl mischen. Die Paprikastreifen in ein breites, ver-
schließbares Glas füllen, die
Marinade darübergießen und
die Schoten zugedeckt mindestens 12 Stunden im Kühl-
schrank marinieren lassen. Die
Schoten 30 Minuten vor dem
Anrichten aus dem Kühl-
schrank nehmen, damit sie
nicht zu kalt serviert werden. –
Knoblauchbrot (Rezept Seite 19) oder frisches Landbrot
schmecken gut zu marinierten
Paprikaschoten.

Zucchini in Balsamico

Zutaten für 6 Personen:
600 g kleine Zucchini
4 Knoblauchzehen
1 Teel. Salz
½ Teel. schwarzer Pfeffer
6 Blättchen Basilikum
6 Eßl. Olivenöl
4 Eßl. Balsamico-Essig

Pro Portion etwa 440 Joule/
105 Kalorien

Die Zucchini waschen, ab-
trocknen und die Stielansätze
abschneiden. Die Zucchini in
½ cm dicke Scheiben schneiden. Die Knoblauchzehen
schälen, hacken und mit dem
Salz und dem Pfeffer mischen.
Die Basilikumblättchen waschen, trockentupfen und
kleinreißen. 1 Eßlöffel vom Öl
in einer Pfanne erhitzen und
die Zucchinischeiben por-
tionsweise von beiden Seiten
leicht braun braten. Wenn nötig wenig Olivenöl in die Pfanne nachgießen. Die Zucchinischeiben dann lagenweise in
eine Schüssel geben und jede
Lage mit Knoblauchmischung
bestreuen, Basilikum darüber-
geben und etwas Essig darauf-
träufeln. Zuletzt den restlichen
Essig, das restliche Olivenöl
und das restliche Basilikum
über die Zucchini geben. Die
Zucchini dann mit einem Teller bedecken und diesen beschweren. Zwei Tage im Kühlschrank marinieren lassen. Die
Zucchini vor dem Servieren
rechtzeitig aus dem Kühlschrank nehmen, damit sie Raumtemperatur annehmen. – Frisches Stangenweißbrot oder
gebutterte Toastscheiben passen gut dazu.

Pikant eingelegt

Griechische Artischocken

Zutaten für 6 Personen:
6 Artischocken
1½ Eßl. Salz
6 Eßl. Olivenöl
¼ l trockener Weißwein
2 Eßl. Zitronensaft
1 Zwiebel
½ Knolle Fenchel
¼ Knolle Sellerie
6 weiße Pfefferkörner
1 Zweig frischer oder ½ Teel.
  getrockneter Thymian
1 Lorbeerblatt

Pro Portion etwa 400 Joule/
95 Kalorien

Von den Artischocken die Stiele abschneiden. Die äußeren Artischockenblätter etwa um ⅓ kürzen. Die Artischocken dann vierteln und das »Heu« in der Mitte entfernen. 1½ l Wasser mit 1 Eßlöffel Salz zum Kochen bringen. Die Artischocken einlegen und 6 Minuten sprudelnd kochen, dann kalt abbrausen und auf einem Tuch abtropfen lassen. Das Olivenöl mit dem Weißwein, ¼ l Wasser und dem Zitronensaft mischen. Die Zwiebel schälen und in Ringe schneiden. Die Fenchelknolle putzen und in Rippen zerlegen. Die Sellerieknolle bürsten, schälen, waschen und kleinschneiden. Das Gemüse mit ½ Eßlöffel Salz, den Pfefferkörnern, dem Thymian und dem Lorbeerblatt in die Weißweinmischung geben und zum Kochen bringen. Die Artischockenviertel in den Sud geben und zugedeckt bei schwacher Hitze 20 Minuten kochen lassen. Die Artischocken zugedeckt im Sud erkalten lassen und bis zum Servieren im Kühlschrank aufbewahren. Am besten schmecken die Artischocken, wenn sie 2 bis 3 Tage kühl im Sud mariniert werden. – Frisches Stangenweißbrot oder Kümmelmürbchen (Rezept Seite 187) zu den griechischen Artischocken reichen.

Eingelegter Schafkäse

Zutaten für 4 Personen:
500 g Schafkäse
100 g schwarze Oliven
2 Teel. getrocknete Rosmarin-
nadeln
1 große Zwiebel
½ l Olivenöl

Pro Portion etwa 2 435 Joule/ 580 Kalorien

Den Käse in 2 cm dicke Schei- ben schneiden und mit den Oliven mischen. Die Käse-Oli- ven-Mischung in ein Glas fül- len. Den Rosmarin darüber- streuen. Die Zwiebel schälen und in Ringe schneiden. Die Zwiebelringe auf dem Käse verteilen. Das Olivenöl dar- übergießen. Das Glas schlie- ßen. Den Schafkäse im

Kühlschrank mindestens 24 Stunden gut durchziehen lassen. Der Schafkäse hält sich in der Marinade im Kühl- schrank 1 Woche.

Unser Tip
Den Käse servieren Sie am besten mit frischem Bauernbrot. Stellen Sie die Pfeffermühle auf den Tisch, damit sich je- der nach eigenem Schärfeempfinden seine Portion Schafkäse mit frischgemahlenem schwarzem Pfeffer wür- zen kann.

Würz- champignons

250 g Möhren
125 g Staudensellerie
400 g Champignons
80 g Schalotten
10 Chillies (kleine scharfe
Paprikaschoten)
2 Zweige Dill
1 Knoblauchzehe
10 Eßl. Weinessig
1 Teel. Zucker
½ Teel. schwarzer Pfeffer
1 Teel. Senfkörner
4 Lorbeerblätter

Etwa 1 135 Joule/270 Kalorien

Die Möhren schaben, waschen und mit dem Buntmesser in Scheiben schneiden. Den Staudensellerie putzen, wa- schen und in 2 cm lange Stük- ke schneiden. Die Stiele der

Champignons etwas kürzen und die Haut abziehen. Die Schalotten schälen und vier- teln. Die Chillies waschen, ab- trocknen, halbieren und die Kerne entfernen. Die Dillzwei- ge waschen und abtropfen las- sen. Die Knoblauchzehe schä- len und sehr klein würfeln. Das Gemüse mischen und in ein Glas mit ½ l Fassungsver- mögen und ein Glas mit ¾ l Fassungsvermögen verteilen. In jedes Glas 1 Dillzweig ge- ben. ½ l Wasser mit dem Essig, dem Zucker, dem Pfeffer, den Senfkörnern und den Lorbeer- blättern einmal aufkochen und dann abkühlen lassen. Den Sud mit den Knoblauchstück- chen in die Gläser gießen, so daß das Gemüse gerade vom Sud bedeckt ist. Die Deckel mit Gummiringen auf die Glä- ser setzen. Das Gemüse bei 98° 1 Stunde sterilisieren.

Stachelbeer-Relish

1 kg grüne Stachelbeeren
500 g Zwiebeln
350 g Rosinen
250 g Farinzucker
1 Teel. Senfpulver
½ Teel. Cayennepfeffer
1 Teel. Kurkumapulver
2 Eßl. Salz
1 Eßl. Ingwerpulver
½ l Weinessig

Etwa 10 750 Joule/
2 560 Kalorien

Die Stachelbeeren waschen, gut abtropfen lassen, die Stiele und Blütenansätze entfernen und die Beeren kleinschneiden. Die Zwiebeln schälen und hacken. Die Rosinen ebenfalls hacken. Die Stachelbeeren mit den kleingehackten Zwiebeln, den Rosinen, dem Farinzucker, dem Senfpulver, dem Cayennepfeffer, dem Kurkumapulver, dem Salz, dem Ingwerpulver und dem Essig unter ständigem Rühren einmal kräftig aufkochen lassen. Dann bei schwacher Hitze 45 Minuten zugedeckt köcheln lassen, dabei das Relish gelegentlich umrühren. Das Relish noch einmal abschmecken und noch heiß in heiß ausgespülte und getrocknete Gläser füllen. Die Glasränder gut säubern und die Gläser sorgfältig verschließen. Das abgekühlte Relish kühl und dunkel aufbewahren.

Paßt gut zu kaltem Braten, Fleisch, Hackfleischgerichten und Wurstaufschnitt.

Ingwerbirnen

1 unbehandelte Zitrone
30 g frische Ingwerwurzel
½ l weißer Essig
400 g Zucker
2 kleine Stangen Zimt
1 Messerspitze geriebene
 Muskatnuß
1½ kg feste Birnen
10 Gewürznelken

Etwa 9 975 Joule/
2 375 Kalorien

Die Zitrone heiß waschen, abtrocknen, dünn schälen und die Zitronenschale in feine Streifen schneiden. Die Ingwerwurzel schälen und in Scheibchen schneiden. ½ l Wasser mit dem Essig und dem Zucker zum Kochen bringen, die Zitronenschale, die Ingwerscheibchen, die Zimtstangen und den Muskat zufügen. Den Topf dann vom Herd nehmen. Die Birnen schälen, halbieren, die Kerngehäuse entfernen und die Birnenhälften mit den Nelken spicken. Die Birnen 10 Minuten zugedeckt in dem Sud kochen lassen. Ein großes oder zwei kleine Gläser heiß ausspülen und abtrocknen. Die Birnen aus dem Sud nehmen und in die vorbereiteten Gläser füllen. Den Sud zugedeckt 20 Minuten bei schwacher Hitze kochen lassen und noch heiß über die Birnen gießen. Die Birnen sollen vom Sud bedeckt sein. Die Gläser mit Pergamentpapier oder Einmachcellophan verschließen. Kühl und dunkel aufbewahren.

Paßt gut zu Wild, Wildgeflügel, Roastbeef und kaltem Schweinebraten.

Gemüse-Chutney

100 g Perlzwiebeln aus dem
  Glas
1 kleine Gewürzgurke
250 g Blumenkohl
½ Salatgurke
250 g grüne Bohnen
¼ l Weinessig
1 Messerspitze Macispulver
  (Muskatblüte)
1 Teel. weißer Pfeffer
1 Teel. Senfpulver
2 Eßl. Currypulver
1 Messerspitze Safran
4 Eßl. Zucker

Etwa 2 080 Joule/495 Kalorien

Die Perlzwiebeln abtropfen
lassen und mit der Gewürzgurke feinhacken. Den Blumenkohl waschen und in Röschen
zerteilen. Die Salatgurke schälen. Die Bohnen waschen, putzen und das gesamte Gemüse
feinhacken. Alle vorbereiteten
Zutaten in einen flachen großen Topf geben, ¼ l Wasser
und den Essig zufügen. Die
Gewürze und den Zucker unterrühren. Alles bei schwacher
Hitze im geöffneten Topf so
lange kochen lassen, bis die
Flüssigkeit verdampft ist, dabei öfters umrühren. Es soll eine breiige Masse entstehen.
Das Chutney noch einmal
kräftig abschmecken. Gut verschließbare Gläser heiß aus-
waschen, abtropfen lassen, das
Chutney einfüllen und die
Gläser verschließen.

Paßt gut zu kaltem Braten, kaltem Geflügel, hartgekochten
Eiern und Aufschnittplatten.

Indisches Tomaten-Chutney

350 g reife Tomaten
3 mittelgroße Zwiebeln
1 Knoblauchzehe
2 grüne Chillies (kleine scharfe
  Paprikaschoten)
½ Bund Petersilie
¼ l Weinessig
½ Stange Zimt, 1 Eßl. Salz
250 g Farinzucker
1 Teel. Ingwerpulver
6 Gewürznelken
⅛ l Öl, 2 Eßl. Senfkörner

Etwa 7 810 Joule/
1 860 Kalorien

Die Tomaten häuten, halbieren, die Kerne herauskratzen
und das Fruchtfleisch in Würfel schneiden. Die Zwiebeln
und die Knoblauchzehe schälen und feinhacken. Die Chillies waschen, abtrocknen, von
den Kernen befreien und hakken. Die Petersilie waschen,
abtropfen lassen und kleinschneiden. Die Tomatenwürfel
und die gehackten Zwiebeln
mit dem Essig, der Zimtstange
und dem Salz unter Rühren
bei mittlerer Hitze zum Kochen bringen. Die gehackten
Chillies, den Knoblauch, die
Petersilie, den Zucker, das Ingwerpulver und die Nelken untermischen. Das Chutney unter Rühren 5–8 Minuten kochen lassen. Das Öl erhitzen,
die Senfkörner unter Rühren
1 Minute darin braten. Zum
Chutney geben und kochen
lassen, bis es anfängt einzudik-
ken. Das Chutney in Gläser
füllen und gut verschließen.

Paßt gut zu hartgekochten
Eiern, kaltem Wild, Geflügel
und Rinderbraten.

Pikant eingelegt

Süß-saures Apfel-Chutney

1½ kg säuerliche Äpfel
500 g Zwiebeln
350 g Rosinen
1 Eßl. Senfkörner
400 g brauner Kandiszucker
⅜ l Weinessig
1 Teel. Ingwerpulver
½ Teel. Cayennepfeffer

Etwa 14 195 Joule/
3 380 Kalorien

Die Äpfel schälen, vierteln,
vom Kerngehäuse befreien
und in Spalten schneiden. Die
Zwiebeln schälen und in Würfel schneiden. Die Rosinen
waschen und abtropfen lassen.
Die Senfkörner im Mörser zerstoßen. Die Apfelspalten, die
Zwiebelwürfel und die Rosinen mit dem Kandiszucker,

dem Essig, den zerstoßenen
Senfkörnern, dem Ingwerpulver und dem Cayennepfeffer
in einem Topf unter Rühren
zum Kochen bringen. So lange
bei schwacher Hitze im geöffneten Topf kochen lassen, bis
das Chutney dickflüssig wird.
Dabei immer wieder umrüh-
ren. Ein großes Glas oder
mehrere kleine Gläser heiß
ausspülen und abtropfen lassen. Das Chutney noch heiß in
die vorbereiteten Gläser füllen.
Die Gläser gut verschließen.

Paßt gut zu Geflügelgerichten
aller Art.

Bohnen-Chutney

1 kg grüne Bohnen
1 Teel. Salz
650 g Zwiebeln
0,7 l Weinessig
1 Eßl. Maismehl
1 kg Farinzucker
1½ Eßl. scharfer Senf
1 Eßl. Kurkumapulver

Etwa 18 940 Joule/
4 510 Kalorien

Die Bohnen kalt waschen, abtropfen lassen, die Stielenden
und die Spitzen abschneiden
und eventuell die Fäden von
den Bohnen ziehen. Die Bohnen in schräge Streifen schneiden. 2 l Wasser mit dem Salz
zum Kochen bringen, die Bohnen zufügen, zugedeckt bei
schwacher Hitze 25 Minuten
kochen lassen, in ein Sieb

schütten, abtropfen und abkühlen lassen. Die Zwiebeln
schälen, feinhacken und in ¼ l
Essig glasig kochen. Das Maismehl mit dem restlichen Essig
verrühren. Den Farinzucker,
den Senf und das Kurkuma-
pulver zugeben und alles bei
mittlerer Hitze unter Rühren
einmal aufkochen lassen. Den
Topf bis auf einen Spalt zudek-
ken. Den Sud bei schwacher
Hitze weitere 8 Minuten kochen lassen. Die Bohnen und
die gekochten Zwiebelstückchen mit dem Essig zum Sud
geben. Das Chutney weitere
15 Minuten kochen lassen.
Einige Gläser heiß ausspülen
und abtropfen lassen. Das
Chutney noch heiß in die vorbereiteten Gläser füllen. Die
Gläser gut verschließen.

Paßt gut zu Heringsspezialitä-
ten und kaltem Rinderbraten.

Knuspergebäck

Käsestangen

Zutaten für etwa 15 Stangen:
350 g Mehl, 25 g Hefe
⅛ l lauwarme Milch
125 g Butter
1 Teel. Salz, 2 Eigelbe
100 g geriebener Emmentaler
* Käse*
1 Teel. Paprikapulver, scharf
1 Eßl. Kümmel
1 Eßl. grobes Salz
Für das Backblech: Butter

Pro Stück etwa 800 Joule/
190 Kalorien

Ein Backblech leicht einfetten.
Das Mehl in eine Schüssel sieben, eine Vertiefung in die
Mitte drücken. Die Hefe in die
Vertiefung bröckeln und mit
der Milch und etwas Mehl verrühren. Zugedeckt 15 Minuten
gehen lassen. Die Butter zerlassen und mit dem Salz verrühren. Die Butter mit dem
Hefevorteig und dem gesamten Mehl mischen. Den Teig so
lange schlagen, bis er Blasen
wirft. Dann 30 Minuten gehen
lassen. Den Backofen auf 220°
vorheizen. Den Teig auf einer
bemehlten Arbeitsfläche 4 mm
dick zu einem Rechteck ausrollen. Die Eigelbe mit 2 Eßlöffel Wasser verquirlen. Eine
Hälfte der Teigplatte damit bestreichen, dabei etwas Eigelb
zurückbehalten. Den geriebenen Käse daraufstreuen. Die
andere Teighälfte darüber-
schlagen und wieder 4 mm
dick ausrollen. Die Teigplatte
in 2½ cm breite Streifen
schneiden und diese zu Spiralen drehen. Die Spiralen mit
Eigelb bestreichen, mit den
Gewürzen bestreuen, auf das
Backblech legen und
15–20 Minuten backen.

Mohn- und
Käsetaler

Zutaten für etwa 80 Taler:
250 g Mehl
50 g abgezogene gemahlene
* Mandeln*
¼ Teel. Salz
1 Messerspitze Cayennepfeffer
200 g geriebener Emmentaler
* Käse, 1 Eiweiß*
125 g Butter
2 Eigelbe
2 Eßl. Mohn
2 Eßl. gehackte Petersilie
¼ Teel. Salz
Für die Backbleche: Butter

Pro Stück etwa 170 Joule/
40 Kalorien

Das Mehl mit den Mandeln,
dem Salz, dem Cayennepfeffer, 125 g Käse, dem Eiweiß
und der Butter in Flöckchen
verkneten. Den Teig halbieren.
Aus einem Teil eine Rolle mit
5 cm ∅ formen, aus dem anderen Teil eine Kugel. Beide Teile einwickeln und 2 Stunden
im Kühlschrank ruhen lassen.
Den Backofen auf 200° vorheizen. Zwei Backbleche einfetten. Die Eigelbe mit 1 Eßlöffel Wasser verquirlen. Die
Teigrolle in ½ cm dünne Scheiben schneiden. Die Taler mit
Eigelb bestreichen, mit dem
Mohn bestreuen, auf ein Backblech legen und im Backofen
in 15 Minuten goldgelb bakken. Die Teigkugel dünn zu einem Rechteck ausrollen und
mit Eigelb bestreichen. Gleichmäßig mit der Petersilie, dem
restlichen Käse und dem Salz
bestreuen. Die Teigplatte ein-
rollen und in ½ cm dicke
Scheiben schneiden. Die Taler
mit Eigelb bestreichen und
15 Minuten backen.

Käse-dreispitzchen

*Zutaten für etwa
20 Dreispitzchen:*
250 g Mehl
1 Ei
1 Prise Salz
125 g Butter
*2 Ecken Schmelzkäse mit
Salami*
1 Eigelb
2 Eßl. Sesamsamen
Für das Backblech: Butter

Pro Stück etwa 545 Joule/
130 Kalorien

Das Mehl auf ein Backbrett
sieben, in die Mitte eine Vertie-
fung drücken. Das Ei und das
Salz in die Mulde geben. Die
Butter in Flöckchen auf dem
Mehlrand verteilen und alle
Zutaten rasch von außen nach

innen zu einem Teig verkneten.
Den Teig in Alufolie oder Pergamentpapier wickeln und
1 Stunde im Kühlschrank ruhen lassen. Den Backofen auf
200° vorheizen. Ein Backblech
leicht einfetten. Den Mürbeteig auf einer bemehlten Arbeitsfläche etwa messerrük-
kendick ausrollen und Taler
von 6 cm ∅ ausstechen. Den
Schmelzkäse in Scheiben,
dann in Würfelchen schneiden; das Messer dabei öfters
in heißes Wasser tauchen. Die
Käsewürfelchen auf den Plätzchen verteilen und jeden Taler
zu einem Dreispitz formen.
Das Eigelb verquirlen und die
Plätzchen damit bestreichen.
Mit dem Sesam bestreuen. Die
Dreispitzchen auf das gefettete
Backblech setzen und im vorgeheizten Backofen auf der
mittleren Schiene in 15–20 Minuten goldgelb backen.

Kümmel-mürbchen

Zutaten für etwa 20 Mürbchen:
125 g Mehl
65 g Butter
*100 g geriebener alter Gouda-
käse*
je 1 Prise Salz und Zucker
*1 Messerspitze geriebene Mus-
katnuß*
1 Eigelb
2–3 Eßl. Kümmel
Für das Backblech: Butter

Pro Stück etwa 295 Joule/
70 Kalorien

Ein Backblech einfetten. Das
Mehl auf ein Backbrett sieben
und in die Mitte eine Vertiefung drücken. Die Butter in
Flöckchen auf dem Mehlrand
verteilen. Den geriebenen Käse, das Salz, den Zucker und

den Muskat in die Vertiefung
geben und alle Zutaten rasch
von außen nach innen zu einem Mürbeteig verkneten.
Den Teig in 2 Teile teilen, in
Alufolie oder Pergament-
papier wickeln und 1 Stunde
im Kühlschrank ruhen lassen.
Den Backofen auf 200° vorheizen. Die beiden Teigstücke
nacheinander auf einer leicht
bemehlten Arbeitsfläche etwa
messerrückendick ausrollen
und mit einem Kuchenräd-
chen Rechtecke oder Quadrate
davon ausschneiden. Die
Plätzchen mit dem verquirlten
Eigelb bestreichen und mit
dem Kümmel bestreuen. Die
Mürbchen auf das gefettete
Backblech setzen und im
Backofen auf der mittleren
Schiene in 15 Minuten goldgelb backen.

Salzschleifen mit Käsedips

Zutaten für 32 Salzschleifen:
300 g tiefgefrorener Blätterteig
1 Ei, 1 Teel. Salz
½ Teel. weißer Pfeffer
400 g Doppelrahm-Frischkäse
1 Becher saure Sahne (0,2 l)
10 Eßl. Sahne
30 g Sardellenpaste
1 Eßl. gehackter Dill
Salz und Pfeffer
½ rote Paprikaschote
1 Eßl. Paprikapulver, edelsüß

Pro Stück etwa 485 Joule/
115 Kalorien (einschließlich
der Käsedips)

Den Blätterteig auftauen lassen. Das Ei verquirlen. Die
Blätterteigscheiben damit bestreichen. Eine Scheibe mit
Salz und Pfeffer bestreuen und
die zweite Scheibe mit der bestrichenen Seite darauflegen.
Die Oberseite mit Ei bestreichen, mit Salz und Pfeffer bestreuen und die dritte Scheibe
mit der bestrichenen Seite darauflegen. Die Teigscheiben mit
leichtem Druck zu einer Größe
von 10 × 20 cm ausrollen und
32 Streifen von 5 cm Länge
daraus schneiden. Jeden Streifen einmal um die eigene Ach-
se drehen und auf ein kalt abgespültes Backblech legen.
15 Minuten ruhen lassen. Die
Salzschleifen bei 200° 15 Minuten backen. Für die Dips
den Frischkäse mit der sauren
Sahne und der Sahne verrühren. Die Käsecreme halbieren.
1 Hälfte mit der Sardellenpaste
und dem Dill mischen. Mit
Salz und Pfeffer abschmecken.
Die Schote kleinwürfeln und
mit der restlichen Käsecreme
und dem Paprika verrühren.

Käsehörnchen

Zutaten für 20 Hörnchen:
250 g Mehl
2 Eigelbe
¼ Teel. Salz
125 g Butter
200 g Chesterscheibletten
2 Eßl. gehackte Petersilie
1 Eßl. Milch
2–3 Eßl. Sesamsamen

Pro Stück etwa 565 Joule/
135 Kalorien

Das Mehl auf ein Backbrett
sieben, in die Mitte eine Vertiefung drücken und in die Mulde 1 Eigelb, das Salz und
1–2 Eßlöffel Wasser geben.
Die Butter in Flöckchen auf
dem Mehlrand verteilen. Alle
Zutaten rasch zu einem Mürbeteig verkneten. Den Teig in
Alufolie wickeln und 1 Stunde
im Kühlschrank ruhen lassen.
Den Backofen auf 220° vorheizen. Den Teig auf einer bemehlten Arbeitsfläche zu
1 Rechteck von 30 × 40 cm ausrollen und daraus 20 Dreiecke
von 8 × 15 cm schneiden. Die
Käsescheibletten zweimal diagonal durchschneiden, so daß
man pro Scheibe 4 Dreiecke
erhält. Je 2 Käsedreiecke auf
die Teigdreiecke legen, mit der
Petersilie bestreuen und zu
Hörnchen aufrollen. Das restliche Eigelb mit der Milch verquirlen. Die Hörnchen damit
bestreichen und mit dem Sesam bestreuen. Die Käsehörnchen auf ein Backblech legen
und auf der mittleren Schiene
im Backofen in 15–20 Minuten
goldgelb backen.

Pikante Käsecremeschnitten

Zutaten für 18 Schnitten:
300 g tiefgefrorener Blätterteig
1 Eigelb, 1 Eßl. grobes Salz
6 Blätter Gelatine
300 g Doppelrahm-Frischkäse
100 g Gorgonzola Käse
1 Eßl. Cognac, ½ Teel. Salz
¼ Teel. weißer Pfeffer
1 Bund gehackte Petersilie
½ l Sahne

Pro Stück etwa 1030 Joule/
245 Kalorien

Den Blätterteig auftauen lassen. Den Teig zu 1 Platte von 30 × 50 cm ausrollen. Die Teigplatte 15 Minuten ruhen lassen. Das Eigelb verquirlen und den Teig damit bestreichen, mehrmals einstechen und eine Hälfte mit dem Salz bestreuen.

Die Teigplatte bei 220° 12–15 Minuten backen. Die Platte quer halbieren. Die mit Salz bestreute Hälfte in 4 × 10 cm große Streifen schneiden. Die andere Teighälfte auf Alufolie legen und die Folienränder 5 cm hochklappen. Die Gelatine in kaltem Wasser einweichen. Den Frischkäse mit dem Gorgonzola, dem Cognac, dem Salz, dem Pfeffer und der Petersilie cremig rühren. Die Gelatine ausdrücken, bei schwacher Hitze unter Rühren auflösen und unter die Käsecreme ziehen. Die Sahne steif schlagen und unterheben. Die Creme auf die Teigplatte streichen. Die Streifen darauflegen. Die vorbereiteten Schnitten so lange in den Kühlschrank stellen, bis die Käsecreme fest geworden ist. Dann die Creme und die untere Platte durchschneiden.

Käseschiffchen

Zutaten für 8 Schiffchen:
250 g Mehl
1 Eigelb
¼ Teel. Salz
125 g Butter
½ rote Paprikaschote
125 g gegartes Hühnerfleisch
200 g Scheibletten
100 g Ananasstückchen
1 Eßl. Ananassaft
3 Eßl. Miracel-Whip-Dressing
1 Teel. Currypulver
etwas Kresse

Pro Stück etwa 1535 Joule/
365 Kalorien

Aus dem Mehl, dem Eigelb, dem Salz, 1–2 Eßlöffel Wasser und der Butter wie im Rezept für Käsehörnchen (Seite 188) beschrieben einen Mürbeteig bereiten. Den Teig 1 Stunde im Kühlschrank ruhen lassen. Den Backofen auf 220° vorheizen. Den Teig ausrollen und 8 Schiffchenformen damit auslegen. Die Teigböden mit einer Gabel mehrmals einstechen. Die Schiffchen auf der mittleren Schiene im Backofen in 10–15 Minuten goldgelb backen. Dann abkühlen lassen. Die Paprikaschote von weißen Rippen und Kernen befreien, waschen und mit dem Hühnerfleisch würfeln. Den Käse in Streifen schneiden. Die Käsestreifen, die Hühnerfleisch- und die Paprikaschotenwürfel mit den Ananasstückchen mischen. Den Ananassaft mit dem Miracel-Whip-Dressing und dem Curry verrühren. Das Dressing über den Salat gießen und lokker untermischen. Den Salat in die Schiffchen füllen und mit Kresse garnieren.

Gebacken und gefüllt

Blätterteig-Käsetaschen

*Zutaten für etwa 15 Käse-
taschen:*
300 g tiefgefrorener Blätterteig
30 g Butter
*100 g geriebener Greyerzer
    Käse (Gruyère)*
2 Eier
2 Eßl. gehackte Petersilie
¼ Teel. Salz
1 Prise Cayennepfeffer
Saft von 1 Zitrone
1 Eigelb

Pro Stück etwa 565 Joule/
135 Kalorien

Den Blätterteig nach Vor-
schrift auftauen lassen und auf
einer bemehlten Arbeitsfläche
etwa 2 mm dünn ausrollen.
Die Butter schmelzen lassen.
Den Käse, die Eier, die Petersilie, das Salz, den Cayennepfeffer und den Zitronensaft mischen. Die Käsemischung mit
der heißen Butter verrühren
und abkühlen lassen. Aus dem
Blätterteig 10 cm große ovale
Teigstücke ausstechen. In die
Mitte von jedem Plätzchen
1 Eßlöffel der Käsemasse setzen. Die Teigränder mit kaltem
Wasser bestreichen, die Ovale
übereinanderklappen und die
Ränder zusammendrücken.
Das Eigelb verquirlen und die
Oberfläche der Käsetaschen
damit bestreichen. Die Käsetaschen auf ein kalt abgespültes
Backblech legen und 10 Minuten ruhen lassen. Den Backofen auf 200° vorheizen. Die
Käsetaschen nach der Ruhe-
zeit auf der mittleren Schiene
des Backofens in 12 Minuten
goldgelb backen, dann abkühlen lassen.

Tatarpiroggen

Zutaten für etwa 10 Piroggen:
Für den Teig:
300 g Mehl, ½ Teel. Backpulver
½ Teel. Salz, 80 g weiche Butter
1 Ei, ⅛ l saure Sahne
Für die Füllung:
1 Zwiebel, 50 g Champignons
25 g Butter, 200 g Tatar
*je ¼ Teel. Salz, Pfeffer und
    Knoblauchpulver*
2 hartgekochte Eier, 1 Eigelb

Pro Stück etwa 1300 Joule/
310 Kalorien

Das Mehl mit dem Backpulver
in eine Schüssel sieben. In die
Mitte eine Vertiefung drücken,
das Salz und die Butter hineingeben. Das Ei und die saure
Sahne zufügen und alles zu einem glatten Teig verkneten.
Den Teig zugedeckt 1 Stunde
im Kühlschrank ruhen lassen.
Für die Füllung die Zwiebel
schälen und kleinwürfeln. Die
Champignons waschen, put-
zen und hacken. Die Butter erhitzen. Die Zwiebel- und die
Champignonwürfel darin anbraten, mit dem Tatar vermengen und mit dem Salz, dem
Pfeffer und dem Knoblauchpulver würzen. Die Eier schälen, feinwürfeln und unter die
Tatarmasse mischen. Den
Backofen auf 200° vorheizen.
Den Teig etwa 3 mm dick ausrollen und Rechtecke von
11 × 12 cm ausschneiden. Auf
jedes Rechteck 1 Eßlöffel der
Füllung setzen. Die Ränder
mit verquirltem Eigelb bestreichen, die Rechtecke zusammenklappen und die Ränder
festdrücken. Die Piroggen mit
Eigelb bestreichen. Auf der
mittleren Schiene des Backofens 15–20 Minuten backen.

Cornish Pastries

Zutaten für etwa 4 Pastries:
Für den Teig:
250 g Mehl
150 g weiche Butter
1 Prise Salz, 1 Ei
Für die Füllung:
150 g Rinderfilet
150 g rohe geschälte Kartoffeln
1 gewürfelte Schalotte
1 Teel. getrockneter Thymian
4 Eßl. Fleischbrühe
½ Teel. weißer Pfeffer
1 Teel. Salz
1 Eigelb

Pro Stück etwa 2770 Joule/
660 Kalorien

Das Mehl auf ein Backbrett
sieben und die Butter in Flöckchen darauf verteilen. Das Salz
und das Ei zufügen und alles
rasch zu einem Teig verkneten.

Den Teig zugedeckt 1 Stunde
im Kühlschrank ruhen lassen.
Für die Füllung das Rinderfilet und die Kartoffeln kleinwürfeln. Die Fleisch-, die Kar-
toffel- und die Schalottenwürfel mit dem Thymian, der
Fleischbrühe, dem Pfeffer und
dem Salz mischen. Die Masse
abschmecken und in 4 gleich
große Portionen teilen. Den
Teig ebenfalls in 4 gleiche Teile
schneiden. Jedes Teigstück zu
1 Scheibe von 18 cm Ø ausrollen. Die Füllung in die Mitte
der Teigscheiben verteilen und
die Ränder mit verquirltem Eigelb bestreichen. Die Scheiben
zusammenklappen und die
Ränder festdrücken. Die Ober-
flächen mit Eigelb bestreichen.
Den Backofen auf 190° vorheizen. Die Pastries im Backofen 25 Minuten bei 190° und
weitere 20 Minuten bei 160°
backen.

Schinken-
tartelettes

Zutaten für 8 Tartelettes:
Für den Teig:
250 g Mehl
100 g weiche Butter, 1 Ei
Für die Füllung:
3 mittelgroße Zwiebeln
100 g roher Schinken
2 Eßl. Öl, 4 Eier
⅛ l Sahne, ¼ Teel. Salz
1 Prise weißer Pfeffer
100 g geriebener Emmentaler
Käse
2 Eßl. gehackte Petersilie

Pro Stück etwa 1870 Joule/
445 Kalorien

Das Mehl auf ein Backbrett
sieben und die Butter in Flöckchen darauf verteilen. Das Ei
und 1–2 Eßlöffel Wasser in die
Mitte geben. Alles verkneten,

den Teig zugedeckt 2 Stunden
im Kühlschrank ruhen lassen.
Den Backofen auf 220° vorheizen. Den Teig auf einer bemehlten Arbeitsfläche ausrollen und 8 Tartelettesförmchen
von 10 cm Ø damit auslegen.
Die Böden der Törtchen mit
einer Gabel mehrmals einstechen und die Törtchen auf der
mittleren Schiene 10 Minuten
backen. Die Törtchen abkühlen lassen. Die Zwiebeln und
den Schinken kleinwürfeln.
Die Zwiebelwürfel im Öl glasig braten, herausnehmen und
erkalten lassen. Die Eier mit
der Sahne, dem Salz und dem
Pfeffer verquirlen. Die Zwie-
bel- und die Schinkenwürfel,
den Käse und die Petersilie in
die Tartelettes füllen. Die Eier-
sahne darübergießen. Bei 210°
weitere 10–12 Minuten bakken, dabei eventuell mit Alufolie abdecken.

Spargel mit geräucherter Forelle

Zutaten für 2 Personen:
500 g Spargel
¼ Teel. Salz
1 Prise Zucker
1 geräucherte Forelle
2 hartgekochte Eier
1 Tomate
einige Zweige Dill
1 kleine Gewürzgurke
1 kleine Zwiebel
3 Eßl. Öl
1 Eßl. Weinessig
1 Teel. milder Senf
je ¼ Teel. Salz, Zucker und
 weißer Pfeffer
1 Eßl. gehackte Petersilie

Pro Portion etwa 1470 Joule/
350 Kalorien

Den Spargel schälen, die holzigen Enden abschneiden und die Stangen zu 2 Bündeln zusammenbinden. 1 l Wasser mit dem Salz und dem Zucker zum Kochen bringen. Den Spargel einlegen und darin etwa 30 Minuten kochen lassen. Den Spargel danach gut abtropfen und abkühlen lassen. Die Bündel aufschneiden und auf zwei Portionsteller verteilen. Die Mittelgräte der Forelle entfernen und die Filets von kleinen Gräten befreien. Auf jeden Teller 1 Forellenfilet legen. Die Eier schälen. 1 Ei in Scheiben schneiden, das andere kleinhacken. Die Tomate waschen, abtrocknen und in Scheiben schneiden. Jede Portion mit Ei- und Tomatenscheiben garnieren. Den Dill waschen, abtropfen lassen und die Tomatenscheiben damit belegen. Die Gewürzgurke und die Zwiebel kleinhacken. Das Öl mit dem Essig, dem Senf, dem Salz, dem Zucker, dem Pfeffer und der Petersilie verrühren. Das gehackte Ei, die Gurken- und die Zwiebelstückchen untermischen. Die Sauce über den Spargel geben.

Roquefortbirnen mit Rauchfleisch

Zutaten für 2 Personen:
150 g Rauchfleisch
1 reife Birne
50 g Roquefortkäse
50 g weiche Butter
2 Teel. Portwein
2 Walnußkernhälften
2 Blätter Kopfsalat
2 Teel. Johannisbeergelee
2 Scheiben Graubrot

Pro Portion etwa 2920 Joule/
695 Kalorien

Das Rauchfleisch in Scheiben schneiden und gefällig auf zwei Portionstellern anrichten. Die Birne waschen, abtrocknen und halbieren. Das Kerngehäuse entfernen. Das Birnenfleisch aushöhlen und mit einer Gabel zerdrücken. Den Roquefort dazugeben und ebenfalls zerdrücken. Die Butter und den Portwein zufügen und alles schaumig rühren. Die Roquefortcreme mit einem Spritzbeutel in die Birnen füllen. Jede Birnenhälfte mit 1 Walnußkern verzieren. Die Salatblätter waschen und gut abtropfen lassen. Mit dem Johannisbeergelee füllen. Das Graubrot in Streifen schneiden, toasten und dazureichen.

Unser Tip
Die Roquefortcreme ist durch die Butter ziemlich kalorienreich. Sie können die Birnen etwas »schlanker« füllen, wenn Sie die Butter gegen 2 Eßlöffel Magerquark austauschen.

Räucheraal-Teller

Zutaten für 2 Personen:
2 Eßl. Blumenkohlröschen
1 Möhre, ¼ Stange Lauch
2 Eßl. Maiskörner aus der Dose
1 Eßl. Öl, 1 Teel. Obstessig
je 1 Prise Salz und Pfeffer
200 g geräucherter Aal
  (Mittelstück)
1 Orange
½ Kästchen Kresse
2 Teel. frisch geriebener
  Meerrettich
1 Prise Zucker, 1 Eßl. Sahne
einige Zweige Dill

Pro Portion etwa 1785 Joule/
425 Kalorien

Das Gemüse putzen, waschen und jede Sorte in Alufolie verpacken. Wasser zum Kochen bringen, die Päckchen einlegen und das Gemüse in 30 Minuten bei schwacher Hitze garen. Die Maiskörner abtropfen lassen und mit dem abgekühlten Gemüse mischen. Das Öl mit dem Essig, dem Salz und dem Pfeffer verrühren und das Gemüse damit anmachen. Zugedeckt einige Minuten bei Raumtemperatur durchziehen lassen. Den Aal in 4 gleich dicke Scheiben schneiden und die Haut lösen. Die Orange waschen, abtrocknen und 4 Scheiben aus der Mitte herausschneiden. Die Kresse abschneiden, im Sieb abbrausen, abtropfen lassen und auf den Orangenscheiben anrichten. Den Meerrettich mit dem Zucker, der Sahne und dem Orangensaft aus den beiden Endstücken verrühren. Auf die Kresse geben. Den Aal mit dem Dill garnieren und mit dem Gemüse auf den Portionstellern verteilen.

Die kleine Mahlzeit

Lunch-Teller

Zutaten für 2 Personen:
½ Kopf Eisbergsalat
1 kleine Staude Radicchio
2 mittelgroße gekochte Möhren
½ Kästchen Kresse
¼ Honigmelone
2 gegarte Hühnerbrüste
4 Eßl. Sahne
2 Eßl. Mayonnaise
2 Eßl. Olivenöl
1 Teel. Zitronensaft
je 1 Prise Salz, Zucker, Senf-
*   pulver und weißer Pfeffer*

Pro Portion etwa 1765 Joule/
420 Kalorien

Vom Eisbergsalat nur die
schönen hellgrünen Blätter abtrennen, waschen, große Blätter etwas zerkleinern und abtropfen lassen. 2 Portionsteller
mit den Salatblättern auslegen.

Den Radicchio in Blätter zerteilen, waschen, abtropfen lassen und die Blätter in Streifen
schneiden. Die Möhren in Stifte schneiden. Die Kresse abschneiden, in einem Sieb abbrausen und abtropfen lassen.
Mit den Radicchiostreifen und
den Möhrenstiften auf den
Portionstellern verteilen. Aus
dem Melonenviertel die Kerne
herauskratzen. Die Melone
schälen und in 4 Spalten teilen.
Die Hühnerbrüsten in Scheiben
schneiden und fächerförmig
auf dem Salat anrichten. Die
Melonenspalten zu den Hühnerbrüsten legen. Die Sahne
cremig schlagen; mit der Mayonnaise verrühren. Das Öl
mit den restlichen Zutaten mischen und spiralförmig in die
Sahnesauce rühren. Das Dressing gesondert zum Lunch-Teller reichen.

Hühnerkeulen mit Salat

Zutaten für 2 Personen:
2 Hühnerkeulen
je 1 Prise Salz und Pfeffer
1 Teel. Paprikapulver, edelsüß
1 Messerspitze Ingwerpulver
2 Eßl. Öl
3 große Tomaten
1 Stange Staudensellerie
4 Eßl. Sauce vinaigrette (Rezept
*   Seite 177)*
2 Eßl. Miracel-Whip-Dressing
1 Teel. rosa Pfefferkörner aus
*   dem Glas*

Pro Portion etwa 2375 Joule/
565 Kalorien

Die Hühnerkeulen waschen
und abtrocknen. Das Salz mit
dem Pfeffer, dem Paprika und
dem Ingwer mischen. Die
Keulen damit einreiben. Das

Öl erhitzen. Die Keulen darin
bei starker Hitze von allen Seiten anbraten. Die Temperatur
zurückschalten und die Keulen noch etwa 15 Minuten bei
mittlerer Hitze braten. Die
Hühnerkeulen auf Küchen-
krepp abtropfen und abkühlen
lassen. Die Tomaten waschen,
abtrocknen und in Scheiben
schneiden. Den Sellerie putzen, in Streifen schneiden und
mit dem Selleriegrün in kochendem Salzwasser 3 Minuten blanchieren. Den Sellerie
abtropfen lassen und mit den
Tomatenscheiben und den
Hühnerkeulen auf 2 Portionstellern anrichten. Die Sellerie-
streifen mit der Sauce vinaigrette beträufeln. Auf jeden
Portionsteller 1 Eßlöffel Miracel-Whip-Dressing geben und
dieses mit dem rosa Pfeffer bestreuen.

Philadelphia-Mousse

Zutaten für 2 Personen:
50 g tiefgefrorene Krabben
3 Blätter Gelatine
200 g Doppelrahm-Frischkäse
1 Teel. Zitronensaft
3 Eßl. Sahne
1 Messerspitze Salz
1 Prise weißer Pfeffer
½ Teel. Worcestershiresauce
1 Teel. gehackter Dill
⅛ l Sahne
einige Blätter Kopfsalat
1 Zitrone, etwas Dill
6 Krabben

Pro Portion etwa 2815 Joule/
670 Kalorien

Die Krabben auftauen lassen.
Die Gelatine 10 Minuten in
kaltem Wasser einweichen.
Den Frischkäse mit dem Zitronensaft, der Sahne, dem Salz,
dem Pfeffer und der Worcestershiresauce cremig rühren.
Die Krabben kleinhacken und
mit dem Dill unter die Käsecreme mischen. Die Gelatine
ausdrücken, in einem Töpf-
chen bei schwacher Hitze unter Rühren auflösen und noch
warm unter die Käsecreme
mischen. Die Käsecreme im
Kühlschrank leicht erstarren
lassen. Die Sahne steif schlagen und unter die Käsecreme
ziehen. 2 Puddingförmchen
von 10 cm Ø kalt ausspülen
und die Käsecreme einfüllen.
Die Käsecreme im Kühl-
schrank in etwa 3 Stunden
restlos erstarren lassen. Vor
dem Servieren die Förmchen
kurz in heißes Wasser tauchen
und die Mousse auf den Salatblättern anrichten. Mit Zitronenscheiben, Dillzweigen und
den Krabben garnieren.

Tatar aus Frischkäse

Zutaten für 2 Personen:
200 g Doppelrahm-Frischkäse
⅛ l Sahne
½ Teel. Salz
einige Tropfen Zitronensaft
je ½ rote und grüne Paprika-
schote
1 kleine Gewürzgurke
1 kleine Zwiebel
½ Bund Petersilie
10 gefüllte Oliven
1 Eßl. grüne Pfefferkörner aus
dem Glas
je 1 Teel. Paprikapulver, edel-
süß, Kümmel, Kapern und
weißer Pfeffer

Pro Portion etwa 2750 Joule/
655 Kalorien

Den Frischkäse mit der Sahne,
dem Salz und dem Zitronensaft cremig rühren. Die Käsecreme auf 2 Portionstellern
verteilen. Die Paprikaschoten
waschen, von Rippen und
Kernen befreien und mit der
Gewürzgurke kleinwürfeln.
Die Zwiebel schälen und ebenfalls in sehr kleine Würfel
schneiden. Die Petersilie waschen, abtropfen lassen und
kleinschneiden. Die Oliven in
Scheibchen schneiden. Die Paprikawürfel, die Petersilie, die
Gurken- und die Zwiebelwürfel, die Olivenscheibchen, den
grünen Pfeffer, das Paprikapulver, den Kümmel, die Kapern und den weißen Pfeffer
um die Käsecreme auf den
Portionstellern verteilen. Die
Käsecreme bei Tisch mit den
Gewürzen nach Geschmack
mischen. Zum Frischkäse-Ta-
tar verschiedene Brotsorten
reichen.

Gourmet-Teller

Zutaten für 2 Personen:
2 große Tomaten
4 Eßl. Sauce vinaigrette (Rezept
  Seite 177)
100 g Cottage Cheese (körniger
  Frischkäse)
2 gekochte Hühnerbrüste
¼ Kopfsalat
1 Eßl. Kapern
4 Eßl. Miracel-Whip-Dressing
2 Teel. Sardellenpaste
3 Eßl. Sahne
1 Teel. scharfer Senf
je 1 Prise Salz und Pfeffer

Pro Portion etwa 3085 Joule/
735 Kalorien

Die Tomaten waschen, abtrocknen und so durchschneiden, daß sie unten noch zusammenhängen. Die Kerne aus den Tomaten herauskratzen und das Fruchtfleisch mit etwas Sauce vinaigrette beträufeln. Die Tomaten mit dem körnigen Frischkäse füllen. Die Hühnerbrüste in Scheiben schneiden und mit den gefüllten Tomaten auf zwei Portionstellern anrichten. Den Kopfsalat waschen, abtropfen lassen, in Streifen schneiden und mit der restlichen Sauce vinaigrette anmachen. Den Kopfsalat ebenfalls auf den Tellern anrichten. Die Kapern hacken. Das Miracel-Whip-Dressing mit der Sardellenpaste, der Sahne, dem Senf, dem Salz, dem Pfeffer und den gehackten Kapern mischen. Das Dressing über den Hühnerbrustscheiben verteilen.

Schweden-Teller

Zutaten für 2 Personen:
150 g kleine Champignons
2 Eßl. Öl, 1 Eßl. Weinessig
1 Eßl. Zwiebelwürfel
je 1 Prise Salz, Pfeffer und
  getrocknetes Liebstöckel
150 g Fleischwurst
50 g Dillgurke
1½ grüne Paprikaschoten
½ rote Paprikaschote
4 Eßl. Miracel-Whip-Dressing
je 1 Prise Salz und Pfeffer
1 Teel. Senf, 2 Eßl. Sahne
2 geräucherte Forellenfilets
4 dünne Spalten Zuckermelone
2 hartgekochte Eier
einige Blätter Kopfsalat
2 Eßl. Mayonnaise
1 Teel. grüne Pfefferkörner aus
  dem Glas, 1 Teel. Cognac

Pro Portion etwa 4160 Joule/
990 Kalorien

Die Champignons putzen, waschen und vierteln. Das Öl mit dem Essig, den Zwiebelwürfeln, dem Salz, dem Pfeffer, dem Liebstöckel und den Champignons mischen. Die Wurst und die Dillgurke in Streifen schneiden. Die Paprikaschoten kleinwürfeln. Je 1 Eßlöffel grüne und rote Schotenwürfel zu den Champignons geben. Das Miracel-Whip-Dressing mit dem Salz, dem Pfeffer, dem Senf und der Sahne verrühren. Die Wurststreifen, die Gurkenstreifen und die restlichen Schotenwürfel damit mischen. Den Fleischsalat, die Forellenfilets, die Melonenspalten, die Eier und den Champignonsalat auf den Salatblättern anrichten. Den Pfeffer hacken, mit der Mayonnaise und dem Cognac verrühren, auf die Eier geben.

Italienischer Teller

Zutaten für 2 Personen:
100 g Parmaschinken in
*   dünnen Scheiben*
50 g italienische Salami in
*   dünnen Scheiben*
4 Tomaten
½ kleine Zwiebel
1 kleine Staude Radicchio
1 Teel. Sauce vinaigrette
*   (Rezept Seite 177)*
12 schwarze Oliven
2 Eßl. Miracel-Whip-Dressing
1 Teel. grüne Pfefferkörner aus
*   dem Glas*

Pro Portion etwa 2605 Joule/
620 Kalorien

Die Schinkenscheiben mit den
Salamischeiben auf zwei Portionstellern verteilen. Die Tomaten waschen, abtrocknen
und in Scheiben schneiden.
Die Zwiebel schälen und in
Ringe schneiden. Die Tomatenscheiben mit den Zwiebelringen ebenfalls auf die Portionsteller legen. Den Radicchio in Blätter zerteilen. Die
Radicchioblätter waschen, gut
abtropfen lassen und in Streifen schneiden. Die Salatstreifen auf die Teller geben und
mit der Sauce vinaigrette beträufeln. Die Oliven ebenfalls
auf die Portionsteller geben.
Das Miracel-Whip-Dressing
auf die Tomatenscheiben gießen und mit dem grünen Pfeffer bestreuen.

Hirten-Teller

Zutaten für 2 Personen:
1 rote Paprikaschote
1 Staude Chicorée
½ Kästchen Kresse
1 Glas Artischockenherzen
100 g Cottage Cheese (körniger
*   Frischkäse)*
6 schwarze Oliven
1 hartgekochtes Ei
1 kleine Gewürzgurke
3 Eßl. Öl
1 Eßl. Weinessig
je 1 Prise Salz, weißer Pfeffer
*   und Ingwerpulver*
1 Eßl. gemischte gehackte
*   Kräuter wie Petersilie,*
*   Schnittlauch und Dill*

Pro Portion etwa 1365 Joule/
325 Kalorien

Die Paprikaschote waschen,
abtrocknen und in Ringe
schneiden. Aus den Schotenringen Rippen und Kerne entfernen. Den Chicorée in einzelne Blätter zerlegen, waschen und trockentupfen. Die
Kresse abschneiden, in einem
Sieb abbrausen und abtropfen
lassen. Die Artischockenherzen ebenfalls abtropfen lassen.
Alle Salatzutaten auf zwei Portionstellern gefällig anrichten.
Den Käse in die Mitte geben
und mit den Oliven garnieren.
Das Ei schälen und hacken.
Die Gewürzgurke ebenfalls
hacken. Das Öl mit dem Essig,
dem Salz, dem Pfeffer, dem
Ingwer, den gehackten Kräutern, den Ei- und den Gurken-
würfeln verrühren. Das Dressing über die Salatzutaten träufeln. Frisches Stangenweißbrot
dazureichen.

197

Geräucherte Zunge mit Gemüsestreifen

Zutaten für 2 Personen:
200 g geräucherte Zunge in
   Scheiben, 1 Tomate
2 Eßl. Maiskörner aus der Dose
1 Stück rote Paprikaschote
1 Gewürzgurke
je 1 Prise Salz und Pfeffer
1 Eßl. Apfelsaft
1 Möhre, ½ Salatgurke
½ Knolle Kohlrabi
½ Bund Petersilie
1 Eßl. Weinessig, 2 Eßl. Öl
je 1 Prise Salz, weißer Pfeffer
   und getrockneter Oregano

Pro Portion etwa 1535 Joule/
365 Kalorien

Die zusammengeklappten
Zungenscheiben fächerförmig
auf zwei Portionstellern anrichten. Die Tomate waschen,
abtrocknen, halbieren und
aushöhlen. Die Kerne von
dem Tomatenfleisch entfernen. Die Maiskörner abtropfen lassen. Die rote Paprikaschote und die Gewürzgurke
würfeln. Das Tomatenfleisch
mit den Maiskörnern, den
Schoten- und den Gurkenwür-
feln, dem Salz, dem Pfeffer
und dem Apfelsaft mischen. In
die ausgehöhlten Tomaten-
hälften füllen. Die Möhre, die
Salatgurke und die geschälte
Kohlrabiknolle waschen und
in Streifen schneiden. Die Petersilie waschen, abtropfen lassen und kleinschneiden. Die
Gemüsestreifen mit dem Essig,
dem Öl, dem Salz, dem Pfeffer,
der Petersilie und dem Oregano mischen. Das Gemüse mit
den Tomatenhälften auf den
Tellern anrichten.

Kasseler mit Kakipflaumen

Zutaten für 2 Personen:
6 dünne Scheiben gebratenes
   kaltes Kasseler
einige Blätter Kopfsalat
1 hartgekochtes Ei
2 Teel. deutscher Kaviar
100 g Doppelrahm-Frischkäse
1 kleine reife Kakipflaume
2 Eßl. Sahne
je 1 Prise Salz und Ingwerpulver

Pro Portion etwa 2140 Joule/
510 Kalorien

Je 3 Scheiben Kasseler auf einen Portionsteller legen. Die
Salatblätter waschen, gut abtropfen lassen und ebenfalls
auf den Portionstellern anrichten. Das Ei halbieren, jeweils
1 Eihälfte auf die Salatblätter
legen und mit dem Kaviar garnieren. Den Frischkäse in eine
Schüssel geben. Die Kaki-
pflaume waschen, abtrocknen
und vierteln. Mit einem spitzen Messer das weiche Fruchtfleisch auslösen; die Kakipflaume dabei über den
Frischkäse halten, damit von
dem Saft nichts verlorengeht.
Das Fruchtfleisch in Streifen
schneiden; die Innenhaut der
Kaki mit einem Messer gut
über dem Frischkäse ausstreichen. Die Sahne, das Salz und
das Ingwerpulver zum Frischkäse geben. Den Käse schaumig rühren und in einen
Spritzbeutel mit Sterntülle füllen. Auf jeden Portionsteller
1 Rosette spritzen. Die Käsecreme mit den Kakistreifen belegen.

Die kleine Mahlzeit

Geräucherte Gänsebrust mit Curry-Ei

Zutaten für 2 Personen:
100 g geräucherte Gänsebrust
½ Mango
1 hartgekochtes Ei
60 g Doppelrahm-Frischkäse
2 Eßl. Sahne
1 gute Prise Salz
2 runde Scheiben Vollkornbrot
1 Teel. Currypulver
1 Eßl. weiche Butter
1 Messerspitze grobgemahlener
* schwarzer Pfeffer*
1 Tomate
½ Bund Schnittlauch

Pro Portion etwa 2100 Joule/
500 Kalorien

Die Gänsebrust aufschneiden
und auf 2 Tellern anrichten.

Die Mango schälen, in Scheiben schneiden und über die
Gänsebrustscheiben legen.
Das Ei halbieren und das Eigelb herausheben. Den Frischkäse mit der Sahne und dem
Salz verrühren. Die Vollkorntaler mit einem Teil der Käsecreme bestreichen. Das Eigelb
durch ein Sieb zur restlichen
Käsecreme streichen. Den
Curry und die Butter zufügen.
Die Currycreme schaumig
rühren und in die Eiweißhälften spritzen. Mit dem Pfeffer
bestreuen. Die Tomate wa-
schen, abtrocknen und in
Scheiben schneiden. Den
Schnittlauch waschen, trok-
kentupfen und kleinschneiden.
Die Vollkorntaler, die gefüllten
Eihälften und jeweils 2–3 Tomatenscheiben auf den Portionstellern anrichten. Die
Tomatenscheiben mit dem
Schnittlauch bestreuen.

Wurstspießchen und Möhrensalat

Zutaten für 2 Personen:
6 lange schmale Scheiben
* durchwachsener Speck*
12 Cocktailwürstchen
2 mittelgroße Möhren
1 kleiner Apfel
1 Teel. Zitronensaft
2 Eßl. Sahne
je 1 Prise Salz und weißer
* Pfeffer*
½ Teel. Zucker
2–4 Blätter Kopfsalat
2 Scheiben Vollkornbrot
2 Butterröllchen

Pro Portion etwa 3025 Joule/
720 Kalorien

Die Speckscheiben quer halbieren. Jeweils 1 Würstchen in
1 Speckstreifen wickeln. Mit
Holzspießchen feststecken.

Die Würstchen in eine trockene Pfanne geben und den
Speck unter Wenden knusprig
braun braten. Die Würstchen
dann auf Portionsteller legen
und abkühlen lassen. Die
Möhren schaben, waschen
und auf der Rohkostreibe raspeln. Den Apfel schälen, vierteln, vom Kerngehäuse befrei-
en und grobraspeln. Die Ap-
felraspel mit dem Zitronensaft
beträufeln. Die Sahne mit dem
Salz, dem Pfeffer und dem
Zucker verrühren. Unter die
Apfel- und Möhrenraspel heben. Die Salatblätter waschen,
abtropfen lassen und auf die
Teller geben. Den Möhren-Ap-
fel-Salat auf den Salatblättern
anrichten. Zu jeder Portion
Vollkornbrot mit Butterröllchen reichen.

Die kleine Mahlzeit

Kalter Braten mit Obstsalat

Zutaten für 2 Personen:
250 g kalter Rinderbraten
1 Orange
je 100 g helle und blaue
*   Weintrauben*
1 Eßl. gehackte Mandeln
Saft von ½ Zitrone
2 Eßl. Orangenlikör
½ Teel. Zucker
1 kleine Grapefruit
3 Eßl. Preiselbeerkompott
1 Teel. frisch geriebener
*   Meerrettich*
2 kleine Blätter Kopfsalat

Pro Portion etwa 2330 Joule/
555 Kalorien

Den Braten in dünne Scheiben
schneiden und auf zwei Portionstellern anrichten. Die
Orange halbieren. Das Fruchtfleisch herauslösen, von den
weißen Häuten befreien, würfeln und dabei entkernen. Die
Weintrauben waschen, abtropfen lassen, halbieren und entkernen. Die Orangenwürfel,
die Weintrauben und die gehackten Mandeln mit dem Zitronensaft, dem Orangenlikör
und dem Zucker mischen. Zugedeckt bei Raumtemperatur
30 Minuten durchziehen lassen. Die Grapefruit schälen
und die weiße Unterhaut gut
entfernen. Die Grapefruitspalten kleinwürfeln und dabei
entkernen. Die Grapefruitwür-
fel mit dem Preiselbeerkompott und dem Meerrettich mischen. Die Salatblätter waschen, abtropfen lassen und
auf den Portionstellern anrichten. Die Grapefruitmischung
daraufgeben. Den Obstsalat in
den Orangenhälften auf die
Portionsteller geben.

Entenbrust mit Artischockensalat

Zutaten für 2 Personen:
1 ausgelöste Entenbrust
je 1 Prise Salz und weißer
*   Pfeffer*
1 Eßl. Öl, 2 Eßl. Butter
1 Teel. rosa Pfefferkörner
200 g Artischockenherzen aus
*   der Dose*
½ Zwiebel, 1 kleine Tomate
½ Eßl. gehackte Petersilie
1 Eßl. Weinessig
3 Eßl. Olivenöl
je 1 Prise Salz und Pfeffer
2–4 Blätter Kopfsalat

Pro Portion etwa 3255 Joule/
775 Kalorien

Die Entenbrust mit dem Salz
und dem Pfeffer einreiben, mit
dem Öl bestreichen und
2 Stunden zugedeckt bei
Raumtemperatur durchziehen
lassen. Die Entenbrust in der
Butter unter ständigem Wenden bei mittlerer Hitze 7 Minuten braten. Die Entenbrust ist
dann immer noch rosa; sollte
sie »durch« sein, muß die
Bratzeit verdoppelt werden.
Die Entenbrust abkühlen lassen, in Scheiben schneiden
und auf zwei Portionstellern
anrichten. Die rosa Pfefferkörner darauf verteilen. Die Artischockenherzen abtropfen lassen und halbieren. Die Zwiebel schälen und in Ringe
schneiden. Die Tomate häuten, entkernen und würfeln.
Die Zwiebelringe, die Tomatenwürfel und die Petersilie
mit den Artischockenherzen
mischen. Den Essig mit dem
Öl, dem Salz und dem Pfeffer
verrühren und unter den Salat
mischen. Den Salat auf den
Salatblättern anrichten.

Russische Eier im Tomatenring

Zutaten für 2 Personen:
150 g tiefgefrorenes Erbsen-
  Möhren-Gemüse
200 g Fleischwurst
2 Eßl. Mayonnaise
je 1 Prise Salz, Selleriesalz und
  weißer Pfeffer
½ Teel. Sojasauce
50 g Sellerie aus dem Glas
4 Tomaten
1 Teel. grobgemahlener
  schwarzer Pfeffer
3 hartgekochte Eier
2 Teel. Crème fraîche
3 Teel. deutscher Kaviar

Pro Portion etwa 3445 Joule/
820 Kalorien

Das tiefgefrorene Gemüse in
wenig Salzwasser zugedeckt
8 Minuten kochen, kalt abbrausen und abtropfen lassen.
Die Fleischwurst häuten und
in dünne Streifen schneiden.
Das Gemüse und die Wurst-
streifen mischen. Die Mayonnaise mit dem Salz, dem Selleriesalz, dem Pfeffer und der
Sojasauce verrühren. Den Sellerie in Streifen schneiden und
mit der Mayonnaise unter die
Gemüse-Wurst-Mischung he-
ben. Die Tomaten waschen,
abtrocknen und in dünne
Scheiben schneiden. Die Ränder von zwei Portionstellern
mit den Tomatenscheiben auslegen. Den Salat in die Mitte
füllen. Die Tomaten mit dem
grobgemahlenen schwarzen
Pfeffer bestreuen. Die Eier
schälen, halbieren und jeweils
3 Eihälften auf den Salat legen.
Jede Salatportion mit 1 Teelöffel Crème fraîche und jede Eihälfte mit ½ Teelöffel Kaviar
garnieren.

Große Jugendparty

Zutaten für 10 Personen:

Bieten Sie der jungen Party-gesellschaft vielerlei zum Satt-werden und gegen den Durst. Manches läßt sich fertig kau-fen und nach Vorschlägen auf der Abbildung gefällig anrich-ten wie Brezeln, Würstchen, Mixed Pickles, Würzsaucen und verschiedene erfrischende Fruchtsäfte. Buntes Einweg-geschirr trägt zu ungetrübtem Vergnügen bei und erleichtert die Arbeit nach dem Fest. Für die Beiträge aus der eigenen Küche folgende Vorschläge:

Hackfleisch-Sandwiches
2 kleine Zwiebeln
2 Brötchen vom Vortag
3 Eier

je 1 Teel. Salz, weißer Pfeffer und Paprikapulver edelsüß
2 Eßl. gehackte Petersilie
1 kg gemischtes Hackfleisch
20 Scheiben Toastbrot
10 Blätter Kopfsalat
4 Tomaten
2 hartgekochte Eier

Pro Sandwich etwa
2060 Joule/490 Kalorien

Den Backofen auf 200° vor-heizen. Die Zwiebeln schälen und kleinwürfeln. Die Bröt-chen in lauwarmem Wasser einweichen, ausdrücken und mit den Eiern, dem Salz, den Gewürzen, der Petersilie und den Zwiebelwürfeln unter das Hackfleisch mischen. Den Fleischteig zu einem längli-chen Laib formen und im Backofen 45 Minuten backen. Den Hackbraten abkühlen las-sen und in 10 dicke Scheiben

schneiden. 10 Brotscheiben mit den Salatblättern und dem Hackbraten belegen. Die To-maten und die Eier in Schei-ben schneiden. Beides auf dem Hackbraten verteilen. Mit je 1 Brotscheibe bedecken.

Kartoffelsalat mit Gurke
1 kg Salatkartoffeln
¼ l heiße Fleischbrühe
2 Zwiebeln
½ Salatgurke
100 g Mayonnaise
4 Eßl. Joghurt
2 Eßl. Weinessig
½ Teel. Salz
¼ Teel. Pfeffer
2 Eßl. Schnittlauchröllchen

Pro Portion etwa 880 Joule/
210 Kalorien

Die Kartoffeln etwa 30 Minu-ten kochen, dann abkühlen lassen, schälen und in Schei-

ben schneiden. Die Fleisch-brühe darübergießen und 30 Minuten durchziehen las-sen. Die Zwiebeln schälen und feinwürfeln. Die Gurke fein-hobeln. Die Zwiebelwürfel und die Gurkenscheiben unter die Kartoffelscheiben mi-schen. Die Mayonnaise mit dem Joghurt, dem Essig, dem Salz und dem Pfeffer verrüh-ren; unter den Salat heben. Mit dem Schnittlauch bestreuen.

Bunter Nudelsalat
150 g tiefgefrorene Erbsen
500 g Fleischwurst
250 g Tilsiter Käse
1 rote Paprikaschote
200 g Gewürzgurken
600 g kleine gekochte Nudeln
4 Eßl. Weinessig, 1 Teel. Salz
½ Teel. Pfeffer, 6 Eßl. Öl

Pro Portion etwa 1535 Joule/
365 Kalorien

Die Erbsen in kochendes Salzwasser geben und in 8 Minuten garen, dann abtropfen lassen. Die Fleischwurst, den Käse, die Paprikaschote und die Gewürzgurken würfeln; mit den Erbsen und den Nudeln mischen. Den Essig mit dem Salz, dem Pfeffer und dem Öl verrühren. Die Sauce unter den Nudelsalat heben.

Pikanter Reissalat
250 g Langkornreis
1 Eßl. Currypulver
400 g gekochtes Hühnerfleisch
2 Birnen
3 Scheiben Ananas
4 Mandarinen
1 Eßl. gehackte Pistazien
3 Eßl. Zitronensaft
½ Teel. Salz
5 Eßl. Öl

Pro Portion etwa 925 Joule/ 220 Kalorien

Den Reis mit dem Curry in sprudelnd kochendem Salzwasser körnig kochen, kalt abbrausen und abtropfen lassen. Das Hühnerfleisch, die Birnen und die Ananas kleinschneiden. Die Mandarinen filetieren. Alle Zutaten mit den Pistazien, dem Zitronensaft, dem Salz und dem Öl mischen.

Gefüllte Meterbrote
2 lange Stangen Weißbrot
8 Eßl. Mayonnaise
je 100 g Leberkäse, Salami und geräucherter Käse in Scheiben
3 Tomaten, 3 hartgekochte Eier etwas Petersilie
einige Blätter Kopfsalat
150 g Edelpilzkäse
500 g fertiger Fleischsalat

Bei insgesamt 30 Scheiben pro Scheibe etwa 1030 Joule/ 245 Kalorien

Die Brote längs halbieren und mit der Mayonnaise bestreichen. Die Leberkäse-, die Salami- und die Käsescheiben zusammenklappen und auf der unteren Hälfte eines Brotes anrichten. 2 Tomaten und 2 Eier in Scheiben, 1 Tomate und 1 Ei in Achtel schneiden. Die Tomaten- und die Eischeiben zwischen die Wurst legen. Mit Petersilie garnieren und die obere Brothälfte darauflegen. Die Salatblätter auf der unteren Hälfte des zweiten Brotes verteilen. Den Edelpilzkäse in Scheiben schneiden. Den Fleischsalat in die Salatblätter füllen. In die Zwischenräume die Käsescheiben, die Tomaten- und die Eiachtel legen. Die obere Brothälfte daraufsetzen.

Rote Grütze
200 g Sauerkirschen
250 g Himbeeren
200 g rote Johannisbeeren
200 g Zucker
3 Eßl. Speisestärke
⅛ l Sahne, 1 Eßl. Zucker

Pro Portion etwa 860 Joule/ 205 Kalorien

Das Obst verlesen und waschen. Die Kirschen entsteinen und die Früchte mit ½ l Wasser so lange kochen lassen, bis sie zerfallen. Das Obst durch ein Sieb passieren, mit Wasser auf 1 l Menge auffüllen, den Zucker unterrühren und nochmals aufkochen. Die Speisestärke kalt anrühren, in das Fruchtpüree geben und unter Rühren kurz aufkochen lassen. Die rote Grütze erstarren lassen. Die Sahne mit dem Zucker steif schlagen, auf die Grütze geben.

Delikate Schinkenplatte

Zutaten für 6 Personen:
1 Tasse tiefgefrorene Erbsen
1 Avocado
1 Teel. Zitronensaft
½ rote Paprikaschote
100 g kalter Kalbsbraten
1 Delikateßgurke
4 Eßl. Mayonnaise
je 1 Prise Salz und Pfeffer
½ Teel. Currypulver
einige Zweige Dill
½ Wurzel Meerrettich
1 säuerlicher Apfel
¼ l Sahne
1 Messerspitze Zucker
¼ Teel. Salz
300 g westfälischer roher
*   Schinken*
400 g wacholdergeräucherter
*   Schinken in Scheiben*
100 g Lachsschinken in
*   Scheiben*

2 hartgekochte Eier
5 Piri-Piri (Mini-Peperoni)
5 Cornichons
½ Bund Petersilie
250 g blaue Weintrauben
½ Honigmelone

Pro Portion etwa 3820 Joule/
910 Kalorien

Die Erbsen nach Vorschrift in
wenig Salzwasser zugedeckt
garen. In einem Sieb abtropfen
und erkalten lassen. Die Avocado waschen, abtrocknen,
halbieren und den Stein auslösen. Die Avocado bis auf einen
etwa ½ cm dicken Rand aushöhlen und das Fruchtfleisch
in kleine Würfel schneiden.
Die Avocadowürfel und das
Innere der ausgehöhlten
Frucht mit dem Zitronensaft
beträufeln. Die Paprikaschote
waschen, abtrocknen, von Rippen und Kernen befreien und

mit dem Kalbsbraten und der
Gurke in Streifen schneiden.
Die Erbsen, die Avocadowürfel, die Schoten-, Braten- und
die Gurkenstreifen in einer
Schüssel mischen. Die Mayonnaise mit dem Salz, dem Pfeffer und dem Curry verrühren.
Die Mayonnaisesauce unter
die Salatzutaten heben. Den
Salat in die Avocadohälften
füllen und mit den Dillzweigen
garnieren. Den Meerrettich
schälen und waschen. Den
Apfel schälen, halbieren, vom
Kerngehäuse befreien und mit
dem Meerrettich feinreiben.
Die Sahne mit dem Zucker
und dem Salz steif schlagen.
Unter die Meerrettich-Apfel-
Mischung heben. Die Meerrettichsahne in einen Spritzbeutel
füllen. Vom rohen Schinken
6 Scheiben abschneiden. Die
Schinkenscheiben aufrollen
und mit der Meerrettichsahne

ausspritzen. Eine große Platte
mit den wacholdergeräucher-
ten Schinkenscheiben auslegen. Darauf die Schinkenröllchen anordnen. Den restlichen
rohen Schinken im Stück mit
auf die Platte legen. Den
Lachsschinken falten oder rollen und ebenfalls auf dem
Schinken anrichten. Die Avocadohälften auf die Platte legen. Die Eier schälen und in
Scheiben schneiden. Mit den
Piri-Piri, den Cornichons und
Petersilienzweigen auf der
Platte arrangieren. Die Trauben waschen und abtropfen
lassen. Die Honigmelone in
Spalten schneiden und die
Kerne herauskratzen. Die Melonenspalten und die Trauben
ebenfalls auf der Platte anrichten. Zur Schinkenplatte getoastetes Weißbrot, frisches Bauernbrot, Vollkornbrot und Butter reichen.

Käseplatte mit Schillerlocken

Zutaten für 6 Personen:
6 Schillerlocken (Fertigprodukt
aus Blätterteig)
1 Eigelb, 2 Eßl. geriebener Käse
200 g Doppelrahm-Frischkäse
je 1 Prise Salz und Cayenne-
pfeffer
1 Teel. Zitronensaft, 2 Oliven
Für den »Obatzten«:
250 g reifer Camembert
175 g weiche Butter, 1 Eigelb
½ Knoblauchzehe, ½ Teel. Salz
1 kleine Zwiebel
1 Teel. Paprikapulver, edelsüß
je 1 Messerspitze weißer Pfeffer
und gemahlener Kümmel
einige Zweige Petersilie
je 250 g Greyerzer Käse, geräu-
cherter Schinkenkäse und
Zervelatwurst in Scheiben
125 g Edelpilzkäse

Pro Portion etwa 4620 Joule/
1100 Kalorien

Den Backofen auf 220° vorheizen. Die Schillerlocken mit
dem Eigelb bestreichen und
mit dem geriebenen Käse bestreuen. Im Backofen überbak-
ken, bis der Käse zu schmelzen
beginnt. Den Frischkäse mit
dem Salz, dem Cayennepfeffer
und dem Zitronensaft verrühren und in die Schillerlocken
spritzen. Jede Schillerlocke mit
1 Olivenscheibchen garnieren.
Für den Obatzten den Ca-
membert mit der Butter und
dem Eigelb mischen. Die
Knoblauchzehe schälen, kleinschneiden und mit dem Salz
bestreut mit einer Gabel zerdrücken. Die Zwiebel schälen,
halbieren. Eine Hälfte in Ringe schneiden, die andere Häl-
te über die Käsemischung reiben. Den Knoblauch, den Paprika, den Pfeffer und den
Kümmel unter die Käsemasse
rühren. Den Obatzten mit den
Zwiebelringen und Petersilie
belegen. Die Käse- und die
Wurstscheiben gefällig auf einer Platte anrichten. Den Edelpilzkäse in Stücken dazulegen.
Eisgekühlte Butterkugeln und
garnierte Eier (Rezepte Seite 124 f.) ergänzen die Platte.

Kalte Platten

Exquisite Fischplatten

Zutaten für 8 Personen:
200 g tiefgefrorene Shrimps
1 mittelgroße Ananas
3 Eßl. Mayonnaise
5 Eßl. Sahne
je 1 Teel. Zitronensaft und
*   Zucker*
1 Messerspitze Salz
1 Teel. grüne Pfefferkörner aus
*   dem Glas*
Lachsschnitten mit Gemüse-
*   salat (Rezept Seite 147)*
Dillsaiblinge (Rezept Seite 146)

Pro Portion etwa 2625 Joule/
625 Kalorien

Die Shrimps aus der Verpak-
kung nehmen und auftauen
lassen. Aus der Ananas längs
ein Drittel als Keil herausschneiden. Das Fruchtfleisch

des Keils in kleine Würfel
schneiden, das harte Herzstück entfernen. Die Mayonnaise mit der Sahne, dem Zitronensaft, dem Zucker und
dem Salz verrühren. Die
Shrimps und die Ananaswür-
fel in einer Schüssel mi-
schen und die Mayonnaisesauce unterheben. Den Shrimpssalat in
die ausgehöhlte Ananas füllen.
Mit dem grünen Pfeffer bestreuen. Die Lachsschnitten mit
dem Gemüsesalat und die
Dillsaiblinge nach Vorschlag
auf der Abbildung anrichten.
Die Platten nach Belieben mit
gefüllten Eiern (Rezept Seite 124), mit Meerrettichsahne
(Rezept Seite 204), Apfelspalten und Spargelsalat ergänzen.

Platte Kopenhagen

Zutaten für 6 Personen:
150 g tiefgefrorene Krabben
½ rote Paprikaschote
3 Eßl. Mayonnaise
1 Eßl. gehackte Ananas
200 g gekochter Schinken in
*   Scheiben*
8 Tomaten
einige Zweige Dill
½ Teel. Salz
1 Messerspitze weißer Pfeffer
¼ l Sahne
1 Prise Zucker
1–2 Eßl. frisch geriebener Meer-
*   rettich*
100 g durchwachsener Speck in
*   dünnen Scheiben*
400 g Leberpastete in Scheiben
½ Bund Petersilie

Pro Portion etwa 3065 Joule/
730 Kalorien

Die Krabben auftauen lassen,
dann mit der Paprikaschote
grobhacken. Mit der Mayonnaise und den Ananasstückchen mischen. Den Schinken
damit bestreichen und aufrollen. 2 Tomaten in Scheiben
schneiden. Auf jedes Schinkenröllchen 1 Tomatenscheibe
legen. Mit dem Dill garnieren.
Von den restlichen 6 Tomaten
Deckel abschneiden. Die Tomaten aushöhlen und innen
mit Salz und Pfeffer würzen.
Die Sahne steif schlagen und
mit dem Zucker und dem
Meerrettich verrühren. Die Tomaten mit der Meerrettichsahne füllen. Die Speckscheiben
in einer trockenen Pfanne
knusprig braun ausbraten und
zu den Leberpastetenscheiben
legen. Mit der Petersilie garnieren. Die Platte nach Belieben mit Phantasie-Eiern (Rezept Seite 125) ergänzen.

Kleines Wurstbuffet

Zutaten für 8–10 Personen:
1–1,5 kg feiner Wurstaufschnitt
2 Tomaten
1 grüne Paprikaschote
20 gefüllte Oliven
½ Tasse Mixed Pickles
einige Zweige krause Petersilie
2 hartgekochte Eier
150 g tiefgefrorene Erbsen
250 g Mortadella
200 g Edamer Käse
1 rote Paprikaschote
2 Eßl. geröstete Mandel-
   blättchen
4 Eßl. Mayonnaise
4 Eßl. Joghurt
2 Eßl. Essig
je ¼ Teel. Salz und weißer
   Pfeffer
1 kleine Zwiebel
1 Ananas
1 Belegkirsche

Pro Portion etwa 4200 Joule/
1000 Kalorien

Die Wurst nach Vorschlag auf
der Abbildung anrichten. Die
Tomaten achteln. Die Paprikaschote in Ringe schneiden. Die
Wurstplatten mit den Tomatenachteln, den Schotenringen,
den Oliven, den abgetropften
Mixed Pickles und der Petersilie garnieren. Die Eier schälen.
1 Ei in Scheiben schneiden,
das andere achteln. Die Erbsen in wenig kochendem Salzwasser in 8 Minuten garen, abtropfen und erkalten lassen.
Die Mortadella, den Käse und
die rote Paprikaschote in feine
Streifen schneiden. Mit den
Erbsen und den Mandelblättchen mischen. Die Mayonnaise mit dem Joghurt, dem Essig,
dem Salz und dem Pfeffer verrühren. Die Zwiebel schälen
und dazureiben. Die Sauce unter den Salat heben. Aus der
Ananas einen Keil heraus-
schneiden. Den harten Strunk
in der Mitte entfernen, das
Fruchtfleisch würfeln und unter den Salat mischen. Den Salat in der ausgehöhlten Ananas
anrichten und mit der Kirsche
garnieren.

Ländliches Buffet

Zutaten für 8–10 Personen:

Zu einem ländlichen Buffet gehören Bauernbrot, Brezeln, frische Landbutter, 1 bis 2 große Rettiche und verschiedene Käsesorten am Stück. Emmentaler, Tilsiter, Bierkäse, Edelpilzkäse und Camembert garnieren Sie auf einem Brett mit Trauben, Äpfeln, Birnen und Nüssen. Außerdem sollten gekochtes, entbeintes Kasseler, roher Schinken, kräftige Leberwurst, geräucherte Mettwürstchen und ein großes Stück Cervelatwurst bereitliegen. Aus dem Kapitel »Heringsschwärmereien« auf den Seiten 154 bis 157 wählen Sie noch eine Heringsspezialität. Kühles Bier – am besten vom Faß – schmeckt dazu, und für »harte« Trinker können Sie noch einen Klaren kühl stellen. Außerdem empfehlen wir für das ländliche Buffet Käsemischungen und ein Dessert:

Zwiebelquark

1 große Zwiebel
1 Knoblauchzehe
⅛ l Milch
1 Teel. Salz
750 g Speisequark (20%)
einige Zweige gemischte
  Kräuter

Pro Portion etwa 485 Joule/
115 Kalorien

Die Zwiebel und die Knoblauchzehe schälen, beides in sehr kleine Würfel schneiden und mit der Milch und dem Salz unter den Quark rühren. In einer Schüssel anrichten. Den Quark mit den Kräutern garnieren.

Angemachter Camembert

1 kleine Zwiebel
250 g reifer Camembert
70 g weiche Butter
1 Teel. Paprikapulver, edelsüß
¼ Teel. weißer Pfeffer
½ Teel. Kümmel
1 hartgekochtes Ei
½ Bund Petersilie

Pro Portion etwa 630 Joule/
150 Kalorien

Die Zwiebel schälen und in feine Würfel schneiden. Den Camembert mit einer Gabel zerdrücken und mit der Butter und den Zwiebelwürfeln vermengen. Den Paprika, den Pfeffer und den Kümmel untermischen. Den Camembert auf einen Teller häufeln. Das Ei schälen und in Scheiben schneiden. Den Camembert mit den Eischeiben und der Petersilie garnieren.

Johannisbeer-Kaltschale

800 g Johannisbeeren
1 l roter Johannisbeersaft
250 g Zucker
5 Eßl. Speisestärke

Pro Portion etwa 945 Joule/
225 Kalorien

Die Beeren waschen, entstielen und abtropfen lassen. Den Johannisbeersaft mit dem Zucker und den Beeren zugedeckt bei schwacher Hitze 3 Minuten kochen lassen. Die Speisestärke mit etwas kaltem Wasser anrühren und unter die Johannisbeerspeise rühren. Die Speise nochmals aufkochen lassen. Dann in eine Schüssel füllen und abkühlen lassen. Zur kalten, fest gewordenen Johannisbeer-Kaltschale frische gekühlte Milch oder Sahne reichen.

Smörgås-Bord

Zutaten für 10–12 Personen:

Für die Aufschnittplatte:
1 kg Wurstaufschnitt, roher
* Schinken und Leberpastete*
Für die Heringsplatte:
5 dünne gegarte Möhren
5 Bismarckheringe
½ Bund Dill, 8 Matjesfilets
2 Tomaten, 1 Zwiebel
Für den roten Heringssalat:
10 Matjesfilets, ½ l Milch
175 g rote Bete aus dem Glas
2 säuerliche Äpfel
4 Delikateßgürkchen
½ Becher saure Sahne (0,1 l)
2 Eßl. Mayonnaise
etwas Dill, 1 Scheibe Zitrone
Für den grünen Heringssalat:
10 Salzheringsfilets
3 Eßl. gehackter Dill
Saft von 2 Zitronen, 6 Eßl. Öl
2 grüne Paprikaschoten

300 g gekochte grüne Bohnen
1 Tasse Perlzwiebeln
300 g rote Paprikaschoten aus
* dem Glas in Streifen*
Für die Fleischbällchen:
1 Zwiebel
1 Eßl. gehackte Petersilie
2 Eßl. Butter, 500 g Tatar
1 Ei, 6 Eßl. Semmelbrösel
je ½ Teel. Salz und getrockneter
* Majoran*
1 Teel. Paprikapulver, edelsüß
4 Eßl. Öl

Pro Portion etwa 5210 Joule/
1240 Kalorien

Für die Aufschnittplatte die
Wurstscheiben auf einem Brett
anrichten. Den Schinken und
die Leberpastete nur zum Teil
aufschneiden.
Für die Heringsplatte die
Möhren mit den Bismarckhe-
ringen umwickeln. Die Heringe in dicke Scheiben schnei-

den, mit dem Dill garnieren
und auf einer Platte anrichten.
In die Mitte die Matjesfilets legen. Mit Tomatenachteln und
Zwiebelringen belegen. Für
den roten Heringssalat die Filets 30 Minuten in Milch legen.
In Stücke schneiden. Die roten
Bete kleinschneiden. Die Äpfel waschen und mit den Gurken würfeln. Die saure Sahne
mit der Mayonnaise verrühren
und unter die Salatzutaten mischen. Mit Dill und 1 Zitronenscheibe garnieren.
Für den grünen Heringssalat
die Heringsfilets wässern und
in Stücke schneiden. Mit dem
Dill bestreuen, mit dem Zitronensaft und dem Öl beträufeln. Die Paprikaschoten würfeln und mit den Bohnen, den
Perlzwiebeln und den roten
Paprikaschoten unter den Heringssalat mischen.
Für die Fleischbällchen die

Zwiebel kleinwürfeln und mit
der Petersilie in der Butter anbraten. Abkühlen lassen und
mit dem Tatar, dem Ei, den
Semmelbröseln, dem Salz,
dem Majoran und dem Paprika vermengen. Kleine Bällchen formen. Im heißen Öl unter Wenden 8–10 Minuten braten. Das Smörgås-Bord können Sie außerdem mit garnierten Eiern (Rezeptvorschläge
Seite 124) und mit Tomaten,
mit Kräuterquark gefüllt, bereichern. Seine Krönung erreicht das Smörgås-Bord
durch 1 Gravad Laks (Rezept
Seite 144). Bedenken Sie dabei, daß der Gravad Laks bereits 3 Tage vor der Gästebewirtung in Marinade gelegt
werden muß. Auf das Buffet
gehören außerdem 1 Käseplatte, verschiedene Brotsorten
und Brötchen sowie kaltes Bier
und eisgekühlter Aquavit.

Italienisches Buffet

Zutaten für 6–8 Personen:

Selbst bei einem reichhaltigen Kalten Buffet schätzt der italienische Gast als Auftakt eine Pizza. Das ist für den Gastgeber leicht zu arrangieren, denn Pizzen gibt es – nach Originalrezepten zubereitet – tiefgefroren zu kaufen. Kurz vor der Gästebewirtung werden sie im vorgeheizten Backofen nach Vorschrift gebacken und heiß serviert.
Als Mittelpunkt der kalten Speisen wurde eine gefüllte Kalbsbrust mit Mostarda (italienische Senffrüchte) gewählt. Ebenso gut schmeckt Kalbsnuß mit Mostarda (Rezept Seite 159). Natürlich gehören auch eine Aufschnittplatte mit

Parmaschinken und italienischer Salami, garniert mit Melonenspalten, auf das Buffet, eine Platte mit Käsespezialitäten, reife Tomaten und Artischocken, Tafelobst, Weißbrot und italienische Weine.
Aus Ihrer eigenen Küche sollten folgende feine Speisen nicht fehlen:

Gemüsesalat-Platte mit Salsa verde
450 g tiefgefrorene Erbsen und Möhren
je 300 g Broccoli und Prinzeßbohnen
200 g Artischockenherzen aus dem Glas
1 kleine Staude Radicchio
einige Blätter Kopfsalat
2 hartgekochte Eier
10 schwarze Oliven
je 1 Bund Petersilie, Schnittlauch und Dill
1 Bund gemischte Kräuter

wie Salbei, Basilikum und Estragon
4 Frühlingszwiebeln
1 Knoblauchzehe
1 kleine rote Peperoni
4 Sardellenfilets
6 Eßl. Olivenöl
3 Eßl. Sherry-Essig
je 1 gute Prise Salz und Pfeffer

Pro Portion etwa 670 Joule/ 160 Kalorien

Das tiefgefrorene und das frische geputzte Gemüse getrennt garen, in einem Sieb abtropfen und abkühlen lassen. Die Artischockenherzen abtropfen lassen und halbieren. Den Radicchio zerpflücken und mit den Kopfsalatblättern waschen und gut abtropfen lassen. Die Eier schälen und in Scheiben schneiden. Eine Hälfte einer großen Platte mit den Kopfsalatblättern, die an-

dere mit den Radicchioblättern auslegen. Das Gemüse portionsweise auf den Salatblättern anrichten. Mit den Eischeiben und den schwarzen Oliven garnieren. Für die Sauce die Kräuter kleinschneiden und in einer Schüssel mischen. Die Frühlingszwiebeln putzen, waschen und in dünne Ringe schneiden. Die Knoblauchzehe schälen und feinhacken. Die Peperoni halbieren, von Rippen und Kernen befreien, waschen und mit den Sardellenfilets feinhacken. Die Zwiebelringe, den Knoblauch, die Peperoni- und die Sardellenstückchen mit den Kräutern mischen. Das Öl mit dem Essig, dem Salz und dem Pfeffer verrühren, unter die Kräuter mischen. Die Salsa verde gesondert zum Gemüse reichen.

Tomaten mit Mozzarella

6 große Fleischtomaten
2 Mozzarellakäse
je 1 Messerspitze Salz und
*   weißer Pfeffer*
je 1 Teel. frischer Oregano
*   und frisches Basilikum nach*
*   Geschmack*
5 Eßl. Olivenöl

Pro Portion etwa 460 Joule/
110 Kalorien

Die Tomaten waschen, ab-
trocknen und in Scheiben
schneiden. Den Käse aus der
Packung nehmen, abtropfen
lassen und ebenfalls in dünne
Scheiben schneiden. Die To-
maten- und die Käsescheiben
fächerförmig auf einer Platte
anrichten. Salzen, pfeffern und
mit den gehackten Kräutern
bestreuen. Das Öl darüberträufeln.

Appetit-Oliven

400 g schwarze Oliven
2 Stangen Staudensellerie
2 Knoblauchzehen
3 Schalotten
4 Blättchen Pfefferminze
6 Eßl. Olivenöl

Pro Portion etwa 945 Joule/
225 Kalorien

Die Oliven abtropfen lassen.
Den Sellerie waschen, putzen,
längs halbieren und in 4 cm
lange Stücke schneiden. Die
Knoblauchzehen und die
Schalotten schälen. Den Knoblauch feinhacken, die Schalotten in dünne Ringe schneiden.
Alle Zutaten in ein möglichst
weites Glas schichten. Die Pfefferminzblättchen hacken und
darüberstreuen. Das Olivenöl
darübergießen. Das Glas
schließen. Die Appetit-Oliven
2 Stunden kühl stellen.

Italienischer Obstsalat

500 g gemischte Früchte wie
*   Birne, Melone, Kakipflaume,*
*   Kirschen, Weintrauben,*
*   Feigen*
1½ Schnapsgläser Amaretto
*   (Mandellikör, 3 cl)*
500 ml Vanilleis
2 Eßl. gehackte Pistazien

Pro Portion etwa 610 Joule/
145 Kalorien

Das Obst schälen, entkernen,
in dünne Scheiben schneiden
und in einer großen Schale mischen. Den Likör über das
Obst träufeln. Zugedeckt
30 Minuten durchziehen lassen. Den Salat in Schälchen
verteilen. Auf jede Portion
1 Kugel Vanilleis setzen. Das
Eis mit den gehackten Pistazien bestreuen.

Orangensaft mit Sekt

1 kg Saftorangen
Sekt oder Mineralwasser

Die Orangen halbieren und
den Saft auspressen. Mit der
dreifachen Menge eisgekühl-
tem Sekt oder Mineralwasser
mischen. Den Orangensaft mit
Sekt als Aperitif reichen.

Unser Tip

Wenn Sie gerade keine
Saftorangen bekommen
können, empfiehlt es
sich, auf tiefgefrorenes
Orangensaftkonzentrat
auszuweichen, das man
ebenfalls mit der dreifa-
chen Menge Sekt oder
Mineralwasser mischt.

211

Klassisches Kaltes Buffet

Mit diesem klassischen Buffet können Sie offizielle Gäste am Abend bewirten! Hauptattraktionen sind die Kalbfleischterrine (Rezept Seite 75), die mit Kumquats umlegt wurde, und gefüllte Filetscheiben (Rezept Seite 165). Alle anderen Gerichte wurden für 6 Personen berechnet.

Dillforellen
5 Eßl. Weinessig
1 Eßl. Salz
1 Stück Zitronenschale
1 Bund Dill, 6 Forellen
¼ l Weißweingelee (Rezept Seite 24)
2 Eßl. gehackter Dill

Pro Forelle etwa 610 Joule/ 145 Kalorien

2–3 l Wasser mit dem Essig, dem Salz, der Zitronenschale und dem Dill in einem Fischkessel zum Kochen bringen. Die gewaschenen Forellen darin in 15–20 Minuten gar ziehen lassen. Aus dem Sud heben, häuten und abkühlen lassen. Das Weißweingelee mit dem Dill verrühren, über die Forellen gießen und im Kühlschrank erstarren lassen.

Mittelmeer-Salat
1 kleiner Kopf Eisbergsalat
½ Salatgurke
3 Tomaten
3 hartgekochte Eier
2 Zwiebeln
150 g Schafkäse
5 Sardellenfilets
150 gekochte grüne Bohnen
je 8 grüne und schwarze Oliven
4 Eßl. Olivenöl
Saft von 1 Zitrone
1 Teel. Senf

¼ Teel. Zucker
je 1 gute Prise Salz und Pfeffer
1 Eßl. gemischte gehackte Kräuter

Pro Portion etwa 1010 Joule/ 240 Kalorien

Den Salat putzen, waschen und gut abtropfen lassen. Die Gurke und die Tomaten waschen und abtrocknen. Die Gurke hobeln. Die Tomaten und die geschälten Eier achteln. Die Zwiebeln schälen und in Ringe schneiden. Den Schafkäse zerbröckeln, die Sardellen grobhacken. Die Bohnen, die Oliven und die Sardellen mit allen Salatzutaten mischen. Das Öl mit dem Zitronensaft, dem Senf, dem Zucker, dem Salz und dem Pfeffer verrühren. Diese Sauce unter den Salat heben und mit den Kräutern bestreuen.

Waldorf-Salat
2 säuerliche Äpfel (250 g)
½ Knolle Sellerie (250 g)
250 g Ananas
Saft von ½ Zitrone
100 g gehackte Walnüsse
100 g Mayonnaise
je 1 Prise Salz, weißer Pfeffer und Zucker

Pro Portion etwa 1555 Joule/ 370 Kalorien

Die Äpfel schälen, vierteln, vom Kerngehäuse befreien, mit dem geschälten Sellerie in feine Stifte schneiden. Beides mischen und mit dem Zitronensaft beträufeln. Das Ananasfruchtfleisch feinhacken, mit den Apfel- und Selleriestiften und den Nüssen mischen. Die Mayonnaise mit dem Salz, dem Pfeffer und dem Zucker würzen und unter den Salat heben.

Kleines Sonntagsbuffet

Zutaten für 6 Personen:

Mit diesem kleinen Buffet können Sie sonntags Ihre Familie verwöhnen, vielleicht am frühen Abend, wenn das Mittagessen einmal ausgefallen ist. Es eignet sich aber auch für liebe Gäste. Das Hauptstück ist »Vitello tonnato« (Rezept Seite 167).

Große Salatplatte
1 kleine Staude Radicchio
2 Eßl. Olivenöl
1 Eßl. Zitronensaft
1 Prise Zucker
Salz und Pfeffer nach Bedarf
125 g Champignons
2 Eßl. Öl, 1 Eßl. Zitronensaft
1 Eßl. gehackte Petersilie
50 g Feldsalat/Nisslsalat

2 Eßl. Öl
1 Teel. Weinessig, ½ Zwiebel
100 g Shrimps
2 Eßl. saure Sahne
1 Teel. Zitronensaft
1 Eßl. gehackter Dill
1 großes Blatt Kopfsalat
2 hartgekochte Eier

Pro Portion etwa 565 Joule/ 135 Kalorien

Den Radicchio waschen, putzen, abtropfen lassen und in feine Streifen schneiden. Den Salat mit dem Öl, dem Zitronensaft, dem Zucker, dem Salz und dem Pfeffer anmachen. Die Champignons waschen und putzen. Die Stiele kürzen und die Köpfchen in Scheiben schneiden. Die Champignons mit dem Öl, dem Zitronensaft, der Petersilie, Salz und weißem Pfeffer mischen und 30 Minuten durchziehen las-

sen. Den Feldsalat gründlich waschen, abtropfen lassen, putzen und mit dem Öl, dem Essig, der feingehackten Zwiebel, Salz und Pfeffer mischen. Die Shrimps mit der sauren Sahne, dem Zitronensaft, Salz, weißem Pfeffer und dem Dill mischen. Die Shrimps auf dem Salatblatt anrichten. Alle Salate gefällig auf einer Platte verteilen, mit Eiachteln garnieren.

Käseplatte mit Käsesalat

Für die Käseplatte:
je 250 g Edelpilzkäse, gewürzter Briekäse und Tilsiter

Für den Käsesalat:
250 g junger Goudakäse
100 g Erdbeeren
2 Mandarinen
1 Eßl. Zitronensaft
2 Eßl. Joghurt
je ½ Teel. Zucker und Salz
1 Messerspitze Cayennepfeffer

Pro Portion etwa 2855 Joule/ 680 Kalorien

Den Edelpilzkäse und den Brie in Ecken schneiden. Den Tilsiter würfeln. Alle Käsesorten auf einem Brett anrichten. Für den Käsesalat den Gouda in Stifte schneiden. Die Erdbeeren waschen, gut abtropfen lassen und vierteln. Die Mandarinen schälen, filetieren und mit den Erdbeeren, mit dem Käse und den Kiwischeiben mischen. Den Zitronensaft mit dem Joghurt und den Gewürzen verrühren. Die Sauce unter die Salatzutaten heben und zugedeckt im Kühlschrank durchziehen lassen.

Kalte Buffets

Großes Festbuffet

Ein großes festliches Buffet wird aus vielerlei Speisen zusammengestellt. Natürlich gehören leichte Salate, gefüllte Eier, Canapés, 1 Wurst- und Schinkenplatte, 1 Käseplatte, 1 bis 2 Desserts, eventuell 1 bis 2 kalte Braten, 1 Fischplatte, 1 Pastete oder 1 Terrine dazu. Als Hauptstücke wählten wir den gegrillten Schweinehals (Rezept Seite 158), den glasierten Wildschweinrücken (Rezept Seite 160) und die Filetpastete (Rezept Seite 72). Vorschläge für die gefüllten Eier und die Canapés finden Sie auf Seite 124 f. und 40 f. Rechnen Sie pro Person 2 gefüllte Eier und 4 bis 5 Canapés. Ergänzen Sie die Platte mit der Filetpastete durch einen Pari-

ser Grillschinken und einen zarten rohen Schinken, mit Melonenspalten angerichtet. Die Käseplatte können Sie nach den Vorschlägen auf Seite 170 arrangieren.

Apfel-Meerrettich-Sahne
½ Apfel
1-2 Eßl. frisch geriebener
    Meerrettich
¼ l Sahne, 1 Prise Salz

Etwa 3275 Joule/780 Kalorien

Den Apfel schälen, feinreiben und mit dem Meerrettich mischen. Die Sahne mit dem Salz steif schlagen, unter die Apfel-Meerrettich-Mischung heben.

Mayonnaisesauce
1 mittelgroße Gewürzgurke
2 hartgekochte Eier
je 1 Bund Petersilie und
    Schnittlauch, ½ Bund Dill

250 g Mayonnaise
3-4 Eßl. saure Sahne

Etwa 9660 Joule/
2300 Kalorien

Die Gurke und die geschälten Eier sehr fein hacken. Die Kräuter waschen, abtropfen lassen und sehr klein schneiden. Die Mayonnaise mit der sauren Sahne und den gehackten Zutaten mischen.

Mais-Paprika-Salat
680 g Maiskörner aus der Dose
je 2 rote, grüne und gelbe
    Paprikaschoten
3 Zwiebeln, 8 Eßl. Öl
3 Eßl. Weinessig, ½ Teel. Salz
¼ Teel. schwarzer Pfeffer
1 Eßl. gemischte gehackte
    Kräuter

Etwa 5250 Joule/
1250 Kalorien

Den Mais in einem Sieb abtropfen lassen. Die Paprikaschoten halbieren, von Rippen und Kernen befreien, waschen, abtrocknen und in dünne Streifen schneiden. Die Zwiebeln schälen und in Ringe schneiden. Das Öl und den Essig mit dem Salz und dem Pfeffer verrühren, unter die Salatzutaten heben und die Kräuter darüberstreuen.

Apfel-Reis-Salat
200 g Langkornreis
2 Äpfel
2 kleine Orangen
150 g Crème fraîche
3 Eßl. trockener Weißwein
2 Eßl. Zitronensaft
je 1 gute Prise Zucker und
    Ingwerpulver

Etwa 7055 Joule/
1680 Kalorien

Den Reis nach Vorschrift in kochendem Salzwasser garen, kalt abbrausen und abtropfen lassen. Die Äpfel waschen, vierteln, vom Kerngehäuse befreien und würfeln. Die Orangen schälen, filetieren, dabei die Kerne entfernen. Den Reis mit dem Obst mischen. Die Crème fraîche mit dem Wein, dem Zitronensaft, dem Zucker und dem Ingwerpulver verrühren und unter den Salat heben.

Artischockenherzen-Salat
400 g Artischockenherzen aus
*   der Dose*
3 Tomaten, 2 Schalotten
5 Eßl. Öl, 2 Eßl. Weinessig
¼ Teel. Salz
1 Prise weißer Pfeffer
2 Eßl. gemischte gehackte
*   Kräuter wie Schnittlauch,*
*   Kerbel und Petersilie*

Etwa 2645 Joule/630 Kalorien

Die Artischockenherzen abtropfen lassen und halbieren. Die Tomaten häuten und halbieren. Die Kerne entfernen und das Fruchtfleisch in Würfel schneiden. Die Schalotten schälen und in Ringe schneiden. Alle Salatzutaten in einer Schüssel locker mischen. Das Öl mit dem Essig, dem Salz und dem Pfeffer verrühren. Die Sauce unter den Salat heben. Den Salat mit den Kräutern bestreuen.

Bunte Salatschüssel
2 Kopfsalat
2 Stauden Radicchio
100 g Feldsalat/Nisslsalat
1 Kästchen Kresse
2 Zwiebeln
7 Eßl. Öl
3 Eßl. Kräuteressig
je 1 Prise Salz, Zucker und
*   weißer Pfeffer*
3 Eßl. Schnittlauchröllchen

Etwa 2100 Joule/500 Kalorien

Den Kopfsalat und den Radicchio zerpflücken, waschen und gut abtropfen lassen. Den Feldsalat gründlich waschen, putzen und abtropfen lassen. Die Kresse abschneiden und in einem Sieb abbrausen. Die Zwiebeln schälen und in Ringe schneiden. Das Öl mit dem Essig, dem Salz, dem Zucker und dem Pfeffer verrühren. Mit den Salaten und den Zwiebeln mischen, die Kresse unterheben. Den Schnittlauch darüberstreuen.

Feine Schokoladencreme
4 Blätter Gelatine
150 g Zucker, 4 Eigelbe
2 Schnapsgläser Cointreau
200 g bittere Schokolade
¾ l Sahne, 50 g Zucker
Mark aus 1 Vanilleschote
1 Eßl. gehackte Pistazien

Etwa 19405 Joule/
4620 Kalorien

Die Gelatine in kaltem Wasser einweichen. Den Zucker mit den Eigelben und dem Likör verrühren und im Wasserbad schaumig schlagen. Die Schokolade im Wasserbad schmelzen lassen und unter die Eigelbmasse rühren. Die Gelatine gut ausdrücken und in 2 Eßlöffeln heißem Wasser auflösen. Dann unter die Creme rühren. Die Sahne mit dem Zucker und dem Vanillemark steif schlagen. 3 Eßlöffel Schlagsahne zurückbehalten. Die restliche Schlagsahne unter die Creme ziehen. Die Creme in einer Schüssel anrichten, mit der Schlagsahne verzieren. Die gehackten Pistazien darüberstreuen.

215

Rund um die Kalte Küche

Um die Rezepte aus dem vorausgegangenen Teil dieses Buches nachzukochen, braucht man außer den Zutaten nur noch ein wenig Lust und Liebe zum Detail. Allerdings sollten die dazu nötigen Küchenutensilien vorhanden und einsatzbereit sein. Ein Blick auf die folgende Aufstellung sagt Ihnen, ob Sie gut gerüstet sind für die Kalte Küche. Hübsch anrichten und verzieren der Speisen läßt sich mit praktischen Geräten doppelt leicht bewerkstelligen. Im Lexikon der Kalten Küche werden Begriffe erklärt, die nicht unbedingt zum Küchenalltag gehören. Möglicherweise wird die Phantasie durch diese Hinweise angeregt und der Mut zu eigenen Varianten erhöht. Die Vorschläge für fröhliche Feste sollen schließlich helfen, kulinarische Programme ohne viel Kopfzerbrechen zu erstellen. Und weil auch Getränke zu jedem guten Essen gehören, finden Sie am Schluß des Buches das Wichtigste über das Servieren von Wein, einige Bowlenrezepte sowie die beliebtesten Drinks aus der Hausbar.

Das gute Werkzeug

»An seinem Werkzeug erkennt man den Meister«, sagt das Sprichwort. Für die Kalte Küche läßt es sich vielleicht so auslegen: Wer über die wichtigsten elektrischen Küchengeräte verfügt und zudem noch ein Sortiment funktionstüchtiger Messer sowie möglichst viele der besonderen Kleingeräte besitzt, kann die raffinierten Feinheiten der Kalten Küche bis ins Detail gestalten.

Elektrische Hilfen

Allesschneider: Schneidet ohne Kraftaufwand Brot, Fleisch, Wurst oder Gemüse in jeder gewünschten Stärke.

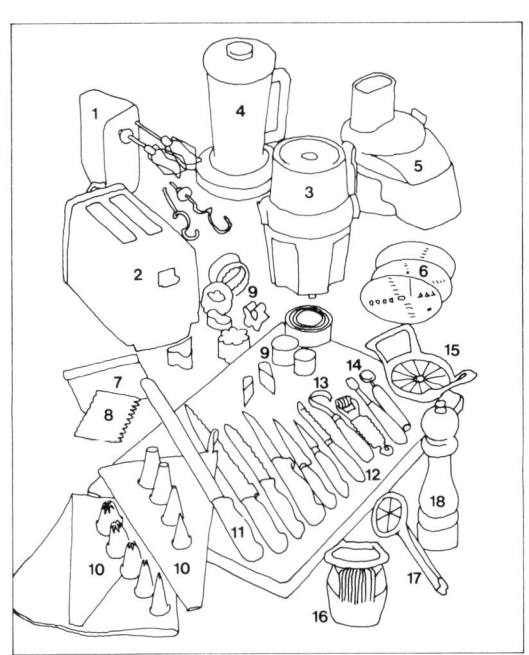

Auf nebenstehendem Bild sind die folgenden wichtigen Geräte abgebildet:
1 Handmixer mit Rührbesen und Knethaken zum Quirlen, Mixen, Schlagen und zum Bearbeiten von festen Teigen, 2 Toaster, 3–6 Küchenmaschine mit Mixaufsatz, Schnitzelwerk und den Einsatzscheiben zum Raspeln, Reiben und Hobeln, 7 + 8 Schabblätter zum Durchpassieren feiner Farcen und zum Verzieren von cremeartigen Substanzen, 9 unterschiedliche Ausstechformen für Gebäck und Garnierungen, 10 Spritzbeutel mit Loch- und Sterntüllen zum Füllen und Garnieren, 11–12 Palette (Fleischwender), zwei Sägemesser, Ausbeinmesser, Küchen-/Schälmesser, Buntmesser, 13 Butterformer, 14 Kugel- und Ovalausstecher, 15 Apfelteiler, 16 Eischneider, 17 Eiteiler, 18 Gewürzmühle

Lexikon der Kalten Küche

Wildgerichten. Feingeschnitten schmecken sie aber auch in Obstsalaten gut.

Julienne: in sehr feine Streifen geschnittene Zutaten. Gemüsejulienne ist eine gute Einlage für Suppen. Für die Kalte Küche sind Trüffeljulienne als Beilage oder Garnierung und Fleischjulienne für Salate von Bedeutung.

Jus: reiner entfetteter Bratensaft, der beim Erkalten geliert ist. Am besten geeignet ist dazu der Saft von gebratenem Kalbfleisch. In der Kalten Küche wird Jus hauptsächlich zur Dekoration von kalten Braten oder Wildgerichten verwendet oder ist Bestandteil einer Chaudfroidsauce.

Kapern: Blütenknospen des in Südeuropa wachsenden Kapernstrauches. Kapern werden in Salzwasser, Essig oder Öl eingelegt. Je kleiner die Kapern, desto würziger ihr Geschmack. Sie sind Bestandteil verschiedener kalter Saucen wie der Remoulade oder der Vinaigrette. Sie sind typisches Tatargewürz, schmecken gut in Kartoffelsalat und zu hartgekochten Eiern und eignen sich zum Garnieren von Schnittchen und Aufschnittplatten.

Kardamom: als Gewürz verwendet man die Samen des Kardamomstrauches, der zu den Ingwergewächsen gehört. Kardamom ist ein sehr kostbares Gewürz. Bei uns ist er meist nur in Pulverform erhältlich, wobei die Schalen der Samenkapseln oft mit vermahlen sind, was aber durch einen Hinweis auf der Verpackung kenntlich gemacht sein muß. Er ist nicht nur Backgewürz. Für Fleischgerichte, Saucen und Salate sehr sparsam dosieren.

Karkasse: Gerippe von kleineren Tieren wie Geflügel, Reh und Hase, auch Fischgerippe oder Panzer von Krustentieren wie Hummer und Languste. Karkassen kann man auskochen und die Brühe zum Bereiten von Sauce oder Suppe verwenden. Das Fleisch von gebratenem Geflügel und Wild löst man fachgerecht von den Knochen und richtet die Tranchen dann auf der Karkasse an. Wird Hummer nach dem Garen so zerlegt, daß sein Panzer, die Karkasse, im ganzen erhalten bleibt, schneidet man das Fleisch in Scheiben und richtet es ebenfalls auf der Karkasse an.

Kaviar: Eier (Rogen) verschiedener Störarten. Der echte Kaviar kommt hauptsächlich vom Kaspischen und vom Schwarzen Meer. Der Rogen wird entfettet und gewaschen und zur Konservierung stärker oder schwächer gesalzen. Auf manchen Kaviardosen oder -gläsern steht die Bezeichnung »Malossol«. Das deutet nicht etwa auf den Kaviar eines bestimmten Störs hin, sondern bedeutet auf russisch »schwach gesalzen«. Malossol-Kaviar ist empfindlich und nicht lange haltbar. Er sollte auch ungeöffnet stets kühl gelagert werden. Kaviar vom Beluga oder Hausen, dem größten Stör, ist 3 bis 4 mm groß und wenig gesalzen, er schmeckt deshalb besonders gut. Vom Waxdick, einem mittelgroßen Stör, stammt der Ossiotr-Kaviar. Er ist feinkörniger als der Beluga, seine hell- bis dunkelgrauen Eier sind sehr wohlschmeckend. Sewruga-Kaviar stammt vom bis zu 2 m langen Scherg. Dieser Kaviar ist besonders feinkörnig und zartschalig. Der rote vollkörnige Keta-Kaviar stammt vom Kett, einer Lachsart. Er ist stark gesalzen, leicht geräuchert und bedeutend billiger als die Kaviararten vom Stör. Deutscher Kaviar, gesalzen und schwarz gefärbt, ist Rogen vom Dorsch oder Seehasen. Ihn kann man immer dann verwenden, wenn mit Kaviar garniert werden soll. Kaviar muß trocken sein und glasig aussehen. Die Oberfläche des Inhalts von Glas oder Dose darf nicht schmierig oder von einer Fettschicht überzogen sein. Kaviar kann in Originaldose oder -glas serviert werden. Das Gefäß stellt man auf reichlich gestoßenes Eis und reicht zum Entnehmen einen nichtmetallischen Löffel, weil der Geschmack des Kaviars von Metall – auch von Silber – beeinflußt wird. Dazu serviert man Toast oder Graubrot, Butter und Zitronenachtel und natürlich Wodka. Aber auch Sekt oder trockener Weißwein sind stilvolle Begleiter.

Kerbel: aromatisches Küchenkraut; der Petersilie verwandt, für Kräuterbuttermischungen und Salate.

Krabben: Kurzschwanzkrebse, deren Fleisch bei uns tiefgefroren oder in Dosen erhältlich sind. Ein wichtiger Bestandteil von Salaten und anderen Köstlichkeiten in der Kalten Küche.

Krustaden (Croustaden): runde rindenlose Weißbrotscheiben ausstechen, kleine Förmchen mit Butter ausstreichen. Die Weißbrotscheiben vorsichtig hineindrücken und im Backofen leicht bräunen lassen. Krustaden stürzen, abkühlen lassen und mit einem feinen Püree oder Salat füllen. Die Füllung darf nicht zu feucht sein, damit die Krustaden nicht durchweichen. In der klassischen Küche werden sie nur mit heißer Füllung gereicht.

Lorbeerblätter: Blätter des immergrünen Lorbeerbaumes. Ihre hohe Würzkraft erhalten sie von ätherischen Ölen und Bitterstoffen. Sie sind wichtiger Bestandteil von Fleisch-, Wild- und Fischmarinaden. Sparsam verwenden; trocken aufbewahren.

Maraschinokirschen: in Maraschino – einem jugoslawischen Likör aus der Maraska-Sauerkirsche – und Branntwein eingelegte große rot gefärbte Kirschen; selten Maraska-Sauerkirschen. Maraschinokirschen werden zum Garnieren für süße Speisen, Obstsalate, für Mixgetränke (Cocktails) aber auch für Fleisch- und Geflügelgerichte verwendet. Für einige Speisen kann man auch die unter der Bezeichnung »Belegkirschen« erhältlichen, rot, gelb oder grün gefärbten kandierten Kirschen verwenden.

Marinade (Beize): Flüssigkeit mit Essig-, Sauermilch-, Buttermilch-, Wein- oder Zitronensaftzusatz und Gewürzen, in der Fleisch, aber auch Fisch vor dem Garen würziger und zarter gemacht werden kann. Auch Salatsaucen bezeichnet man so.

Meeresfrüchte: Sammelbegriff für alle eßbaren, im Meer lebenden Tiere außer Fischen, wie zum Beispiel Austern, Hummer, Garnelen, Muscheln.

Mixed Pickles: im Handel erhältliches Essiggemüse. Kleine Blumenkohlröschen, Silberzwiebeln, winzige Gürkchen, Karottenstückchen, Prinzeßbohnen, Streifen von roter Paprikaschote in Weinessig mit Gewürzen eingelegt. Gut zu kaltem Schweinebraten, Wurstplatten und verschiedenen Dipsaucen.

Morchel: wertvoller Speisepilz von köstlichem Aroma und feinem Duft. Wird wie Trüffel als Würzpilz verwendet. Morcheln gibt es ganzjährig in Dosen konserviert oder getrocknet. Getrocknete Morcheln vor der Verwendung einige Zeit in wenig lauwarmem Wasser einweichen. Das Wasser für eine Sauce verwenden.

Mostarda: italienische Senffrüchte.

Mousse: Schaummasse aus gegarten, pürierten Zutaten.

Nelken: → Gewürznelken.

Nelkenpfeffer: → Piment.

Oliven: Früchte des Ölbaumes. Speiseoliven, die dem Verzehr dienen, sind größer als die Früchte, aus denen Öl gepreßt wird. Sie werden meist noch unreif (grün) geerntet und in den Anbauländern entbittert und in Salzwasser oder Essig eingelegt. Besonders große Oliven werden entsteint und kommen mit Streifen von Pimientofleisch (roten länglichen Paprikaschoten), mit Mandeln oder Sardellen gefüllt in den Handel. Die vollreifen schwarzen Früchte werden erst in Salzwasser eingelegt und anschließend in Olivenöl mariniert. Alle Oliven sind eine gute Ergänzung zu Käseplatten. Die rotgefüllten Früchte sehen quer in Scheibchen geschnitten besonders hübsch aus und lassen sich vielseitig zum Verzieren und Garnieren verwenden. Mit Mandeln oder Sardellen gefüllte Oliven sind ein pikanter und gehaltvoller Snack für Parties, auf denen Alkohol getrunken wird. Das in den Oliven enthaltene Öl hilft Alkohol absorbieren.

Parfait (französisch = vollkommen, vollendet):
1. feine Farce aus besonders delikaten Zutaten, mit Gelatine oder Eigelb gebunden, mit Schlagsahne gemischt, in kleine Formen gefüllt und nach dem Erstarren gestürzt.

Rund um die Kalte Küche

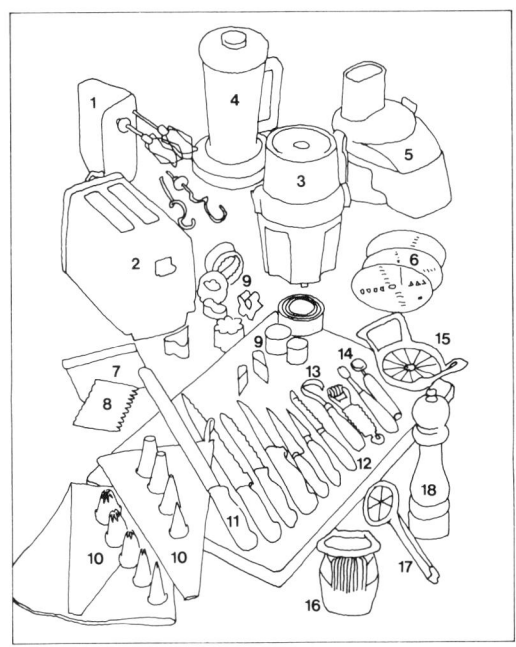

Auf nebenstehendem Bild sind die folgenden wichtigen Geräte
abgebildet:
1 Handmixer mit Rührbesen und Knethaken zum Quirlen, Mixen, Schlagen und zum Bearbeiten von festen Teigen, 2 Toaster, 3–6 Küchenmaschine mit Mixaufsatz, Schnitzelwerk und den Einsatzscheiben zum Raspeln,
Reiben und Hobeln, 7 + 8 Schabblätter zum Durchpassieren feiner Farcen und zum Verzieren von cremeartigen Substanzen, 9 unterschiedliche
Ausstechformen für Gebäck und Garnierungen, 10 Spritzbeutel mit
Loch- und Sterntüllen zum Füllen und Garnieren, 11–12 Palette (Fleischwender), zwei Sägemesser, Ausbeinmesser, Küchen-/Schälmesser, Buntmesser, 13 Butterformer, 14 Kugel- und Ovalausstecher, 15 Apfelteiler,
16 Eischneider, 17 Eiteiler, 18 Gewürzmühle

Um die Rezepte aus dem vorausgegangenen Teil dieses Buches
nachzukochen, braucht man außer den Zutaten nur noch ein wenig Lust und Liebe zum Detail. Allerdings sollten die dazu nötigen Küchenutensilien vorhanden und einsatzbereit sein. Ein
Blick auf die folgende Aufstellung sagt Ihnen, ob Sie gut gerüstet
sind für die Kalte Küche. Hübsch anrichten und verzieren der
Speisen läßt sich mit praktischen Geräten doppelt leicht bewerkstelligen. Im Lexikon der Kalten Küche werden Begriffe erklärt,
die nicht unbedingt zum Küchenalltag gehören. Möglicherweise
wird die Phantasie durch diese Hinweise angeregt und der Mut
zu eigenen Varianten erhöht. Die Vorschläge für fröhliche Feste
sollen schließlich helfen, kulinarische Programme ohne viel
Kopfzerbrechen zu erstellen. Und weil auch Getränke zu jedem
guten Essen gehören, finden Sie am Schluß des Buches das
Wichtigste über das Servieren von Wein, einige Bowlenrezepte
sowie die beliebtesten Drinks aus der Hausbar.

Das gute Werkzeug

»An seinem Werkzeug erkennt man den Meister«, sagt das
Sprichwort. Für die Kalte Küche läßt es sich vielleicht so auslegen: Wer über die wichtigsten elektrischen Küchengeräte verfügt
und zudem noch ein Sortiment funktionstüchtiger Messer sowie
möglichst viele der besonderen Kleingeräte besitzt, kann die raffinierten Feinheiten der Kalten Küche bis ins Detail gestalten.

Elektrische Hilfen

Allesschneider: Schneidet ohne Kraftaufwand Brot, Fleisch,
Wurst oder Gemüse in jeder gewünschten Stärke.

Anrichten und Verzieren

Kapern: Sie heben sich gut von allen hellen Farben ab, eignen sich also zum Verzieren von Eischeiben, heller Wurst, Frischkäse, Mayonnaise- und Sahnetupfen. Große Kapern sollten Sie etwas kleinschneiden. Kapern eignen sich am besten zu allen mild schmeckenden Substanzen.

Kaviar: Zum Verzieren kommt in erster Linie deutscher Kaviar (Garnierkaviar) in Frage. Er hebt sich gut von Eischeiben, Kalbsleberwurst, Hirnwurst, Mayonnaise- oder Sahnetupfen ab. Er paßt auf hartgekochte, halbierte Eier, auf kleine getoastete Weißbrotscheiben, auf gewürzten Quark oder gekochten Fisch. Farblich und geschmacklich beeindruckt der rote Keta-Kaviar allerdings weit mehr als der schwarze Garnierkaviar.

Knollensellerie: Eignet sich am besten gegart zum Verzieren. Die Knollen mit dem Buntmesser oder mit dem einfachen Messer in dünne Scheiben schneiden und kleine Stücke davon – eventuell ebenfalls mit dem Ausstecher mit gezacktem Rand ausstechen – auf Brote mit dunklem Belag geben.

Krabben: Tiefgefrorene Krabben oder Shrimps auftauen lassen. Sie passen gut zum Verzieren von zartem kaltem Fisch, von Eiern, Quark, Frischkäse, gespritzter Creme oder Mayonnaise.

Kräuter: Sie sind universell verwendbar, passen zu allen herzhaften Gerichten und können als kleine Büschel, in Form von Blättchen oder auch kleingeschnitten verwendet werden. Kräuter immer gut kalt abbrausen und in einem Küchentuch trockenschleudern. Stets erst kurz vor dem Auftragen auf die Platte legen. Kleingeschnittene Kräuter bis zum Gebrauch zugedeckt kühl stellen. Kräuter gibt es bereits kleingeschnitten tiefgefroren zu kaufen; sie werden noch gefroren kurz vor dem Servieren über eine Speise gestreut und tauen schnell auf.

Kresse: Sie ist nicht nur als Salat oder als Bestandteil von Salaten zu verwenden, sondern sie eignet sich in kleinen Büscheln oder von den Stengeln gezupft auch zum Verzieren.

Lauch/Porree: Die kräftig grünen Blattenden vom Lauch werden blanchiert und für Blütenarrangements in Streifen, Blättchen oder Stengelform geschnitten. Mit kleinen Streifen von blanchiertem Lauch kann man auch Aspikgerichte und kleine Brötchen mit hellem Belag verzieren.

Mayonnaise, Creme: Aus Mayonnaise, Mayonnaisemischungen oder Käsecreme lassen sich reizvolle Verzierungen spritzen. Je nach Größe des gewünschten Dekors füllt man Mayonnaise oder Creme in einen Spritzbeutel mit kleiner Stern- oder Lochtülle und bringt zarte Tupfen oder Girlanden auf Schnittchen, Häppchen, Broten oder anderen Teilen an. Rosetten werden meist noch mit passenden farbigen Verzierungen belegt.

Möhren: Sie lassen sich roh und gegart zum Verzieren verwenden. Von der rohen Möhre schneidet man mit dem Sparschäler dünne Streifen ab, die sich zu Locken drehen. Man kann die rohe Möhre aber auch auf der Reibe raspeln und die Raspel ebenso wie die Locken über Salate oder Quarkcreme, auf Mayonnaise

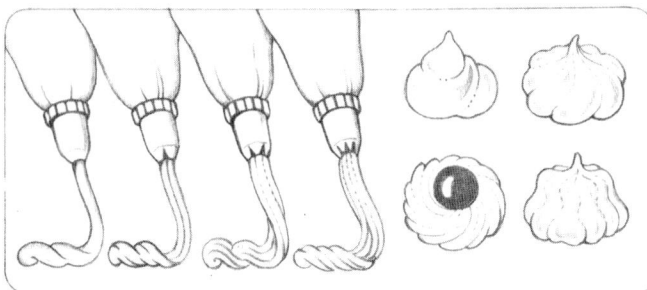

Cremes und Mayonnaise lassen sich mit dem Spritzbeutel und einer Lochtülle in Streifen und Tupfen spritzen, mit der Sterntülle in Girlanden, Rosetten, Hauben oder Figuren.

oder Creme streuen sowie kleine Schnitten oder gefüllte Eier damit verzieren. Gegarte Möhren werden in Scheiben oder Streifen geschnitten – Scheiben nach Belieben noch mit einem Ausstechförmchen mit gezacktem Rand ausstechen – und für Brote, gefüllte Eier, Aspikgerichte oder für Blütenarrangements verwendet.

Von der rohen, geschabten Möhre mit dem Sparschäler feine Locken abziehen und diese zum Verzieren verwenden.

Gegarte Möhren in Scheiben schneiden und mit einem Ausstechförmchen Blüten oder andere Verzierungen ausstechen.

Nüsse: Kleinere Nüsse können Sie im ganzen auf Creme- oder Mayonnaiserosetten setzen, Walnußkerne müssen halbiert werden. Haselnüsse können in Scheibchen, abgezogene Mandeln in Stifte geschnitten werden. Alle Nüsse wirken auch grob- oder feingehackt oder gemahlen gut als Verzierung. Pistazien werden wegen ihrer grünen Farbe gern zum Verzieren verwendet. Kokosraspel heben sich gut von dunklerem Untergrund ab. Verzierungen aus Nüssen passen gut zu Salaten, Cocktails, Käsewürfeln, feinen Schnittchen, Canapés und Häppchen.

Oliven: Grüne oder schwarze Oliven passen auf jede kalte Platte und geben einen ganz besonderen geschmacklichen Akzent. Rotgefüllte grüne Oliven sehen in Scheiben geschnitten sehr dekorativ aus und verzieren Wurstbrote, kaltes Geflügel, kalten Braten oder Eischeiben. Dunkle Oliven werden im ganzen auf Platten zu kräftig schmeckender Wurst oder Braten gelegt.

Paprikaschoten: Rote, grüne oder gelbe Schotenringe oder -streifen bilden eine würzig-frische Verzierung auf Wurst, kaltem Braten, Käse oder Quarkmischungen. Breitere Schotenspalten können Sie gefällig als Schiffchen mit Käse- oder Quarkcreme füllen. Ausgehöhlte Schoten sind als eßbare Schüsselchen zu verwenden, in denen Fleisch-, Krabben-, Wurst- und Käsesalat oder Quarkcreme angerichtet werden. Winzige rote eingelegte Peperoni (Piri-Piri) eignen sich als Verzierungen für gefüllte Eier, belegte Brote, gespritzte Mayonnaise oder Käsecreme und für Salate.

Radieschen: Zum Verzieren eignen sich nur sehr frische, nicht zu große Exemplare. Sie sehen mit einem kleinen grünen Blätterbüschel auf der rustikalen Platte hübsch aus und schmecken gut. Wer Lust hat, kann das Grün auch entfernen und aus der roten Kugel Rosetten schneiden. Hierfür die Radieschen vom Wurzelende her in gleichmäßigen Abständen bis gut in die untere Mitte senkrecht einschneiden (eventuell kleine Scheibchen zwischen den Rosetten herausschneiden) und die eingeschnittenen Enden etwas auseinanderbiegen. Ebenso können Sie auch halbrunde Schnitte in Form von Rosenblättern anbringen oder die ganzen Kugeln streifenartig verzieren. Wenn Sie die eingeschnittenen Radieschen vor dem Servieren kurz in kaltes Wasser legen, saugen sie sich voll und zeigen die Verzierung besonders deutlich.

Salatblätter: Sie sind gewaschen und gut abgetropft (trockengeschleudert) im ganzen, kleingerissen oder in Streifen geschnitten eine gute Unterlage für Platten und eignen sich auch zum Auskleiden von Salatschüsseln oder Cocktailgläsern. Bleistiftdünne

Rund um die Kalte Küche

Um die Rezepte aus dem vorausgegangenen Teil dieses Buches nachzukochen, braucht man außer den Zutaten nur noch ein wenig Lust und Liebe zum Detail. Allerdings sollten die dazu nötigen Küchenutensilien vorhanden und einsatzbereit sein. Ein Blick auf die folgende Aufstellung sagt Ihnen, ob Sie gut gerüstet sind für die Kalte Küche. Hübsch anrichten und verzieren der Speisen läßt sich mit praktischen Geräten doppelt leicht bewerkstelligen. Im Lexikon der Kalten Küche werden Begriffe erklärt, die nicht unbedingt zum Küchenalltag gehören. Möglicherweise wird die Phantasie durch diese Hinweise angeregt und der Mut zu eigenen Varianten erhöht. Die Vorschläge für fröhliche Feste sollen schließlich helfen, kulinarische Programme ohne viel Kopfzerbrechen zu erstellen. Und weil auch Getränke zu jedem guten Essen gehören, finden Sie am Schluß des Buches das Wichtigste über das Servieren von Wein, einige Bowlenrezepte sowie die beliebtesten Drinks aus der Hausbar.

Das gute Werkzeug

»An seinem Werkzeug erkennt man den Meister«, sagt das Sprichwort. Für die Kalte Küche läßt es sich vielleicht so auslegen: Wer über die wichtigsten elektrischen Küchengeräte verfügt und zudem noch ein Sortiment funktionstüchtiger Messer sowie möglichst viele der besonderen Kleingeräte besitzt, kann die raffinierten Feinheiten der Kalten Küche bis ins Detail gestalten.

Elektrische Hilfen

Allesschneider: Schneidet ohne Kraftaufwand Brot, Fleisch, Wurst oder Gemüse in jeder gewünschten Stärke.

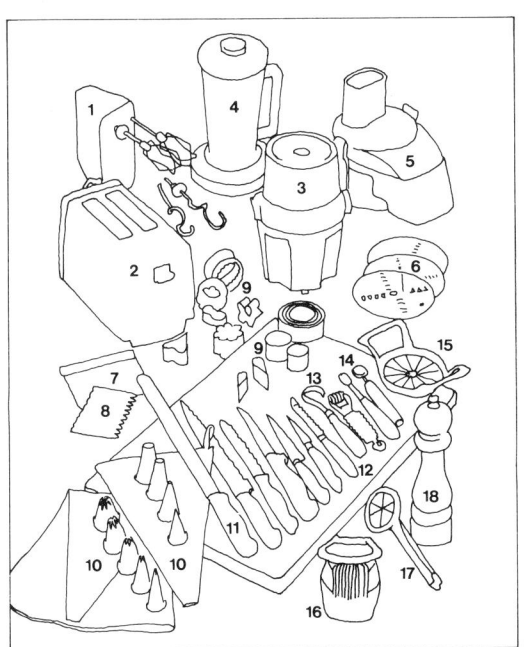

Auf nebenstehendem Bild sind die folgenden wichtigen Geräte abgebildet:
1 Handmixer mit Rührbesen und Knethaken zum Quirlen, Mixen, Schlagen und zum Bearbeiten von festen Teigen, 2 Toaster, 3–6 Küchenmaschine mit Mixaufsatz, Schnitzelwerk und den Einsatzscheiben zum Raspeln, Reiben und Hobeln, 7 + 8 Schabblätter zum Durchpassieren feiner Farcen und zum Verzieren von cremeartigen Substanzen, 9 unterschiedliche Ausstechformen für Gebäck und Garnierungen, 10 Spritzbeutel mit Loch- und Sterntüllen zum Füllen und Garnieren, 11–12 Palette (Fleischwender), zwei Sägemesser, Ausbeinmesser, Küchen-/Schälmesser, Buntmesser, 13 Butterformer, 14 Kugel- und Ovalausstecher, 15 Apfelteiler, 16 Eischneider, 17 Eiteiler, 18 Gewürzmühle

Das gute Werkzeug

Friteuse: Die elektrische Friteuse ist deshalb so empfehlenswert, weil man die Temperatur exakt einstellen kann und diese dann auch automatisch eingehalten wird. Das Gerät ist mit einem Fritiersieb ausgestattet, so daß man das Fritiergut nach dem Garen leicht aus dem heißen Fett heben und abtropfen lassen kann.

Unentbehrliche Schneidegeräte

Apfelausstecher: Messer mit einer röhrenförmigen Klinge, deren unteres Ende sehr scharf ist. Mit ihm sticht man in die Mitte des Apfels – oder auch der Birne – und schneidet so das Kerngehäuse vollständig heraus. Man braucht ihn für Apfelringe.

Buntmesser: Die senkrechten Kerben in der Messerklinge geben allen Scheiben eine wellenförmige Verzierung.

Geflügelschere: Besonders starke Schere mit scharfen, gebogenen Schneideblättern und einer starken Federspirale zwischen den Griffen. Die Geflügelschere ist vor allem zum Tranchieren von großem Geflügel mit starken Knochen gedacht.

Gemüsehobel, Gemüseraspel: Unentbehrlich zum Schneiden von feinsten Scheiben beziehungsweise zum Zerkleinern von rohem Gemüse oder Obst. Wichtig: Hobelmesser und Raspelscheibe müssen sehr scharf sein und sich leicht reinigen lassen. Das viereckige Standgerät, das Reibeisen und Hobel sowie Raspel ver-

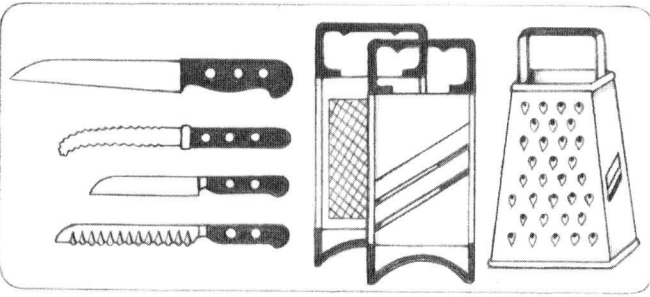

Hackmesser, Grapefruitmesser, Küchenmesser und Buntmesser mit Klingen aus Edelstahl und handlichen Griffen. Gemüsehobel und Gemüseraspel als Einzelgeräte und als viereckiges Standgerät.

eint, steht beim Arbeiten fest auf der Unterlage, bietet jedoch an der Hobel- und Raspelfläche nur wenig Raum, außerdem läßt die Feinheit manchmal zu wünschen übrig. Handbetriebene Raspeln und Reiben in Mühlenform sind praktisch, befriedigen aber hinsichtlich der Feinheit nicht immer. Für größere Mengen Gemüse lohnt sich die Verwendung einer elektrischen Küchenmaschine mit entsprechender Zusatzeinrichtung.

Grapefruitmesser: Seine beidseitig gezackte Klinge ist nach einer Seite etwas gebogen. Mit ihm löst man das Fruchtfleisch der halbierten Grapefruit oder Orange rundum von der Schale und filetiert dann die einzelnen Spalten.

Hackmesser: Das Hackmesser hat eine spitze, breite, lange Klinge und einen kräftigen Griff. Mit ihm kann man Gemüse schneiden, aber auch Kräuter hacken und Zwiebeln würfeln.

Käsemesser: Es hat eine schmale, leicht nach oben gebogene Klinge, die in zwei Spitzen ausläuft. Mit dem gegabelten Ende spießt man das abgeschnittene Käsestück auf, um es sich auf den Teller zu legen.

Küchenmesser: Sie brauchen 2 bis 3 in verschiedenen Größen zum Putzen, Schälen und Kleinschneiden von Obst, Gemüse. Harte Substanzen lassen sich mit einem Sägemesser leichter schneiden.

Küchenschere: Sie ist universell verwendbar; mit ihr kann man Schnittlauch und Alufolie schneiden, man kann sie zum Tranchieren von kleinem Geflügel verwenden sowie zum Öffnen von Verpackungen aller Art und zum Abheben von Kronkorken.

Kugelausstecher: Kleine, scharfkantige Halbkugel aus Metall an einem Stiel. Mit dem Kugelausstecher können Sie Melonen-, Avocado- und Kartoffelkugeln von gleicher Größe herstellen.

Schälmesser: Zum sparsamen Schälen eignen sich die unterschiedlichsten Messertypen. Wichtig ist nur, daß die Handhabung Ihnen sympathisch ist.

Tomatenmesser: Mit dem spitzen Ende der Sägeklinge des Tomatenmessers ritzt man die Haut der Tomate ein, so daß man die Frucht dann leicht in gleichmäßige Scheiben schneiden kann.

Tranchierbesteck: Es besteht aus einem Messer mit langer Klinge und einer langstieligen zweizinkigen Gabel.

Wiegemesser: Es besteht aus zwei Griffen, an denen ein breites rundgebogenes Schneideblatt befestigt ist. Mit dem Wiegemesser kann alles besonders gleichmäßig und klein geschnitten werden.

Nützliche Kleingeräte

Ausstechförmchen: In der Kalten Küche können Sie nicht genug davon haben. Man benötigt die Förmchen, die zwischen 1 und 5 cm Durchmesser haben sollten, zum Ausstechen verschiedenster Garnierzutaten.

Butterformer: Seine Klinge ist rund gebogen und wie beim Buntmesser mit senkrechten Rillen versehen. Man fährt mit dem Butterformer über den sehr kalten, harten Butterblock und erhält so gerillte, feine Butterlocken.

Eipicker: Mit ihm sticht man rohe Eier am runden Ende ein. Durch das entstehende kleine Loch kann die Luft aus der Luftkammer entweichen; das Ei wird beim Kochen nicht platzen.

Gewürzmühlen: Gewürze, die erst kurz vor Gebrauch zerkleinert werden, sind viel geschmacksintensiver als fertig zerkleinerte. Deshalb sollte man möglichst alle Gewürze, die sich dafür eignen, erst kurz vor dem Gebrauch mahlen. Allerdings muß für jedes Gewürz eine eigene Mühle vorhanden sein, auch für weißen und schwarzen Pfeffer. Bei einer guten Gewürzmühle muß sich der gewünschte Zerkleinerungsgrad einstellen lassen.

Knoblauchpresse: Sie erspart das Würfeln und Zerdrücken der Knoblauchzehen. Der feine Knoblauchbrei, der beim Durchpressen entsteht, verteilt sich ausgezeichnet. Soll ein Gericht nur ganz leicht nach Knoblauch schmecken, würzt man nur mit dem Knoblauchsaft, der beim Zerquetschen der Zehe herauskommt.

Mörser: Im Mörser können Sie alle Gewürzkörner grob- oder feinmahlen, so daß sie sich in jeder Substanz gut verteilen. Im Mörser zerriebene Kräuter geben ein Höchstmaß an Aromastoffen ab. Knoblauchzehen, Kapern und grüne Pfefferkörner lassen sich im Mörser leicht zu Pasten zerreiben. Verschiedene Zutaten kann man im Mörser sehr gut miteinander mischen.

Spritzbeutel: Spritzbeutel gibt es in verschiedenen Größen und aus verschiedenem Material. Aus Leinen gehören sie zum Handwerkszeug des Fachmanns, müssen aber nach jedem Gebrauch gründlich ausgekocht werden. Einwegspritzbeutel aus Kunststoffmaterial sind hygienischer als Stoffbeutel und erfüllen vor allem dann ihren Zweck, wenn nur kleine Mengen zu verarbeiten sind. Zu jedem Spritzbeutel werden Tüllen in verschiedenen Stärken und Formen angeboten, nämlich gezackte Sterntüllen und Lochtüllen mit glattem Rand.

Anrichten und Verzieren

Grundsätzlich dürfen Sie Ihre kalten Köstlichkeiten so anrichten und verzieren, wie es Ihnen gefällt. Doch trotz aller Phantasie sollten Sie einige einfache Regeln beachten.

Das Anrichten

Wer den Salat in der Plastikschüssel, in der er angemacht wurde, auf den Tisch stellt, kann schlecht von Anrichten sprechen, denn Anrichten bedeutet gefälliges Darbieten aller Speisen. So richtet man Braten auf der Bratenplatte, Sauce in der Sauciere und Beilagen in den entsprechenden Schüsseln an, gleichgültig ob es sich um kalte oder warme Gerichte handelt.

● Was immer Sie anrichten, sorgen Sie dafür, daß Platte, Schüssel oder Teller groß genug sind. Man muß die angerichtete Speise im Serviergeschirr auftragen und herumreichen können, ohne am Rand mit dem Inhalt in Berührung zu kommen.
● In der Kalten Küche ist vor allem das Arrangieren der Speisen auf den Platten von Bedeutung. Was immer Sie in Scheiben auf einer Platte anrichten, sollte so liegen, daß man die ordnende Hand erkennt: die Scheiben dachziegelartig übereinander, die Reihen längs, quer oder diagonal, aber stets nach einem bestimmten Prinzip. Bestehen die Scheiben aus unterschiedlichen Substanzen, beispielsweise aus verschiedenen Wurstarten, mehreren Käse- oder Fleischsorten, aus bunten Schnittchen, Canapés oder Broten, so können Sie jeweils eine Gruppe zusammen oder in Reihen abwechselnd anrichten.

Das Verzieren

Uns interessiert hier vor allem die Frage, wie man mit einfachen Mitteln Häppchen, Brote, kalte Platten, Salate, Portionsteller und Desserts verzieren kann. Die im folgenden aufgeführten Zutaten zum Verzieren können Sie je nach Neigung – allerdings jeweils passend zu den Speisen – gegen eventuell im Rezept angegebene austauschen. Diese Aufstellung wird Ihnen vor allem nützlich sein, wenn bestimmte Dinge nicht vorrätig sind, wenn in manchen Fällen vielleicht weniger aufwendig verziert werden soll oder wenn besondere Zutaten nicht zu beschaffen sind.

Ananas: Ananasscheiben, -streifen oder -würfel passen überall da, wo auch Beeren oder anderes Obst zum Verzieren verwendet werden. Wichtig ist, daß die helle Ananas möglichst auf dunklerem Untergrund zur Geltung kommt. Außerdem sollten Sie frische Ananas den Dosenfrüchten vorziehen.
Champignons: Kann man roh oder gegart als Verzierung verwenden. Große Pilze werden in Blätter geschnitten, kleinere halbiert, ganz kleine Köpfe kann man im ganzen verwenden. Champignons passen gut auf Wurstbrote, Aufschnittplatten, zum Belegen von gefüllten Eiern oder zarten Cremes, zu Wild und Geflügel, zu Aspik und Salaten mit kräftigen Farben. Beim Verzieren mit Champignons sollten Sie darauf achten, daß sich die hellen Pilze gut vom Untergrund abheben.
Statt Champignons können Sie je nach Gericht auch kleine Pfifferlinge oder in Scheiben oder Würfel geschnittene andere Pilzarten verwenden, diese aber nur gegart.
Eier: Hartgekochte Eier eignen sich in Form von Achteln, Scheiben oder Würfelchen zum Verzieren von Wurstbroten, kaltem Braten, Lachsscheiben und Salaten sowie zum Belegen von kalten Platten. Je kleiner die Eier sind, desto besser eignen sie sich zum Verzieren, denn Scheiben und Achtel brechen nicht so leicht und das Eigelb sitzt fester im Eiweiß. Die kleinen Wachteleier wirken im ganzen oder halbiert besonders gut auf feinen kalten Platten, feinen Salaten, Canapés und Schnittchen. Wenn Sie das Eigelb von hartgekochten Eiern für eine Sauce verwenden, können Sie das Eiweiß in Würfelchen schneiden und als Verzierung verwenden. Aus hartgekochtem Eiweiß lassen sich außerdem kleine Tupfen, Streifen, Ringe und Kreise ausstechen, die für blütenähnliche Arrangements verwendet werden.
Gelee: Hier ist von herben Gelees die Rede; die Rezepte finden Sie auf Seite 23 f. Man überzieht Häppchen, Tranchen, kalten Fisch und kalten Braten mit Gelee wegen des appetitlichen Aussehens, wegen der Frischhaltung und des besonderen Geschmacks. Für besondere Anlässe werden oft unter der Geleeschicht noch zarte Blütendekors angebracht. Dafür schneiden Sie Blüten aus Eiweiß, Tomate, roter oder gelber Paprikaschote und Blätter und Stiele von Kräutern oder aus blanchiertem Lauch und legen daraus mit Geduld und etwas Übung beliebige Verzierungen. Wenn Sie sich in dieser Kunst versuchen möchten, achten Sie darauf, daß die Formen einfach und leicht als Blüte oder Muster zu erkennen sind und daß das Gericht nicht völlig darunter verschwindet. Kleingewürfeltes Gelee, auf einer einfachen Aufschnittplatte arrangiert, verleiht einer kalten Mahlzeit eine festliche Note und trägt zugleich zur geschmacklichen Abrundung bei.
Gewürze: Pfeffer ist am wirkungsvollsten grobgemahlen, grüner Pfeffer aus dem Glas gehackt oder im ganzen, rosa Pfefferkörner im ganzen. Je nach Geschmack und Farbe des Gerichts können Sie auch Paprikapulver, Currypulver, Kümmel, Dillsamen oder zerstoßenen Rosmarin verwenden. Beim Verzieren mit Gewürzen müssen Sie allerdings darauf achten, daß Sie der Wirkung wegen nicht zuviel von einem Gewürz verwenden und dadurch das Gericht ungenießbar machen.
Gewürzgurken: Sehr kleine Gewürzgurken wie Cornichons oder Delikateßgürkchen werden entweder in Scheiben oder als Gurkenfächer als Verzierungen für belegte Brote, Braten- oder Wurstscheiben verwendet. Für Gurkenfächer die Gurken längs zum Wurzelende hin dünn fächrig aufschneiden, so daß der »Fächer« am Ende noch zusammenhält. Den Gurkenfächer dann etwas auseinanderziehen und auflegen.
Käse: Wie hübsch Käsewürfel, besteckt mit Obst, Nüssen, Oliven, Gürkchen, Silberzwiebeln, Sardellenröllchen oder kleingeschnittenen Mixed Pickles aussehen, wissen Sie schon aus dem Bildteil des Buches. Käse läßt sich aber auch in feinen Streifen (Julienne) als Verzierung auf Salaten, Cocktails und belegten Broten verwenden.

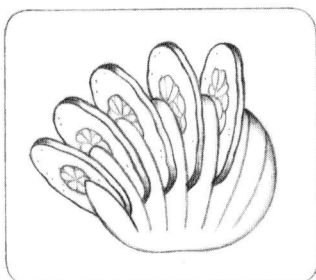

Zum Gurkenigel wird die Tomate, wenn Sie in senkrechte Einschnitte jeweils eine dünne Gurkenscheibe stecken.

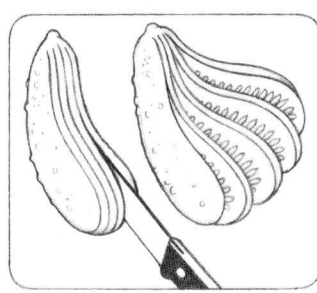

Für Gurkenfächer die Gurken längs zum Wurzelende hin dünn einschneiden, so daß der »Fächer« noch zusammenhält.

Anrichten und Verzieren

Kapern: Sie heben sich gut von allen hellen Farben ab, eignen sich also zum Verzieren von Eischeiben, heller Wurst, Frischkäse, Mayonnaise- und Sahnetupfen. Große Kapern sollten Sie etwas kleinschneiden. Kapern eignen sich am besten zu allen mild schmeckenden Substanzen.

Kaviar: Zum Verzieren kommt in erster Linie deutscher Kaviar (Garnierkaviar) in Frage. Er hebt sich gut von Eischeiben, Kalbsleberwurst, Hirnwurst, Mayonnaise- oder Sahnetupfen ab. Er paßt auf hartgekochte, halbierte Eier, auf kleine getoastete Weißbrotscheiben, auf gewürzten Quark oder gekochten Fisch. Farblich und geschmacklich beeindruckt der rote Keta-Kaviar allerdings weit mehr als der schwarze Garnierkaviar.

Knollensellerie: Eignet sich am besten gegart zum Verzieren. Die Knollen mit dem Buntmesser oder mit dem einfachen Messer in dünne Scheiben schneiden und kleine Stücke davon – eventuell ebenfalls mit dem Ausstecher mit gezacktem Rand ausstechen – auf Brote mit dunklem Belag geben.

Krabben: Tiefgefrorene Krabben oder Shrimps auftauen lassen. Sie passen gut zum Verzieren von zartem kaltem Fisch, von Eiern, Quark, Frischkäse, gespritzter Creme oder Mayonnaise.

Kräuter: Sie sind universell verwendbar, passen zu allen herzhaften Gerichten und können als kleine Büschel, in Form von Blättchen oder auch kleingeschnitten verwendet werden. Kräuter immer gut kalt abbrausen und in einem Küchentuch trockenschleudern. Stets erst kurz vor dem Auftragen auf die Platte legen. Kleingeschnittene Kräuter bis zum Gebrauch zugedeckt kühl stellen. Kräuter gibt es bereits kleingeschnitten tiefgefroren zu kaufen; sie werden noch gefroren kurz vor dem Servieren über eine Speise gestreut und tauen schnell auf.

Kresse: Sie ist nicht nur als Salat oder als Bestandteil von Salaten zu verwenden, sondern sie eignet sich in kleinen Büscheln oder von den Stengeln gezupft auch zum Verzieren.

Lauch/Porree: Die kräftig grünen Blattenden vom Lauch werden blanchiert und für Blütenarrangements in Streifen, Blättchen oder Stengelform geschnitten. Mit kleinen Streifen von blanchiertem Lauch kann man auch Aspikgerichte und kleine Brötchen mit hellem Belag verzieren.

Mayonnaise, Creme: Aus Mayonnaise, Mayonnaisemischungen oder Käsecreme lassen sich reizvolle Verzierungen spritzen. Je nach Größe des gewünschten Dekors füllt man Mayonnaise oder Creme in einen Spritzbeutel mit kleiner Stern- oder Lochtülle und bringt zarte Tupfen oder Girlanden auf Schnittchen, Häppchen, Broten oder anderen Teilen an. Rosetten werden meist noch mit passenden farbigen Verzierungen belegt.

Möhren: Sie lassen sich roh und gegart zum Verzieren verwenden. Von der rohen Möhre schneidet man mit dem Sparschäler dünne Streifen ab, die sich zu Locken drehen. Man kann die rohe Möhre aber auch auf der Reibe raspeln und die Raspel ebenso wie die Locken über Salate oder Quarkcreme, auf Mayonnaise

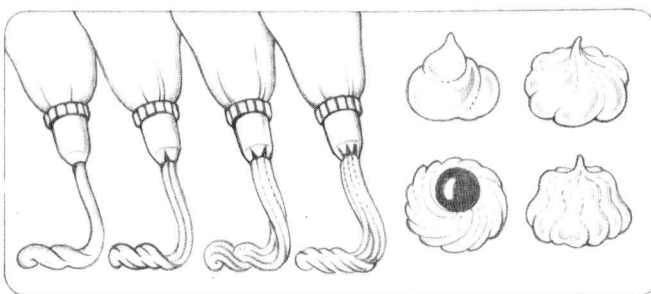

Cremes und Mayonnaise lassen sich mit dem Spritzbeutel und einer Lochtülle in Streifen und Tupfen spritzen, mit der Sterntülle in Girlanden, Rosetten, Hauben oder Figuren.

oder Creme streuen sowie kleine Schnitten oder gefüllte Eier damit verzieren. Gegarte Möhren werden in Scheiben oder Streifen geschnitten – Scheiben nach Belieben noch mit einem Ausstechförmchen mit gezacktem Rand ausstechen – und für Brote, gefüllte Eier, Aspikgerichte oder für Blütenarrangements verwendet.

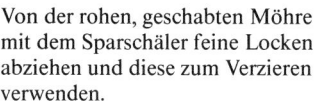

Von der rohen, geschabten Möhre mit dem Sparschäler feine Locken abziehen und diese zum Verzieren verwenden.

Gegarte Möhren in Scheiben schneiden und mit einem Ausstechförmchen Blüten oder andere Verzierungen ausstechen.

Nüsse: Kleinere Nüsse können Sie im ganzen auf Creme- oder Mayonnaiserosetten setzen, Walnußkerne müssen halbiert werden. Haselnüsse können in Scheibchen, abgezogene Mandeln in Stifte geschnitten werden. Alle Nüsse wirken auch grob- oder feingehackt oder gemahlen gut als Verzierung. Pistazien werden wegen ihrer grünen Farbe gern zum Verzieren verwendet. Kokosraspel heben sich gut von dunklerem Untergrund ab. Verzierungen aus Nüssen passen gut zu Salaten, Cocktails, Käsewürfeln, feinen Schnittchen, Canapés und Häppchen.

Oliven: Grüne oder schwarze Oliven passen auf jede kalte Platte und geben einen ganz besonderen geschmacklichen Akzent. Rotgefüllte grüne Oliven sehen in Scheiben geschnitten sehr dekorativ aus und verzieren Wurstbrote, kaltes Geflügel, kalten Braten oder Eischeiben. Dunkle Oliven werden im ganzen auf Platten zu kräftig schmeckender Wurst oder Braten gelegt.

Paprikaschoten: Rote, grüne oder gelbe Schotenringe oder -streifen bilden eine würzig-frische Verzierung auf Wurst, kaltem Braten, Käse oder Quarkmischungen. Breitere Schotenspalten können Sie gefällig als Schiffchen mit Käse- oder Quarkcreme füllen. Ausgehöhlte Schoten sind als eßbare Schüsselchen zu verwenden, in denen Fleisch-, Krabben-, Wurst- und Käsesalat oder Quarkcreme angerichtet werden. Winzige rote eingelegte Peperoni (Piri-Piri) eignen sich als Verzierungen für gefüllte Eier, belegte Brote, gespritzte Mayonnaise oder Käsecreme und für Salate.

Radieschen: Zum Verzieren eignen sich nur sehr frische, nicht zu große Exemplare. Sie sehen mit einem kleinen grünen Blätterbüschel auf der rustikalen Platte hübsch aus und schmecken gut. Wer Lust hat, kann das Grün auch entfernen und aus der roten Kugel Rosetten schneiden. Hierfür die Radieschen vom Wurzelende her in gleichmäßigen Abständen bis gut in die untere Mitte senkrecht einschneiden (eventuell kleine Scheibchen zwischen den Rosetten herausschneiden) und die eingeschnittenen Enden etwas auseinanderbiegen. Ebenso können Sie auch halbrunde Schnitte in Form von Rosenblättern anbringen oder die ganzen Kugeln streifenartig verzieren. Wenn Sie die eingeschnittenen Radieschen vor dem Servieren kurz in kaltes Wasser legen, saugen sie sich voll und zeigen die Verzierung besonders deutlich.

Salatblätter: Sie sind gewaschen und gut abgetropft (trockengeschleudert) im ganzen, kleingerissen oder in Streifen geschnitten eine gute Unterlage für Platten und eignen sich auch zum Auskleiden von Salatschüsseln oder Cocktailgläsern. Bleistiftdünne

Streifen von Salatblättern kann man auch gut zum Verzieren über Speisen streuen oder auf Speisen legen.

Salatgurke: Wenn Sie Salatgurken längs feinstreifig schälen, wechseln dunkelgrüne Streifen der Schale mit hellen Streifen des Fruchtfleisches ab; das sieht besonders hübsch aus. Die Gurke wird dann in Scheiben geschnitten und auf Broten oder am Rande von kalten Platten angerichtet. Die Gurkenscheiben selbst können Sie auch etwas dicker schneiden und belegen.

Sardellenfilets: Sardellen- oder Anchovisfilets passen gerollt oder in Streifen geschnitten auf Eibrote oder zu hartgekochten Eiern, auf Tatar, Quark, Butter oder Kräuterbutter.

Spargelspitzen: Sie werden stets gegart verwendet. Sie eignen sich zum Verzieren von belegten Broten, Schnittchen, gefüllten Eiern, Salaten, Bratenplatten und für Portionsteller.

Tomaten: Als Scheiben, Achtel oder Hälften wirken sie auf jeder kalten Platte belebend und schmecken zu jedem herzhaften Imbiß, am besten mit Salz und Pfeffer gewürzt, mit Zwiebelwürfeln oder Schnittlauchröllchen bestreut oder mit gewürzter Mayonnaise verziert. Sie können ganze Tomaten auch mit senkrechten Schnitten versehen, in die Sie je eine dünne Scheibe frische grüne Salatgurke stecken. Vergessen Sie nicht, diesen sogenannten Gurkenigel zu würzen! Tomatenwürfel eignen sich gut zum Bestreuen von Salaten, Schnittchen, gekochten halbierten Eiern, Mayonnaise- oder Cremeverzierungen. Dafür die Tomaten häuten, die Kerne und das weiche Innere entfernen und das verbleibende Fleisch in gleichmäßig kleine Würfel schneiden.

Trüffel: Sie werden in kleinen Dosen angeboten. Man verziert auch nur mit kleinen, sehr dünnen Trüffelscheiben oder -streifen, da dieser edle Pilz äußerst teuer ist. Eine Trüffelverzierung paßt vorwiegend zu sehr zarten Substanzen von mildem Geschmack wie gefüllten Eiern, Schnittchen oder Canapés mit Parfait oder Pastetenmasse, feinen Aspikgerichten, Mousse, gespritzten salzigen Cremes oder Mayonnaisemischungen, Fischspezialitäten, Kalbfleisch oder Geflügel.

Weintrauben: Sie passen gut als Verzierung für Käse, zarten Schinken, Wild, dunkles Geflügel, Häppchen mit feiner salziger Creme, Parfait- oder Kalbfleischbelag. Je nach Farbton des Untergrundes verwendet man helle oder dunkle Trauben. In jedem Fall sollten die Trauben gehäutet, halbiert und entkernt sein.

Zitrusfrüchte: Die bekanntesten sind Zitronen, Orangen, Grapefruits und Limetten. In der Kalten Küche werden Zitronen oder

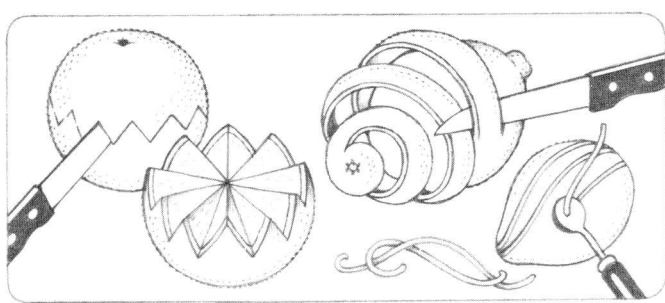

Zitrusfrüchte kann man mit etwas Übung durch Einschneiden mit schräggehaltener Klinge so halbieren, daß zwei gezackte Hälften entstehen. Die Hälften dann aushöhlen und als Servierschälchen verwenden. – Für runde Zitrusscheiben die Schale zuvor mit einem Spezialmesser einkerben. – Für Spiralen aus Zitrusschalen die Früchte sehr dünn schälen.

Limetten in Scheiben oder Spalten geschnitten zu Austern, Lachs, Kaviar, kaltem Fisch, zu Salaten, Cocktails und Drinks serviert. Für Salate, Cocktails und Drinks können statt der säuerlichen Zitronen und Limetten auch Orangen oder Grapefruits verwendet werden.

Lexikon der Kalten Küche

Bleibt die Schale an der Frucht oder wird sie in feinen Streifen (als Julienne) verwendet, müssen die Früchte erst heiß abgewaschen und abgetrocknet werden. Beim Einkauf immer darauf achten, daß die Früchte nicht gespritzt sind.

Runde Scheiben mit der Schale sehen besonders attraktiv aus, wenn man die Schale vorher mit einem besonderen Schälmesser längs einschneidet, so daß helle und dunkle Streifen wechseln. Die Scheiben nach Belieben bis zur Mitte einschneiden und an die Portionsgläser oder -schälchen stecken. Oder die eingeschnittenen Scheiben zu Spiralen drehen, eventuell in der Spiralenform mit Spießchen feststecken und so als Verzierung verwenden. Grapefruit-, Orangen- oder Zitronenhälften mit gezacktem Rand ergeben ausgehöhlt hübsche Portionsschälchen für Salate oder Desserts. Mit einem scharfen kurzen Küchenmesser mit schräggestellter Klinge bis zur Mitte hin in die Frucht schneiden, so daß ein Schnitt am anderen liegt und sich rundherum ein Zickzackmuster ergibt.

Zwiebeln: Zwiebelwürfel sehen auf Tomatenscheiben, Gurkenscheiben oder Tatarbroten hübsch aus. Zwiebelringe verzieren größere Brote, Salate, Fischmarinaden oder Käse. Werden Zwiebelringe in edelsüßem Paprikapulver, in kleingeschnittenen Kräutern oder in grobgestoßenem Pfeffer gewendet, wirken sie farblich und geschmacklich stärker. Beim Anrichten von Tatar oder bei Fondues lassen sich Zwiebelringe auch als »Schüsselchen« für Gewürze verwenden.

Lexikon der Kalten Küche von A bis Z

Dieses Lexikon enthält die wichtigsten Begriffe zum Thema Kalte Küche, die oft aus dem Französischen stammen. Außerdem finden Sie kurze Beschreibungen häufig benötigter Zutaten, die vielleicht nicht jeder kennt. Auch Anleitungen für die Bereitung spezieller Gerichte, vor allem Salate und Saucen der Kalten Küche haben wir in dieses kleine Lexikon mit aufgenommen. Sie stellen eine Ergänzung des farbigen Rezeptteils dar, sind einfach zuzubereiten oder gelingen leicht mit Hilfe der im ersten Teil des Buches beschriebenen Grundrezepte (→Seite 18 ff.).

Abschrecken: das Übergießen oder Überbrausen von heißen Speisen mit kaltem Wasser.
1. Zur raschen Temperatursenkung: Gekochte Eier werden abgeschreckt, damit sie sich leichter schälen lassen. Außerdem wird durch das Abschrecken der Garvorgang unterbrochen.
2. Um ausgetretene Stärke abzuspülen: Teigwaren und Reis werden in einem Sieb mit fließendem kaltem Wasser abgeschreckt, damit die Nudeln oder die Reiskörner nach dem Garen nicht aneinanderkleben.

Aceto dolce: italienisches süß-saures eingelegtes feines Gemüse.

Aioli: Knoblauchsauce aus Südfrankreich, für die die zerdrückten Zehen einer halben Knoblauchknolle mit Salz, weißem Pfeffer, Eigelb, Olivenöl und Zitronensaft wie zu einer Mayonnaise verrührt werden. Schmeckt gut zu kaltem Braten, harten Eiern, Artischocken und als Dip zu Chicorée und Staudensellerie.

Anchovis: mit Kräutern in Öl eingelegte ausgenommene Sprotten, die in der Nordsee gefangen werden; Bestandteil von Hors d'oeuvre-Platten.

Angostura Bitter: Würzbranntwein aus Extrakten der Rinde des Angosturabaumes, Chininrinde, Enzianwurzel und anderen Essenzen. Sehr bitter, aber aromatisch-würzig. Wird spritzer- oder tropfenweise anderen alkoholischen Getränken zugesetzt.

Lexikon der Kalten Küche

Antipasti: italienische Vorspeisen wie Thunfisch, Garnelen, Muscheln, Pilze, Artischocken, Oliven, Zwiebeln, Salami, Schinken, häufig mit einer Essig-Öl-Kräuter-Sauce angemacht.

Aperitif: alkoholisches Getränk, mit Kräutern und Gewürzen aromatisiert, häufig leicht bitter. Ursprünglich als Appetitanreger vor der Mahlzeit gereicht, heutzutage zu jeder Tageszeit getrunken. Bekannte Aperitifs sind Martini, Cinzano, Dubonnet, Picon, Campari, Ricard, Pernod.

Appetitsilds: Filets von kleinen Sprotten oder winzigen Heringen (Silds), mit Gewürzen eingelegt, oft aufgerollt.

Armagnac: französischer Weinbrand, milder als Cognac. Zum Aromatisieren von Farcen, Pasteten und Terrinen hervorragend geeignet.

Artischockensalat provenzalisch: große, frische Artischockenböden in Scheiben schneiden, in Öl braten, mit Tomatenscheiben und in Streifen geschnittenen Sardellenfilets mischen und mit Zitronensaft, Salz und Pfeffer würzen.

Aspik (französisch aspic = Fleischgelee): in Gelee eingebettete Fisch-, Fleisch- oder Geflügelspeisen, die gestürzt und mit Petersilensträußchen, Kräutern, Zitronen- oder Mandarinenspalten garniert werden. Mit Remoulade, Mayonnaise, Chantillysauce, Tatarsauce oder anderen kalten Saucen servieren.

Aspikpulver (Sülzenpulver): gemahlene, bereits gewürzte Gelatine zum raschen, mühelosen Bereiten von Aspik. Nach Vorschrift auf der Packung zubereiten.

Bardieren (französisch barder = mit Speckscheiben bedecken): mageres Fleisch, Wild und Geflügel werden vor dem Braten bardiert, damit sie nicht austrocknen. 10 Minuten vor Beendigung der Bratzeit nimmt man den Speck ab, damit die Oberfläche des Bratens bräunen kann.

Basilikum: Küchenkraut von würzigem, leicht süßlichem, aber dennoch pfeffrigem Geschmack. Basilikum ist ganzjährig getrocknet, im Sommer frisch erhältlich. Es ist sehr vielseitig zu verwenden, schmeckt gut in Blatt- und Rohkostsalaten, besonders in Tomaten- und Gurkensalat, aber auch Krabben- und Hummercocktail, Kräuterquark und Mayonnaisemischungen bekommen mit Basilikum eine besondere Note. Wie mit Estragon kann man mit Basilikum einen guten Kräuteressig ansetzen oder Öl aromatisieren. Basilikum sparsam verwenden.

Beifuß: ganzjährig zerrieben oder gemahlen, im August und September auch frisch erhältlich. Küchenkraut von leicht bitterem Geschmack, mit hohem Gehalt an ätherischen Ölen und Bitterstoffen. Beifuß aktiviert die Verdauung und macht fette Speisen wie Fettfische (Aal und Karpfen), Wildschweinbraten, Gans und Ente leichter bekömmlich. Beifuß immer mitkochen lassen und sparsam verwenden.

Beize: → Marinade.

Bellevue-Salat: kleinen gegarten Rosenkohl, in feine Streifen geschnittenen Kopfsalat und Chicorée mit einer leichten Currymayonnaise (→ Rezept Seite 20) anmachen.

Blanchieren (französisch blanchir = weiß machen): geputztes und in die gewünschte Größe geschnittenes Gemüse oder Obst – manchmal auch Fleisch – in kochendes Wasser tauchen und einige Minuten darin belassen. Die Blanchierzeit wird immer vom Wiederaufkochen des Wassers an gerechnet. Durch den Blanchiervorgang sollen entweder Enzyme abgetötet, Bitterstoffe herausgelöst oder ein leichteres Weiterverarbeiten ermöglicht werden.

Bratenfond (Bratensatz): wertvoller Fleischsaft, der beim Braten austritt und sich in der Bratpfanne oder im Bratentopf sammelt. Bratenfond ist stets Grundlage einer Bratensauce oder – in der Kalten Küche – einer Chaudfroidsauce oder eines Gelees.

Canapés: kleine, dünne Schnittchen aus entrindetem Weißbrot, Graubrot oder Schwarzbrot; quadratisch, rechteckig, dreieckig, rund oder oval geschnitten, oft getoastet, mit Butter oder einer Buttermischung bestrichen, pikant belegt und hübsch verziert. Canapés sind beliebte Appetithappen bei Cocktailparties und Empfängen; man reicht sie auch gern zum 5-Uhr-Tee.

Cayennepfeffer (Chilipfeffer): die getrockneten, gemahlenen Schoten des Chilipfefferstrauches, einer dem Paprika verwandten Pflanze; die Schoten sind jedoch wesentlich kleiner. Cayennepfeffer ist das schärfste Gewürz, das wir kennen. Die grünen, noch unreifen Pfefferschoten sind unter dem Namen Peperoni bekannt. Reif und von gelber bis roter oder bräunlicher Farbe nennt man sie Chillies. Peperoni gibt es in Gläsern in Essig eingelegt. Sie sind oft in Mixed Pickles enthalten. Chilischoten bilden die Grundlage der sehr scharfen Gewürzpaste Sambal Oelek und der Tabascosauce. Cayennepfeffer ist Bestandteil vieler Gewürzmischungen, so auch vom Currypulver. Er gibt, sparsam verwendet, Salatsaucen auf Mayonnaisebasis und Dressings eine leicht exotische Note. Man streut ihn nicht wie weißen oder schwarzen Pfeffer auf einen Salat oder eine andere Speise, sondern verrührt ihn gut mit der Sauce. Er paßt zu Salaten und Cocktails aus Meeresfrüchten, zu Fleisch- und Fischsalaten.

Chaudfroidsauce: (französisch chaud = heiß, froid = kalt): kalte gelierende Sauce, mit der gegarte Wild-, Geflügel- oder Fischspeisen überzogen werden. Chaudfroidsauce wird eiskalt serviert. Braune Chaudfroidsauce wird aus dunkler Grundsauce mit Kalbsfond, Fleischextrakt und Wildgelee bereitet. Weiße Chaudfroidsauce bereitet man aus heller Grundsauce mit Sahne und Kalbs- oder Geflügelgelee.

Chilipfeffer: → Cayennepfeffer.

Chinesische Eier: in China gelten sie als Delikatesse, bei uns werden sie gelegentlich in Delikateßgeschäften angeboten. Ein Rezept zum Ausprobieren: Frische, rohe Hühnereier mit einem Brei aus Holzasche, Kalk und Salz überziehen, 3 bis 4 Monate in Erde eingraben. Das Eiweiß wird in dieser Zeit gelatineartig fest, das Eigelb quarkartig und dunkelgrün. Die Chinesen essen die Eier geschält mit Sojasauce, Essig und gehackter Ingwerwurzel.

Chutney: aus Indien stammende, süße bis scharfe, leicht säuerliche Würzsauce. Im Handel werden verschiedene Chutneys wie Mango-, Tomaten-, Apfel- oder Pilz-Chutney angeboten. Chutneys sind beliebte Beigaben zu kaltem Fleisch und Geflügel.

Cocktailsaucen: Saucen für Vorspeisencocktails, im Handel in verschiedenen Varianten erhältlich.
Hier ein Rezept für eine Sauce, die gut zu Hummer und Shrimps paßt: Feingeschnittenen Dill mit 2 Eßlöffeln Tomatenketchup, 1 Prise Salz, 1 kleinen Prise Cayennepfeffer und 4 Eßlöffeln Armagnac verrühren. ¼ l Sahne halbsteif schlagen und unterziehen.

Cointreau: französischer Likör aus Orangen und Zitronen; wichtiger Bestandteil vieler Mixgetränke (Cocktails). Geeignet zum Aromatisieren von Obstsalaten.

Corail: Muschel- und Hummerrogen, roher Hummercorail ist grün, gekochter korallenrot. Gilt unter Kennern als besondere Delikatesse.

Cornichons: sehr kleine, in Essig eingelegte Pfeffergürkchen. In der Kalten Küche werden Cornichons hauptsächlich zum Garnieren gebraucht.

Croustaden: → Krustaden.

Cumberlandsauce: als Fertigprodukt erhältlich. Sauce zu Wild und kaltem Braten (Roastbeef).
Nach diesem Rezept können Sie Cumberlandsauce selber bereiten: sehr feine, hauchdünne Streifen von Orangenschalen und sehr klein geschnittene Schalotte in Rotwein kochen, Johannisbeergelee mit feinem Senf, Orangen- und Zitronensaft glattrühren, den Rotwein mit den Orangenschalen unterrühren. Mit Cayennepfeffer und etwas Portwein abschmecken.

Currypulver: aus Indien stammende Mischung aus mindestens 12 Gewürzen. In Indien ist es üblich, das Currypulver nach Bedarf und eigenem Geschmack selbst zu mischen; dort liebt man es sehr scharf. Für Currypulver gibt es keine bestimmten Rezepte. Bei uns ist es unter den Bezeichnungen mild, kräftig und scharf erhältlich. Currypulver darf reichlich verwendet werden. In der Kalten Küche würzt man damit Dips und Mayonnaisen, vor allem zu Fischgerichten und Salat.

Dill: beliebtes Küchenkraut für Gurkensalate, Fischgerichte, Gerichte aus Meeresfrüchten, viele gemischte Salate und eingelegtes Gemüse. Dillzweige eignen sich auch gut zum Garnieren.

Duchesse: mit Fleischpüree gefüllte und mit Gelee überzogene kleine Krapfen aus Brandteig, die eisgekühlt serviert werden.

Eisbett: einige Speisen sollten eisgekühlt serviert werden. So richtet man Kaltschalen, kalte salzige Suppen und verschiedene Salate auf einem Eisbett an. Man füllt dazu eine große schöne Schüssel mit gestoßenem Roheis und setzt die kleinere Schüssel mit der Speise darauf.

Estragon: feines Küchenkraut mit hohem Gehalt an ätherischen Ölen. Frischen, feingehackten Estragon verwendet man für pikante Salatsaucen und Mayonnaisen. Estragon paßt auch gut zu Geflügel, Wild und Pasteten. Frisch vorsichtig dosieren, getrocknet ist sein Aroma nicht mehr so stark.

Farce (Füllung): durchgedrehte oder gehackte Zutaten wie Fleisch, Geflügel, Wild, Fisch, Gemüse, Pilze, Eßkastanien werden mit einer Sauce oder mit Sahne gebunden. Man füllt damit Terrinen, Pasteten, Galantinen, Fleisch oder Geflügel.

Filetieren (filieren): fachgerechtes Zerlegen von rohem oder gekochtem Fisch in Filets, wobei Haut und Gräten entfernt werden. Oder: Zerlegen von Orangen, Mandarinen, Grapefruits in einzelne Segmente, die von der feinen Haut befreit werden.

Fischfond: Kopf, Schwanz, Flossen und Gräten (also Abfälle) von rohem Fisch mit Gewürzen, Zwiebeln und Wein etwa 30 Minuten auskochen und dann durch ein Sieb streichen. Dient als Grundlage für Fischsaucen und Fischsuppen. Fischfond ist außerdem der Saft, der beim Dünsten von Fisch entsteht.

Fleischextrakt: Paste aus stark konzentrierter Fleischbrühe, enthält etwa 60% organische Substanzen und 20% Mineralstoffe. Auch in der Kalten Küche vielseitig verwendbar: zum Würzen von Gelees und Saucen und zum Bereiten von Bouillon. Fleischextrakt ist fast unbegrenzt haltbar.

Foie gras (französisch → Gänseleber).

Fond: konzentrierte Brühe aus Knochen, Würzzutaten und wenig Wasser. Grundsubstanz für feine Saucen und Suppen, geschmackgebende Zutat zu Farcen für Terrinen und Pasteten. Fond ergibt sich auch beim Braten und Schmoren aus austretendem Fett, Fleischsaft und wenig zugefügter Flüssigkeit.

Frappieren (französisch frapper = kühlen): starkes Kühlen von Speisen und Getränken auf Eisstücken oder im Kühlschrank.

Frutti di mare: → Meeresfrüchte.

Gabelbissen: Stückchen von Matjesfilet, in einer Sauce aus Weinessig, Öl, Salz, Kräutern und etwas Dessertwein eingelegt.

Gänsebrust geräuchert: feinster Aufschnitt für kalte Buffets. Gänsebrüste, mit Salz und Salpeter eingerieben, werden einige Tage in Salzlake gepökelt, danach 3 Tage mild geräuchert. Im Handel fertig erhältlich.

Gänseleber: seit dem Altertum gilt Gänseleber als besondere Delikatesse. Sie kommt frisch oder in Dosen konserviert auf den Markt. Frische Gänseleber 12 Stunden in eine Marinade aus Madeirawein, Weinbrand, Salz und Pastetengewürz legen. Anschließend trockentupfen und mit Trüffelstücken spicken. Die getrüffelte Gänseleber in Scheiben schneiden und eisgekühlt servieren.

Gänseleberparfait: in Delikateßgeschäften in kleinen Dosen erhältlich. Gänseleberparfait ist Gänseleber mit einer Farce aus Schweinefleisch, Trüffeln und Gelee verarbeitet. Gänseleberparfait stets eiskalt servieren.

Gänseleberpastete: die bekannteste und beste ist die Straßburger Gänseleberpastete, die in kleinen Terrinen in den Handel kommt. Kühl gelagert sind sie lange haltbar. Die Zubereitung von Gänseleberpastete ist schwierig und erfordert viel Fingerspitzengefühl, deshalb empfiehlt es sich, sie lieber fertig zu kaufen.

Galantine: früher feinste Pastete, bestehend aus kleinen Fleisch- oder Geflügelstückchen in einer pikant gewürzten Farce, die in eine von Fleisch und Knochen befreite, möglichst unverletzte Hühnerhaut gefüllt wurde. Das gefüllte Geflügel wurde sorgfältig zugenäht, dabei in seine ursprüngliche Form gebracht, fest in ein Tuch gewickelt und langsam in Wasser gegart. Heutzutage gibt man die Galantinenfüllung meistens in eine mit Speckscheiben ausgelegte Form und gart sie im Wasserbad oder im Backofen. Nach dem Erkalten stürzt man die Galantine, überzieht sie mit einer Chaudfroidsauce und garniert sie nach Belieben mit Früchten, Pistazien und Trüffelscheibchen.

Garnelen: kleine zierliche Meereskrebse mit langem, wohlschmeckendem Schwanz.

Gelatine: wichtiger Grundstoff zur Herstellung von Gelees. Gelatine muß vor dem Einrühren in eine Speise aufgelöst werden. Blattgelatine in reichlich kaltem Wasser einweichen, ausdrücken und in heißer, aber nicht kochender Flüssigkeit auflösen. Gemahlene Gelatine in wenig kaltem Wasser einweichen, dann in dem Wasser unter Rühren bei schwacher Hitze auflösen.

Geleespiegel: bei der Zubereitung von Aspik und Sülze wird eine Form dünn mit gelierender Flüssigkeit ausgegossen. Nach dem Erstarren im Kühlschrank arrangiert man auf diesem »Spiegel« je nach Rezept Fleisch-, Geflügel- oder Fischstücke, umlegt diese gefällig mit Gemüsestückchen oder Pilzen und gießt dann vorsichtig Geleeflüssigkeit darauf, die nun wiederum erstarren muß.

Gewürzgurken (Essiggurken, Delikateßgurken): in Essig mit Kräutern (Dill), Salz und Gewürzen eingelegte kleine Gurken zum Garnieren verschiedener Speisen und als Bestandteil vieler Salate der Kalten Küche; auch als Beigabe zu Aufschnittplatten.

Gewürzkörner: → Piment.

Gewürznelken: (Nelken, Nägelein): die getrockneten nagelförmigen Knospen des in den Tropen wachsenden Nelkenbaumes. Sie duften wie Nelken, schmecken aber sehr scharf. Gewürznelken sind als ganze Nelken und als Pulver im Handel. Im ganzen werden sie für Marinaden oder mit anderen Gewürzen für Fischsud verwendet. Gewürznelkenpulver gibt man in Fleischfarcen für Pasteten. Sehr vorsichtig dosieren, damit das starke Nelkenaroma nicht in der Speise dominiert! Gewürznelke verträgt sich gut mit Muskat, Pfeffer, Ingwer, Lorbeer und Kardamom.

Glasieren (Glacieren): in der Kalten Küche versteht man darunter das Überglänzen einer Speise mit Gelee, mit dem beim Braten ausgetretenen Fleischsaft oder mit Fleischextrakt oder das Überziehen mit einer Eisschicht.

Ingwer: knorpeliges Wurzelstück der schilfartigen Ingwerpflanze, die in tropisch-feuchtem Klima wächst. Bei uns ist Ingwer als Gewürz frisch, getrocknet und pulverisiert erhältlich. Ingwer schmeckt ganz leicht süßlich und recht scharf. In der Kalten Küche kann man alle Arten von Ingwergewürz verwenden. Die frischen Knollen haben jedoch das beste Aroma. Die faserigen Wurzeln werden sorgfältig geschält und feingerieben. Man würzt Fleisch-, Wild- und Geflügelgerichte mit Ingwer. Pulverisierter Ingwer eignet sich in kleinen Mengen für Hackfleischteige und Teigfarcen. Auch zu manchen Salaten, vor allem aus exotischen Früchten, paßt Ingwer hervorragend.

Ingwerpflaumen eingelegt: in Zuckersirup konservierte pflaumengroße Stücke von jungen Ingwerwurzeln. Die scharfe Süße der Ingwerpflaumen ist eine gute Ergänzung zu kalten Braten und

Lexikon der Kalten Küche

Wildgerichten. Feingeschnitten schmecken sie aber auch in Obstsalaten gut.

Julienne: in sehr feine Streifen geschnittene Zutaten. Gemüsejulienne ist eine gute Einlage für Suppen. Für die Kalte Küche sind Trüffeljulienne als Beilage oder Garnierung und Fleischjulienne für Salate von Bedeutung.

Jus: reiner entfetteter Bratensaft, der beim Erkalten geliert ist. Am besten geeignet ist dazu der Saft von gebratenem Kalbfleisch. In der Kalten Küche wird Jus hauptsächlich zur Dekoration von kalten Braten oder Wildgerichten verwendet oder ist Bestandteil einer Chaudfroidsauce.

Kapern: Blütenknospen des in Südeuropa wachsenden Kapernstrauches. Kapern werden in Salzwasser, Essig oder Öl eingelegt. Je kleiner die Kapern, desto würziger ihr Geschmack. Sie sind Bestandteil verschiedener kalter Saucen wie der Remoulade oder der Vinaigrette. Sie sind typisches Tatargewürz, schmecken gut in Kartoffelsalat und zu hartgekochten Eiern und eignen sich zum Garnieren von Schnittchen und Aufschnittplatten.

Kardamom: als Gewürz verwendet man die Samen des Kardamomstrauches, der zu den Ingwergewächsen gehört. Kardamom ist ein sehr kostbares Gewürz. Bei uns ist er meist nur in Pulverform erhältlich, wobei die Schalen der Samenkapseln oft mit vermahlen sind, was aber durch einen Hinweis auf der Verpackung kenntlich gemacht sein muß. Er ist nicht nur Backgewürz. Für Fleischgerichte, Saucen und Salate sehr sparsam dosieren.

Karkasse: Gerippe von kleineren Tieren wie Geflügel, Reh und Hase, auch Fischgerippe oder Panzer von Krustentieren wie Hummer und Languste. Karkassen kann man auskochen und die Brühe zum Bereiten von Sauce oder Suppe verwenden. Das Fleisch von gebratenem Geflügel und Wild löst man fachgerecht von den Knochen und richtet die Tranchen dann auf der Karkasse an. Wird Hummer nach dem Garen so zerlegt, daß sein Panzer, die Karkasse, im ganzen erhalten bleibt, schneidet man das Fleisch in Scheiben und richtet es ebenfalls auf der Karkasse an.

Kaviar: Eier (Rogen) verschiedener Störarten. Der echte Kaviar kommt hauptsächlich vom Kaspischen und vom Schwarzen Meer. Der Rogen wird entfettet und gewaschen und zur Konservierung stärker oder schwächer gesalzen. Auf manchen Kaviardosen oder -gläsern steht die Bezeichnung »Malossol«. Das deutet nicht etwa auf den Kaviar eines bestimmten Störs hin, sondern bedeutet auf russisch »schwach gesalzen«. Malossol-Kaviar ist empfindlich und nicht lange haltbar. Er sollte auch ungeöffnet stets kühl gelagert werden. Kaviar vom Beluga oder Hausen, dem größten Stör, ist 3 bis 4 mm groß und wenig gesalzen, er schmeckt deshalb besonders gut. Vom Waxdick, einem mittelgroßen Stör, stammt der Ossiotr-Kaviar. Er ist feinkörniger als der Beluga, seine hell- bis dunkelgrauen Eier sind sehr wohlschmeckend. Sewruga-Kaviar stammt vom bis zu 2 m langen Scherg. Dieser Kaviar ist besonders feinkörnig und zartschalig. Der rote vollkörnige Keta-Kaviar stammt vom Kett, einer Lachsart. Er ist stark gesalzen, leicht geräuchert und bedeutend billiger als die Kaviararten vom Stör. Deutscher Kaviar, gesalzen und schwarz gefärbt, ist Rogen vom Dorsch oder Seehasen. Ihn kann man immer dann verwenden, wenn mit Kaviar garniert werden soll. Kaviar muß trocken sein und glasig aussehen. Die Oberfläche des Inhalts von Glas oder Dose darf nicht schmierig oder von einer Fettschicht überzogen sein. Kaviar kann in Originaldose oder -glas serviert werden. Das Gefäß stellt man auf reichlich gestoßenes Eis und reicht zum Entnehmen einen nichtmetallischen Löffel, weil der Geschmack des Kaviars von Metall – auch von Silber – beeinflußt wird. Dazu serviert man Toast oder Graubrot, Butter und Zitronenachtel und natürlich Wodka. Aber auch Sekt oder trockener Weißwein sind stilvolle Begleiter.

Kerbel: aromatisches Küchenkraut; der Petersilie verwandt, für Kräuterbuttermischungen und Salate.

Krabben: Kurzschwanzkrebse, deren Fleisch bei uns tiefgefroren oder in Dosen erhältlich sind. Ein wichtiger Bestandteil von Salaten und anderen Köstlichkeiten in der Kalten Küche.

Krustaden (Croustaden): runde rindenlose Weißbrotscheiben ausstechen, kleine Förmchen mit Butter ausstreichen. Die Weißbrotscheiben vorsichtig hineindrücken und im Backofen leicht bräunen lassen. Krustaden stürzen, abkühlen lassen und mit einem feinen Püree oder Salat füllen. Die Füllung darf nicht zu feucht sein, damit die Krustaden nicht durchweichen. In der klassischen Küche werden sie nur mit heißer Füllung gereicht.

Lorbeerblätter: Blätter des immergrünen Lorbeerbaumes. Ihre hohe Würzkraft erhalten sie von ätherischen Ölen und Bitterstoffen. Sie sind wichtiger Bestandteil von Fleisch-, Wild- und Fischmarinaden. Sparsam verwenden; trocken aufbewahren.

Maraschinokirschen: in Maraschino – einem jugoslawischen Likör aus der Maraska-Sauerkirsche – und Branntwein eingelegte große rot gefärbte Kirschen; selten Maraska-Sauerkirschen. Maraschinokirschen werden zum Garnieren für süße Speisen, Obstsalate, für Mixgetränke (Cocktails) aber auch für Fleisch- und Geflügelgerichte verwendet. Für einige Speisen kann man auch die unter der Bezeichnung »Belegkirschen« erhältlichen, rot, gelb oder grün gefärbten kandierten Kirschen verwenden.

Marinade (Beize): Flüssigkeit mit Essig-, Sauermilch-, Buttermilch-, Wein- oder Zitronensaftzusatz und Gewürzen, in der Fleisch, aber auch Fisch vor dem Garen würziger und zarter gemacht werden kann. Auch Salatsaucen bezeichnet man so.

Meeresfrüchte: Sammelbegriff für alle eßbaren, im Meer lebenden Tiere außer Fischen, wie zum Beispiel Austern, Hummer, Garnelen, Muscheln.

Mixed Pickles: im Handel erhältliches Essiggemüse. Kleine Blumenkohlröschen, Silberzwiebeln, winzige Gürkchen, Karottenstückchen, Prinzeßbohnen, Streifen von roter Paprikaschote in Weinessig mit Gewürzen eingelegt. Gut zu kaltem Schweinebraten, Wurstplatten und verschiedenen Dipsaucen.

Morchel: wertvoller Speisepilz von köstlichem Aroma und feinem Duft. Wird wie Trüffel als Würzpilz verwendet. Morcheln gibt es ganzjährig in Dosen konserviert oder getrocknet. Getrocknete Morcheln vor der Verwendung einige Zeit in wenig lauwarmem Wasser einweichen. Das Wasser für eine Sauce verwenden.

Mostarda: italienische Senffrüchte.

Mousse: Schaummasse aus gegarten, pürierten Zutaten.

Nelken: → Gewürznelken.

Nelkenpfeffer: → Piment.

Oliven: Früchte des Ölbaumes. Speiseoliven, die dem Verzehr dienen, sind größer als die Früchte, aus denen Öl gepreßt wird. Sie werden meist noch unreif (grün) geerntet und in den Anbauländern entbittert und in Salzwasser oder Essig eingelegt. Besonders große Oliven werden entsteint und kommen mit Streifen von Pimientofleisch (roten länglichen Paprikaschoten), mit Mandeln oder Sardellen gefüllt in den Handel. Die vollreifen schwarzen Früchte werden erst in Salzwasser eingelegt und anschließend in Olivenöl mariniert. Alle Oliven sind eine gute Ergänzung zu Käseplatten. Die rotgefüllten Früchte sehen quer in Scheibchen geschnitten besonders hübsch aus und lassen sich vielseitig zum Verzieren und Garnieren verwenden. Mit Mandeln oder Sardellen gefüllte Oliven sind ein pikanter und gehaltvoller Snack für Parties, auf denen Alkohol getrunken wird. Das in den Oliven enthaltene Öl hilft Alkohol absorbieren.

Parfait (französisch = vollkommen, vollendet):
1. feine Farce aus besonders delikaten Zutaten, mit Gelatine oder Eigelb gebunden, mit Schlagsahne gemischt, in kleine Formen gefüllt und nach dem Erstarren gestürzt.

2. Eisparfait: Speiseeis aus hochwertigen Zutaten wie Schlagsahne, Krokant, kandierten Früchten, Likören oder Cognac.

Pfeffer: Pfefferkörner sind die Beerenfrüchte des Pfefferstrauches, einer Kletterpflanze, die in tropischen Gebieten gedeiht. Alle Pfefferarten, ob grüner, schwarzer oder weißer, stammen von der gleichen Pflanze. Grüner Pfeffer besteht aus unreif – grün – geernteten, in Salzlake, Essig oder Alkohol eingelegten Pfefferbeeren. Sie sind milder im Geschmack als die anderen Pfeffersorten und sehr aromatisch. Es gibt grünen Pfeffer auch gefriergetrocknet. Schwarzer Pfeffer besteht ebenfalls aus unreif geernteten Beeren, die an der Luft zu braunschwarzen Körnern trocknen. Schwarzer Pfeffer ist der schärfste. Weißen Pfeffer ergeben die reifen Beeren, die nach der Ernte in Wasser aufgeweicht, vom Fruchtfleisch befreit und erst dann getrocknet wurden. Weißer Pfeffer ist intensiver im Aroma als schwarzer. Zartes, helles Fleisch und Fisch ebenso wie zarte Gemüse werden mit weißem Pfeffer gewürzt. Schwarzer Pfeffer ist bei Wild- und anderem dunklem Fleisch sowie bei Gerichten aus Muscheln angebracht. Mit grünem Pfeffer werden Salate, Kräuterbutter und Quarkmischungen gewürzt. Getrockneter grüner Pfeffer wird in der Mühle gemahlen, eingelegter grobgehackt oder zerdrückt. Rosa Pfeffer stammt nicht von der Pfefferpflanze, sondern von einem Baum, der in Peru wächst. Die Beeren erinnern an kleine Erbsen. Sie werden mit Zucker behandelt und gefriergetrocknet. Wie grüner Pfeffer ist auch rosa Pfeffer überall da angebracht, wo wenig Schärfe, aber volles Pfefferaroma gewünscht ist. Sogar Obstsalat verträgt eine Prise rosa Pfeffer.

Die ätherischen Öle im gemahlenen Pfeffer verflüchtigen sich rasch. Deshalb ist es ratsam, nur ungemahlenen Pfeffer zu kaufen und ihn jeweils nach Bedarf immer erst kurz vor Ende der Garzeit oder Fertigstellung gleich in das Gericht zu mahlen.

Piment (Gewürzkörner, Nelkenpfeffer): die unreifen Samen aus den getrockneten Früchten des immergrünen Pimentstrauches. Die Körner duften nach Nelken und schmecken würzig und scharf. Gemahlen erinnert das Gewürz an Nelken, Zimt, Muskat und Pfeffer. Duft und Aroma von Pimentpulver verfliegen rasch. Deshalb lieber Pimentkörner kaufen und nach Bedarf mahlen oder zerstoßen. Die Körner gibt man an Marinaden für Wild und Fisch. Gemahlen wird Piment in der Kalten Küche für Pastetenfüllungen und Sülzen verwendet.

Piri-Piri: winzige rote eingelegte Peperoni.

Pistazien (Pistazienmandeln, grüne Mandeln): Früchte des Pistazienbaumes, der in den Mittelmeerländern kultiviert wird. Die hellgrünen, länglichen Fruchtkerne mit bräunlicher Samenhaut schmecken leicht süß. Roh oder geröstet gibt man sie gehackt in Fleischfüllungen, an Salate, Süßspeisen und Eiscremes.

Pochieren: in siedender Flüssigkeit gar ziehen lassen, ohne zu kochen, zum Beispiel verlorene Eier.

Relish (englisch = Würze): im Handel in mehreren Geschmacksrichtungen erhältlich. Würzsauce zu kaltem Fleisch, auch als Dip geeignet. Enthält feingewürfelte, süß-sauer eingelegte Gemüse.

Safran: dieses teuerste Gewürz der Welt wurde schon im Altertum zum Gelbfärben von Speisen verwendet. Getrocknete Narben einer in den Mittelmeerländern kultivierten Krokuspflanze. Im ganzen oder pulverisiert im Handel. Safran schmeckt zartbitter und würzig. Winzige Mengen genügen, um einer Speise die gewünschte gelbe Farbe zu geben. Man weicht eine Prise von den Fäden in wenig heißem Wasser ein und gibt die Flüssigkeit an die Speise. In der Kalten Küche findet Safran selten Verwendung.

Scampi: Krustentiere, den Garnelen ähnlich, aber größer und zu den Kaisergranaten gehörend. Nur in Küstennähe werden sie ganz frisch verkauft; im Binnenland erhält man sie tiefgefroren oder in Dosen, wobei tiefgefrorene den frischen geschmacklich am nächsten sind.

Schalotten: kleine Lauchknollen mit sehr feinem, aromatischem Zwiebelgeschmack. Werden in der feinen Küche gerne anstelle von Zwiebeln verwendet.

Senf (Mostrich, Speisesenf): Senf heißt die Pflanze, deren Samen, den Senfkörnern, der Speisesenf seinen Namen verdankt. Diese in der Küche so unentbehrliche gelbe bis bräunliche Gewürzpaste besteht aus gemahlener Senfsaat, aus vielen verschiedenen Gewürzen, aus Wasser und Wein oder Most. Im Handel werden fast hundert verschiedene Senfsorten angeboten, vom milden Zitronensenf bis zum sehr scharfen Meerrettichsenf. Besonders delikat und für die Kalte Küche gut zu verwenden ist der grüne Kräutersenf. Er besteht aus Dijonsenf (aus geschälten Senfkörnern und dem Most unreifer Trauben), Estragon und Kerbel. Senf wirkt verdauungsfördernd. Man reicht ihn zu fettem Fleisch, gibt ihn in Fleischfüllungen, zu hartgekochten Eiern und Fisch und in kleinen Mengen auch an Salatdressings.

Senffrüchte: in Weinessig mit Senf, Zucker und Gewürzen eingelegte Früchte. Beliebte Beilage zu Pasteten und kalten Braten.

Shrimps (Hummerkrabben): mit knackigem, delikatem Fleisch, das nach dem Kochen rot ist. Gut zum Grillen geeignet.

Smörgås-Bord: das üppige schwedische Buffet. Wörtlich ins Deutsche übersetzt bedeutet es: »Butterbrottisch«. Es besteht aus Herings- und anderen Fischspeisen, vor allem dem berühmten Gravad Laks (→ Rezept Seite 144), aus Rohkostsalaten, Fleischpasteten und -klößchen, Schinken, Rentierkeule, Hummer und Krebsen und einer Vielzahl von verschiedenen belegten Sandwiches, gefüllten Eiern, gefüllten Gemüsen, marinierten Pilzen, mehreren Käse- und Brotsorten, um nur eine kleine Auswahl des Möglichen zu nennen. Ursprünglich waren auf diesem Buffet nur kalte Gerichte zu finden, doch längst gehören auch warme Spezialitäten dazu.

Sud: Kochflüssigkeit, in der Fisch, Fleisch, Geflügel oder Gemüse gegart wurden und in die wertvolle Substanzen aus dem Kochgut übergegangen sind.

Tabascosauce: sehr scharfe Würzsauce aus Chilischoten, die gegoren mit Essig und Salz verarbeitet werden.

Tartelettes (französisch = kleine Torten): Törtchen aus ungesüßtem Mürbe-, Blätter- oder Hefeteig, mit feinen Salaten gefüllt, oft mit Gelee überglänzt, immer ansprechend dekoriert.

Terrine: Pastete, die ohne Teighülle in einer feuerfesten Form im Wasserbad im Backofen gegart wird. Terrinen sollen mindestens 1 Tag im Kühlschrank durchkühlen.

Thymian: aromatisches Küchenkraut, wildwachsend, aber auch kultiviert. Kommt in den Sommermonaten frisch auf den Markt; ganzjährig getrocknet und zerrieben oder pulverisiert. In der Kalten Küche verwendet man frischen Thymian wie Estragon für Kräuteressig oder -öl und frischen oder getrockneten Thymian für Salatsaucen, Kräuterbutter, -mayonnaise oder -quark.

Tomaten, grüne: aus Italien importiert, bei uns nur selten im Handel angeboten. Aromatische, feste Früchte, die trotz ihrer grünen Farbe kein Solanin enthalten. Besonders zum Einlegen geeignet.

Tranchen: Scheiben von gebratenem und tranchiertem Fleisch, Wild, Geflügel oder von gegartem Fisch.

Wacholderbeeren: die erbsengroßen, schwarzblauen Beeren sind die Früchte des immergrünen Wacholderstrauches. Sie haben einen sehr intensiven bitter-süßlichen Geschmack und duften aromatisch, leicht harzig. Man gibt die ganzen Beeren an Wild- und Fischmarinaden. Mit gemahlenen oder zerriebenen Beeren würzt man gleich zu Anfang des Garprozesses Gerichte aus dunklem Fleisch, speziell Wildgerichte.

Zitronenmelisse: zarte, stark nach Zitrone duftende Blätter, ausgezeichnet an Möhrenrohkost und Tomatensalat, Kräuterquark, -mayonnaise, -joghurt, -butter. Einige Blättchen davon geben Bowlen und Limonaden ein erfrischendes Aroma.

Vorschläge für fröhliche Feste

Hier geht es nicht um hochoffizielle Einladungen, sondern um kleine Feste, gesellige Treffen mit Freunden, Kollegen und Nachbarn, bei denen aber stets das leibliche Wohl zu seinem Recht kommen will. Mit den folgenden Beispielen und den Vorschlägen für geeignete Speisen möchten wir den planenden Gastgebern helfen, aus den Rezepten dieses Buches Passendes auszuwählen.

Zu Ihrer Sicherheit bei der Kalkulation für ausreichende Mengen bei der Bewirtung Ihrer Gäste hier das Beispiel einer Zusammenstellung für 15 Personen:

Brot mit Forellenfilet 27 (Rezept 15mal)
Gespickte Putenbrust 163 (Rezept 2½mal)
Erbsensülzchen 120 (Rezept 3mal)
Rettichsalat mit Kresse 116 (Rezept 3mal)
Staudensellerie-Möhren-Salat 77 (Rezept 3mal)
Rustikale Käseplatte 170 (Rezept 2mal)
Karibik-Salat 111 (Rezept 3mal)

Jeder Teilnehmer des Festes wird bei diesem Angebot satt! Wahrscheinlich wird nicht alles verzehrt, aber das ist besser als hungrige Verlegenheit. Da hier 7 verschiedene Speisen angeboten werden, darf man davon ausgehen, daß von den begleitenden Salaten und vom Käse nicht die Portionen verbraucht werden, die bei einem Essen mit nur 3 oder 4 Gerichten verspeist werden. Wenn Sie bedenken, daß man zum Käse noch Brot und Butter reicht, zum Karibik-Salat vielleicht noch Gebäck, so erübrigt sich jede Sorge.

Aus allen für ein Fest empfohlenen Gerichten sucht man sich jeweils die aus, die einem am verlockendsten erscheinen und bereitet sie in der für alle Gäste erforderlichen Menge zu. Es gilt dabei folgende Faustregel: Hauptgerichte pro Person 1 volle Portion, Vorspeisen, Beilagen und Nachspeisen je nach Anzahl der gebotenen Speisen pro Person ½ bis ⅓ Portion.

Kleine Gerichte nach dem Abendessen

Ob zu einem Dia-Abend, zum Kartenspiel, zur Hausmusik oder zu einer Diskussion eingeladen wurde – Sie werden Ihren Gästen Bier oder Wein und alkoholfreie Getränke wie Fruchtsäfte oder Mineralwasser anbieten. Als pikante Stärkung dazu eignen sich vor allem Häppchen und Snacks, die aus der Hand zu verzehren sind sowie Salate oder Cocktails in Portionsschälchen, für die wenig Besteck gebraucht wird.
Dazu folgende Rezeptvorschläge:
Würzbutterstreifen 44
Currybällchen 46
Krabbenkroketten 48
Toskanische Crostini 53
Avocado-Cocktail 68
Muschel-Cocktail 69
Thunfischsalat 82
Schweizer Salat 84
Salat mit Räucherlachs 152
Hackfleischkuchen 167
Tatarpiroggen 190
Käsebällchen 170
Käse-Dreispitzchen 187
Obstsalat mit Himbeeren 110
Avocado-Fruchtsalat 113
Lachs in Riesling-Gelee 113
Avocados mit Muscheln 134
Bündner Fleisch mit Kumquatsauce 134
Heringstöpfchen Hausfrauenart 155

Jugendparty

Diesem Anlaß ist eine farbige Doppelseite gewidmet. Doch kann man nach Belieben die dort gezeigte Zusammenstellung verändern und einzelne Gerichte durch unten genannte ersetzen:
Kartoffel-Wurst-Salat 85
Salat aus weißen Bohnen 88
Salat aus Ziegenkäse 101
Illustrierte Gurke 133
Paprika-Matjes-Salat 97
Matjes in Dillmayonnaise 154
Husaren-Tatar 168
Schinkentartelettes 191
Gefüllte Wassermelone 113
Apfel-Orangen-Salat 108
Zu einem großen Korb mit verschiedenem aufgeschnittenem Brot können Sie folgende Aufstriche in Schüsseln bereitstellen:
Kräuterquark 42
Vitaminquark 42
Eieraufstrich 43

Kindergeburtstag

Die unumgängliche Geburtstagtorte sollte nicht durch noch mehr Süßigkeiten von ihrem Platz verdrängt werden. Nach lebhaftem Spielen mögen Kinder trotz der genossenen Torte gerne noch eine herzhafte Stärkung vor dem Abschiednehmen.
Besonders eignen sich dafür:
Quarkschnitten 29
Lunch-Sandwiches 33
Dominosteine 51
Kasseler Pastete 70
Erbsensalat 90
Hähnchen-Gemüse-Salat 100
Apfel-Sellerie-Salat 102
Tomatensülze mit Fisch 118
Kalbfleisch in Aspik 158
Käsehörnchen 188
Limettencreme (ohne Likör) 139
Und durstig sind Kinder allemal; als Getränk sollte man ungesüßten Fruchtsaft anbieten, eventuell mit Mineralwasser gemischt.

Kleines Fest in kleinem Kreis

Für ein Treffen mit Freunden, denen Sie ohne Tischordnung und Etikette Delikates bieten möchten, schlagen wir Ihnen ein kleines Buffet mit einer Auswahl aus folgenden Speisen vor:
Scampi-Canapés 41
Seezungen-Mousse mit Kaviar 149
Wildkrusteln 47
Palmenherzen-Cocktail 68
Pfeffereier mit Bohnensalat 124
Kaninchenterrine 73
Chicorée-Frucht-Salat 78
Gefüllte Artischockenböden 131
Hühnerbrüstchen mit Kiwis und Orangensauce 136
Lycheecocktail 137
Getrüffelte Fasanenbrüstchen 160
Medaillons mit Broccolipüree 165
Käse-Obst-Salat in der Melone 171
Käseplatte mit Gorgonzolacreme 170

Rund um die Kalte Küche

Apfelsalat mit Rumsauce 107
Zwetschgensalat mit Ingwer 108
Papaya-Eiscreme 139

Cocktailparty

Dabei geht es meist förmlich zu. Improvisieren ist höchstens bei der Zahl der Gäste erlaubt, denn von niemandem wird erwartet, daß er über Stunden bleibt. Doch wer erscheint – zum Gratulieren, zur Vernissage, zu Ehren eines berühmten Gastes – erwartet einen Drink und eine exquisite Labe. Diese sollte ganz einfach mit zwei Fingern zum Munde geführt oder bequem im Stehen aus einem Schälchen verzehrt werden können. Für die Wahl der Cocktails blättern Sie am besten im einschlägigen Kapitel, Seite 230 ff.

Das Buffet könnte außerdem bieten:

Canapés für den großen Empfang 40
Canapés à la campagne 41
Canapés mit Lachstatar 41
Scampi-Canapés 41
Canapés mit Kaviar 41
Käsesnacks 46
Currybällchen 46
Herzhafte Snacks 47
Fritierte Goudawürfel 48
Große Kräckerplatte 50
Muschelcocktail 69
Kümmelmürbchen 187
Mohn- und Käsetaler 186
Käsebällchen 170
Cherimoyaspeise 138

Sektfrühstück

Ein festliches Sekt- oder Champagnerfrühstück findet nicht in den allerersten Morgenstunden statt, sondern meist mit wenigen Gästen am Vormittag, wenn ein spätes Mittagsdinner im größeren Kreise folgen soll. Mittelpunkt ist natürlich gut gekühlter Sekt oder Champagner. Für den Imbiß wählen Sie 4 bis 5 feine Speisen aus der folgenden Aufstellung:

Krabben-Mango-Cocktail 143
Festliche Forellenplatte 150
Melonenspalten mit Parmaschinken und Pfeffermayonnaise 136
Hühnerbrüstchen in Tartelettes 65
Festliche Eierplatte 124
Spargelplatte Gärtnerinart 94
Chicoréeschiffchen 104
Bananen-Tomaten-Salat 106
Kalbfleischterrine 75
Feine Filetpastete 72
Kalbsmedaillons Elysée 58
Garnierte Rinderfiletscheiben 164
Chinesischer Obstsalat 110
Feigen mit Currysahne 135
Käsestangen 186

Wenn Viele zum Feiern kommen . . .

. . . dann brauchen Sie Hilfe in der Küche. Sie sollten auf besonders zeitraubende Arrangements verzichten, um nicht den Spaß am Fest zu verlieren, noch ehe es begonnen hat! Folgende Spei-

Getränke, die dazugehören

sen können Sie in vielfachen Portionen zubereiten, zum Teil auch vorbereiten und dazu dann Landwein oder Bier servieren.

Nudelsalat dänische Art 96
Reissalat mit Thunfisch 87
Radicchiosalat mit Pfeffersauce 79
Kartoffelsalat Westernart 102
Weißkohlsalat 103
Matjesfilets in Rotweinmarinade 155
Gemüse-Hühner-Sülze 121
Soleier mit Tomaten-Chutney 129
Tatar auf Vollkornbrot 168
Kasseler im Brotteig 166
Cornish Pastries 191
Knoblauchbrot 19
Rustikale Käseplatte 170

Getränke, die dazugehören

Ob frugal, familiär oder festlich, zu einem Mahl gehört ein passendes Getränk. Die einfachste Speise erscheint uns an- und aufregend, wenn es dazu einen guten Schluck zu trinken gibt. Dabei muß es keinesfalls immer etwas Alkoholisches sein!
Die Getränke, die Gerichte der Kalten Küche begleiten, sind zwar weitgehend unabhängig von der Tageszeit, sollten aber immer auf die gebotenen kulinarischen Genüsse abgestimmt sein. Champagner zum Frühstück ist keinesfalls eine Ausschweifung, wenn wir zum Sektfrühstück einladen!
Es gibt einige Grundregeln für den Umgang mit Getränken. Sie betreffen vor allem das Lagern, die richtige Temperatur und bei Cocktails und anderen gemischten flüssigen Begleitern die richtigen Mengenverhältnisse der Ingredienzen.

Kleine Weinkunde

Weinkennern können wir im Rahmen dieses Buches sicher nichts Neues bieten, denn hier kann nur das Wichtigste über die richtige Behandlung des Weines gesagt werden und welcher Wein mit welchen Speisen harmoniert.

Die richtige Behandlung
Die richtige Behandlung des Weines beginnt schon beim Einkauf. Wein ist lebendig und reagiert auf Erschütterungen und Temperaturunterschiede. Wenn Sie Gäste bewirten wollen, kaufen Sie den Wein möglichst schon 2 Wochen vorher. Läßt es sich nicht vermeiden, daß Sie den Wein erst am Tag Ihrer Einladung kaufen, transportieren Sie die Flaschen so behutsam wie möglich nach Hause.
Lagern Sie Wein im Keller an einem dunklen Platz. Die Flaschen müssen in jedem Fall liegen, so daß der Wein mit dem Korken in Berührung kommt. Wenn Sie Wein aufrecht in das Regal stellen, trocknet der Korken aus, schrumpft zusammen und schließt die Flasche nicht mehr luftdicht ab. Steht ein Keller zur Verfügung, lagern Sie den Wein am besten in einem Raum mit konstanter Temperatur.
Entscheidend für die Blume, das Aroma des Weines, ist nicht zuletzt die Trinktemperatur. So werden leichte, spritzige Weißweine mit 10 bis 11°, vollmundige, würzige mit 11 bis 13° und schwere süße Weißweine (Dessertweine) mit 13 bis 15° getrunken. Champagner und Sekt sollen mit 8 bis 10° kalt serviert werden. Sie ha-

Getränke, die dazugehören

ben die richtige Temperatur, wenn das Sektglas beim Einschenken beschlägt.

Rotweine werden etwas wärmer getrunken, mit Ausnahme von Beaujolais, der 8° haben soll. Burgunder trinkt man bei 18°, jungen Bordeaux bei 16°, ältere Sorten bei 20°. Für Kenner und Weingenießer gibt es spezielle Weinthermometer zu kaufen. Man taucht sie in das gefüllte Probeglas und liest die Temperatur ab. Rotwein mit Kellertemperatur muß also erwärmt werden. Das muß langsam geschehen. Man stellt ihn je nach erforderlicher Temperatur 12 bis 24 Stunden, bevor er getrunken werden soll, in den Raum, in dem er dann serviert wird. Man nennt das »Chambrieren«. Rotweine dürfen nie in heißem Wasser oder in Ofen- oder Heizungsnähe erwärmt werden. Diese Schockbehandlung würde sie verderben.

Weißweine möglichst nicht im Kühlschrank, sondern unter fließendem kaltem Wasser oder in einer Wanne mit kaltem Wasser auf die richtige Temperatur bringen.

Vielen jüngeren Rotweinen bekommt es gut, wenn man sie etwa 1 Stunde vor dem Genuß entkorkt. Durch den Sauerstoff in der Luft entfalten sie ihr Bukett voll.

Bei älteren Rotweinen hat sich manchmal ein schwarzer Bodensatz (Depot) gebildet. Wird er, was sich beim Einschenken nicht vermeiden läßt, aufgewirbelt, trübt er den Wein. Deshalb dekantiert man diese Weine 1 bis 2 Stunden, bevor man sie reicht. Das heißt, man füllt sie vorsichtig in Karaffen um.

Besonders stilvoll wirkt es, wenn Sie Weißwein, Rotwein und Sekt in verschiedenen Gläsern servieren. Doch nicht jeder verfügt über eine perfekte Gläserauswahl. Im Grunde ist sie auch für den Weingenuß nicht allein ausschlaggebend. Wichtig ist nur, daß das Glas, ob Rotwein oder Weißwein daraus getrunken wird, folgende Eigenschaften hat: Es soll groß sein, denn mit Weißwein füllt man es höchstens bis zu zwei Drittel, mit Rotwein sogar nur halb. Nur so entfaltet sich der Duft des Weines. Damit das Bukett bewahrt wird, soll das Glas eine runde oder tulpenförmige Schale haben, die sich nach oben zu verjüngt. Ein Weinglas soll außerdem farblos sein, damit sich das Auge an der Farbe des Weines erfreuen kann, und es sollte einen Stiel haben, damit man die Schale nicht mit der Hand anfassen muß, wodurch Weißwein rasch zu warm würde. Aus einem solchen Glas kann jeder Wein, ja sogar Sekt getrunken werden. Eine Ausnahme bilden Sherry, Malaga und Portweine, die man in Aperitifgläsern serviert.

Der richtige Wein zu den Speisen der Kalten Küche

Heutzutage begeht man keinen kulinarischen Fauxpas mehr, wenn man die ehemals sehr konsequent eingehaltenen Weinregeln durchbricht und mal einen schwereren Wein zuerst reicht oder Weißwein zu Wildbret. Erlaubt ist, was gut schmeckt! Falls Sie aber nicht sicher sind, ob die Zusammenstellung von Speise und Trank Ihren Gästen genauso gut mundet wie Ihnen, und Sie aus diesem Grunde lieber an den alten erprobten Regeln festhalten möchten, folgt hier eine kleine Aufstellung der wichtigsten Gerichte und der dazu passenden Weine:

● Als Aperitif reicht man einen trockenen Sekt oder Champagner, Port, Sherry oder Wermut.
● Zu Vorspeisen aus Artischocken, Avocados, Tomaten, Gurken, Eiern und fettem geräuchertem Fisch serviert man ebenfalls einen trockenen Sherry, vor allem, wenn die Vorspeisen mit Essig gewürzt sind, der ein Feind des Weines ist.
● Zu Schweinefleisch, Wurstplatten und Pasteten passen herbe, doch nicht zu junge Weine, zum Beispiel aus Deutschland: badische Weine, weiße Pfälzer, rote und weiße Württemberger Weine; aus Frankreich: Beaujolais, Elsässer Weine (Silvaner oder Edelzwicker); aus Italien: Soave und Frascati; aus der Schweiz: Dôle, weißer Neuenburger.

● Zu Austern, Schal- und Krustentieren passen trockene Weißweine, zum Beispiel aus Deutschland: Frankenweine, trockene badische und Moselweine; aus Frankreich: Chablis, Sancerre, Champagne Brut; aus Italien: Gambellara, Orvieto secco; aus der Schweiz: Fendant, Johannisberg.
● Zu Fischgerichten passen rassige, gehaltvolle Weißweine, zum Beispiel aus Deutschland: Rheingauer, Frankenweine, Pfälzer; aus Frankreich: Elsässer Weine, weißer Côtes-du-Rhône, Muscadet; aus Italien: Terlaner, Trebbiano, Ischia bianco und Etna bianco; aus der Schweiz: Neuenburger Weine.
● Zu Kaviar passen körperreiche Weißweine oder sehr trockener Schaumwein, zum Beispiel aus Deutschland: extra trockener Sekt, körperreicher Moselwein, Frankenweine, körperreiche Rheingauer Weine; aus Frankreich: Champagne Brut, Sancerre.
● Zu kalten wie warmen Fleischgerichten, Geflügel und Wild passen Rotweine, aber auch vollmundige Weißweine, zum Beispiel aus Deutschland: Ahrwein, rheinhessische und Dürkheimer Rotweine, badische Ruländer und Traminer; aus Frankreich: roter Graves, Haut-Médoc, Beaujolais, Châteauneuf-du-Pape; aus Italien: Valpolicella, Chianti, Corvo rosso; aus der Schweiz: Dôle, Johannisberg; aus Spanien: Alicante, Tarragona.
● Zu Käse passen vor allem Rot- und Roséweine, zum Beispiel aus Deutschland: Ahrweiler, Assmannshäuser, Walporzheimer; aus Frankreich: Haut-Médoc, Sauternes-Barsac (zu Roquefort), Beaujolais; aus Italien: Chianti, Valpolicella, Piemonteser.

Schorle und Bowlen

Beide Getränkearten sind erfrischend und durstlöschend und enthalten, verglichen mit Cocktails, nicht viel Alkohol. Sie können Ihre Gäste einen ganzen Abend lang damit bewirten.

Die Schorle, auch als »Gespritzter« bekannt, ist ein beliebtes Getränk bei Tanzfesten der Jugend. Sie paßt gut zu allen Gerichten, die man auf einem Buffet findet und ist denkbar einfach in der Zubereitung. Eine Schorle besteht zur Hälfte aus einem gut gekühlten spritzigen Weißwein oder einem herben, nicht zu edlen Rotwein und zur anderen Hälfte aus ebenfalls kaltem Selterswasser. Die meisten Schorlefans stellen mit Wein und Selters ihrem individuellen Geschmack entsprechend die richtige Mischung am liebsten selbst her. Das Mengenverhältnis ist nicht obligatorisch. Sorgen Sie nur dafür, daß Wein und Wasser gut gekühlt sind und in ausreichender Menge zur Verfügung stehen. Ein ganz besonderes Schorlerezept finden Sie nachfolgend:

»Kalte Ente«

Zutaten für 6 Personen:
2 Flaschen trockener, leichter Weißwein · 1 Zitrone (unbehandelt) · 1 Flasche stark kohlensäurehaltiges Selterswasser (kann auch durch 1 Flasche Sekt ersetzt werden)

Der Arbeitsablauf:
● Den gut gekühlten Wein in eine genügend große Kanne oder ein Bowlengefäß gießen.
● Die Zitrone waschen, eine hauchdünne Spirale abschälen und die Schale etwa 15 Minuten in den Wein hängen.
● Die Zitronenschale aus dem Wein entfernen, das ebenfalls gut gekühlte Selterswasser dazugießen und vorsichtig umrühren.
● Die geschälte Zitrone in dünne Scheiben schneiden, die Kerne entfernen und in jedes Glas 1 Zitronenscheibe geben.

Bowle ist ein beschwingendes, gut verträgliches Getränk, das Sommerfeste im Freien – auch auf dem Balkon – verschönt.

Rund um die Kalte Küche

● Verzichten Sie darauf, Ihre Bowle mit Spirituosen anzusetzen.
● Verwenden Sie einen guten, sauberen Wein. So zubereitet wird die Bowle Ihnen und Ihren Gästen vielleicht zu Kopfe steigen, aber sicher am nächsten Morgen kein Kopfweh bereiten.
● Seien Sie aus demselben Grund auch sparsam mit dem Zukker. Zucker erhöht die negativen Auswirkungen des Alkohols. Wer dieses köstliche Getränk lieber etwas süßer mag, wählt weniger trockenen Wein und Sekt (Demi-sec).
● Bereiten Sie Bowle nur aus frischen reifen oder tiefgefrorenen Früchten. Ist das Obst in Zuckersirup eingelegt, läßt sich der Zuckergehalt nicht mehr abschätzen. Außerdem kann man von eingemachten Früchten nicht mehr viel Aroma erwarten.
● Bowle schmeckt nur wirklich gut, wenn sie gekühlt, aber nicht unterkühlt getrunken wird. Auf keinen Fall Eisstückchen zum Kühlen in eine Bowle geben! Lieber, falls nötig, das Gefäß in eine Schüssel mit gestoßenem Eis stellen.
● Wenn Sie kein Bowlengefäß besitzen – es gibt sie auch mit Einsatz für Eiswürfel –, können Sie die Bowle in einer Suppenterrine oder einem großen Steinguttopf mit Deckel ansetzen. Wie Kalte Ente können Sie sie notfalls auch in Limonadengläsern servieren, zu denen Sie langstielige Löffel reichen. Füllen Sie die Bowlengläser nur halbvoll, dafür öfter. Steht Bowle zu lange im Glas und wird warm, schmeckt sie schal.
Den nachfolgenden Bowlenrezepten dürfen Sie Ihr Vertrauen schenken. Sie sind für 6 bis 8 Personen berechnet:

Erdbeerbowle
Zutaten:
300 g frische Erdbeeren oder Walderdbeeren · 2 Eßl. Zucker · ½ Tasse Wasser · 2 Flaschen leichter Weißwein · 1 Flasche Sekt

Der Arbeitsablauf:
● Wenn die Erdbeeren aus eigener Ernte stammen, also nicht chemisch gedüngt oder gespritzt wurden, die Beeren nur verlesen, die Stielansätze abzupfen und die Beeren ungewaschen in das gut gekühlte Bowlengefäß geben. Sonst zuerst kurz kalt überbrausen und abtropfen lassen.
● Nach Belieben den Zucker mit dem Wasser erhitzen und so lange rühren, bis er sich völlig gelöst hat. Abkühlen lassen und über die Erdbeeren gießen.
● Mit 1 Flasche Wein auffüllen und die Früchte an einem kühlen Ort zugedeckt 1 Stunde ziehen lassen.
● Kurz vor dem Servieren die zweite Flasche Wein zufügen, vorsichtig den Sekt dazugießen und die Bowle gleich servieren.

Waldmeisterbowle
Waldmeister gibt es nur im Mai. Im Juni blüht die Pflanze und ist nicht mehr so aromatisch. Lassen Sie Waldmeister, bevor Sie eine Bowle damit ansetzen, etwas antrocknen. Waschen Sie ihn zuerst und hängen Sie ihn dann an einem Stück Küchengarn mit den Blättern nach unten an einem luftigen, trockenen Platz auf.

Zutaten:
2 Flaschen trockener Weißwein, nach Belieben auch Gewürztraminer oder Ruländer · 1 großes Büschel Waldmeister · 1 Flasche Sekt · 1–2 Eßl. Zucker · ½ Tasse Wasser

Der Arbeitsablauf:
● Den gut gekühlten Wein in das ebenfalls gekühlte Bowlengefäß gießen.
● Den Waldmeister an einem Faden so aufhängen, daß nur die Blättchen, nicht aber die blattlosen Stiele vom Wein bedeckt sind.

Getränke, die dazugehören

Den Waldmeister an einem kühlen Ort etwa 20 Minuten zugedeckt im Wein ziehen lassen und dann entfernen.
● Den gekühlten Sekt zugießen. Den Zucker, wie im Rezept für Erdbeerbowle beschrieben, auflösen und in die Bowle geben.

Ananasbowle
Zutaten:
1 mittelgroße vollreife Ananas · 2 Flaschen leichter, spritziger Weißwein · 1 Flasche Sekt

Der Arbeitsablauf:
● Die Ananas schälen, in etwa 1 cm dicke Scheiben schneiden und den harten Strunk in der Mitte herausschneiden. Die Scheiben würfeln und in das gekühlte Bowlengefäß geben.
● 1 Flasche gut gekühlten Wein dazugießen und die Früchte 1 Stunde an einem kühlen Ort ziehen lassen.
● Kurz vor dem Servieren mit der zweiten Flasche Wein und vorsichtig mit dem Sekt auffüllen.

Sangria
Ein erfrischendes Bowlengetränk aus Spanien, von dem es viele Varianten gibt. Die benötigte Zuckermenge richtet sich nach der Menge des Zitronensaftes, den Sie zufügen.

Zutaten:
100 g Zucker · 2 l spanischer Rotwein · 1 Stange Zimt · 5 Gewürznelken · je 3 Orangen und Zitronen (unbehandelt) · 1 Flasche Selterswasser

Der Arbeitsablauf:
● Den Zucker unter Rühren im gekühlten Rotwein auflösen.
● Den Zimt und die Nelken zufügen.
● Die Orangen und Zitronen waschen, abtrocknen. Je 1 Orange und Zitrone spiralenförmig dünn abschälen und die Schalenspiralen in den Wein hängen.
● Alle Orangen und Zitronen in dünne Scheiben schneiden und einige Stunden zugedeckt an einem kühlen Ort im Rotwein ziehen lassen.
● Kurz vor dem Servieren das eiskalte Selterswasser dazugießen und einige Eiswürfel in das Getränk geben.

Die Hausbar

Cocktails und Longdrinks sind stets begehrt. Es haftet etwas vom Duft der großen weiten Welt an ihnen. Sie werden auch in der ganzen Welt nach den gleichen Rezepten auf die gleiche Art gemixt. Amerika ist das Land, wo sie erfunden wurden.
Bei einem Cocktail läßt es sich wunderbar entspannen. Kein Getränk ist besser geeignet, eine muntere, unbeschwerte Unterhaltung in Gang zu bringen. Ist ein Cocktail richtig gemixt, berauscht er nicht, sondern regt auf eine sehr angenehme Weise an. Das Mixen von Drinks kann viel Freude machen, wenn die nötigen praktischen Utensilien dafür zur Verfügung stehen und die wichtigsten Grundkenntnisse vorhanden sind. Wenn Sie zu Hause der Barkeeper Ihrer Gäste sein wollen, ist es gut, mit ebensolcher Exaktheit und auch mit dem nötigen Verantwortungsbewußtsein zu mixen wie ein Profi. Ihr Repertoire darf ruhig begrenzt sein. Das, was Sie schütteln oder rühren und ausschenken, muß aber unbedingt erprobt sein. Das heißt, Sie müssen sich an die Rezepte halten. Andernfalls riskieren Sie, daß Ihre Gäste Ihnen am nächsten Morgen – und nicht zu unrecht – gram sind.

Getränke, die dazugehören

Richtig mixen und servieren

Das Handwerkszeug, auf das Sie nicht verzichten können:

Hochwandiges Rührglas (Barglas) mit Barlöffel: in ihm werden Cocktails aus leicht mischbaren Flüssigkeiten gerührt.

Mixbecher (Shaker): zum Schütteln von Cocktails.

Barsieb (Strainer): es hat eine rundumlaufende Drahtspirale zum Zurückhalten von Eisstückchen, Zitronenkernen und anderen Fruchtrückständen.

Meßgläser oder Schnapsgläser: mit Eichstrich (2 cl) zum Abmessen der Zutaten.

Korkenzieher und Kapselheber: beide müssen gut funktionieren.

Eiszange: zum Einfüllen der Eisstücke.

Sektzange: zum Öffnen von Sektkorken.

Verschließbare Thermosbehälter: für das Eis.

Zitronenpresse: für Zitronensaft.

Hammer aus Holz oder Metall: zum Zerklopfen von Eis.

Cocktaillöffel (langstielige Löffel) und Spießchen: mit ihnen holt man Fruchtstücke aus dem Getränk.

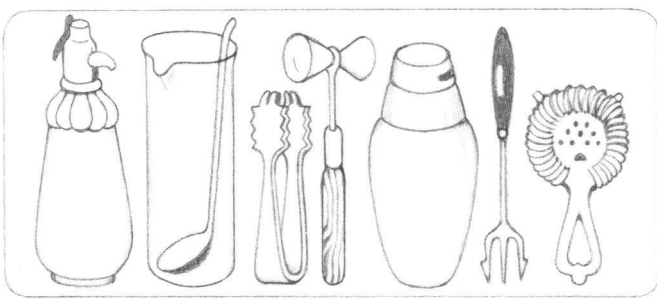

Das Handwerkszeug des Barkeepers: Siphon, hochwandiges Barglas mit Barlöffel, Barzange, Meßglas mit den Eichstrichen zum Abmessen, Mixbecher oder Shaker mit festsitzendem Verschluß zum Schütteln von Cocktails, Bargabel, Barsieb oder Strainer zum Zurückhalten von Substanzen, die nicht in den Drink geraten sollen.

● Gerührt wird so: Eiswürfel in das Barglas geben, die Zutaten bereitstellen und das Schmelzwasser aus dem Glas abgießen. Die Zutaten nach Rezept abmessen und nacheinander zufügen. Mit dem langen Barlöffel spiralförmig von unten nach oben etwa 20 Sekunden durchrühren. Das Barsieb vor die Tülle des Rührglases halten, so daß Eis und Fruchtrückstände darin bleiben. Den Drink in das vorgesehene Glas seihen.

● Geschüttelt wird so: Eiswürfel in den Shaker geben, die Zutaten bereitstellen. Das Schmelzwasser abgießen und die Zutaten in den Shaker füllen. Den Shaker verschließen und mit einer Serviette umwickeln. Den Shaker senkrecht zum Körper und waagerecht zum Boden kräftig etwa 10 bis 20 Sekunden schütteln, bis der Becher von außen beschlagen ist. Dann den Inhalt wie beim gerührten Drink mit Hilfe des Strainers ins Glas seihen.

● Für die meisten gemischten Getränke aus der Bar braucht man Eis: für Shortdrinks, Cocktails und andere kurze Drinks ebenso wie für Drinks »on the rocks«. Verschiedene Longdrinks, die lange geschüttelt und wirklich eiskalt serviert werden, bereitet man mit zerkleinertem Eis. Dafür schlägt man die üblichen Eiswürfel in ein frisches Küchentuch ein und zerklopft sie mit einem Hammer. Es gibt auch Gefrierbeutel zu kaufen, in denen Eis in Kleinkugeln gefriert, die in den Getränken dekorativ aussehen.

● Andere Möglichkeiten, Drinks optisch aufzuwerten, sind Cocktailkirschen, die man ins Glas gibt, Zitronenschale, die man an den Rand des Glases hängt, oder Orangenscheiben, die auf den Glasrand gesteckt werden. Auch der Zuckerrand, »Crusta« genannt, ist einfach herzustellen: ein Zitronenviertel in der Mitte bis zur Schale einschneiden. Den Rand des Glases – dabei das Glas umgekehrt halten – in den Schlitz des Zitronenstücks stecken und rundherum mit der Zitrone abreiben. Dann den so befeuchteten Glasrand in auf einen Teller gehäuften Zucker tupfen.

Der Bar-Inhalt

Das wichtigste an einer Bar sind jedoch nicht die Geräte, sondern die Spirituosen, Säfte, Mineralwasser und natürlich auch Champagner oder Sekt. Zitronen und Orangen werden benötigt und hin und wieder auch Gewürze.

Ein guter Grundstock an Alkoholika, mit denen Sie hunderte von klassischen Drinks mixen können, besteht aus je 1 Flasche Gin, schottischem Whisky, Bourbon Whiskey, rotem Wermut, Wermut dry, Weinbrand, Cognac, Wodka, weißem Rum, Curaçao, Triple sec, Crème de Menthe (Pfefferminzlikör), Crème de Cacao, Apricot Brandy, Campari. Zusätzlich brauchen Sie:

Je 1 Flasche Angostura Bitter und Orange Bitter, 1 Flasche Grenadine (Sirup aus Granatäpfeln), 1 Glas Cocktailkirschen, 1 Glas grüne Oliven, Sodawasser, Tonic, Bitter Lemon (Zitronensprudel mit Bittergeschmack) und Tomatensaft.

Grob unterscheidet man zwischen Cocktail, einem kurzen Drink, der gerührt oder geschüttelt und in Cocktailgläsern serviert wird, und Longdrink, der alkoholschwächer ist, dafür aber mehr Quantität bietet. Longdrinks sollen den Durst löschen und werden eiskalt in großen Gläsern (Tumblern) serviert.

Aus der Fülle der internationalen Cocktails und Longdrinks haben wir die bekanntesten für Sie ausgewählt.

In den Rezepten heißt es manchmal 1 Dash, das ist soviel wie ein Spritzer = 3 bis 4 Tropfen. Sonst sind die Mengen in cl angegeben. 2 cl = 1 Schnapsglas.

Der klassische Martini

In das Barglas mit mehreren Eiswürfeln 5 cl Gin und 2 cl Wermut dry geben, 20 Sekunden schnell umrühren. Den Drink in ein Cocktailglas seihen und 1 Olive beifügen.

Martiny Dry

4 cl Gin und 1 cl französischen Wermut extra dry mit Eis rühren und ins Glas seihen. Mit Zitronenschale abspritzen (ein dünnes Stück unbehandelte Zitronenschale über dem Glas zwischen Daumen und Zeigefinger zusammendrücken, so daß das in der Schale enthaltene Öl in den Martini spritzt). 1 Olive hineingeben.

Wodka-Martini

1 cl französischen Wermut dry, 1 cl italienischen weißen Wermut und 3 cl Wodka mit Eis rühren, ins Glas seihen und mit Zitronenschale abspritzen (siehe Martini Dry).

Soda-Grundrezept

Die meistgetrunkenen Longdrinks sind sicher die Sodas. Sie werden weder geschüttelt noch gerührt. Man serviert sie in großen Tumblern. Sodas bereitet man hauptsächlich mit schottischem Whisky, Bourbon Whiskey, Cognac aber auch mit süßem Wermut. In einen großen Tumbler Eiswürfel geben, 4 cl schottischen Whisky aufgießen und mit sehr kaltem Sodawasser auffüllen. Ohne Trinkhalm und Barlöffel servieren. Ist das Sodawasser wirklich kalt, kann man auf die Eiswürfel verzichten. Für Sodas mit Cognac oder Südweinen gibt man 5 cl des alkoholischen Getränks ins Glas.

Highball-Grundrezept

Die Highballs sind mit den Sodas verwandt. In einen großen Tumbler gibt man 4 bis 5 cl der gewünschten Flüssigkeit, 2 Eiswürfel, füllt das Glas zu zwei Drittel mit Ginger Ale auf und gibt 1 Zitronenschalenspirale dazu.

Rund um die Kalte Küche

Whisky Highball
In einen großen Tumbler oder eine Trinkschale einige Stückchen Eis geben, 2 cl Canadian oder Bourbon Whiskey zugießen und mit Ginger Ale auffüllen. 1 Zitronenschalenspirale zufügen.

Fizz-Grundrezept
Für einen Fizz den Shaker mindestens zu einem Drittel mit kleinen Eisstücken füllen, das gewünschte alkoholische Getränk und nach Rezept die weiteren Ingredienzen dazugießen, 1 Schuß Sodawasser daraufspritzen und das ganze etwa 2 Minuten schütteln. Der Shaker muß mit einer Eisschicht überzogen sein. Die Mischung in das Glas seihen und mit Sodawasser auffüllen. Mit Trinkhalm servieren.

Gin Fizz
Den Shaker zu einem Drittel mit kleinen Eisstückchen füllen. Den Saft von 1 Zitrone, 2 bis 3 Teelöffel Zucker und 2 cl Gin zufügen und sehr gut schütteln. In einen Tumbler seihen, mit Sodawasser auffüllen und mit Trinkhalm servieren.

Apricot Fizz
Den Saft von ½ Zitrone und ½ Orange mit 2 cl Apricot Brandy über das feingestoßene Eis in den Shaker geben, gut schütteln, die Mischung in ein Glas seihen und mit Sodawasser auffüllen.

Whisky Fizz
4 cl Whisky, den Saft von ½ Zitrone und 1 Teelöffel Zucker über dem gestoßenen Eis im Shaker gut schütteln, in ein Glas seihen, mit Sodawasser auffüllen. 2 Maraschinokirschen und 2 Eisstückchen ins Glas geben.

Old Fashioned Whiskeycocktail
Der amerikanische Whiskey, der Bourbon, wird vorwiegend aus Maismaische destilliert. Man unterscheidet zwischen »Straight Bourbon« (reiner Maiswhisky) und »Blended Bourbon« (Mais- und Kornbranntwein).
In einem Whiskyglas in 2 Teelöffeln Wasser ½ Stückchen Zucker zerdrücken. 1 Spritzer Angostura Bitter zugeben. Mit 4 cl Bourbon aufgießen. 1 Stück unbehandelte Zitronenschale dazugeben, ebenso 2 Eiswürfel. Umrühren und servieren.

Whisky Sour
Saft von ½ Zitrone, ½ Teelöffel Zucker und 5 cl Whisky mit viel Eis schütteln, ins Glas seihen; mit ½ Zitronenscheibe garnieren.

Manhattan Dry
2 cl französischen Wermut dry, 4 cl Bourbon und 1 Spritzer Angostura Bitter mit Eis rühren, ins Glas seihen und mit 1 Cocktailkirsche garnieren.

Daiquiri on the Rocks
In den Shaker den Saft von ½ Zitrone, 3 Teelöffel Zuckersirup und 5 cl weißen Rum geben. Sehr gut schütteln und in ein mit Eiswürfeln gefülltes Glas gießen.

Panama-Cocktail
1 cl Rum, 1 cl Ananassaft und 1 cl Maraschinolikör über Eiswürfeln im Barglas verrühren, ins Glas seihen und mit 2 frischen Eiswürfeln servieren.

Cocktail Havanna
2 cl weißen Rum, den Saft von jeweils ½ Zitrone und ½ Orange und 2 cl Wermut dry über Eiswürfeln im Shaker schütteln, ins Glas seihen und in das Glas 1 Stückchen Orange legen.

Getränke, die dazugehören

Alexander-Cocktail
1 cl Sahne, 1 cl Crème de Cacao, 1 cl Cognac in den Shaker geben, kurz schütteln und ins Glas seihen.

Caruso-Cocktail
1 cl Gin, 1 cl französischen Wermut und 1 cl Crème de Menthe im Shaker schütteln und ins Glas seihen.

White-Lady-Cocktail
1 cl Zitronensaft, 1 cl Gin und 1 cl Cointreau im Shaker schütteln und ins Glas seihen.

Bombay-Cocktail
1 cl Zitronensaft, 1 cl Curaçao und 4 cl Arrak im Shaker gut schütteln und ins Glas seihen.

Cherry-Brandy-Cocktail
Je 1 cl Orangensaft, Cherry Brandy, Cognac, 3 Dashes Curaçao Orange und 3 Spritzer Grenadinesirup im Shaker gut schütteln, 1 Cocktailkirsche am Spießchen ins Glas geben und den Cocktail darüberseihen.

Royal-Cocktail
1 Dash Maraschinolikör, 1 cl Gin, 1 cl Cherry Brandy und 1 cl französischen Wermut im Shaker schütteln und ins Glas seihen. 1 Cocktailkirsche in den Drink geben.

Sektcocktail
Eine Sektschale mit feingestoßenem Eis füllen. Über das Eis 1 Teelöffel Grenadinesirup, 1 Teelöffel Zitronensaft, 1 Dash Angostura Bitter und 1 Teelöffel Cognac gießen. 1 ungeschälte Orangenscheibe darauflegen. Das Ganze mit Sekt auffüllen.

Champagner-Orange-Cocktail
1 cl Orangensaft, 1 cl Wermut dry, 1 cl Curaçao und 1 cl Gin mit Eiswürfeln im Barglas rühren, über einen frischen Eiswürfel in einen Sektkelch seihen und mit Champagner auffüllen.

Flips sind Shortdrinks, die aus frischem Eigelb, Zucker und einer alkoholischen Ingredienz bestehen. Man trinkt sie aus speziellen Flipgläsern oder Sektkelchen mit etwas geriebener Muskatnuß bestreut.

Bacardi-Flip
1 Eigelb mit 2 Teelöffeln Zucker und 2 cl weißem Rum im Shaker kurz schütteln, ins Glas seihen, wenig Muskat darüberreiben.

Champagner-Flip
1 Eigelb mit 1 Teelöffel Zucker und ½ Weinglas Weißwein im Shaker schütteln, in ein Flipglas seihen; mit gut gekühltem Champagner auffüllen.

Golden Flip
1 Eigelb, den Saft von 1 Zitrone, 2 Teelöffel Zucker, 3 Teelöffel Grenadinesirup und 2 cl Gin über dem gestoßenen Eis sehr gut schütteln, in ein Glas seihen und mit Sodawasser auffüllen.

Sour-Grundrezept
Sours werden wie Fizzes zubereitet und in den gleichen Gläsern serviert. Auch Sours müssen recht lange geschüttelt werden. Der Shaker soll sich mit einer feinen Eisschicht überzogen haben. Grundsätzlich wird ein Sour wie folgt zubereitet: in den Schüttelbecher ziemlich viele kleine Eisstückchen, den Saft von ½ Zitrone, 2 bis 3 Teelöffel Zucker und 5 cl des gewünschten alkoholi-

Getränke, die dazugehören

schen Getränks (Gin, Cognac, Whisky, Rum) geben. Den Shaker mit einer Serviette umwickeln und sehr kräftig schütteln. Den Drink in einen Tumbler seihen und 2 Kirschen, 1 Zitronen- und 1 Orangenschnitz beifügen. Mit Barlöffel und Trinkhalm servieren. Sours können auch noch mit einem Schuß kaltem Sodawasser aufgefüllt werden.

Cooler-Grundrezept

Die Coolers sind den Sours ähnlich. Man bereitet sie grundsätzlich über reichlich kleingestoßenem Eis im Shaker, fügt 2 Teelöffel Zucker und den Saft von ½ Zitrone sowie jeweils 5 cl Gin, Whisky, Rum, Cognac oder Arrak bei. Der Cooler wird kräftig geschüttelt, bis sich der Shaker mit einer dünnen Eisschicht überzogen hat, und in einen mittelgroßen Tumbler gefüllt. Mit Ginger Ale auffüllen und mit Trinkhalm servieren.

Cobbler-Grundrezept

Für den Cobbler füllt man eine Sektschale oder ein Glas mit großer Öffnung zu zwei Dritteln mit feingestoßenem Eis. Das Eis garniert man mit Früchten und übergießt es mit der gewünschten Mischung. Der Cobbler wird mit Löffel und Trinkhalm serviert.

Brandy Cobbler

Auf das Eis einige Ananasstücke und einige Maraschinokirschen legen. Die Früchte mit 1 Teelöffel Grenadinesirup, mit 3 Dashes Maraschinolikör, 3 Dashes Curaçao und 3 Dashes Kirschwasser übergießen und mit 2 cl Cognac auffüllen.

Champagner-Cobbler

Auf das gestoßene Eis einige Weintrauben und einige Bananenscheiben legen. Darüber 3 Dashes Maraschinolikör, 3 Dashes Cointreau und 3 Dashes Curaçao geben. Mit Champagner auffüllen. Den Cobbler mit einem Löffel und Trinkhalm servieren.

Crusta-Grundrezept

Crustas werden im Ballonglas mit Zuckerrand serviert, in das man die ganze, zur Spirale geschnittene Schale von 1 unbehandelten Zitrone gibt. Der Shaker wird zur Hälfte mit gestoßenem Eis gefüllt, auf das man den Saft von ½ Zitrone, 1 Teelöffel Zucker, 2 Dashes Angostura Bitter, 3 Dashes Maraschinolikör und 2 cl Cognac oder eine andere Spirituosenart gießt. Die Mischung sehr gut schütteln und in das Glas seihen.

Collins nennt man in Amerika das hohe Becherglas, in dem die Longdrinks gleichen Namens serviert werden. Es faßt zwischen ¼ und ½ Liter.

Tom Collins

4 Eiswürfel und 1 Teelöffel Puderzucker in ein Collinsglas geben, den Saft von 1 Zitrone und 5 cl Gin zufügen. Gut umrühren und mit Sodawasser auffüllen.

George Collins

2 Eiswürfel mit je 2 cl Wodka, Zitronensaft und Cointreau ins Glas geben, umrühren und mit Bitter Lemon auffüllen. Mit 1 Zitronenscheibe garnieren.
Im gleichen Mischverhältnis mit den gleichen Zutaten mischt man Colonel Collins mit Bourbon, Mike Collins mit Irish Whiskey, Margarita Collins mit Tequila, Jacques Collins mit Calvados, Pedro Collins mit Rum aus Cuba, Pierre Collins mit Cognac, Sandy Collins mit schottischem Whisky und Fritz Collins mit Doppelkorn.

Bloody Mary

Ein wirksamer Antikater-Drink. 3 cl Wodka mit 5 cl Tomatensaft, 1 Prise Salz, 1 Dash Tabascosauce, 2 Dashes Worcestershiressauce und dem Saft von ½ Zitrone mit 3 Eiswürfeln im Shaker 15 Sekunden lang schütteln. In ein Collinsglas seihen und mit Pfeffer bestreuen.

Prairie Oyster

Wer zuviel von den Drinks, den kurzen wie den langen, genossen hat, dem ist vielleicht mit der Prairie Oyster zu helfen. Sie wird in einem Schluck getrunken. In ein Cocktailglas 1 Teelöffel Tomatenketchup, 1 Eßlöffel Worcestershiresauce und 1 Eigelb geben. 1 Prise Salz und etwas Paprikapulver darüberstreuen, 1 Teelöffel Estragonessig daraufgeben und mit Olivenöl fast voll füllen.

Ein dankbares Lob wird dem Mixer gespendet, der süffige Cocktails für autofahrende Gäste und Antialkoholiker parat hat:

Florida-Cocktail

Den Saft von je ½ Zitrone und Orange mit 1 Dash Angostura Bitter und 2 Dashes Grenadinesirup im Shaker über Eiswürfeln sehr gut schütteln. In ein Cocktailglas seihen und mit 1 Cocktailkirsche am Spießchen servieren.

Tomatencocktail

Zerstoßenes Eis ins Barglas geben. 1 Teelöffel Worcestershiresauce, 4 cl Orangensaft, 6 cl Tomatensaft und 1 Prise Cayennepfeffer daraufgeben und sehr gut rühren. In ein Cocktailglas seihen.

Sorbet-Grundrezept

Sorbets werden aus Fruchteis bereitet, das nur aus Läuterzucker (gelöster Zucker) und klaren Fruchtsäften oder Wein besteht. Unter die gefrorene Masse zieht man mit Likör oder Branntwein parfümierte Schlagsahne. Man gibt das Eis in gekühlte Cobblergläser oder Sektschalen, garniert nach Belieben mit Früchten und füllt mit gekühltem Wein oder Champagner auf.

Champagner-Sorbet

1 Cobblerglas oder ein anderes Glas mit 2 cl Weinbrand und zu zwei Dritteln mit Fruchteis füllen (Pfirsich-, Ananas- oder Erdbeereis). Das Eis mit dazu passenden Früchten belegen und mit Champagner auffüllen.

Zum Nachschlagen

Rezept- und Sachregister

A

Aal siehe Räucheraal
Aalborg-Schnitte 36
Aarhus-Schnitte 27
Abschrecken 221
Aceto dolce 221
Aioli 221
Alexander-Cocktail 231
Allesschneider 217
Allgäuer Schnitte 27
Ananas 16, 219
–, Obstsalat in der 112
Ananasbowle 229
Anchovisfilets 221
      Dänen-Schnitte 37
Anchovismayonnaise 20
Angemachter Camembert 208
Angostura Bitter 221
Aniscreme, Scampi mit 142
Anrichten von kalten Speisen 219
Antipasti 62f., 222
Antipasti-Platte 63
Aperitif 222, 228
Apfel 17
– Chutney, Süß-saures 185
– Meerrettich-Sahne 204, 214
– Möhren-Salat 156
– Orangen-Salat 108
– Reis-Salat 214
– Rettich-Salat 104
– Sellerie-Salat 102
Apfelausstecher 218
Apfelquark 42
Apfelsalat mit Rumsauce 107
Apfelteiler 217
Appetit-Oliven 211
Appetitsilds 222
Aprikosen 16
Apricot Fizz 231
Ardennen-Schinken 11

Armagnac 222
Arrangieren von Speisen auf Platten 10, 219
Artischocken 15
–, Dips zu 179
–, Griechische 181
Artischockenböden, Gefüllte 131
Artischockenböden, Gemüse-julienne in 64
Artischockencocktail 67
Artischockenherzen-Salat 215
Artischockensalat, Entenbrust mit 200
Artischockensalat, provenzalisch 222
Aspik 23, 222
–, Köstlichkeiten in 118f.
Auberginen 15
–, Gefüllte 130
Aufschnittsorten 11
Aufstrich, Eier- 43
Aufstrich mit Edelpilzkäse 43
Auslegen der Pastetenform 21
Auslegen der Terrine 22
Ausrollen von 21
Ausstechformen 217, 218
Austern, Garnierte 61
Austernessen, Klassisches 140
Avocado 15
– Fruchtsalat 113
– Kräutershrimps in 130
– mit Muscheln 134
– Schinken-Salat 105
–, Selleriesalat mit 114
Avocadococktail 68

B

Bacardi-Flip 231
Bakterien 12
Balkan-Salat 86
Balsamico, Zucchini in 180

Bananen 17
– Tomaten-Salat 106
Bardieren 222
– von Federwild 14
Barglas, Barlöffel 230
Barons Imbiß 34
Barsieb 230
Basilikum 222
Basilikumöl 172
Bauernbratwürste 11
Bauern-Terrine 74
Bavariablue 12
Bayonner Schinken 11
Beifuß 222
Beize 224
Bel Paese 12
Belegte Brote servieren 9
Beliebte Häppchen 44f.
Bellevue-Salat 222
Beluga-Malossol 148
Bergkäse 12
Bierschinken 11
Bierwurst 11
Birnen 16
–, Ingwer- 183
–, Rehrücken mit gefüllten 161
–, Roquefort- mit Rauchfleisch 193
Blätterteig 21
–, Ausrollen von 21
– Käsetaschen 190
– Pastetenhaus 20
Blanchieren 222
Blasenwurst 11
Blattsalat, Gemischter 114
Blauer Stilton 12
Blitzmayonnaise 20
Blue Castello 12
Blumenkohl 15
Blutwurst 11
Bohnen, grüne 15
Bohnen, Salat aus weißen 88
Bohnen-Chutney 185
Bohnensalat 153
–, Gemischter 85
–, Pfeffereier mit 124
Bombay-Cocktail 231

Bowlen 228
Bräter 13
Brandy Cobbler 232
Braten, Große 158f.
Braten, Kalter- mit Obstsalat 200
Braten, Tranchieren von 13
Braten von Geflügel 14
Bratenfond 222
Bratenschnitte 29
Bratfolie 13
Bresse bleu 12
Brie 12
Brioche-Hefeteig 20
Broccoli 15
–, Gänsekeulen mit 162
Broccolipüree, Medaillons mit 165
Broccolisalat 90
Brötchen, Käse- mit Haube 44
Brötchen, »Nordlicht«- 30
Brötchen, Resche Roggen- 19
Brötchen, Western- 30
Brot 9
–, Champignon- 28
– Erntedank- 36
–, Feinschmecker- 37
–, Geflügelleber- pikant 35
–, Grünes Muschel- 27
–, Heringsröllchen- 34
–, Käsesalat- 26
–, Knoblauch- 19
–, Kräftiges Roggen- 18
–, Makrelen- 35
–, Melker- 34
– mit Forellenfilet 27
– mit Räucherzunge 34
– mit Salamitüchen 29
–, Paprika-Wurst- 26
–, Pariser 18
–, Parma- 28
– richtig aufbewahren 9
–, Salami- mit Eiersalat 26
–, Schinken-Ei- 26
–, Sonntags- 31
–, Spargel- 28
– selbst gebacken 18

Brot, Vegetarier- 28
–, Weizenkeim- 18
Brotaufstriche, Pikante 42 f.
Brotbelag 12
Brote, Delikate 26 f.
Brotteig, Kasseler im 166
Brothäppchen 10
Brühe, Kräftige Fleisch- 23
Brühwurst 11
Bündner Fleisch 11
– mit Kumquatsauce 134
Buffet für die Jugendparty 202
Buffet, Großes Fest- 214
Buffet, Großes Käse- 171
Buffet, Italienisches 210
Buffet, Klassisches Kaltes 212
Buffet, Kleines Sonntags- 213
Buffet, Kleines Wurst- 207
Buffet, Ländliches 208
Buffet, Party- 202 f.
Buffet, Tatar- 169
Buffets, Kalte 207 f.
Bunte Gemüsesülzen 120 f.
Bunte Salatschüssel 215
Bunte Schnittchen 10
Bunter Frühlingssalat 81
Bunter Nudelsalat 202
Bunter Reissalat 84
Buntmesser 217, 218
Butterformer 217, 218
Butterkäse 12
Buttermischungen 174 f.

C

Camembert 12
–, Angemachter 208
Camembertcocktail 99
Canapé à l' alsacienne 40
Canapé à la campagne 41
Canapé Alberta 40
Canapé mit Kaviar 41
Canapé mit Lachstatar 41
Canapé princier 40
Canapé, Scampi- 41
Canapés 10, 222
– für den großen Empfang 40
– und Schnittchen 38 f.
Capri-Sauce 126
Caruso-Cocktail 231
Cayennepfeffer 222
Champagner-Cobbler 232
Champagner-Flip 231
Champagner-Orange-Cocktail 231
Champignonbrot 28
Champignonmayonnaise 20
Champignons 219
    Wildkrusteln 47
–, Würz- 182
Champignonsalat, Räucheraal mit
    38
Champignonsauce 126
Chaudfroidsauce 222
Cheddar Käse 12
Cherimoyas 15
Cherimoyaspeise 138
Cherry-Brandy-Cocktail 231
Chester Käse 12
Chicorée 15
– Fruchtsalat 78
Chicoréesalat, Sahne-Eier mit 61
Chicoréeschiffchen 104
Chinakohl 15
Chinesische Eier 222
Chinesischer Obstsalat 110
Chutney 222
–, Bohnen- 185
–, Gemüse- 184
–, Indisches Tomaten- 184

Chutney, Soleier mit Tomaten- 129
–, Süß-saures Apfel- 185
–, Tee-Eier mit Orangen- 129
Club-Sandwich 32
Cobbler-Grundrezept 232
Cocktail, Artischocken- 67
Cocktail, Avocado- 68
Cocktail, Camembert- 99
Cocktail, Geflügel- 67
Cocktail Havanna 231
Cocktail, Hummer- 66
Cocktail, Krabben-Mango- 143
Cocktail, Lychee- 137
Cocktail, Muschel- 69
Cocktail, Palmenherzen- 68
Cocktail, Papaya- 66
Cocktail, Pikanter Melonen- 69
Cocktailbissen exquisit 54 f.
Cocktailparty 227
Cocktails 229
Cocktailsaucen 222
Collins 232
Cooler-Grundrezept 232
Corail 222
Corned beef, Gemischter
    Fleischsalat 99
Corned beef, Westernbrötchen 30
Cornichons 47, 219, 222
Cornish Pastries 191
Cottage Cheese 12
Cremedressing, Kartoffelsalat mit 88
Crostini, Toskanische 53
Crusta-Grundrezept 232
Cumberlandsauce 222
Currybällchen 46
Curry-Ei, Geräucherte Gänsebrust
    mit 199
Currymayonnaise 20
Currypfirsiche mit Käsecreme 38
Currypulver 219, 223
Curryrosetten 174
Currysahne, Feigen mit 135
Currysauce, Kasseler mit 158

D

Dänen-Schnitte 37
Daiquiri on the Rocks 231
Danablue 12
Datteln 16
Dauerwurst 11
Debracziner 11
Delikate Schinkenplatte 204
Delikateßmayonnaise 10
Deutscher Edelpilzkäse 12
Deutscher Kaviar 148, 220, 224
Dill 223
Dillforellen 212
Dillmayonnaise, Matjes in 154
Dillsaiblinge 146
Dips, Käse- 188
Dips zu Gemüse 178
Dips zu Wurst 179
Dominosteine 51
Doppelrahm-Frischkäse 12
Dressieren von Geflügel 14
Dressing 10
–, Kartoffelsalat mit Creme- 88
–, Muscheln mit Mayonnaise- 141
Duchesse 223

E

Edamer Käse 12
Edelpilzkäse 12
–, Aufstrich mit 43
    Melkerbrot 34
    Partyschnittchen 54

Eier 10, 219
–, Abschrecken von gekochten 10
–, Chinesische 222
–, Eisbergsalat mit garnierten 82
–, Gefüllte 124 f.
–, Geräucherte Gänsebrust mit
    Curry- 199
–, Harte- mit delikaten Saucen 126
–, Kochen von 10
–, Marinierte 128
–, Pfeffer- mit Bohnensalat 124
–, Phantasie- 125
– raffiniert serviert 126 f.
–, Russische – im Tomatenring 201
–, Sahne- mit Chicoréesalat 61
    Schinken-Ei-Brot 26
–, Sol- mit Tomaten-Chutney 129
– Spezialitäten 128 f.
–, Tee- mit Orangen-Chutney 129
Eieraufstrich 43
Eierdip 179
Eierplatte, Festliche 124
Eiersalat, Salamibrot mit 26
Eierstich, Räucheraal auf 55
Eierteiler 217
Eiertörtchen mit Leberparfait 127
Eiertörtchen mit Schinkensalat 127
Eingelegter Schafkäse 182
Eipicker 218
Eisbergsalat 15
– mit garnierten Eiern 82
Eisbett 223
Eischnee, Schlagen von 10
Eischneider 217
Eiscreme, Papaya- 139
Emmentaler Käse 12
    Allgäuer Schnitte 27
    Käsebrötchen mit Haube 44
– Mischung 43
Endiviensalat 15
Entenbrust mit Artischockensalat
    200
Entenbrust, Sellerietörtchen 54
Erbsen, grüne 15
Erbsen-Fisch-Salat 91
Erbsensalat 90
Erbsensülzchen 120
Erdbeerbowle 229
Erdbeeren 17
Erntedank-Brot 36
Essig, Knoblauch- 173
Essig, Pimpinelle- 173
Essig, Salbei- 173
Essig, Zitronen- 173
Estragon 223
Exotische Früchte 134 f.
–, Delikat und süß 138 f.
Exquisite Fischplatten 206

F

Farce 20, 223
–, Herstellen von feiner 22
Fasanenbrust, Getrüffelte 160
Federwild, Zubereitung von 14
Feigen 17
– mit Currysahne 135
Feine Geflügelplatten 162 f.
Feine Schokoladencreme 215
Feiner Weintraubensalat 109
Feinschmecker-Brot 37
Feinschmecker-Saucen 176 f.
Feldsalat 15
– mit Orangen 80
– mit Weizenkeimen 115
Fenchel 15
– mit Roquefortcreme 131
Fenchelsalat nach Gärtnerart 115

Fermente 12
Festbuffet, Großes 214
Festliche Arrangements 202 f.
Festliche Eierplatte 124
Festliche Entrées 64 f.
Festliche Forellenplatte 150
Feuriger Fruchtsalat 107
Filet, Glasiertes – mit
    Gänseleberpastete 56
Filetieren 223
Filetpastete, Feine 72
Filetscheiben, Gefüllte 165
Fisch, Tomatensülze mit 118
Fisch zart geräuchert 152 f.
Fisch-Erbsen-Salat 91
Fischfond 23, 223
Fischplatten, Exquisite 206
Fisch-Spezialitäten 144 f.
Fizz-Grundrezept 231
Fleisch kalt serviert 158 f.
Fleisch richtig garen 13
Fleischbällchen 209
Fleischbrühe als Grundlage für
    Gelee 23
Fleischextrakt 223
Fleischkäse 11
Fleischkäserollen 52
Fleischsalat, Gemischter 99
Fleischsalat, Gemüse- 201
Fleischsalat, Gemüse- mit Käse 96
Fleischsalat-Dreiecke 39
Fleisch-Spezialitäten 164 f.
Fleischthermometer 13
Fleischwurst 11
Flips 231
Foie gras 223
Fond 23, 223
Forelle, Spargel mit geräucherter 192
Forellen, Dill- 212
Forellenfilet, Brot mit 27
Forellenfilet, Reederfrühstück 34
Forellenfilets mit Tomatensauce 145
Forellen-Kaviar 148
Forellenplatte, Festliche 150
Forellentoast mit Spargel 151
Frankfurter grüne Kräutersauce 176
Französische Hors d'œuvres 60 f.
Französischer Brie 12
Frappieren 223
Frisches Geflügel 14
Frischkäse 12
    Dominosteine 51
    Große Kräckerplatte 50
–, Tatar aus 195
Friséesalat in Portweinsauce 80
Friteuse 218
Fritierte Goudawürfel 48
Fritz Collins 232
Fröhliche Feste, Vorschläge für 226
Fruchtsalat, Avocado- 113
Fruchtsalat, Chicorée- 78
Fruchtsalat, Feuriger 107
Fruchtsalat, Gefüllte Melone 113
Fruchtsalat, Sizilianischer 111
Früchte, Exotische 134 f.
Frühlings-Salat, Bunter 81
Frühstücksspeck, Herzhafte Snacks
    47
Frutti di mare 223
–, Sizilianischer Salat aus 62
Füllen von Geflügel 14

G

Gabelbissen 223
Gänsebrust, Geräucherte 199, 223
Gänsekeulen in Gemüsesülze 123
Gänsekeulen mit Broccoli 162
Gänseleber 223

Rezept- und Sachregister

Gänseleberparfait 223
   Canapé à l' alsacienne 40
Gänseleberpastete 11, 223
–, Glasiertes Filet mit 56
Galantinen 20, 223
Garen der Terrine 22
Garnelen 223
–, Marinierte Riesen- mit
   Seezungenfilets 142
Garnierkaviar 220
Garnierte Austern 61
Garnierte Eier, Eisbergsalat mit 82
Garnierte Rinderfiletscheiben 164
Garprobe bei Geflügel 14
Gebackene Roquefortschnittchen 53
Gebäck, Prächtiges Party- 186f.
Geflügel vorbereiten und garen 14
Geflügel, Wild- 160f.
Geflügelcocktail 67
Geflügelfond 23
Geflügelleberbrot pikant 35
Geflügelleberpastete 11
Geflügelplatten, Feine 162f.
Geflügelsalat mit Schinken und Käse
   86
Geflügelschere 218
Gefüllte Artischockenböden 131
Gefüllte Auberginen 130
Gefüllte Eier 124f.
Gefüllte Filetscheiben 165
Gefüllte Kakipflaumen 137
Gefüllte Meterbrote 203
Gefüllte Salatgurke 49
Gefüllte Sardinen 63
Gefüllte Tomaten 46
Gefüllte Wachteln 163
Gefüllte Wassermelone 113
Gegrillter Schweinehals mit
   Kräutermayonnaise 158
Geheimratskäse 12
Gekochter Schinken 11
Gelatine 223
Gelbwurst 11
Gelee 23, 219
–, Herbes 23, 219
–, Lachs in Riesling- 119
–, Madeira- 24
–, Muskateller- 24
–, Portwein- 24
–, Sherry- 24
–, Weißwein- 24
–, Zubereiten von 23
Geleespiegel 223
Gemischter Blattsalat 114
Gemischter Bohnensalat 85
Gemischter Fleischsalat 99
Gemüse 14, 24
– Chutney 184
–, Dips zu 178
– Fleischsalat mit Käse 96
– Hähnchen-Salat 100
– Heringsplatte mit süß-saurem 157
– Hühner-Sülze 121
– Krabben-Sülze 122
– mit feiner Fülle 130f.
– Saisonkalender 15f.
Gemüsehappen, Pikante 49
Gemüsehobel 218
Gemüsejulienne in
   Artischockenböden 64
Gemüseraspel 218
Gemüsesalat, Lachsschnitten mit 147
Gemüsesalat-Platte 92
– mit Salsa verde 210
Gemüsestreifen, Geräucherte Zunge
   mit 198
Gemüsesülze, Gänsekeulen in 123
Gemüsesülze, Bunte 120f.
George Collins 232
Geräucherte Forelle, Spargel mit 192

Geräucherte Gänsebrust mit
   Curry-Ei 199
Geräucherte Zunge mit
   Gemüsestreifen 198
Gespickte Putenbrust 163
»Gespritzter« 228
Getoastetes Brot 10
Getrüffelte Fasanenbrust 160
Gewürze 219
Gewürzgurken 219, 223
Gewürzmühlen 217, 218
Gewürznelken 223
Gin Fizz 231
Glasieren von Speisen 23, 219, 223
Glasierter Wildschweinrücken 160
Glasiertes Filet mit
   Gänseleberpastete 56
Golden Flip 231
Gorgonzola 12
Gorgonzolacreme, Käseplatte mit
   170
Gorgonzoladip 179
Gouda 12
Goudawürfel, Fritierte 48
Gourmet-Teller 196
Grapefruitmesser 218
Grapefruits 17, 221
Gravad Laks 144
Greyerzer Käse 12
Griechische Artischocken 181
Große Braten 158f.
Große Jugendparty 202
Große Kräckerplatte 50
Große Salatplatte 213
Großes Festbuffet 214
Großes Käsebuffet 171
Grüne Bohnen 15
Grüne Butter 174
Grüne Erbsen 15
Grüner Heringssalat 209
Grüner Pfeffer 225
Grünes Muschelbrot 27
Grütze, Rote 203
Grundrezepte der Kalten Küche 18f.
Grundzutaten 9, 18
Gruyère 12
Guavas mit Kräuterquark 135
Gurke 15
–, Illustrierte 133
–, Kartoffelsalat mit 202
Gurkenfächer 219
Gurkenigel 219
Gurkensalat 76
– mit Krabben 83

H

Haarwild 14
Hackfleisch, Currybällchen 46
Hackfleisch-Sandwiches 202
Hackfleischkuchen 167
Hackfleischpastete 71
Hackmesser 218
Hähnchenbrust, Feinschmecker-
   Brot 37
Hähnchen-Gemüse-Salat 100
Hähnchensalat mit Spargel 100
Häppchen, Beliebte 44f.
Häppchen, Tatar- 57
Handmixer 217
Harte Eier mit delikaten Saucen 126
Hartgekochte Eier 219
Hartkäse 12
Hartwurst 11
Harzer Käse 12
Hausbar 229
Hecht-Mousse mit Shrimps 143
Hefeteig, Brioche- 20

Heidelbeeren 17
Heilbutt, Räucherfisch-Ecken 45
Heilbuttsülze 119
Herbes Gelee 23
Herbstliche Kohlsalate 103
Herbstlicher Obstsalat 109
Heringsplatte 209
– mit süß-saurem Gemüse 157
Heringsröllchen mit Maissalat 157
Heringsröllchen-Brot 34
Heringssalate 209
Heringsschwärmereien 154f.
Heringstöpfchen Hausfrauenart 155
Herzhafte Snacks 47
Himbeeren 17
–, Obstsalat mit 110
Hirtenrolle 159
Hirten-Teller 197
Holsteiner Katenschinken 11
Hors d'œuvres, Französische 60f.
Hühnerbrüstchen in Tartelettes 65
Hühnerbrüstchen mit Kiwis und
   Orangensauce 136
Hühnerfleisch, Lycheecocktail 137
Hühnerkeulen mit Salat 194
Hühnersalat exquisit 83
Hühner-Sülze, Gemüse- 121
Hüttenkäse 12
Hummercocktail 66
Hummertartelettes 149
Husaren-Tatar 168

I

Illustrierte Gurke 133
Indisches Tomaten-Chutney 184
Ingwer 223
–, Zwetschgensalat mit 108
Ingwerbirnen 183
Ingwer-Honig-Quark 42
Ingwerpflaumen eingelegt 223
Italienischer Obstsalat 211
Italienischer Salat 101
Italienischer Teller 197
Italienisches Buffet 210

J

Jacques Collins 232
Jagdwurst 11
Johannisbeeren 17
Johannisbeer-Kaltschale 208
Jugendparty, Große 202, 226
Julienne 221, 224
–, Gemüse- in Artischockenböden 64
Jus 224

K

Käse 12
–, Aufbewahren von 13
–, Geflügelsalat mit Schinken und 86
–, Gemüse-Fleischsalat mit 96
– Obst-Salat in der Melone 171
– Paprika auf Tomaten 132
– Salami-Salat 97
–, Trockenmassegehalt (% i. Tr.) in 12
– Wurst-Salat 171
– Wurst-Salat in der Ananas 207
– zum Verzieren 219
   siehe auch einzelne Käsesorten
Käsebällchen, Käseplatte mit 170

Käsebrötchen mit Haube 44
Käsebuffet, Großes 171
Käsecreme 220
–, Currypfirsiche mit 38
   Herzhafte Snacks 47
   Roquefortschiffchen 59
Käsecremeschnitten, Pikante 189
Käsedips, Salzschleifen mit 188
Käse-Dreispitzchen 187
Käsehörnchen 188
Käsejulienne 219
Käsemesser 218
Käseplatte 13
– mit Gorgonzolacreme 170
– mit Käsesalat 213
– mit Schillerlocken 205
–, Rustikale- mit Käsebällchen 170
Käsesalat, Käseplatte mit 213
Käsesalat-Brot 26
Käseschiffchen 189
Käsesnacks 46
Käsestangen 186
Käsetaler 186
Käsetaschen, Blätterteig- 190
Käsewürfel 219
Kakipflaumen, Gefüllte 137
Kakipflaumen, Kasseler mit 198
Kaktusfeigen, Obstsalat mit 138
Kalbfleischterrine 75
Kalbsfrikandeau, Vitello tonnato 167
Kalbsleberpastete 11
Kalbsmedaillons Elysée 58
Kalbsnuß mit Mostarda 159
Kalte Braten aller Art 13
Kalte Buffets 207f.
»Kalte Ente« 228
Kalte Platten 204f.
Kalter Braten mit Obstsalat 200
Kaltes Buffet, Klassisches 212
Kaltschale, Johannisbeer- 208
Kaninchenterrine 73
Kapern 220, 224
Kapernbutter 174
Kardamom 224
Karibik-Salat 111
Karkasse 224
Kartoffelsalat mit Cremedressing 88
Kartoffelsalat mit Gurke 203
Kartoffelsalat Westernart 102
Kartoffel-Wurstsalat 85
Kasseler in Brotteig 166
Kasseler mit Currysauce 158
Kasseler mit Kakipflaumen 198
Kasseler Pastete 70
Kasseler Rippenspeer 11
Katenschinken, Holsteiner 11
Katenschinken, Westfälischer 11
Kaviar 220, 224
–, Canapé mit 41
–, Köstliches mit 148f.
–, Schlemmeressen mit 148
–, Seezungenmousse mit 149
Kaviarbutter 175
Keimen von Weizenkörnern 115
Kerbel 224
Keta-Kaviar 148, 220, 224
Ketchupdip 178
Keulen, Tranchieren von 14
Kindergeburtstag 226
Kirschen 17
Kiwis 17
–, Hühnerbrüstchen mit – und
   Orangensauce 136
Klassisches Austernessen 140
Klassisches Kaltes Buffet 212
Kleine kalte Vorspeisen 60f.
Kleine Mahlzeit 192f.
Kleines Fest in kleinem Kreis 226
Kleine Gerichte nach dem
   Abendessen 226

Kleines Sonntagsbuffet 213
Kleines Wurstbuffet 207
Kleingeräte, Nützliche 218
Knackwürste 11
Knoblauchbrot 19
Knoblauchbutter 174
Knoblauchdip 179
Knoblauchessig 173
Knoblauchpresse 218
Knochenschinken 11
Knollensellerie 15, 220
Knuspergebäck 186 f.
Kochkäse 12
Kochsalami 11
Kochwurst 11
Königinpastetchen 20
Körniger Frischkäse 12
Kohlrabi 15
Kohlrabisalat 117
Kohlsalate, Herbstliche 103
Kopfsalat 16
Krabben 220, 224
–, Gurkensalat mit 83
    Salatplatte Riviera 94
– Mango-Cocktail 143
Krabbenkroketten 48
Krabbensülze 122
Krabbentatar-Schnittchen 57
Kräckerplatte, Große 50
Kräckscheiben, Leberwurst auf 52
Kräckscheiben mit Kräuterquark 51
Kräftige Brühe 23
Kräftiges Roggenbrot 18
Kräuter 220
Kräuterdip 178
Kräuteressig 173
Kräuterkugeln 175
Kräutermatjes mit Paprika 154
Kräutermayonnaise 20
–, Gegrillter Schweinehals mit 158
Kräuteröl, Würziges 172
Kräuterquark 42
–, Guavas mit 135
–, Kräckscheiben mit 51
Kräutersauce 48
–, Frankfurter grüne 176
Kräutershrimps in Avocados 130
Krakauer 11
Kresse 220
–, Rettichsalat mit 116
Kressebutter 174
Kroketten, Krabben- 48
Kronsardinen, Süß-saure 153
Krustaden 224
Krustenpasteten 70 f.
Kuchen, Hackfleisch- 167
Küchenmaschine 216, 217
Küchenmesser 218
Küchenschere 218
Kümmelmürbchen 187
Kugelausstecher 217, 218
Kumquatsauce, Bündner Fleisch mit
    134

L

Lachs, Canapé Alberta 40
Lachs in Riesling-Gelee 119
Lachs, Marinierter 144
Lachs, New Yorker Sandwich 32
Lachs, Pastetchen mit
    Räucherlachscreme 151
Lachs, Salat mit Räucher- 152
Lachs, Salatplatte mit 91
Lachs-Dill-Butter 175
Lachsschinken 11
    Canapé à la campagne 41

Lachsschinken, Herzhafte Snacks 47
Lachsschnitten mit Gemüsesalat 147
Lachstatar, Canapé mit 41
Ländliches Buffet 208
Lagern von Wein 227
Landjäger 11
Lauch/Porree 16, 220
Lavendelöl 172
Lebensmittel, Einkauf von 24
Lebercreme auf Sellerie 58
Leberkäse 11
Leberparfait, Barons Imbiß 34
Leberparfait, Eiertörtchen mit 127
Leberpastetchen 71
Leberwurst 11
– auf Kräcksscheiben 52
Leichte Salate 78 f.
Limburger 12
Limetten 221
Limettencreme 139
Longdrinks 229
Lorbeerblätter 224
Lunch-Sandwich 33
Lunch-Teller 194
Lycheecocktail 137
Lyoner Wurst 11

M

Madeiragelee 24
Mahlzeit, Die kleine 192 f.
Maibowle 229
Mainzer Käse 12
Mais-Paprika-Salat 214
Maissalat, Heringsröllchen mit 157
Makrelen, Reissalat mit 93
Makrelenbrot 35
Makrelenfilets mit Würzmayonnaise
    152
Malossol-Kaviar 224
Mandarinen 17
Mango 17
– Krabben-Cocktail 143
Manhattan Dry 231
Maraschinokirschen 224
Margarita Collins 232
Marinade 224
Marinierte Eier 128
Marinierte Paprikaschoten 180
Marinierte Riesengarnelen mit
    Seezungenfilets 142
Marinierte Schollenfilets 145
Marinierter Lachs 144
Martini Dry 230
Martini, Klassischer 230
Matjes in Dillmayonnaise 154
Matjes, Kräuter- mit Paprika 154
Matjesfilets in Rotweinmarinade 155
Matjesfilets mit Pfeffersahne 153
Matjes-Paprika-Salat 97
Matjesröllchen nach
    Gärtnerinnenart 156
Matjesschnitte 29
Matjestatar 156
Mausschinken 11
Mayonnaise 11, 20, 220
–, Anchovis- 20
–, Blitz- 20
–, Champignon- 20
–, Curry- 20
– Dressing, Muscheln mit 141
–, Gegrillter Schweinehals mit
    Kräuter- 158
–, Kräuter- 20
–, Makrelenfilets mit Würz- 152
–, Matjes in Dill- 154
– Melone mit Parmaschinken und
    Pfeffer- 136
– Remouladensauce 20

Mayonnaise, Selbstgerührte 19
Mayonnaisedip 179
Mayonnaisesauce 214
Mayonnaisesorten 10
Medaillons, Kalbs- Elysée 58
Medaillons mit Broccolipüree 165
Meeresfrüchte 224
Meerrettich-Apfel-Sahne 204
Meerrettichbutter 175
Meerrettichsahne 150
–, Schinkenrollen mit 56
Melker-Brot 34
Melone mit Parmaschinken und
    Pfeffermayonnaise 136
Melonen 17
Melonencocktail, Pikanter 69
Melonensalat 106
Messer 217
Meßgläser 230
Meterbrote, Gefüllte 203
Mettwurst 11
Mike Collins 232
Milchfett 12
Mittelmeer-Salat 212
Mixen und servieren 230
Mixed Pickles 219, 224
Möhren 16, 220
– Apfel-Salat 156
– Staudensellerie-Salat 77
Möhrensalat, Wurstspießchen und
    199
Mörser 218
Mohnsemmeln 19
Mohn- und Käsetaler 186
Molke 12
Morchel 224
Mortadella 11
Mostarda 224
–, Kalbsnuß mit 159
Mousse 224
–, Hecht- mit Shrimps 143
–, Philadelphia- 195
–, Schinken- 60
–, Seezungen- mit Kaviar 149
–, Tomaten- 60
Mozzarella, Tomatensalat mit 211
Münster Käse 12
Mürbeteig, salziger 20
Mürbeteigtartelettes aufbewahren 24
Muschelbrot, Grünes 27
Muschelcocktail 69
Muscheln, Avocados mit 134
Muscheln mit Mayonnaise-Dressing
    141
Muschelsalat mit Safransauce 140
Muschelsalat mit Sojabohnen-
    sprossen 78
Muschelsülzchen 141
Muskatellergelee 24

N

Nabob-Dukaten 45
Naturkäse 12
New Yorker Sandwich 32
Nisslsalat siehe Feldsalat
»Nordlicht«-Brötchen 30
Nudelsalat, Bunter 202
Nudelsalat dänische Art 96
Nüsse zum Verzieren 220
Nußschinken 11

O

»Obatzter« 205
Obst 14, 16 f., 24
Obstsalat, Chinesischer 110
Obstsalat, Herbstlicher 109

Obstsalat in der Ananas 112
Obstsalat, Italienischer 211
Obstsalat, Kalter Braten mit 200
Obstsalat mit Himbeeren 110
Obstsalat, Käse- in der Melone 171
Obstsalat mit Kaktusfeigen 138
Obstsalat, Sommerlicher 112
Obstsalate 106 f.
Öl, Würziges Kräuter- 172
Ölsardinen, Dänen-Schnitte 37
Ohio-Sauce 176
Old Fashioned Whiskeycocktail 231
Oliven 47, 220, 224
–, Appetit- 211
Olmützer Quargel 12
Orangen 17, 221
– Apfel-Salat 108
– Chutney, Tee-Eier mit 129
–, Feldsalat mit 80
    Gefüllte Wassermelone 113
Orangenbutter 174
Orangendip 178
Orangensauce, Hühnerbrüstchen mit
    Kiwis und 136
Ossiotr-Kaviar 224

P

Palmenherzen im Schinkenmantel 65
Palmenherzencocktail 68
Panama-Cocktail 231
Papaya 17
– Eiscreme 139
Papayacocktail 66
Paprika, Käse- auf Tomaten 132
Paprika, Kräutermatjes mit 154
Paprikabutter 174
Paprika-Mais-Salat 214
Paprika-Matjes-Salat 97
Paprikasalat 77
Paprikaschoten 15, 220
–, Marinierte 180
Paprikataler 175
Paprika-Wurstbrot 26
Parfait 224
Pariser Brot 18
Parma-Brot 28
Parmaschinken 11
–, Melone mit – und
    Pfeffermayonnaise 136
Parmesankäse 12
Party-Buffet 202 f.
Partygebäck, Prächtiges 186 f.
Party-Salate 96 f.
Partyschnittchen 54
Pastetchen, Königin- 20
Pastetchen, Leber- 71
Pastetchen mit Räucherlachscreme
    151
Pastetchen, Pfifferling- 64
Pastete 1, 20
–, Feine Filet- 72
–, Füllen und Schließen 21
–, Hackfleisch- 71
–, Kasseler 70
Pastetenform, Auslegen der 21
Pedro Collins 232
Pfeffer 219, 225
Pfefferbutter 175
Pfeffereier mit Bohnensalat 124
Pfeffermayonnaise, Melone mit
    Parmaschinken und 136
Pfeffersahne, Matjesfilets mit 153
Pfeffersauce, Radicchiosalat mit 79
Pfifferlingpastetchen 64
Pfifferlingsalat 93
Pfifferlingsülzchen mit Wild 120
Pfirsiche 17
–, Curry- mit Käsecreme 38

Rezept- und Sachregister

Pflaumen 17
Phantasie-Eier 125
Philadelphia-Mousse 195
Pierre Collins 232
Pikant eingelegt 182 f.
Pikante Gemüsehappen 49
Pikante Käsecremeschnitten 189
Pikante Schlemmerteller 134 f.
Pikanter Melonencocktail 69
Pikanter Reissalat 203
Pikanter Rindfleischsalat 87
Pilzterrine 73
Piment 225
Pimpinelle-Essig 173
Pinwheels 31
Piri-Piri 220, 225
Pistazien 220, 225
Platte, Gemüsesalat- 92
Platte, Festliche Forellen- 150
Platte, Käse- mit Gorgonzolacreme 170
Platte Kopenhagen 206
Platte, Räucher- mit pikanten Salaten 153
Platte, Rustikale Käse- mit Käsebällchen 170
Platte, Salat- des Küchenchefs 95
Platte, Salat- Riviera 94
Platte, Spargel- Gärtnerinart 94
Platten, Exquisite Fisch- 206
Platten, Kalte 204 f.
Platten vorbereiten 10, 219
Plockwurst 11
Pochieren 225
Porree/Lauch 16, 220
Portionsteller, Perfekte 192 f.
Portsalut 12
Portweingelee 24
Portweinsauce, Friséesalat in 80
Poulardensalat »Angelo« 105
Poulet-Bresse 162
Praktischer Rat vor dem Start 24
Preiselbeeren 17
Preßack 11
Putenbrust, Gespickte 163
Putenleber, Wachteleier-Törtchen 55
Pyrenäenkäse 12

Q

Quark 12
–, Apfel- 42
–, Guavas mit Kräuter- 135
–, Ingwer-Honig- 42
–, Kräcksscheiben mit Kräuter- 51
–, Kräuter- 42
   Staudensellerie mit Paprika-füllung 49
–, Vitamin- 42
–, Zwiebel- 208
Quarksauce 126
Quarkschnitte 29

R

Radicchio 15
– Spinat-Salat 81
Radicchiosalat mit Pfeffersauce 79
Radieschen 16, 220
Räucheraal auf Eierstich 55
Räucheraal mit Champignonsalat 38
Räucheraal-Teller 193
Räucherfisch-Ecken 45
Räucherlachs, Salat mit 152
   siehe auch Lachs
Räucherlachscreme, Pastetchen mit 151

Räucherplatte mit pikanten Salaten 153
Räucherzunge, Brot mit 34
Ragoût fin 20
Rahmfrischkäse 12
Rauchfleisch, Roquefortbirnen mit 193
Reeder-Frühstück 34
Rehfilet, Wildtaler 40
Rehrücken mit gefüllten Birnen 161
Reissalat, Apfel- 214
Reissalat, Bunter 84
Reissalat, Gefüllte Tomaten 46
Reissalat mit Makrele 93
Reissalat mit Thunfisch 87
Reissalat, Pikanter 203
Relish 225
–, Stachelbeer- 183
Remoulade 20
Rettich-Apfel-Salat 104
Rettichsalat mit Kresse 116
Riesengarnelen, Marinierte – mit Seezungenfilets 142
Riesling-Gelee, Lachs in 119
Rinderfiletscheiben, Garnierte 164
Rinderrouladen, Hirtenrolle 159
Rindfleischsalat, Pikanter 87
Roastbeef 13
Roastbeefbrot 34
Roastbeef-Sandwich 33
Roggenbrötchen, Resche 19
Roggenbrot, Kräftiges 18
Rohkost, Salat- 114 f.
Rohwurst 11
Rollschinken 11
Romadour 12
Roquefort 12
Roquefortbirnen mit Rauchfleisch 193
Roquefortcreme, Fenchel mit 131
Roquefortfüllung, Sellerie mit 49
Roquefortschiffchen 59
Roquefortschnittchen, Gebackene 53
Rosa Pfeffer 225
Rosenkohl 16
Rosmarinöl 172
Rote Bete 16
Rote Grütze 203
Roter Heringssalat 209
Rotkohl 16
Rotkohlsalat 103
Rotwein 228
Rotweinmarinade, Matjesfilets in 155
Rotwurst 11
Royal-Cocktail 231
Rumsauce, Apfelsalat mit 107
Russische Eier im Tomatenring 201
Russische Sauce 126
Rustikale Käseplatte mit Käsebällchen 170

S

Sägemesser 217
Säuren, natürliche 12
Safran 225
Safransauce, Muschelsalat mit 140
Sahnedip 179
Sahne-Eier mit Chicoréesalat 61
Sahnemeerrettich 150
Saiblinge, Dill- 146
Saisonkalender Gemüse, Obst 15 f.
Salami 11
   Salamibrötchen mit Haube 44
   – Käse-Salat 97
Salamibrot mit Eiersalat 26
Salamitütchen, Brot mit 29

Salat 14
– als Mahlzeit 82 f.
–, Apfel- mit Rumsauce 107
–, Apfel-Möhren- 156
–, Apfel-Orangen- 108
–, Apfel-Reis- 214
–, Apfel-Sellerie- 102
–, Artischockenherzen- 215
– aus weißen Bohnen 88
– aus Ziegenkäse 101
–, Avocado-Frucht- 113
–, Avocado-Schinken- 105
–, Balkan- 86
–, Bananen-Tomaten- 106
–, Bohnen- 153
–, Broccoli- 90
–, Bunter Reis- 84
–, Chicorée-Frucht- 78
–, Chinesischer- 110
–, Eiertörtchen mit Schinken- 127
–, Eisberg- mit garnierten Eiern 82
–, Entenbrust mit Artischocken- 200
–, Erbsen- 90
–, Erbsen-Fisch-91
–, Feiner Weintrauben- 109
–, Feld- mit Orangen 80
–, Feld- mit Weizenkeimen 115
–, Fenchel- nach Gärtnerart 115
–, Feuriger Frucht- 107
   Fleischsalat-Dreiecke 39
–, Frisée- in Portweinsauce 80
– »Gartenlaube« 95
–, Geflügel- mit Schinken und Käse 86
–, Gemischter Blatt- 114
–, Gemischter Bohnen- 85
–, Gemischter Fleisch- 99
–, Gemüse-Fleisch- 201
–, Gemüse-Fleisch- mit Käse 96
–, Grüner Herings- 209
–, Gurken- 76
–, Gurken- mit Krabben 83
–, Hähnchen-Gemüse- 100
–, Hähnchen- mit Spargel 100
–, Herbstlicher Obst- 109
–, Heringsröllchen mit Mais- 157
–, Hühnerkeulen mit 194
–, Hühner- exquisit 83
–, Italienischer 100
–, Italienischer Obst- 211
–, Käse-Obst- in der Melone 171
–, Käseplatte mit Käse- 213
–, Käse-Salami- 97
   Käsesalat-Brot 26
–, Käse-Wurst- 171
–, Kalter Braten mit Obst- 200
–, Karibik- 111
–, Kartoffel- mit Cremedressing 88
–, Kartoffel- Westernart 102
–, Kartoffel-Wurst- 85
–, Kohlrabi- 117
–, Krabben- 83
–, Lachsschnitten mit Gemüse- 147
–, Mais-Paprika- 214
–, Melonen- 106
– mit Räucherlachs 152
–, Mittelmeer- 212
–, Muschel- mit Safransauce 140
–, Muschel- mit Sojabohnensprossen 78
–, Nudel- dänische Art 96
–, Obst- in der Ananas 112
–, Obst- mit Himbeeren 110
–, Obst- mit Kaktusfeigen 138
–, Paprika- 77
–, Paprika-Matjes- 97
–, Pfeffereier mit Bohnen- 124
–, Pfifferling- 93
–, Pikanter Rindfleisch- 87
–, Poularden- »Angelo« 105

Salat, Radicchio- mit Pfeffersauce 79
–, Radicchio-Spinat- 81
–, Räucheraal mit Champignon- 38
–, Reis- 48
–, Reis- mit Makrele 93
–, Reis- mit Thunfisch 87
–, Rettich-Apfel- 104
–, Rettich- mit Kresse 116
–, Rohkost- 114 f.
–, Roter Herings- 209
–, Rotkohl- 103
–, Sahne-Eier mit Chicorée- 61
–, Salamibrot mit Eier- 26
–, Sauerkraut- 116
–, Schweizer 84
–, Sellerie- 76
–, Sellerie- mit Avocado 114
–, Sellerie- mit Trauben 117
–, Sizilianischer Frucht- 111
–, Sizilianischer- aus »frutti di mare« 62
–, Sommerlicher Obst- 112
–, Staudensellerie-Möhren- 77
–, Super- 98
–, Thunfisch- 82
–, Tomaten- Balkanart 79
–, Tomaten- mit Mozzarella 211
–, Waldorf- 212
–, Weißkohl- 103
–, Wirsing- 103
–, Wurst- im Mai 89
–, Wurst-Käse- in der Ananas 207
–, Wurstspießchen und Möhren- 199
–, Zwetschgen- mit Ingwer 108
Salatblätter 220
Salate, Leichte 78 f.
Salate, Party- 96 f.
Salate, Räucherplatte mit pikanten 153
Salatgurke 221
–, Gefüllte 49
   siehe auch Gurke
Salatmayonnaise 10
Salatplatte des Küchenchefs 95
Salatplatte, Gemüse- 92
Salatplatte, Gemüse- mit Salsa verde 210
Salatplatte, Große 213
Salatplatte mit Lachs 91
Salatplatte Riviera 94
Salatschüssel, Bunte 215
Salbei-Essig 173
Salbeiöl 172
Salsa verde, Gemüsesalat-Platte mit 210
Salziger Mürbeteig 20
Salzschleifen mit Käsedips 188
Sandwich, Club- 32
Sandwich, Lunch- 33
Sandwich, New Yorker 32
Sandwich, Roastbeef- 33
Sandwiches 10
Sandwiches, Hackfleisch- 202
Sandy Collins 232
Sangria 229
Sarde de beccafico 63
Sardellenfilets 221
Sardellenmayonnaise 93
Sardinen, Gefüllte 63
Sardinen, Süß-saure Kron- 153
Sauce, Apfelsalat mit Rum- 107
Sauce, Bündner Fleisch mit Kumquat- 134
Sauce, Capri- 126
Sauce, Champignon- 126
Sauce, Forellenfilet mit Tomaten- 145
Sauce, Frankfurter grüne Kräuter- 176

Rezept- und Sachregister Zum Nachschlagen

Sauce, Friséesalat in Portwein- 80
Sauce, Kräuter- 48
Sauce, Muschelsalat mit Safran- 140
Sauce, Ohio- 176
Sauce, Quark- 126
Sauce, Radicchiosalat mit Pfeffer- 79
Sauce, Russische 126
Sauce tatare 177
Sauce vinaigrette 177
Saucen, Harte Eier mit delikaten 126
Sauerkrautsalat 116
Sauermilchkäse 12
Sauermilchquark 12
Sbrinz 12
Scampi 225
– mit Aniscreme 142
Scampi-Canapé 41
Schälmesser 217, 218
Schafkäse, Eingelegter 182
Schalotten 225
Schichtkäse 12
Schillerlocken, Käseplatte mit 205
Schinken, Geflügelsalat mit – und
    Käse 86
Schinken-Avocado-Salat 105
Schinkenbutter 175
Schinken-Ei-Brot 26
Schinkenmantel, Palmenherzen im
    65
Schinken-Mousse 60
Schinkenplatte, Delikate 204
Schinkenröllchen à la Hawaii 39
Schinkenrollen mit
    Meerrettichsahne 56
Schinkensalat, Eiertörtchen mit 127
Schinkensorten 11
Schinkentartelettes 191
Schinkenwurst 11
Schlackwurst 11
Schlemmeressen mit Kaviar 148
Schlemmerteller, Pikante 134 f.
Schmelzkäse 12
Schneidgeräte, Unentbehrliche 217
Schnittchen, Gebackene Roquefort-
    53
Schnittchen, Krabbentatar- 57
Schnittchen, Party- 54
Schnittchen servieren 9
Schnittchen und Canapés 38 f.
Schnittkäse 12
Schokoladencreme, Feine 215
Schollenfilets, Marinierte 145
Schollenröllchen 59
Schorle 228
Schwartenmagen 11
Schwarzer Pfeffer 225
Schwarzgeräuchertes 11
Schwarzwälder Schinken 11
Schweden-Teller 196
Schweinebraten, Canapé princier 40
Schweinebraten, Erntedank-Brot 36
Schweinebratensülze 123
Schweinefilet, Sonntagsbrot 31
Schweinehals, Gegrillter – mit
    Kräutermayonnaise 158
Schweineleberpastete 11
Schweinskopfsülze 11
Schweizer Salat 84
Seafood zart umhüllt 118 f.
Seewolf »Nizza« 146
Seewolf-Tatar 144
Seezungenfilets, Marinierte
    Riesengarnelen mit 142
Seezungen-Mousse mit Kaviar 149
Sekt, Orangensaft mit 211
Sektcocktail 231
Sektfrühstück 227
Sellerie 15, 16
– Apfel-Salat 102
–, Lebercreme auf 58

Sellerie mit Roquefortfüllung 49
Selleriesalat 76
– mit Avocado 114
– mit Trauben 117
Sellerietörtchen 54
Semmeln, Mohn- 19
Senf 225
Senfbutter 175
Senffrüchte 225
Sewruga-Kaviar 224
Shaker 230
Sherrygelee 24
Shortdrinks 231
Shrimps 225
–, Hecht-Mousse mit 143
–, Kräuter- in Avocados 130
–, Sülzring mit 118
Sizilianischer Fruchtsalat 111
Sizilianischer Salat aus »frutti di
    mare« 62
Smörgås-Bord 209, 225
Smørrebrød-Favoriten 34
Snacks, Herzhafte 47
Snacks, Käse- 46
Snacks, Würzige 44 f.
Soda-Grundrezept 230
Sojabohnensprossen, Muschelsalat
    mit 78
Soleier mit Tomaten-Chutney 129
Sommerlicher Obstsalat 112
Sonntags-Brot 31
Sonntagsbuffet, Kleines 213
Sour-Grundrezept 231
Spargel 16
–, Forellentoast mit 151
–, Hähnchensalat mit 100
– mit geräucherter Forelle 192
Spargelbrot 28
Spargelplatte Gärtnerinart 94
Spargelspitzen 221
Speisequark 12
Spezialitäten, Fisch- 144 f.
Spezialitäten, Fleisch- 164 f.
Spicken von Wildbret 14
Spinat 16
– Radicchio-Salat 81
Spritzbeutel 217, 218
Stachelbeeren 17
Stachelbeer-Relish 183
Staudensellerie 16
– mit Paprikafüllung 49
– Möhren-Salat 77
    siehe auch Sellerie
Strainer 230
Sud 225
Sülzchen, Erbsen- 120
Sülzchen, Muschel- 141
Sülzchen, Pfifferling- mit Wild 120
Sülze, Gänsekeulen in Gemüse- 123
Sülze, Gemüse-Hühner- 121
Sülze, Heilbutt- 119
Sülze, Krabben- 122
Sülze, Schweinebraten- 123
Sülze, Tomaten- mit Fisch 118
Sülzring mit Shrimps 118
Süß-saure Kronsardinen 153
Süß-saures Apfel-Chutney 185
Süß-saures Gemüse, Heringsplatte
    mit 157
Sundries 10
Supersalat 98

T

Tabascosauce 225
Tartelettes 225
–, Hühnerbrüstchen in 65
–, Hummer- 149
–, Schinken- 191

Tartelettes siehe auch Törtchen
Tatar auf Vollkornbrot 168
Tatar aus Frischkäse 195
Tatar, Husaren- 168
Tatar, Matjes- 156
Tatar, Partyschnittchen 54
Tatar, Seewolf- 144
Tatarbuffet 169
Tatarhäppchen 57
Tatarpiroggen 190
Teewurst 11
Teigkruste 20
Terrine 20, 225
–, Auslegen der 22
–, Bauern- 74
–, Garen der 22
–, Kalbfleisch- 75
–, Kaninchen- 73
–, Pilz- 73
–, Wild- 75
Tee-Eier mit Orangen-Chutney 129
Thunfisch, Pinwheels 31
Thunfisch, Reissalat mit 87
Thunfischsalat 82
Thymian 225
Thymianöl 172
Tiefgefrorener Blätterteig 21
Tiefgefrorenes Geflügel 14
Tilsiter Käse 12
Toast, Forellen- mit Spargel 151
Toast Melba 10
Törtchen, Eier- mit Leberparfait 127
Törtchen, Eier- mit Schinkensalat
    127
Törtchen, Sellerie- 54
Törtchen, Wachteleier- 55
Tom Collins 232
Tomaten 16, 221
– Delicato 132
– Bananen-Salat 106
–, Gefüllte 46
–, Grüne 225
–, Käse-Paprika auf 132
Tomaten-Chutney, Indisches 184
Tomaten-Chutney, Soleier mit 129
Tomatendip 179
Tomatenmousse 60
Tomatenring, Russische Eier im 201
Tomatensalat Balkanart 79
Tomatensalat mit Mozzarella 211
Tomatensauce, Forellenfilets mit 145
Tomatensülze mit Fisch 118
Tontopf 13
Toskanische Crostini 53
Tranchen 225
Tranchierbesteck 218
Tranchieren von Braten 13 f.
Trauben, Selleriesalat mit 117
    siehe auch Weintrauben
Trinktemperatur von Wein 227
Trockenmasse in Käse 12
Trüffel 225
Trüffelbutter 174
Tumbler 230

U/V

Überglänzen von Speisen 23, 219
Varianten mit Ei 124 f.
Vegetarier-Brot 28
Verzieren von kalten Köstlichkeiten
    219
Vinaigrette, Sauce 177
Vitaminquark 42
Vitello tonnato 167
Vol-au-vent 20
Vollkornbrot, Tatar auf 168
Vorderschinken, Gekochter 11
Vorspeisen, Kleine kalte 60 f.

W

Wacholderbeeren 225
Wachteleier 219
– Törtchen 55
Wachteln, Gefüllte 163
Waldmeisterbowle 229
Waldorf-Salat 212
Walliser Käse 12
Wasserbad, Garen im 23
Wassermelone, Gefüllte 113
Weichkäse 12
Wein 227 f.
Weinkäse 12
Weintrauben 17, 221
–, Selleriesalat mit 117
Weintraubensalat, Feiner 109
Weißbrot, selbstgebackenes 18
Weiße Bohnen, Salat aus 88
Weißer Pfeffer 225
Weißkohl 16
Weißkohlsalat 103
Weißlacker Käse 12
Weißwein 228
Weißweingelee 24
Weizenkeimbrot 18
Weizenkeime, Feldsalat mit 115
Weizenkörner, Keimen von 115
Western-Brötchen 30
Westfälischer Katenschinken 11
Whisky-Fizz 231
Whisky Highball 231
Whisky Sour 231
White Castello 12
White-Lady-Cocktail 231
Wiegemesser 218
Wild 14, 160 f.
–, Pfifferlingssülzchen mit 120
Wildfond 23
Wildgeflügel 14, 160 f.
Wildkrusteln 47
Wildschweinrücken, Glasierter 160
Wildtaler 40
Wildterrine 75
Wirsingkohl 16
Wirsingsalat 103
Wodka-Martini 230
Würstchen 11
Würzbutterstreifen 44
Würzchampignons 182
Würziges Kräuteröl 172
Wurst, Dips zu 179
Wurstbrot, Paprika- 26
Wurstbuffet, Kleines 207
Wurst-Käse-Salat in der Ananas 207
Wurstsalat im Mai 89
Wurstsalat, Käse- 171
Wurstsalat, Kartoffel- 85
Wurstsorten 11
Wurstspießchen mit Möhrensalat
    199

Z

Zervelatwurst 11
Ziegenkäse, Salat aus 101
Zitronen 17, 221
Zitronenessig 173
Zitronenmelisse 225
Zitrusfrüchte 221
Zucchini 16
– in Balsamico 180
Zunge, Brot mit Räucher- 34
Zunge, Geräucherte – mit
    Gemüsestreifen 198
Zungenwurst 11
Zwetschgensalat mit Ingwer 108
Zwiebeln 16, 221
Zwiebelquark 208

FAMILIENKÜCHE

...für kleine und große Genießer

ISBN 3-7742-1695-9
240 Seiten | € 19,90 [D]

ISBN 3-7742-3292-X
240 Seiten | € 19,90 [D]

ISBN 3-7742-5469-9
240 Seiten | € 19,90 [D]

ISBN 3-7742-4879-6
64 Seiten | € 6,90 [D]

ISBN 3-7742-5762-0
64 Seiten | € 6,90 [D]

ISBN 3-7742-4880-X
64 Seiten | € 6,90 [D]

ISBN 3-7742-5721-3
64 Seiten | € 6,90 [D]

Wenn die Kleinen Hunger haben und die Großen verwöhnt werden wollen: Hier sind die Bücher für alle, die super leckere und ganz unkomplizierte Rezepte lieben.

Gutgemacht. Gutgelaunt.

Die Autoren

Christian Teubner

war früher Konditormeister. Seit vielen Jahren ist er aber viel-beschäftigter gastronomischer Fotograf. In seinem Studio für Lebensmittelfotografie entstehen Meisterwerke kulinarischer Aufnahmen, und aus seiner Probeküche kommen verlockende Kreationen von neuen Rezepten. Christian Teubners Arbeiten sind in ganz Europa ein Begriff, denn wo es um Küche und Keller geht – ob Buch, Plakat, Film oder Zeitschrift –, erkennt man seine »Handschrift«.

Annette Wolter

gehört zu den führenden Kochbuch-Autoren im deutschen Sprachraum. Seit zwei Jahrzehnten sind Kochen und Haushalt ihr Ressort. Annette Wolter begann als Mitarbeiterin großer Frauenzeitschriften. Heute ist sie anerkannte Expertin im Bereich Küche und Keller, Autorin erfolgreicher Kochbücher und mehrfache Preisträgerin der »Gastronomischen Akademie Deutschlands«.

Das Farbfoto auf dem Einband vorn zeigt eine gefüllte Melone auf Lachsschinken, einen Kalbsbraten (Rezept Kalbsnuß mit Mostarda, Seite 159), garniert mit hartgekochten Eiern, hauchdünnen Zwiebel-ringen, Artischockenherzen aus dem Glas und Friséesalat, Marinierte Paprikaschoten (Rezept Seite 180), Zucchini in Balsamico (Rezept Seite 180), eine festliche Eierplatte (Rezept Seite 124), eine Bauern-Terrine (Rezept Seite 74) und einen frischen grünen Salat.

Das Farbfoto auf der Rückseite zeigt ein kaltes Buffet mit Edelpilzkäse-Schnittchen mit Eischeiben und grünem Pfeffer, Salamibrötchen, mit Frischkäserosetten und schwarzen Oliven garniert, Käseschnittchen mit Frischkäse, Kirschen und Mandarinen, Tatarhäppchen (Rezept Seite 57), Käseschiffchen (Rezept Seite 189), Spargelröllchen auf Toastbrot und Toast-Dreiecken, mit rohem Schinken, in Fächer geschnittenen Cornichons und Piri-Piri belegt.

Nachdruck der Originalausgabe von 1980
© Gräfe und Unzer Verlag GmbH, München
Alle Rechte vorbehalten. Nachdruck, auch auszugsweise, sowie Verbreitung durch Film, Funk und Fernsehen, durch fotomechanische Wiedergabe, Tonträger und Datenverarbeitungssysteme jederArt nur mit schriftlicher Genehmigung des Verlages.

Redaktion: Brigitta Stuber
Herstellung: Birgit Rademacker
Zeichnungen: Gerlind Bruhn
Einbandgestaltung: Heinz Kraxenberger

ISBN 3-7742-6439-2

Auflage   5.   4.   3.   2.   1.
Jahr   06 05 04